増補改訂

近代日本の国体論

〈皇国史観〉再考

昆野伸幸

ぺりかん社

増補改訂　近代日本の国体論＊目次

第二部　国体論の対立

第三部　国体論の行方

【凡　例】

一　本文では基本的に元号を用いて表記し、必要に応じて（　）で西暦を補った。ただし、註であげた史料・参考文献の刊行年等については西暦のみの表記とした。

一　引用史料・参考文献は原則として原文のままとしたが、(1)旧漢字は通行の字体に改め、(2)変体仮名は平仮名に直し、(3)ルビ、傍点、圏点、傍線等は省略した。ただし、詩などから引用する際はルビを省略しなかった場合がある。

一　引用文中における昆野の註記は〔　〕で、改行は／で、判読不能文字は□で示した。また、省略部分については「……」で示した。

一　引用した史料中には、現在からみて差別的と思われる表現も含まれることがあるが、史料の歴史性を尊重してそのままとした。

序論　国体論研究の視角

一　国体論の相剋

本書は近代日本における国体論の展開について論じるものである。そして、その際、国体論がそれぞれの時代的課題と向き合う中で当面することになった危機的状況に対していかなる対応を重ねてきたのかという点に重点を置く。つまり、本書が焦点を当てて検討するのは、国体論の展開における危機の諸相に他ならない。

それでは、そもそも国体論とは何か。その問いに対し、一口に答えることは極めて難しい。いうまでもなく、国体論は「国体」に関する議論のことだが、「国体と云ふことは誰も分つて居るやうで、之に対して説明せよと言つたら中々むづかしいものであつて、誰も的確に話し得るやうな者はない」[1]と赤裸々に語られているように、「国体」自体極めて曖昧なものであった。[2]そのため時代状況や解釈者次第で、その定義には大きな幅を生じざるを得ないが、国体論を最大公約数的にいえば、皇室典範・帝国憲法制定に関する告文や教育勅語に端的に示されるように、日本の独自性を万世一系の皇統に求め、いわゆる天壌無窮の神勅に代表される神代の伝統と、歴史を一貫して変わらぬ国民の天皇に対する忠とがその国体を支えてきたと強調する議論だとひとまずいえるだろう。

国体論の鋳型が徐々に固まりつつあった明治半ば以降、日本は植民地を有し、版図のうちに異民族を抱えるようになる。その事態は、異民族の同化をめぐって国体論の有効性を問う論争を生むことになった。つまり、国体観念は歴史・文化といった伝統を共有する日本民族間に固有のものであって、異民族は国体を理解できず、主体的な忠義心を抱かせることは不可能なのではないかと危惧されたのである。本書第二部第一章でも触れる、この帝国化の問題が国体論の当面した第一の危機であるとすれば、昭和十年代の国体論はさらに大きな第二の危難に見舞われる。つまり、「そもそも国体の尊厳なる所以は何か」という根本的な疑問が解消されないまま、国体論の内部においてその所以の解釈をめぐって深刻な分裂・衝突が進行していくのである。

昭和一〇（一九三五）年に発生した天皇機関説事件を契機に、国体明徴問題の解決を目指して教学刷新評議会が設置され、「教学刷新ニ関スル答申」（一九三六年一〇月二九日）が出されることになる。この答申を作成する過程で開かれた特別委員会においては、次のように国民の国体への無関心、国体の尊厳なる所以に関する説の混乱が指摘されていた。

併シ大多数ノ同胞ハ〔知識人とは異なり、国体について〕何モ考ヘテ居リマセヌ、況ンヤ国体ハ何故ニ尊厳ナノカト云フコトニナルト、是ハ色々ノ説ガアリマセウ、細カイ説ハ別トシテモ、大キナ説デモ中々言ヒ難イ、[3]

その上で「一体今日文部当局トシテ国体ト云フコトノ説明、及ビ国体ノ尊厳ナル所ト云フコトノ説明ハ出来ナイノデアリマスカ、出来ルノデアリマスカ[4]」と詰め寄る。教学刷新評議会の幹事を務める文部省思想局長伊東延吉は、この質問に対して真摯に答えず、答申は国体の尊厳なる所以について独自な説明を行うことはなかった。もちろん先にも引用したように、国体に関する解釈の曖昧さに対しては以前から疑問の声が挙がっており、この件は必ずしも特殊なものではない。ただ問題は、この答申を踏まえて文部省から『国体の本義』が編纂・刊行された点である。つまり、本来、国体の本義に関する公的解釈を提示し、「色々ノ説」が乱立する国体論の現状を整理することが求められていたにもかかわらず、結局国体の尊厳なる所以については公的な解釈が示されなかったことになる。このことは錯綜する国体解釈問題にとって、敗戦に至るまで深刻な影響を与え続ける。

例えば昭和二〇（一九四五）年七月、「神州不滅　天壌無窮必勝ノ信念ナド、イツテコノマ、カウイフ風ニシテヲレバダメデ日本ハマケ亡ビル」という意見に対して、原理日本社の中心人物たる三井甲之は明確に「マチガヒ」だと応え、次のように反駁している。

> 上ニ天壌無窮ノ神勅勅語アリ下ニ神州不滅日本ハ亡ビズノ信念覚悟アリコレハ□□□□□自然事実ニアラズ神意勅命デアリ臣民奉公意志也サウ信ジサウ志スナリ……ソレハスナハチ（又ハソレ故ニ）全国力ヲアゲテ億兆一身義勇奉公スルコトデアル講和降伏ノ如キハ夢想セザル也／神州不滅確信堅志（原因）　億兆一心義勇奉公（結果）[5]

三井においては何よりもまず「天壌無窮ノ神勅」を根拠に「神州不滅」を確信することが先決問題であり、「億兆一心義勇奉公」は天皇に対する随順を意味する二次的な「結果」であった。同じ頃、東京帝国大学教授平泉澄らも戦局の危急に際し、かつてないほどに「日本精神」の喚起を叫んでいたが、彼らは「神州不滅　天壌無窮必勝ノ信念ナド、イツテ」いるだけでは「ダメ」と考え、あくまで国民の「億兆一心義勇奉公」という主体的実践によって「神州不滅」という結果を導き出そうと悪戦苦闘していた。平泉澄に教えを受けていた東京帝国大学の学生田中卓は、「「天壌無窮」の　御神勅が　皇国の国体の本質、根基をなすことは今更こゝに絮説するまでもないことである。……尤も自ら奉公の大事を為すことなしに、神風を空頼み、神州不滅を揚言する人々は、あの「人皆の心の限り尽しての後こそ吹かめ伊勢の神風」との御歌の前にひれふすがよい[6]」と、神勅を重視しつつも、「奉公の大事」こそが「神州不滅」の大前提であることを強調する。三井、田中両者の間における「天壌無窮ノ神勅」の位置付けの差は明らかだろう。

つまり、国体論が、国体の尊厳性の所以をめぐって神代・神勅（「天壌無窮ノ神勅」）により依拠する一派と国民の主体的忠（「義勇奉公」）の発揮をより重視する派とに分裂、対立しあっていたのである[7]。のちに第二部第一章・第三章で詳しく検討するように、かかる国体論の衝突は何も敗戦直前になって初めて生じたものではなく、それ以前から存していた相剋状態が、抜き差しならない極限状況においてより端的に露呈しただけに過ぎない。文部省による『国体の本義』刊行は、そもそもかかる国体論の相剋を予防あるいは鎮静化するものであった。しかし、その実態はといえば、『国体の本義』刊行によって国体論の相剋は鎮まるどころか、かえって対立の激化を促すことになり、敗戦直前に至っても対立は解消されなかったのである。そして敗戦によって国体論は最後にして最大の危機を迎えることになる。

本来、万世一系の皇統を称える国体論は、天壌無窮の神勅を戴く神代の始源の要素と、歴史上一貫して天皇に対する忠を発揮する国民の要素とが相俟って成立するものであった。この国体論における二つの要素が乖離あるいは変質していく結果、国体明徴運動、『国体の本義』刊行といった流れにある昭和十年代、むしろ国体論は深刻な存立の危機を迎え、両派による相剋状態を呈することになるのである。そもそも「国体論の起るといふことは国体そのものからいへば面白くない時代といはねばならぬものであらう[8]」とも評されたように、国体論の盛行それ自体が国体を支える基盤自体に対する懐疑を反映したものであった。昭和十年代、かかる危惧が当時の国家主義者に共有されており、その危機への解決策を提示することが共通の課題となっていた。その結果、それぞれの立場から多様な国体論が発表され、国体論の氾濫を現出する。

かかる国体の尊厳性の真因をめぐる相剋において、両派はそれぞれ神代と歴史との関係、歴史上における皇室と国民との関係などの点で対照的な意見を戦わせた。そして、その論戦は歴史学・宗教学・人類学といった近代的な学問の成果と無関係ではありえなかった。むしろその成果が国体論の要素に波及したが故の混乱でもあった。本書は、以上のような昭和十年代に顕著となる国体論をめぐる相剋について、近代日本において発展した歴史学・宗教学・人類学の影響をも視野に入れながら歴史認識の次元で検討していく。かかる問題意識から、本書は皇国史観に注目する。

ここで本書が視座とする皇国史観という用語、概念の孕む問題性について検討しておきたい。これまでこの用語、概念は、近代日本、特に昭和戦前・戦時期における国家と歴史認識との密接な関係を批判的に説明するものとして使用されてきた。そのことは当該期を扱った一般的な書物から専門的研究書まで共通している。そしてこの用語は、単に過去の出来事を説明する場合だけでなく、最近の歴史教科書問題をめぐる報道にも示されるように、現代における国家主義的な歴史認識を呼ぶ場合にも適用されている。様々なメディアを通して、皇国史観という用語には今日既に一定のイメージが付与され、その像がかなりの層において共有されているといってもいいだろう。

戦後の歴史学は敗戦を機とした再出発にあたり、克服・否定すべき戦前・戦時期の歴史認識を皇国史観と捉えた。[9] そもそも戦後になって、かつての国家主義的な歴史認識を皇国史観と呼ぶようになった背景には、その用語が実際戦中に使われていたという事情があった。松島栄一氏は、板沢武雄『天壌無窮史観』（日光書院、一九四三年）の一節を引用しながら、「このように「皇国史観」は、戦中の史観の、すべてをさすような、広い意味に用いられていたのです。だから、わたしたちも、この「皇国史観」という言葉を用いて、戦前・戦中の、右派的な、主情主義・主観主義的な史観を、包括して今日「皇国史観」と呼んでいるわけです。平泉澄氏とその学統の方々の史観をも、またこれに含ませていることも、以上のように考えてくれば、誤りではないとおもいます」[10]と述べている。つまり、ここでは資料用語としての「皇国史観」と分析概念としての皇国史観とが区別されていない。そして、このような同一視は今日においても変わらず自明のものとして通用している。[11]

しかし、資料用語としての「皇国史観」に対する分析自体が十分なされていない以上、歴史的文脈を無視して「皇国史観」をそのまま分析概念として一般化するのは極めて危険である。既に指摘されているように、「皇国史観」は早くても昭和一七（一九四二）年六月頃から、[12]大体は昭和一八（一九四三）年頃から[13]文部省周辺の人々によって使われだしたものである。確かにこの前後の時期には他にも「国体史観」「皇道史観」「天壌無窮史観」「万世一系史観」「中今史観」等々の類似語が氾濫したが、「皇国史観」の場合、第三部第一章で確認するように、当時発表された六国史を継ぐ「正史」編修事業との関連で使われたものであり、他の語とは事情が異なっていた。その意味で「皇国史観」は、他の語以上に本来極めて時事的な、歴史的刻印を帯びた用語なのである。

このような事情を踏まえ、本書では資料用語としての「皇国史観」と分析概念としての〈皇国史観〉とを明確に区別する。文部官僚によって語られた「皇国史観」という用語は、戦後流布した〈皇国史観〉のイメージを遡及させ、単純に同一視するべきものではなく、まず「皇国史観」それ自体が考察されるべき対象なのである。かかる区別をしておくことこそが、〈皇国史観〉を具体的に理解する前提としてまず必要なことであろう。

以上のように、本書は〈皇国史観〉という視座から国体論の展開における分裂・衝突の諸相に焦点を当てる。その中でもとくに昭和十年代の相剋に注目する訳だが、このような本書の視角は、昭和期の日本に関する現在の研究潮流とどのような関係にあるのかについて付言しておこう。

まず、これまで日本近代史研究を強く規定したパラダイムとして日本ファシズム論を挙げることができよう。とくに一九八〇年代以降、ナチズム研究や「近代」の再検討を踏まえる形で、日本ファシズムにおける近代的・合理的な要素と非合理的・暴力的な要素との矛盾をはらんだ結び付きを解明する研究が主流となり[14]、貴重な成果が積み上げられるに至った。その流れの中で、「陸軍の高度国防国家論の根底に潜む国民観（戦争遂行の目的のために国民を機能的物的対象とする）」に対して、右翼戦線の主体の側が、どの程度まで適合的でありえたのだろうか[15]」と疑問視されたように、陸軍パンフレット『国防の本義と其強化の提唱』（一九三四年）に示される近代的な総力戦論と右翼戦線をまとめる非合理的な国体論との不適合さは、日本ファシズム論において十分自覚されてきた。しかし、その両者の結合については必ずしも説得的な説明はされてこなかった。

そして一九九〇年代以降、近現代史をトータルに把握する分析視角として登場したのが、山之内靖氏を中心に唱えられた「総力戦体制」論[16]である。この議論は近代的「合理性」の検出にこそ重点があり、「ファナティックな「日本主義[17]」や「非合理的な超国家主義[18]」といった国体イデオロギーを検討の俎上にのせることはない。合理的な要素と非合理的な要素との矛盾した関係に注目してきた日本ファシズム論の立場からすれば、歴史の一面化として当然批判される把握であった[19]。

ただし、近年、江島尚俊氏は、「総力戦体制」論を踏まえつつも、日本が総力戦体制の構築へと向かうのと同時期に、「天皇」に深く関連する様々な理念（国体・日本主義・皇国など）が強調されていくのは、むしろ必然的な現象であり、総力戦体制を目指せば目指すほど、「天皇」を根源として、様々な概念や制度、思想、価値が〝読み替え〟られていく、と主張している[20]。興味深い議論ではあるが、氏においても「天皇」に関わる諸言説、例えば国体論が具体的に分析されている訳ではない。

「総力戦体制」論は近現代史研究に大きな影響を与えているが、そこで想定されているのは多分に理念的な総力戦体制であり、むしろ当時よりリアリティをもって構築が図られたいわば日本的総力戦体制の実態こそが検討されるべきであると思われる。当時、「我が万古不易の国体に対する国民の自負といふものが国防国家の中軸をなすべき」[21]と説かれたように、現実には国体論こそが当時の「国防国家」論＝総力戦体制論の中核を占めた。「総力戦体制」論において国体論は検討されないが、戦時期――本書では国内的には文部省『国体の本義』が刊行され、対外的には日中戦争の始まる昭和一二（一九三七）年から敗戦までの時期を指す――日本の実態に迫ろうとすれば、国体論の存在を無視することは不可能であり、国体論の影響を無前提にミニマムなものとするべきではない。

ところで、以上二つの分析視角を意識しつつも、ある程度距離をおいた岩崎正弥・黒沢文貴両氏は、合理性を追求する近代的な総力戦論と非合理的・伝統的な国体論とが結合した点にこそ日本型総力戦論の特質、到達点を見出している[22]。ただし、この注目すべき指摘は、それぞれ戦時期の農本思想の特質、一次大戦以来の陸軍における総力戦構想の帰結を解明する両氏の行論に関わる範囲でなされたものであり、国体論の側にも十分留意したものとは必ずしも言い難い。これらの研究にしても、従来の日本ファシズム論、「総力戦体制」論同様、国体論を非合理的なものの代表、変化のない保守固陋な思想と捉える点では共通しているのである。しかし、いくら矛盾を糊塗する様々な粉飾が施されたにせよ、伝統的な国体原理は果たしてそのままで近代的な総力戦原理と適合することができたのだろうか。

まず必要なことは、近代的な総力戦原理と結び付いた国体原理は本当に伝統的なままだったのか、換言すれば、国体論を無前提に変化のない非合理的存在と見なすことは妥当なのかどうかを問い直すことである。つまり、国体論の相剋に焦点を当てる本書の視角からすれば、総力戦体制の構築といった当時喫緊の課題に対して、国体論内部において合理的な志向と非合理的なそれとが並存・競合していた可能性を検証することができる。そして、その検証は国体論が必ずしも伝統的なままではなく、自己革新の歴史を歩んだ様を確認することに通じるはずである。従来の日本ファシズム論・「総力戦体制」論の枠組み、固定的な国体論像を超えた地点から、国体論の展開史を実証的に裏付け、その帰結がいかなるものであったのかを見届けることが今こそ求められているといえよう。

二　本書の課題と方法

本書は、以上のような昭和十年代に現出する国体論の相剋状態を、歴史認識の次元で主に大川周明、平泉澄の二人を中心に、時代状況に即して解明することを目的としている。その目的を達するために、本書は〈皇国史観〉という概念を使用する訳だが、〈皇国史観〉に関する研究は現在必ずしも活発ではない。戦後の歴史学は「この五〇年間、本格的に皇国史観を含む戦前期歴史学の総括（自己批判）を行ったことがない[23]」という批判はやや誇張にしても、少なくとも〈皇国史観〉に関する研究史の蓄積は乏しいと言わざるを得ない。そして、その要因の一つは、戦後日本におけるマルクス主義的歴史学の圧倒的影響力にあろう。戦後の歴史学界において、〈皇国史観〉は、マルクス主義史学＝科学的歴史認識にとっての敵という以上の意味を付与されず、〈皇国史観〉（特に戦時期を対象としたそれ）が学問的な研究対象としては十分認識されてこなかった。即ち、「今日の支配イデオロギーや教科書検定の歴史観には、皇国史観の血が流れている[24]」という永原慶二氏の言に明らかなように、もともと〈皇国史観〉研究は当代の国家権力に対する批判意識に動機づけられており、〈皇国史観〉それ自体の歴史的性格の解明は二次的なものであった。〈皇国史観〉は、現代国家側の何らかの反動的と判断される行動に応じて、諸悪の根源として研究者の関心を間歇的に喚起する程度のものでしかない。

「新しい歴史教科書をつくる会」の登場、小泉純一郎元首相の靖国神社参拝問題等を持ち出すまでもなく、〈皇国史観〉に注目が集まるあり方は現在も同じである。もちろん歴史研究者が、自らの生きる現代社会に対して強い問題意識を有し、それを実証的研究へと反映させる態度自体は尊重されるべきものであろう。半世紀を越える戦後歴史学の歩みを顧みれば、かかる研究者の真摯な問題意識こそが、それまで自覚されなかった新たな研究領域を数多く開拓してきたことは明らかである。しかし、そのような現代的問題関心を前面に出さずとも——問題意識の保持を否定する訳ではない——、〈皇国史観〉研究の意義は十分に見出すことができる。以下、新たな〈皇国史観〉研究を成り立たせるために、本書の設定する課題と方法について述べておきたい。

昭和十年代に現出する国体論の相剋は、当時において国体論が向き合うことになった時代的課題がいかに解決困難なものであったかを示唆している。即ち、泥沼化する日中戦争、緒戦の勝利以降は劣勢に追い込まれる対米戦争の渦中で、国体論は戦時体制を強力に支え、国民に犠牲を強い、戦争へと動員するシステムに組み込まれる。それを背景にして、国体論はその内部において時代的課題に対する有効な解答をめぐって分裂・衝突を繰り返していくことになる。国体論を歴史的に位置付けていく上での座標軸はひとえにここに求められる。〈皇国史観〉を主題とする本書全体の課題と方法もこの点と密接に関わって設定されることとなる。

本書の第一の課題は、昭和十年代に盛行する〈皇国史観〉固有の特質を明らかにすることである。先行研究において、前近代あるいは明治・大正期における国家主義的歴史観一般と〈皇国史観〉とは、厳密に区別されずに連続するものとして捉えられるのが常であった[25]。もちろん「狭義には、一九三五年（昭和一〇）に教学刷新評議会が設置され、そこに集った、平泉澄、山田孝雄、西晋一郎、紀平正美などによって主張され、文部省思想局が編集した『国体の本義』（一九三七）などに示された歴史観を指す。広義には、後期水戸学・幕末国学以来の国体論、皇室中心史観全般を指す場合もあるが、正確には昭和初年に後期水戸学・幕末国学などに託されながら主張された歴史観というべきである」[26]という定義でも指摘されているように、狭義・広義という使い分けはなされてきた。その上で、〈皇国史観〉をマルクス主義的歴史学の発達に応じた体制側の危機的対応と捉える立場から、昭和初期の時期が注目されてきた訳である。[27]確かに当該期におけるマルクス主義の要素を軽視する訳にはいかないが、それは〈皇国史観〉を性格づける外在的要因に過ぎない。つまり、マルクス主義との対抗は〈皇国史観〉に過剰な精神主義的性格を帯びさせたが、程度の問題を別にすればかかる性格自体は〈皇国史観〉に固有のものではなく、国家主義的歴史観一般にも当てはまる。反マルクス主義の要素が以前とは質的に異なる特質を〈皇国史観〉に刻印付けたとは必ずしも言い難い。

このような現状を踏まえて、本書は、何よりも昭和十年代における国体論の相剋という時代状況に注目することを通じて、明治・大正期における国家主義的歴史観一般と〈皇国史観〉との質的相違を解明することを目指す。より具体的にいえば、当該期の国体論の相剋を、明治期以来の伝統的国体論と昭和期に再編された新しい国体論との対抗関係として把握していく。[28]このような対立の具体相を確認することによって、従来の固定的・静態的な〈皇国史観〉像を刷新し、その内部に対立や多様な方向性を含み込んだ動態的な運動として、〈皇国史観〉の歴史的展開を見定めることが可能となるだろう。そして、かかるアプローチ自体が、明治期の国家主義的歴史観一般と昭和十年代の〈皇国史観〉との相違を明らかにすることにつながっていくことになる。

さらに〈皇国史観〉は、これまで長らく主に平泉澄や『国体の本義』という特定の人物・テキストによって代表させられてきた。それは、それぞれの影響力の大きさを考えれば確かに妥当とはいえ、それ以上にいわゆる「戦後歴史学」第一世代に当たるマルクス主義的歴史学者の実体験が反映され、〈皇国史観〉がマルクス主義史学との対抗という視角から捉えられてきたためであろう。かかる把握は、かえって〈皇国史観〉なるものを画一化し、あたかも統一した志向の下に極めて一枚岩的なものであったかのようなイメージを生み出している。その後、ソ連崩壊を受けてマルクス主義が退潮して以降、小路田泰直氏、桂島宣弘氏らによる〈皇国史観〉に対する新たな見解[29]が登場した意義は大きいものの、そこでも相変わらず平泉個人と〈皇国史観〉とは同一視され、密接に結び付いており、そのこと自体は従来の研究と同様であると言わざるを得ない。

そのため、そもそも平泉、『国体の本義』といった選択自体の妥当性の検証や〈皇国史観〉の全体像の解明などは、著しく立ち遅れてきたといってよい。その反面、平泉や『国体の本義』に関する個別研究の蓄積[30]、とくに前者における近年のそれには目を見張るものがある。ただ、それらの個別研究は必ずしも〈皇国史観〉研究そのものを意味しない。〈皇国史観〉を真に学問的検討の俎上にのせるためにも、従来〈皇国史観〉研究において占めてきた平泉・『国体の本義』の位置をひとまず相対化する必要がある。そこで本書では、〈皇国史観〉という思想圏について、必ずしも専門的歴史家・体系だった歴史的認識とはいえない人物・思想も含めて、できる限りその広範な広がりを検証し、全体像の輪郭を提示することを第二の課題としたい。実際、国体論の相剋には平泉澄、大川周明、三井甲之、小沼洋夫、吉田三郎など専門・非専門に関係なく、実に多岐にわたる人物が関与した。これらを包含するかたちで〈皇国史観〉の全体像を考察する必要があろう。

中でも本書は大川周明に関して数章を充てて詳しく検討している。大川は平泉澄に対して「国史の研究に就て、向後はどうぞ生の導師たる労を賜り度[31]」と書き送り、実際に影響も受けているのだが、同時に両者の間には大きな思想的相違も垣間見える。これまで平泉と大川の歴史観は無前提に同類視されてきた傾向があるが、大川の分析を通じて平泉を相対化することができよう。またのちに具体的に検証するように、大川は自らの日本歴史研究において、平泉のみでなく、田口卯吉、山路愛山、北一輝、岡倉天心、木寺柳次郎、原勝郎、黒板勝美らからも大きな影響を受けている。非専門家大川は、自らの思想を形成する上で、専門的な学知のうちでいかなる要素を選択し、またそれをどのように変容させたのか。この問題は、〈皇国史観〉の知的背景を窺う上でも看過できないものであろう。

以上、本書の目的は、昭和十年代における国体論の相剋、即ち伝統的国体論と新しい国体論の対抗関係を軸にして、特定の人物・テキストに限定しない総合的な視点から、その相剋に参画した多様な人々を包括する全体像の輪郭を辿りつつ、国家主義的歴史観一般とは異なる〈皇国史観〉固有の特質を解明することにある。

このように本書の目的をまとめた上で、それと密接に関わることとなる本書が扱う時期的範囲について付言しておきたい。以上述べてきたことと関連することでもあるが、従来〈皇国史観〉を取り上げる際の検討時期は、マルクス主義の盛んな昭和初期から敗戦までの期間に限られてきた。この昭和戦前・戦時期という時代の中でこれまで平泉・『国体の本義』といった対象が選択されてきたのである。かかる分析対象期間の問題は、そのまま〈皇国史観〉概念の有効射程距離を測ることと同義となるだろう。そして、本書の場合、大正初期から昭和二七年までの、西暦でいえば一九一〇年代から一九五二年までの約四十年の期間を主たる検討時期としたい。本書は昭和十年代に盛行する〈皇国史観〉を分析するが、だからといって当該期のみを対象としては全く不十分と言わざるを得ない。〈皇国史観〉固有の特質を正確に捉えるためには、大正初期にまで遡り、本書の叙述で主役を務めることとなる大川周明、平泉澄の思想形成を確認する必要がある。

日露戦後における個我の意識の発達[32]や「大逆事件」の発生は、体制側に「風紀頽廃」「思想悪化」として受け止められ、その危機感は戊申詔書の発布、教育勅語・「憲法発布式ノ勅語」の強調として現われ、秩序の回復が企図されたが、事態は容易に改善しなかった[33]。従来のやり方の限界が露呈していく中、大正期に内務省神社局から刊行された『国体論史』は、「神話は其国民の理想、精神として最も尊重すべし、只それ尊重すべきのみ、之を根拠とし我国体の尊厳を説かんと欲するは危し[34]」、「或は天孫降臨の神勅によりて我国体は定まるとするもの多し、然れど誤れり[35]」と、もはや国体の尊厳性の、あるいは国体の源泉を神話・神勅に求めることが誤りだと断言するに至っている。かかる内務省側の見解が、天壌無窮の神勅に依拠する明治二十年代以来の国体論とは一線を画していることは明らかだろう。国体論における神勅の意義の低下は、井上哲次郎の神勅解釈からもうかがえる。彼は「神話伝説は固より歴史的事実ではない[36]」という認識のもと次のように解釈する。

若し統治者が皇孫でなかつたならば、第三段〔天壌無窮の神勅における「行矣。宝祚之隆。当下与二天壌一無上窮者矣」の箇所〕の結果は生じて来ないが、縦ひ皇孫が統治者であつても、若しも仁政を施されなかつたならば、矢張第三の結果は生じて来ないことになる。即ち条件付きである。[37]

井上は、皇孫という血統に加え、仁政を条件にして初めて天壌無窮は成り立つと捉えた。つまり、彼は、血統に頼らず、仁政主義、即ち民本主義の立場から神勅を解釈することによって、君主制の危機とデモクラシーの昂揚という一次大戦後の世界的な潮流に対応し、国体論を再構成しようとしたのである。[38]大正期には、児童の間にも神話よりも科学的な世界観を信頼する傾向が高まっているように[39]、科学的知識がいやおうなく民衆世界へと普及するなか、明治時代までとは異なる、新しい国体論の再編が必然的に求められたといえる。そして、まさにこの時期に大川、平泉が行った思想形成もかかる動向と無関係ではありえず、後の昭和期における彼らの活発な営為を支える思想的基盤を築いていくこととなるのである。

本書は、このような理由に基づき大正初期から叙述するとともに、下限を昭和二七（一九五二）年に置いている。同年は、前年九月八日に調印した講和条約が発効し、日本が独立を果たした年に当たる。つまり、日本占領期をカバーすることとなるが、これには奇異の念を抱かれる向きも少なくないと思われる。確かに国体論は、日本の敗戦後、昭和二〇年末の神道指令、昭和二一（一九四六）年元旦の昭和天皇による神格化否定の詔書、同年の日本国憲法公布、昭和二三（一九四八）年における衆・参両院の教育勅語等排除・失効決議といったGHQによって後押しされた一連の改革を通し、上から解体させられていった。しかし、そのことは〈皇国史観〉が検討の対象とはならないということを意味しない。逆境にさらされた国体論者たちはいかなる態度で戦後に臨んだのか。変説・一貫いずれにしても、彼らの思想を資料に即して追うことで、戦前からの断絶面と連続面とを見定め、国体論の思想的帰結を見届けなければならない。本書は、以上のように前史と後史とを伴いながら昭和十年代に盛行する〈皇国史観〉を分析していく。

さて、最後に以上のような視点で〈皇国史観〉を検討する本書全体の構成について、あらかじめ概観しておこう。まず第一部において、主に大正初期から昭和初期にかけての時期を対象として、大川の天皇観・神代観、平泉の神代観・中世観を検討する。両者の分析を単なる個別的なものに止めることなく、当該期におけるより大きな時代思潮の変化——歴史学・宗教学・人類学の発展に伴い、神代の価値が相対的に低下し、かわりに正当性の根拠として中世の事象が重視されるようになる——を明らかにすることがここでの主眼である。大川・平泉両者ともこのような思潮の変化の影響を多分に受けて思想形成を行っていった。第一部の検討には、彼らが昭和期において新しい国体論を再編し、伝統的国体論と対抗していくようになる歴史的前提を確認する意味がある。続く第二部において、平泉の「日本人」観、大川の日本歴史観・不敬事件を検討する。これらの分析を通して、日本的総力戦体制を支えた新しい国体論の誕生を示し、あわせてそれと伝統的国体論との対立状況を剔抉する。ここでは、二つの国体論が衝突する具体相の解明に重点を置き、以て両者の対立点を明確化する。次に第三部では、昭和一八年前後における「皇国史観」論の相剋、大川のアジア観、戦後における三井甲之の思想について分析する。第二部とは異なり、ここでは二つの国体論の対立相からひとまず離れて、両者それぞれの独自な展開を確認する。とくに戦後の三井に即しながら、伝統的国体論が辿った帰結を見定める。そして最後に結論として、本書の成果と残された課題を提示したい。

なお本論では、大川や平泉に代表される新しい国体論に対しては比較的詳細に説明する反面、実証的な学者や新旧どちらとも言いがたい国体論者、伝統的国体論などについては極めて部分的・一面的な説明にとどまらざるをえなかった。この傾向を少しでも是正するために、補論一では、平泉を批判した東北帝国大学教授村岡典嗣の中世思想史研究について検討し、補論二では、戦時期における伝統的国体論の独自な展開を示すべく、京都学派の取り込みを企図した文部省の教化政策について分析する。

註

（1） 第六回治安維持法改正法律案委員会（一九三四年二月二一日）における松田竹千代談『第六十五回帝国議会 治安維持法に関する議事速記録並委員会議録』（上）『思想研究資料』特輯一七号、司法省刑事局、一九三四年（復刻版、東洋文化社、一九七五年）二八二頁。

（2） 「国体」の語の用例研究として、里見岸雄『『国体』の学語史的管見』里見研究所出版部、一九三三年、が詳しい。

（3）（4） 第六回特別委員会（一九三六年九月一五日）における上山満之進談『教学刷新評議会特別委員会議事録』二輯、一九三六年、二〇五頁。昭和九（一九三四）年二、三月に長野県公立中学校五年生一一七五人、同四年生一〇〇四人、高等女学校四年生一二九四人、合計三四七三人を対象に調査された結果によれば、「中学校卒業生の約六割八分高等女学校卒業生の約七割三分の大多数の者は、日本の国体の真にありがたきことについての、生きた体験を殆ど持つことなくして社会に活動して居るのである。この事実は日本の中堅たるべき国民の養成上甚だ憂ふべき一大缺陥の一つと云はなくてはならない」と強い危機感をもって報告されている（楢崎浅太郎「我が尊厳なる国体の真に有り難きことを体得せしむるには如何なる方法によるを最も適当とするかの一調査と私案（一）」『教育心理研究』一三巻二号、一九三八年二月、五頁）。

（5） 三井甲之『「蓑田胸喜君にささぐるのりと」草稿他ノート』（山梨県立文学館所蔵、登録番号 230092662）一九四五年七月、六七頁。本史料自体には頁数はない。この頁数は、山梨県立文学館の画像閲覧システムで公開されているものに付されたものである。なお「神州不滅　天壌無窮必勝ノ信念ナド、イツテコノマ、カウイフ風ニシテヲレバダメデ日本ハマケ亡ビル」とは、時期的にみて直接的には「決戦訓」（一九四五年四月八日陸軍大臣訓令第二号）の「一、皇軍将兵は、神勅を奉戴し、愈々聖諭の遵守に邁進すべし／聖諭の遵守は皇国軍人の生命なり／神州不滅の信念に徹し、日夜聖諭を奉誦して之が服行に精魂を尽すべし、必勝の根基茲に存す」（「皇土決戦訓」『朝日新聞』一九四五年四月二一日、一面）に示される考えを批判したものと思われる。

（6）田中卓「神勅奉行の真実」（上）『武道公論』五四号、一九四四年五月、一八頁。

（7）後者が国民の主体性を重視するとはいっても、それは国体護持を至上目標とする点で民主主義とは質的に異なる。ただ当時主体性の尊重が「民主主義」と捉えられる風潮はあったようで、平泉澄は『大義』で知られる杉本五郎に「東洋民主主義」と批判されているし、大川周明も三井甲之に師事した蓑田胸喜によって「徹底民主主義」と指弾されている（本書第二部第一章・第三章参照）。

（8）山田孝雄『国体の本義解説叢書　肇国の精神』教学局、一九三九年、四頁。

（9）皇国史観という用語が、戦中から戦後にかけてどのように成立・定着していったのかについては、長谷川亮一「歴史学の戦中と戦後――「皇国史観」と戦後歴史学の出発」『同時代史学会 News Letter』四号、二〇〇四年五月、拙稿「「皇国史観」考」『年報日本現代史』一二号、現代史料出版、二〇〇七年、参照。

（10）松島栄一「「皇国史観」について」『朝日ジャーナル』一九六五年一一月七日号、五頁。

（11）例えば成田龍一氏は「平泉澄に代表される皇国史観の歴史家たちは活気づく、皇国史観の一端を、紀平正美『皇国史観』（皇国青年教育協会、一九四三年）によって見れば」とする（「ナショナル・ヒストリーへの「欲望」」〈二〇〇二年初出〉『歴史学のポジショナリティ――歴史叙述とその周辺』校倉書房、二〇〇六年、一〇五頁）。

（12）長谷川亮一「歴史学の戦中と戦後」前掲誌。

（13）田中卓「皇国史観について」（一九六九年初出）『皇国史観の対決』皇學館大学出版部、一九八四年、尾藤正英「皇国史観の成立」（相良亨ほか編『講座日本思想四　時間』東京大学出版会、一九八四年。尾藤正英『日本の国家主義――「国体」思想の形成』岩波書店、二〇一四年に再録）。

（14）高岡裕之「ファシズム・総力戦・近代化」『歴史評論』六四五号、二〇〇四年一月、参照。

(15) 平井一臣「国体明徴運動の発生」『政治研究』三二号、一九八五年三月、一〇五頁。
(16) 山之内靖著、伊豫谷登士翁・成田龍一・岩崎稔編『総力戦体制』ちくま学芸文庫、二〇一五年。「総力戦体制」論の視角に立つ代表的な研究として以下のものがある。山之内靖、ヴィクター・コシュマン、成田龍一編『総力戦と現代化』柏書房、一九九五年、米谷匡史「戦時期日本の社会思想――現代化と戦時変革」『思想』八八二号、一九九七年一二月、山之内靖・酒井直樹編『総力戦体制からグローバリゼーションへ』平凡社、二〇〇三年、など。
(17)(18) 山之内靖、ヴィクター・コシュマン、成田龍一編『総力戦と現代化』一九四頁、九頁。
(19) 赤澤史朗・高岡裕之・大門正克・森武麿「総力戦体制をどうとらえるか」『年報日本現代史』三号、現代史料出版、一九九七年、参照。
(20) 江島尚俊「総力戦体制下における教育・学問・宗教」(江島尚俊・三浦周・松野智章編『シリーズ大学と宗教II 戦時日本の大学と宗教』法藏館、二〇一七年)。
(21) 伏見猛弥「教育国家」『教育維新』旺文社、一九四四年、一〇二頁。ちなみに同様の資料は枚挙にいとまがない。「日本は悠久三千年の伝統に輝いてをり、この万邦無比の一君万民のわが国をしてその本来の姿に復せしめ、全国民の精神を総動員し、国家の総力を活用することが現下最大の国家的要請となつてゐる」(企画院研究会『国防国家の綱領』新紀元社、一九四一年、一五頁)など。
(22) 岩崎正弥『農本思想の社会史――生活と国体の交錯』京都大学学術出版会、一九九七年、同「昭和期の農本思想――有馬頼寧と加藤完治を中心に」(西田毅編『近代日本のアポリア――近代化と自我・ナショナリズムの諸相』晃洋書房、二〇〇一年)、黒沢文貴『大戦間期の日本陸軍』みすず書房、二〇〇〇年。
(23) 小路田泰直「戦後歴史学を総括するために」『日本史研究』四五一号、二〇〇〇年三月、四頁。
(24) 永原慶二『皇国史観』岩波ブックレット、一九八三年、四七頁。
(25) 永原慶二氏は、『皇国史観』において文部省の編纂した『国体の本義』(一九三七年)、『国史概説』(一九四三年)によりながら、〈皇国史観〉の特質として、①「国体」という価値の絶対的優越、②天皇への忠という基準を唯一のものとした民衆観、③帝国主義的侵略や戦争に対する肯定賛美、④非科学的歴史認識という四点を指摘した。その指摘自体には首肯できるものの、氏の理解においては、昭和十年代の〈皇国史観〉の特質と明治期の国家主義的歴史認識一般のそれとの相違が明確でない。ほかに尾藤正英氏や田村安興氏は広く前近代との連続性のもとに、また池田智文氏は明治期との連続性のもとにそれぞれ〈皇国史観〉を捉えている（尾藤正英「皇国史観の成立」前掲書、田村安興「皇国史観の表層と基底――イデオロギーの連鎖をめぐって」『高知論叢』七六号、二〇〇三年、池田智文「「皇国史観」研究序説――日本近代史学史研究の前提的問題として」『龍谷大学大学院研究紀要』二二集、二〇〇〇年）。

(26) 桂島宣弘「皇国史観」『日本思想史辞典』ぺりかん社、二〇〇一年、一六八頁。

(27) 安良城盛昭「世界史的範疇としての「天皇制」――網野善彦氏の「中世天皇論」についての批判的検討」（一九八五年初出）『天皇・天皇制・百姓・沖縄』吉川弘文館、一九八九年、八一頁。

(28) これまでも政治史の分野から「体制側が国体イデオロギーをどのように再編していったのか」という問題は提起されてきた（鈴木正幸『近代天皇制の支配秩序』校倉書房、一九八六年、増田知子『天皇制と国家――近代日本の立憲君主制』青木書店、一九九九年、など）。しかしこれらの研究は、おしなべて昭和一〇（一九三五）年の国体明徴運動、あるいは昭和一一（一九三六）年の二・二六事件までで検討を止めてしまう。本書は、『国体の本義』刊行（一九三七年）を契機とした国体論の対立状況の現出こそが、国体問題にとって真に重要な事態であったと捉える。本書のかかる視座には、〈皇国史観〉研究のみならず、政治史からの国体論へのアプローチにおけるエアポケットを埋める意義がある。

(29) 小路田泰直「戦後歴史学を総括するために」前掲誌、同『「邪馬台国」と日本人』平凡社新書、二〇〇一年、桂島宣弘「皇国史観」前掲書。

(30) 平泉の研究史については中原康博・宇都宮めぐみ・塙慶一郎「平泉澄研究文献目録」『日本思想史研究会会報』二〇号、二〇〇三年一月、参照。二〇〇三年以降に発表された主なものに、櫻井進「伝統への回帰――デリダ・ヴァレリー・平泉澄」『歴史を問う4 歴史はいかに書かれるか』岩波書店、二〇〇四年、植村和秀『丸山眞男と平泉澄――昭和期日本の政治主義』柏書房、二〇〇四年、若井敏明「東京大学文学部日本史学研究室旧保管「平泉澄氏文書」について」『東京大学日本史学研究室紀要』九号、二〇〇五年三月、同『平泉澄』ミネルヴァ書房、二〇〇六年、横久保義洋「平泉澄の浄土教観」『岐阜聖徳学園大学仏教文化研究所紀要』五号、二〇〇五年三月、同「平泉澄的中国史観（上）」（黄華珍・張仕英主編『知性与創造：日中学者的思考』中国社会科学出版社、二〇〇五年）、同「平泉澄における〈日本人〉――石原莞爾と比較して」（岐阜聖徳学園大学外国語学部編『ポスト／コロニアルの諸相』彩流社、二〇一〇年）、同「平泉澄的中国史観（下）」『知性と創造――日中学者の思考』四号、二〇一三年二月、同「二つの抗戦――呉人・銭穆と越人・平泉澄と」（岐阜聖徳学園大学外国語学部編『リベラル・アーツの挑戦』彩流社、二〇一八年）、夏目琢史「平泉澄と網野善彦――歴史学における「個人」と「社会」」（阿部猛・田村貞雄編『明治期日本の光と影』同成社、二〇〇八年）、守屋幸一「平泉澄から長谷部言人宛の手紙」（一山典還暦記念論集刊行会編『考古学と地域文化』一山典還暦記念論集刊行会、二〇〇九年）、葛西裕仁「平泉澄の国体論における「単一民族観」」『多元文化』一〇号、二〇一〇年三月、小原淳「一九二六年の西岡虎之助と平泉澄――戦後史学への分岐としての」『紀州経済史文化史研究所紀要』三四号、二〇一三年一二月、平泉隆房「祖父平泉澄の家風と神道思想」・植村和秀「滞欧研究日記にみる平泉澄博士」・若井敏明「史学史上の平泉澄博士――政治的活動をめぐって」・拙稿「平泉澄博士の日本思想史研究」・苅部直「大正・昭和の歴史学と平泉史学」『芸林』六四巻一号、二〇一五年四月、平野明香里「日本近代史学史と〈信仰〉――平泉澄を中心に」『新しい歴史学のために』二九三号、二〇一八年一二月、湯川椋太「「皇国史観」と「祖国のために死ぬこと」――平泉澄の「神道」について」『龍谷日本史研究』四二号、二〇一九年三月、などがある。また『国体の本義』を中心とする文部省編纂書に関する研究として以下のものがある。土屋忠雄「『国体の本義』の編纂過程」『関東教育学会紀要』五号、一九七八年一一月、阿部茂「『国体の本義』と「神道」理解の諸相」『研究集録（東北大学教育学部）』一二号、一九八二年、永原慶二『皇国史観』、田中卓「文部省編『国史概説』と平泉史学」（一九八四年）『皇国史観の対決』、杉原誠四郎「『国体の本義』批判――ロバート・キング・ホールの『国体の本義』批判をめぐって」『戦後教育史研究』五、一九八八年、鰺坂真「「和」の思想と日本精神主義――『国体の本義』の成立過程」・宮地正人「『日本文化大観』編修始末記――天皇制ファシズムにおける文化論・文化史の構造」（ともに日本科学者会議思想・文化研究委員会編『「日本文化論」批判――【文化】を装う危険思想』水曜社、一九九一年）、久保義三『昭和教育史――天皇制と教育の史的展開』上、三一書房、一九九四年（新版、東信堂、二〇〇六年）、貝塚茂樹「昭和一六年文部省教学局編纂『臣民の道』に関する研究㈠――「志水義暲文庫」資料を中心とした成立過程の分析」『戦後教育史研究』一〇、一九九五年、奈須恵子「戦時下日本における「大東亜史」構想――『大東亜史概説』編纂の試みに着目して」『東京大学大学院教育学研究科紀要』三五巻、一九九五年一二月、長原豊「国体の身体論的本義――国体の修辞学あるいは国家という記憶装置」『現代思想』二四巻九号、一九九六年八月、源淳子「大日本帝国の侵略の論理――『国体の本義』をめぐって」『女性・戦争・人権』創刊号、三一書房、一九九八年、桐山剛志「『国体の本義』の教育思想に関する研究――教育に与えた影響を中心に」（二〇〇〇年度修士論文、筑波大学大学院）、櫻井進「帝国への欲望――『国体の本義』・「皇国史観」・「大東亜共栄圏」」『現代思想』二九巻一六号、二〇〇一年一二月、菅谷幸浩「天皇機関説事件から国家総動員体制へ――明治憲法下における法治主義思想崩壊の一断面として」『憲法研究』三六号、二〇〇四年、山科三郎「総力戦体制と日本のナショナリズム――一九三〇年代の「国体」イデオロギーを中心に」『講座戦争と現代4 ナショナリズムと戦争』大月書店、二〇〇四年、長谷川亮一「歴史学の戦中と戦後」前掲誌、同「アジア太平洋戦争下における文部省の修史事業と「国史編修院」」『千葉史学』四六号、二〇〇五年、同『「皇国史観」という問題――十五年戦争期における文部省の修史事業と思想統制政策』（白澤社、二〇〇八年）、荻野富士夫『戦前文部省の治安機能――「思想統制」から「教学錬成」へ』校倉書房、二〇〇七年、棚沢直子『『国体の本義』読解――西洋の世界性・日本の特殊性』（棚沢直子・中嶋公子編『フランスから見る日本ジェンダー史――権力と女性表象の日仏比較』新曜社、二〇〇七年）、拙稿「戦時期文部省の教化政策――『国体の本義』を中心に」『文芸研究』一六七集、二〇〇九年三月（本書「補論二 戦時期文部省の教化政策」として収録）、中村香代子「「国体」観念と神道に関する一考察――戦時体制下の新日本文化の創造」『國學院大學栃木短期大學紀要』四四号、二〇一〇年三月、駒込武・川村肇・奈須恵子編『戦時下学問の統制と動員――日本諸学振興委員会の研究』東京大学出版会、二〇一一年、阪本是丸「「日本ファシズム」と神社・神道に関する素描」『國學院大學研究開発推進センター研究紀要』六号、二〇一二年三月、土佐秀里「『國體の本義』の〈神話〉」『二松學舍大学東アジア学術総合研究所集刊』四三集、二〇一三年三月、植村和秀「『國體の本義』」『岩波講座日本の思想』二巻、岩波書店、二〇一三年、高城円「『国体の本義』の思想と久松潜一――近代における『万葉集』享受の問題として」『青山語文』四五号、二〇一五年三月、前川理子『近代日本の宗教論と国家――宗教学の思想と国民教育の交錯』東京大学出版会、二〇一五年、冨永望「『大東亜史概説』」『京都大学大学文書館研究紀要』一四号、二〇一六年三月、植村和秀「『國體の本義』対『日本文化の問題』――國體論をめぐる闘争」『産大法学』五〇巻一・二号、二〇一七年一月、など。

(31)　一九二七年八月二九日付平泉澄宛書簡（大川周明関係文書刊行会編『大川周明関係文書』芙蓉書房、一九九八年）四四九頁。

(32)　岡義武「日露戦後における新しい世代の成長」上・下『思想』五一二号・五一三号、一九六七年二月・三月、松本三之介『明治思想史』新曜社、一九九五年、など参照。

(33)　栄沢幸二『大正デモクラシー期の権力の思想』研文出版、一九九二年、参照。

(34)(35)　『国体論史』内務省神社局、一九二一年、三七三頁、三七九頁。大正期には陸軍将校からさえ同様の認識が示されている（黒沢文貴『大戦間期の日本陸軍』一四一頁参照）。なお『国体論史』及び同書を編纂した清原貞雄については、藤田大誠「『国体論史』と清原貞雄に関する基礎的考察」『國學院大學研究開発推進センター研究紀要』一二号、二〇一八年三月、参照。
(36)(37) 井上哲次郎『我が国体と国民道徳』広文堂書店、一九二五年、三頁、九頁。
(38) ところが、そのために井上は頭山満や葦津耕次郎ら伝統的右翼や神道家の反感を買うこととなり、結果として著書は発売禁止処分、井上自身も貴族院議員や大東文化学院総長といった顕職の辞任に追い込まれた。この井上不敬事件については、渡辺治「天皇制国家秩序の歴史研究序説――大逆罪・不敬罪を素材として」『社会科学研究』三〇巻五号、一九七九年、森川輝紀「大正期国民教育論に関する一考察――井上哲次郎の国体論を中心に」『日本歴史』四六三号、一九八六年一二月、参照。ただし『我が国体と国民道徳』が発売禁止処分に付された後に刊行された『新修 国民道徳概論』(一九二八年)においても「民本主義が君主主義と調和しうる」という議論は失われておらず、〔国体の〕「王道主義」的改造を完全に放棄したとは認められない」し、同書は十数度の増刷を重ね、昭和戦中期の社会に受け入れられ、流通し続けた事実に留意する必要はあるだろう(見城悌治「井上哲次郎による『国民道徳概論』改訂作業とその意味」『千葉大学 人文研究』三七号、二〇〇八年三月、一六七頁)。
(39) 右田裕規「天皇を神聖視するまなざしの衰退――二〇世紀初期の社会調査にもとづく民衆の皇室観の再構成」『哲学論集』五七号、二〇一一年三月、参照。

第一部

国体論の胎動

第一章　大川周明『列聖伝』考

はじめに

大川周明（明治一九〜昭和三二〈一八八六〜一九五七〉）は、大正・昭和の激動する時代において北一輝に並ぶ超国家主義者、また代表的なアジア主義者として知られている。ただしその彼にしても、明治末から大正初期の時期には、東京帝国大学文科大学哲学科（宗教学専攻）を卒業したばかりの一青年に過ぎなかった。これまでの大川研究においては、国家改造運動における彼の華々しい活躍に目を奪われがちで、青年期大川の思想は看過される傾向にあった[1]。しかし、いうまでもなく、大正・昭和期における彼の思想・運動の意味を正確に理解するためには、青年期の彼が抱いていた思想を踏まえることが不可欠である。そして、当該期の彼の思想を検討する上で、極めて重要な資料に『列聖伝』がある。

大川は、明治天皇の死とそれに続く乃木希典大将の殉死に大きな衝撃を受ける中で、『列聖伝』編纂のために初めて日本史研究に着手した感動を次のように語っている。

日本史の研究は昨年（明治四五（一九一二）年）の春より相始め候が、これは私の思想に非常なる影響を及ぼし申候、殊に昨夏明治天皇遽しく神去り給ひ、次で乃木将軍夫婦御跡を慕ひまつれる一大事の出来は物心つきて此かた曾て知らざりし複雑なる精神生活の動揺を惹起され、益々私をして大和民族の史的研究に没頭せしめ申候、この六月にて天皇を中心とせる日本史の研究を一先づ終了仕候へば、今後は国民生活の歴史に移り、次で文化の各方面を研究する覚悟に御座候、私は今や自分に取りて最も神聖なるものは大和魂、最も神聖なる仕事は大和魂の発展長養に外ならずと信ずるやうに相成り候、されば日本の使命は東西文明の融和に在りなんと云ふ意丈(ママ)高の宣言は、今や私の耳には付景気の楽隊の如く空々しく響き申候、……私の日本史研究は他日私が精神界の一戦士として起たん為、起ちて良き戦を戦はんための至当なる且必要なる準備と存じ居り候。[2]

このように明治四五年春に着手され、大正二（一九一三）年六月に一段落を遂げた「天皇を中心とせる日本史の研究」、つまり『列聖伝』が大川における日本回帰の契機となった、とこれまでの諸研究は無前提に把握してきた。しかし、明治末の大川は、宗教の本質を究めるべく、西洋の文献を渉猟し、「出家遁世さへし兼ねまじかりし専念求道の一学徒[3]」であり、彼において生じたかかる思想的転回はいかにも唐突に見える。即ち、問われるべきは、彼における日本回帰の内実であろう。

とすれば、まずは『列聖伝』の検討から出発すべきであることはいうまでもない。ところが、これまで『列聖伝』の分析は全くといっていいほどなされてこなかった。その理由としては、何よりも初めて『列聖伝』を調査した橋川文三氏によって、「精細な史料ノートというべきものにすぎない[4]」と規定され、大川の思想性を見出す試みが放棄されたことの影響が挙げられる。しかし、大川自身あれほどの感激を示す契機となった『列聖伝』が、単なる客観的な「史料ノート」であったとは到底考えられない。

このような研究史の現状に対し、本章は、『列聖伝』編纂時期と重なるように、大川が「宗教講話」を連載していることに着目することによって、『列聖伝』における天皇観と『列聖伝』以前から従事している彼の宗教研究との関連を明らかにすることを目的とする。彼が東大で薫陶を受けた姉崎正治は、近代日本において宗教学を整備、確立した人物であり[5]、その下で大川は、宗教に関して当時最新かつ一流の知識に接することができた数少ない人物であった。これまで東大宗教学専攻卒業という経歴にもかかわらず、青年期における彼の宗教観はほとんど注目されてこなかったが[6]、青年大川の天皇観と宗教観との関係を解明することで、彼自身のいう思想的転回のインパクトを相対化し、彼におけるいわゆる日本回帰の質を検討したい。

戦後、大川はコーランの翻訳を出版しているように、彼において宗教への関心は青年期から晩年まで一貫したものであった。その点で、彼の宗教観を問うことは、彼の長い活動期間を貫通する思想的根拠を浮き彫りにすることにもつながるはずである。

一　神代と歴史

大川における天皇観と宗教観との関係を考察する前提として、両者の接点となる神代と歴史をめぐる議論について概観しておきたい。伊藤博文『憲法義解』や教育勅語に示されるように、天皇制国家は支配の正統性根拠を神代に求め、神代と歴史とを結び付けた。このような非合理的な神代への依存を批判したのが帝国大学文科大学教授久米邦武である。彼は、「其誇るべき国体を保存するには、時運に応じて、順序よく進化してこそ、皇室も益尊栄なるべけれ、国家も益強盛となるべけれ。世には一生神代巻のみを講じて、言甲斐なくも、国体の神道に創りたればとて、いつ迄も其襁褓の裏にありて、祭政一致の国に棲息せんと希望する者もあり。此活動世界に、千余百年間長進せざる物は、新陳代謝の機能に催されて、秋の木葉と共に揺落さるべし[7]」と、神代に執着する神道家を揶揄してみせた。そもそも彼によれば、「〔天には禍福を司る主宰者がいるという〕観念の中より、神といふ者を想像し出して崇拝をなし、……何国にても神てふものを推究むれば天なり、天神なり」とされ、皇祖天御中主神も、中国の皇天・上帝、インドの天堂・真如、欧米のゴッドと同じく、古代人による「想像」の産物に過ぎなかった[8]。

久米は、むしろ国家神道体制の下で曖昧にされていた神道に対し、アカデミズムの立場から検討を加えることでより強固な基盤を確立することを意図していたといえるが、神道界を筆頭に各界から猛反発を蒙った。「吾人は教授〔久米〕の説に必しも同意する者に非ず」と断わりながらも「威力を以て思想の自由を検束するは太しき大害を国に残す者なり」と、神道家の過剰な反応を抑えようとする冷静な意見もあったが[9]、この騒動の結果、彼は文部省から非職を命じられ、ついで依願免官となった。世にいう久米邦武筆禍事件である。

久米事件以降、「日本神代史の自由研究は、殆（ママ）と禁（ママ）せられしかの如」き状態に陥ったものの、明治三二（一八九九）年、高山林次郎〔樗牛〕、姉崎正治、高木敏雄らによる日本神話研究の論文の発表が相次ぎ、「神代史の自由研究は、公許せられしものと認めて、不可なかるべし」と期待されたが、後が続かずに途絶えてしまう[10]。

その後再び神代に対する関心が高まるのは、明治四四（一九一一）年に前年の「大逆事件」に続いて生じた南北朝正閏問題を契機としてであった。当該問題は、単に南北朝時代の歴史解釈をめぐる争いではなく、国体の大本、正統性を争うものとして大きな注目を集めた。そのような中で「此の如き時代〔南北朝問題、「大逆事件」が起こる時代〕に処しては、国史の劈頭源泉となつて居る神代巻に対して、我々の道義的解釈を明確にし、国体の尊厳についての覚悟を一層鞏固にするのは、実に切実の要事だといはなければならぬ[11]」と、改めて神代の意味が問われるようになった。

特に南朝正統論派の中心人物、東京帝国大学教授姉崎正治は、「神代巻は南北朝問題に対する事前の指導光明である」[12]と捉え、南朝正統論を正当化する根拠として神代の記事を解釈していった。換言すれば、明治末期の段階において、彼はいまだ神代に正統性の根拠を求め、「指導光明」と仰いでいたことになる。彼にとって、神代は次のように「歴史ではない」にせよ「史実以上の真理」が含まれているものであった。

神代巻は、通常の意味での歴史ではない。その中には天然現象の観察から得て来た神話もあれば、物事の起源を説明する俗説も混交して居る。従つてその記事は、尽くは歴史上の真実を伝へたものでもなく、又何れの点も皆神聖だといふ訳には行かない。然しながら、通常の意味での史実でなくとも、その間には史実以上の真理が現はれ、荒誕な様な記事（例へば大食津姫の変身の如き）が混在して居る中を縫ふて、日本建国の大精神が一貫して居る事は、恐らく今更一々説明を要しないであらう。[13]

宗教学を講じる姉崎によって、神代巻が「歴史」ではないと断言されたことには意義があったが、その一方で彼が神代の記事を「史実以上の真理」と捉えたことに留意する必要がある。

さらに明治四五（一九一二）年一月には森鷗外の小説「かのやうに」が発表される。文科大学の歴史科を卒業した主人公五条秀麿や彼の父の子爵は、「兼ねて生涯の事業にしようと企てた本国の歴史を書くことは、どうも神話と歴史との限界をはつきりさせずには手が著けられない」、「今の教育を受けて神話と歴史とを一つにして考へてゐることは出来まい」と、神話と歴史との矛盾に悩む。[14]結局彼は、神話は歴史事実ではないとしながらも、神話を事実である「かのやうに」捉えることで解決を図る。この作品は当時高等教育を受けた者が共通して抱いた難問の所在を端的に示している。

「かのやうに」の主人公五条に代表される、当時の知識人の悩みに対しては様々な対応があった。例えば久米邦武は神話を「譬喩文」と見なし、神話の中に歴史的事実を見出そうとする合理主義的態度によって神話と事実との葛藤を回避し、古代史像を構築した。また比較神話学に基づく高木敏雄は、神話から恣意的に事実を抽出する久米に代表される方法を「是は何うも余程危険であつて、……日本ではまだ其説が大分ありまして、而も多少の勢力のあるのは遺憾に思ふのであります[15]」と批判する。高木自身は「古事記は歴史でもあれば神話でもある。高山君の言つた通り〔高山林次郎「古事記神代巻の神話及歴史」『中央公論』一四年三号、一八九九年三月〕、素盞鳴尊が出雲に天降つた其辺から境界がついてゐると云ふのは一番穏当な説であると思ふのであります[16]」というように、神話と歴史との間に境界線を引いた。

この流れに、津田左右吉『神代史の新しい研究』（一九一三年）以下における神代の史実性を否定する一連の古代史研究が出てくる。さらに大正五（一九一六）年には、「記紀の上代史、少なくとも神功皇后以前の部分は厳密な意味での歴史としては考へられない[17]」と、津田の追究は人代にまで及び、神武天皇から仲哀天皇までが「歴史」から排除された。

明治末から大正初期にかけての古代史研究におけるかかる新しい動きは、明治国家の再編過程と無関係なものではない。そもそも近代日本の人文社会系諸学知の対象は一様に神代・古代に偏っており、その傾向は「国史学」において最も顕著であった。そして研究の中核として早くから整備が進められた神代・古代史は、天皇制国家秩序を正当化するというその要請された役割ゆえに自由な研究が妨げられた。まがりなりにも「歴史としての古代史」研究が可能になったのは明治末年になってからであった[18]。この頃、日露戦争後から大正初年にかけての時期は、「明治国家の解体過程及び政党政治の確立過程」＝「「大正デモクラシー」運動の「原蓄」過程」であり、「官僚閥・軍閥及び政党」が各々明治寡頭制の支配を突き崩し、新たな対応を模索していく時期に当たる[19]。明治四五年、上杉慎吉の神権説と美濃部達吉の機関説との間に生じた憲法論争、そして後者の通説化は、まさに神代・神話に支配の正統性根拠を求めていた明治国家が崩壊していく様を端的に示している。『憲法義解』や教育勅語における神代と歴史との連続性を支えるために（＝支配の正統性根拠を保護するために）、これまで神代・古代は学問的研究の及ばない聖域と化してきた。既に明治国家の根本と癒着しすぎていた神代・古代史研究は、明治国家の解体に伴って同様に解体・再編を余儀なくされたのである。

以上のような新しい古代史研究は、明治国家の再編過程と連動して、より合理的に天皇制を支えなおそうとする営みであったろうが、同時に、神代が事実でないことはもはや明らかとなり、のみならず神代を述作された物語と捉え、神武天皇から仲哀天皇に至る歴代の存在に疑問を呈するラディカルなものであった。かくして神代は歴史から切り離されつつあったのである。

もちろんこのような動きに対しては反動が生じている。『大政紀要』が刊行され、また大正九（一九二〇）年には、文部省によって日本歴史から国史へと改称された歴史教育に神代の物語が一層強調されるようになった[20]。特に『大政紀要』は、岩倉具視主導のもと、明治一六（一八八三）年四月に編纂が開始され、岩倉の死をはさみながらも、同年一二月に一応結了となったものである。同書はあまりに大部なため刊行されずにいたが、大正元（一九一二）年、歴代天皇の伝記を扱った総記の部分のみが刊行された。その記述は、民権運動、政党への批判的言及が多く、また明治維新を「王政復古」と捉える点で、「明治藩閥専制政権の維新史観」と評されるものであった[21]。総記のみとはいえ同書がこの時期刊行されることとなった最大の契機は、刊行に先立って、その抄録が友声会編『正閏断案　国体之擁護』（東京堂、一九一一年七月）に掲載されたことに示されるように、南北朝正閏問題に求められる。即ち、『大政紀要』は「北朝五帝ハ。並ニ帝ト書シ。天皇ト称セス。以テ正閏ノ別ヲ明カニス[22]」と、明確に南朝正統論の立場に立っていた。さらに「総記ノ主脳トスル所ハ。我邦国体ノ特ニ海外各国ト異ナリ。皇統一系万世不易君臣ノ名分確定シテ。動カス可ラサルヲ表示スルニ在リトス[23]」と、基本的方針が定められているように、「皇統一系万世不易」を説明するものであった。そして天壌無窮の神勅を掲げた上で、「蓋シ皇統ノ万世一系ニシテ。君臣名分ノ班然タル。既ニ此時ニ於テ定マレリ[24]」と説明された。即ち、万世一系の根拠は神勅に求められ、神代との連続性が前面に押し出されたのである[25]。

大正初期、神代と歴史とのせめぎ合いはいまだ続いていたのであり、かかる時期に姉崎の下で宗教学を学んだ大川は歴代天皇伝の編纂に着手したのである。

二　『列聖伝』の考察

大川が『列聖伝』を編纂するに至った機縁は、彼が会員となっていた道会の主宰者松村介石によって与えられた。明治末期、松村を信奉する富豪大倉孫兵衛が古希の祝いに「歴代の天皇の伝記を編み之を印刷に付して知人に頒ち皇室が有史以来常に国民生活の中心たりし事実を知らしめて動もすれば稀薄ならんとする国民の皇室に対する観念を温め度いと云ふ殊勝な心を起し」、松村から大川へその下書きの執筆が斡旋されたのである[26]。大倉が天皇伝の編纂を必要視した背景には、対外的には明治四三（一九一〇）年韓国併合、国内的には同年の「大逆事件」、翌年の南北朝正閏問題を経た後での社会不安があった。国体という帝国日本そして日本国内共通の統合の核となる理念に再検討を迫る事件が連続した動揺期に際して、国民の皇室に対する内面的傾斜を確保することが目指されたのである。

『列聖伝』は大正二（一九一三）年六月頃一応の完成を見たが、その構成は次の通りである。

（一）　第一代神武〜第一〇代崇神

（二）　第一一代垂仁〜第一六代仁徳

（三）　第一七代履中〜第三一代用明
（四）　第三二代崇峻〜第三九代弘文
（五）　第四〇代天武〜第五一代平城
（六）　第五二代嵯峨〜第七二代白河
（七）　第七三代堀河〜第九二代伏見
（八）　第九三代後伏見〜第一〇五代後奈良
（九）　第一〇六代正親町〜第一一二代霊元
（十）　第一一三代東山〜第一一八代後桃園
（十一）　第一一九代光格〜第一二二代明治

『列聖伝』における一一の分冊は、それぞれ分量が一定せず、頁数合わせの機械的な区分ではなく、大川なりの主観的意図が反映されての区分であることが推測できる。この区分を参照しながら、『列聖伝』の大まかな流れを概観しておきたい。

『列聖伝』は神武東征から書き出され、神武天皇を「皇祖天神の詔を奉じ、大日本国の基礎を確立し給へる聖主」（（一）神武）[27]と捉える。そして「崇神帝以来内国の経略に御尽瘁ありて、帝国の基礎漸く固まれる」（（二）仲哀）、「内治は頗る挙り、皇室の権威は未だ曾て見ざるほど高められた」（（三）雄略）というように、神武から第三一代用明まで（（一）〜（三））は国家の基礎確立、発展期に当たる。さらに第三二代崇峻から第三九代弘文まで（（四））は、崇峻天皇暗殺、大化改新、壬申の乱、弘文天皇弑逆と打ち続く変動期に当たる。特に大化改新は、「吾邦建国以来の政治組織を根本的に改革せんとの空前の大企画」（（四）天智）と捉えられる。そして、「壬申の乱は決して単に皇位の御争ひが原因となつたのではなく、明かに天智帝の大改革に対する不平の爆発であつた」（五）天武）と、壬申の乱を大化改新に対する反動として位置付けることによって、「皇位の御争ひ」というマイナス・イメージを払拭している。

第四〇代天武から第五一代平城まで（五））は、大宝律令制定による大化改新の完成、平城京への遷都、『日本書紀』編纂、平安京への遷都があり、一見天皇親政の安定期に当たる。しかし、聖武天皇が皇親ではない藤原不比等の娘を皇后としたことを以て、「実は天皇の御時から皇室古来の大法を一変し玉へるものである」（五）聖武）と評されるように、重要な変化が兆された。さらに称徳天皇の道鏡寵愛、宇佐八幡神託事件を以て、「金甌無欠の御国体に、将に拭ひ難き汚点を残さんとし玉へる上に、朝野をして君主親政の危険を想はしめ、以て藤原氏摂政の権を握る予因をなさしめ玉へるは、誠に惜みても尚余りある次第である」（五）称徳）というように、天皇親政に対して危機感が持たれた時期に当たる。

そして天皇の政治的地位の失墜において大きな契機とされたのが蔵人所及び検非違使庁の設置である。

されば蔵人所及び検非違使庁の設置は、天皇親政より一転して文武のこと皆な臣下の掌司に帰し、天皇は唯だ奏聞を受けて奏可し給ふに至れる最初の階段であつた。（六）嵯峨）

このような把握自体は諸文献の大意をとったという『大日本史』の記述に見られるものであるが[29]、大川は原典を直接参照した訳ではなく、その把握を踏襲した木寺柳次郎『日本歴史』に負ったと考えられる[30]。このように推測するのは、第一に酒田市立光丘文庫所蔵大川周明旧蔵書には、明治三六（一九〇三）年一二月刊行の第一〇版が所蔵されており、大川によるものと思われる書き込みがあること、第二に先の聖武天皇の皇后に関する記述やのち幕末において光格天皇の時に約九百年ぶりに天皇号が復興された記述などには、木寺の著書との共通性が指摘でき、影響関係が窺える、という二点からである。木寺の影響によるものであるとはいえ、大川がこの時期を以て天皇親政の歴史上、画期と捉えている点は重要である。第五二代嵯峨（六）冒頭）以降、「天皇親政より一転」することになり、天皇は政治圏外に追いやられる。[32]

このことは、『列聖伝』において天皇の本質が「親政」に求められていた訳ではないことを示している。むしろそのような統治の主権者というレベルとは異なるところで天皇・皇室は意義付けられている。大川は『神皇正統記』における「神は人を安くするを本誓とす。天下の万民みな神物なり。君は尊くましませども、一人を楽しましめ、万民を苦しむることは、天もゆるさず、神も福せぬいはれなれば、政の可否に従ひて、御運の通塞ある可しとぞ覚え侍る」という一節を引用して次のように解釈する。

親房卿は、皇室の尊栄は実に安民の徳に在りと考へたのである。安民の徳とは、共同生活の理想の実現と云ふ事である。我が皇室は安民の徳を以て、長く日本国民と云ふ共同生活の中心にて在しましたのである。
（〔七〕仲恭）

大川が引用した箇所は、後年平泉澄によって、『神皇正統記』が「下々の読物としては不適当」[33]だと判断される根拠となる記述であった。大川は、平泉からすれば、まさに「不適当」な解釈を施し、「安民の徳」「共同生活の理想の実現」「日本国民と云ふ共同生活の中心」という皇室観を提示する。『列聖伝』全体を通じて、親政であろうと不親政であろうと各天皇の「安民」志向が強調されていることからすれば、このような政治的位置の如何に関わらない皇室観こそ、歴史を一貫する皇室の本質として措定されているといえよう。そのためかえって『列聖伝』では南北朝の対立や戦国時代における天皇の貧窮ぶりが赤裸々に記述されることとなる。

ところで大川が『列聖伝』編纂に携わる以前に南北朝正閏問題が生じていた。『列聖伝』のスタンスを確認しよう。『列聖伝』は歴代数を南朝で数えるとともに、北朝に関しては「北朝第一代　光厳天皇」というように北朝の代数で数えて全員「天皇」と表記している。「海内同時に両天皇あり」（八）後醍醐）と、二人の天皇が同時に存在したことを認め、この時代を「南北朝時代」と言う。この点で『列聖伝』の立場は南朝正統論に立つとはいえ、実質的にはかなり南北朝両立論に近く、『大政紀要』や姉崎正治の把握とは一線を画している。

そして「南北朝時代」以後、第一〇六代正親町天皇以降（九）（十）、織田信長、豊臣秀吉の登場により天皇の権威は以前よりは相対的に上昇したとされる。江戸時代、天皇は幕府により様々な規制を受けながらも、和歌や学問を愛好する政治圏外者として一応安定する。そして第一一九代光格天皇に至り、幕末における朝幕関係の変化によってにわかに天皇の権威が急浮上する。遂に第一二二代明治天皇に至り、王政復古は実現する。大川の明治天皇観を見よう。

此等の御製は千言万語に勝りて天皇の治国安民の御精神を物語るもので、洵に明治天皇は其の長き御治世の間、終始かくの如き偉大なる御精神を以て国家に君臨せられたのである。

明治天皇の御一代を仰ぎ見奉りて、第一に有難きことは御在位四十有五年の御生活が徹頭徹尾私なき御存在として国民に臨ませ給へることである。即ち天皇は公けの為に御生活あらせられたので、公けを離れての私の方面は殆ど在らせられなかつたのであります。

かくの如く天皇は一視同仁の聖天子として国民に君臨し給ひ、国民はまた天皇は国民の天皇なりとの心を抱き、普天の下率土の浜、上は貴顕縉紳より下は漁夫樵者の果に至るまで、皆な天皇は自分達の天皇なりとの心を有つやうになつた。此心持こそは実に日本をして天皇御治世四十五年の間に、古今未曽有の大発展を遂げしめた所以であると信ずる。（以上、（十一）明治）

かかる明治天皇観は、「安民の徳」「共同生活の理想の実現」「日本国民と云ふ共同生活の中心」といった要素に対応したものであり、神武以来歴史を一貫する皇室の本質を最大限に体現した天皇として明治天皇は位置付けられている。「国民の天皇」という言葉に端的に示されるように、明治天皇は統治権の総攬者としてではなく、まさに「共同生活の中心」として君臨した。天皇を中心に、衝突などない、極めて親和的な共同体として日本国民、日本国家が想定されていることに注意したい。

以上を総括すれば、（一）～（三）が基礎確立・発展期、（四）（五）が変動・転換期、（六）～（十）が天皇権威の下降期、（十一）が復古期という大まかな流れで、天皇の歴史が区分されている。そしてこのような天皇の政治的地位の変遷にもかかわらず、歴史を一貫して皇室は国民生活の中心として存在し続けたという点にこそ、『列聖伝』の眼目がある。この『列聖伝』の主題に沿うためであろう、武烈天皇の残虐行為の一部（（三））、後朱雀天皇暗殺疑惑（（六））、四条天皇の奇矯な行為（（七））などの記述は一度執筆された上で削除されていることが原稿から確認できる。このことからも『列聖伝』は単なる「史料ノート」ではありえず、「皇室が有史以来常に国民生活の中心たりし事実を知らしめて動もすれば稀薄ならんとする国民の皇室に対する観念を温め度い」という大倉孫兵衛の意図（これは大川自身の願望でもある）に沿う形で一定の取捨選択がなされていた。

三　大川の宗教観

『列聖伝』の特質を考える際、第一に注目すべきは神代の欠如である。『列聖伝』完成の直前に刊行されていた『大政紀要』が、神代と歴史とを連続させていたのとは対照的である。それでは、神代を欠き、神武天皇の記述を東征から始めている『列聖伝』において、万世一系の根拠は一体何に求められたのであろうか。それは、先ほども確認したように、「安民の徳」「共同生活の理想の実現」「日本国民と云ふ共同生活の中心」という点であった。

この認識は、大正初期の思想界に様々な波紋を投げかけたチェンバレン『新宗教の発明』[34]（Basil Hall Chamberlain, *The Invention of a New Religion*, 1911）に対する反駁としてますます強固なものとなっていった。

帝国大学名誉教授チエムバレン氏は『新宗教の発明』と題する近著に於て、吾国に於て幾多の天皇が廃せられ、幾多の天皇が弑せられたこと、武家政府が皇室を窮境に委して顧みざりしことを述べて、日本の天皇崇拝は近時の発明なりと断言し、凡そ国民の君主を遇するに据傲なりしこと日本人に過ぐるはなかつたとさへ言つて居る。吾等は茲にかゝる誤解を事々しく駁論する必要を認めぬ。……〔「皇室の宝蔵」たる正倉院が千年間荒らされたことがなかったのは「皇室の尊厳」によるのであり、〕皇室の力は見えざる所に働らく。……而して皇室に対する此の厳粛なる感情は吾等の歴史を通じて間断なく流れて居る。／かくして吾等は皇室を中心として比類なく強固なる共同生活を営んで来た。[35]

大川は、「日本の天皇崇拝」が決して作為的な「近時の発明」ではなく、日本人が歴史を一貫して「皇室を中心として比類なく強固なる共同生活を営んで来た」ことを強調した。彼において「皇室に対する」「厳粛なる感情」は、日本人にとって極めて自然な感情として本質化されたのである。

留意すべきは、かかる皇室観が大川の宗教観を反映したものであった点である。彼による宗教の定義を確認しよう。

自己以外若くは自己以の《ママ》上生命の存在を自覚して自身の上に之を実現せんとの要求、万有を統一する生命を認めて之を自身の生命に接し、自身の生命を之に托せんとの要求、これが取も直さず宗教的要求である。……されば宗教的要求は自己に対する要求である、自己の生命に対する要求である、自己の生命の十全に対する厳粛なる要求である。而して宗教とは此の要求及び之に伴ふ一切の精神現象並に社会現象の総括である。／宗教的生活に於て、此の超個人的生命は神と云ふ名を与へられて居る。従つて宗教的要求は神人合一の要求であると云ふ事が出来る。[36]

大川において宗教的要求はあくまで個人を基本にして自己の内面から湧き上がるものとして捉えられている。その点で、チェンバレンの考えるように、外部からの作用によって都合よく作為的に「発明」されるものでは断じてなかった。そもそも大川のかかる宗教観は、有限な個人が超個人的存在との一体化を志向する欲求として宗教を考える、彼の恩師姉崎正治からの影響であろう。即ち、姉崎は『宗教学概論』において次のように説く。「〔宗教的意識は〕人心が其有限なる生存以上に、一切の統轄をなせる偉大の勢力あるを設定意識して、此勢力と自己との間に躬親的人格的関係を得んとするに発する心現象にして、若し此偉大なる勢力の観念を概称して神といふべくんば、宗教的意識とは人が神に対して発する意識現象なり[37]」、「宗教的意識の原動力は、自己の生存を主張し拡張し豊富にし永遠にせんとする欲求の自然の結果として、自己以上の実力に近親し、或は之を獲得せんとする慾求意欲にある」(38)と。

そして大川は宗教＝「神人合一」を次のように言い換えている。「共同的生活とは、個人的生命が超個人的生命と交通融会する事である。換言すれば己れの生命と他の生命の互に、他の生命を己れの生命の上に実現する生活である。……吾等の衷には、他は己れの為に、己れは他の為に生きようとする根強き要求がある。此の要求あるが故に吾等は自己以外又は以上の生命と交通せざれば止まないのである。かくて吾等の生活は他人の為の生活で、他人の生活は吾等の為の生活となる。偉人とは其の独一無二の個性を発揮する事によりて、通常の人よりも遙かに多数の人々の為に、且多数の人々の衷に生きると同時に、それだけ多数の人々が彼等を通じて生き、且彼等の為に生きて居る人々を云ふのである」(39)と。

宗教観を背景としたこのような「偉人」像は、「安民」を心がけた明治天皇の「天皇は一視同仁の聖天子として国民に君臨し給ひ、国民はまた天皇は国民の天皇なりとの心を抱」いたという表現と通底しているといえよう。即ち、「日本国民と云ふ共同生活の中心」という表現の内実は、単に天皇が国民的シンボルであるという意味に止まらず、さらに個人的生命（日本国民一人ひとり）が超個人的生命に擬せられた天皇と「交通融会」することを意味したのである。その点で、天皇の行う「安民」もまた具体的な政治的施策というよりも、むしろ国民との一体感を求める宗教的行為に近いものである。皇室・天皇は政治的次元ではなく、宗教的次元において把握されており、それ故大川にとって天皇の政治的地位の変遷などは二次的なものであり、天皇の本質には本来関係ないものであった。

ところで『宗教学概論』に結実する姉崎の研究は、西洋における宗教研究の動向と並行するものであり、彼は「日本の宗教現象を西洋的な宗教概念に対応するものへと再解釈していった」(40)。西洋の文献や姉崎を通して学んだ宗教学の知見が、日本の天皇を捉えることにも適用できたことで、大川は西洋の論理で日本を見たというよりも、いわば日本の中に西洋を見た。「東西文明の融和」論を歯牙にもかけず、「最も神聖なる仕事は大和魂の発展長養に外ならず」と彼が確信したのはその故であろう。

また大川は「一切の宗教を宗教其者の進化の過程にあるものと見る」[41]というように、諸宗教の歴史を単一の発展図式の中で捉える。その進化は、祖先崇拝という原始的宗教に発し、諸家族が結合して部族ができ、その部族内限定の部族的宗教が成立し、そこから諸部族が集まって国家を形成し、国民的信仰をもつ司祭的宗教へ進み、そしてさらに時処位を超えた普遍的宗教に至るという過程として描かれている[42]。さらに「宗教的世界観は倒れもしよう、宗教の教義は変りもしよう。併し宗教其者は永遠に存在する[43]」というように、進化の過程において宗教の要素に変化は生じるものの、宗教それ自体は不滅であるとされる。宗教的要求が人間に本質的なものとされる以上、国民の皇室に対する「厳粛なる感情」もまた日本人にとって極めて自然な感情とされる。即ち、宗教的要求に根拠づけられた皇室・天皇は永遠の存在となる。

そしてこのような宗教の永遠性・自然的発展（祖先崇拝→部族的宗教→司祭的宗教）と天皇との関係付けは大正末に完成する。

さて多くの家族が結合して氏族が出来れば、氏族全体の生命の本原として氏族の先祖が崇拝され、次で多くの氏族の結合によつて国家が出来れば、国民全体の生命の本原として国祖が崇拝されます。而して吾が日本に於ては、国祖の精神を其儘に保持される天皇が、国初から今まで国家に君臨し給ふが故に、天皇に帰一随順することは、取りも直さず国祖に随順することになります。故に、忠とは……孝と同じく宗教的旨趣を帯びたるもの、即ち天皇を通じて神に随順することに外ならないのであります[44]。

天皇への忠が神への随順に他ならず、大川にとって天皇は国民の宗教的対象とされる。そして「忠の本義は、日本に生れ、日本の天皇の下に育つた日本人でなければ、味ふことの出来ぬものであります。……外国人には如実に分らぬものであります[45]」と断言されるように、日本人に特殊なものであり、普遍的宗教には到底至り得ないものだった。

このように大正末の大川において結局宗教は忠孝に収斂するかのように見えるが、彼は「私は親孝行と忠義のほかに宗教はないとは無論言はない[46]」と断っている。実際、彼は忠孝とは異なる宗教を次のように説いている。

固より私は大川家の大川であり、日本国の大川でもあるが、家国を超越せる天上天下唯我独尊の大川でもある。私の魂の最も深い処に於て、私は純乎として純なる神を拝することが出来ます[47]。

ここで「家国」＝孝・忠を超越したところに設定される「神」とは、明らかに「国祖」＝天皇とは異なるものである。天皇の相対化にもつながりかねないこの抽象的・普遍的「神」は、「国祖」＝天皇とどのように関係しているのか。かかる疑問はおそらく誰もが抱くものであろう。事実、この曖昧な関係を原理日本社の中心人物であり、東京帝国大学文学部宗教学科を卒業した――その点で大川の後輩に当たる――蓑田胸喜が批判している。

これでは日本人大川氏と「家国を超越せる天上天下唯我独尊の大川」氏と「天皇」と「神」とは統一中心を失つて結局バラ〳〵のものとなつてしまふ。……氏の神とは「家国を超越せる天上天下唯我独尊の大川」の神であるから、そこには「天皇を通じて」といふ意味は全く消失してしまつてゐるので、それは「天」と同様の漠然たる抽象的理念である。(48)

この批判に対し、大川は「吾々は親を通して、また君を通して、宇宙的生命に連なる如く、親と共に、また君と共に宇宙的生命に連なることが出来る。孝行が忠君と杆格せぬ如く、敬天は忠君と杆格するものでない(49)」と答えたものの、蓑田は納得せず、さらに「この場合問題はその「通じて《ママ》」と「共に」とが如何に関係するかである。……「共に」といふのは、むしろ「別に」といふ意味である。……かくして大川氏は「通じて《ママ》」の宗教と、「共に」即ち「私」の宗教とを別々に持つてゐることになるが、大川氏の文意からすれば氏の最後の宗教は確かにその後者にある(50)」と批判を重ねている。「儒教仏教乃至基督教も日本精神に摂取綜合」され、「日本の神」以外認めない(51)蓑田と、忠君とは別な敬天を設定する大川とは完全にすれ違い、論争は平行線のまま終わる。

以上のように大川は、自らの宗教観を背景に、天皇を相対化する契機をも含みこみながら、神代から自立して天皇の万世一系を正当化してみせた。それでは彼は神代をどのように理解していたのか。大正七（一九一八）年に彼は「日本歴史は斯くの如くにして神武天皇を以て始まる。神武天皇以前の神代史は、事実の組織に非ずして、国家統一の原理を具体的表象の形式を以て表はしたものである。故に神代史は「歴史」に非ずして「理想」である(52)」と、神代が「歴史」ではないことを断言している。夙に『列聖伝』が一応完成した頃にも、彼は「古事記を通して吾等の祖先の思想信仰を研究し且之に関する徹底せる理解を得ねばならぬ(53)」と記しているように、彼にとって『古事記』神代巻は史実などではなく、明らかに「吾等の祖先の思想信仰」を示すものであった。彼はその「吾等の祖先の思想信仰」の内容を次のように説明している。

かくして宇宙に内在する最後の統一原理は、天照大神てふ神格として彼等〔「吾等の祖先」〕に現はれたのである。／さて彼等は日本国の天皇を以て天照大神の子孫とし、彼等自身は此国を経営せよとの神勅を蒙むりて、天孫に供奉し来れる神々の子孫を信じて疑はなかつた。此の信仰は動かし難き真理を語つて居る。日本国に於ける天皇の地位は、さながらに宇宙に於ける天照大神の地位である。宇宙の一切が天照大神によりて統一せられたる全体の中に於てのみ存在の意義があるやうに、総ての日本人は天皇によりて統一せられたる国家の中に於てのみ存在の価値がある。日本の皇室をして世界の不思議たらしめたのは実に此の思想である。(54)

天照大神になぞらえられる形で、天皇は日本国家における「最後の統一原理」として日本人に君臨することが「真理」と見なされている。神代は「歴史」ではないけれども「真理」を含んでいる。この大川の神代観は、明らかに姉崎のそれと同じである。ただし、姉崎が南朝正統論と神代の尊重とを密接不可分のものとしていたのに対し、大川は実質的には南北朝両立論に立ち、神代を現実問題解決のための切り札として活用することはなかった。その意味で、両者は神代観の点では共通していても、神代への依存度という点では大きな違いがあった。

大川において神代と歴史とは明確に区別され、連続が断たれた。歴代天皇は、とりあえず神話とは切り離されて、あくまで「歴史」の領域において国民の宗教的対象、「日本国民と云ふ共同生活の中心」として解釈されたのである。しかし、かかる彼の天皇観は、大日本帝国憲法が保障する政教分離原則と抵触する可能性があった。それ故、大胆にも彼は次のように改憲を必要視していた。

大体日本の憲法に現はれて居る天皇は、純乎たる日本人が、其魂の奥底に於て把握して居る天皇とは、少なからぬ懸隔があるやうに思はれます。日本の現行法は、単に憲法に限らず、明治維新以後の制定に係るもので、恐らく今後根本的の改訂を要するものと思はれます[55]。

大川における「純乎たる日本人が、其魂の奥底に於て把握して居る天皇」とは、まさに国民にとって宗教的対象である天皇に他ならない。彼は、自らの天皇観を貫徹させるためには改憲をも辞さなかったのである。

おわりに

本章は、大川における『列聖伝』編纂と彼の宗教観との関連を検討した。最後に本章の要約をしておこう。

『列聖伝』は天皇の政治的地位の変遷を基準として区分されていた。ただし、その変遷にもかかわらず、皇室・天皇は一貫して国民生活の中心であり続けたとされた。明治天皇はその天皇観を最も体現した理想的天皇として叙述されている。この国民生活の中心としての皇室・「国民の天皇」という点にこそ『列聖伝』の眼目はあった。そのためその主張に不適切な記述は削除され、到底客観的な「史料ノート」とはいえない性格のものであった。

『列聖伝』は結局刊行されることはなく、その意味で時代に与えた影響というものはほとんど考えられない。そのため『列聖伝』研究は立ち遅れてきたが、同書は『大政紀要』や姉崎正治とは異なり、実質的には南北朝両立論に立つ点で独自性を有していた。同書が刊行されなかったのは、この点がネックになったためと考えられる。そして『列聖伝』と『大政紀要』・姉崎とにこのような相違をもたらしたのは、両者における神代への依存度の違いであろう。神代に依拠しない『列聖伝』は、その分だけ天皇制の神話から自由に歴史を捉え得たのである。

大川においてそのような態度が可能となった背景には、姉崎正治に師事して学んだ宗教学による知見があった。特に『列聖伝』以降顕著になる大川における「共同生活」の中心という皇室観、国民の宗教的対象という天皇観は、まさに彼の宗教観を濃厚に反映したものであった。彼は、自らの宗教観の延長に天皇を捉え、『列聖伝』を編纂したのである。その意味では、彼自身がしばしば語る『列聖伝』編纂を契機とした思想的転回のインパクトは少々割り引いて考える必要があるだろう。いわゆる日本回帰を果たしたとはいえ、彼は、天皇を相対化する契機すら含みながら、神代から自立して天皇の万世一系を正当化してみせたのである。そして、天皇を国民の宗教的対象と捉える点で、大川の天皇観は蓑田胸喜ら原理日本社のそれと共通している。しかし、大川の場合、天皇を超える「神」「天」が許容されており、この点で天皇信仰を唯一絶対視し、それを通じて「日本の神」の住まう世界と接することを無上の幸福とした蓑田らとは一線を画すものであった。

大川は恩師姉崎同様の神代観を抱きつつも、もはや姉崎ほどナイーブに神代に依存することはできなかった。大正期には神話学や人類学といった学問の進展もあり、明治期と比べると、相対的には神代の占める社会的意義は低下しつつあったといえる。『大政紀要』刊行や教科書への神話の追加などでは到底挽回できる情勢ではなかった。姉崎と大川とにおける神代への依存度の違いは、両者の個性であるとともに、まさに明治から大正への潮流の移行を体現するものでもあった。

『列聖伝』以降、大川はますます日本歴史研究に打ち込み、道会の機関誌『道』に続々と日本歴史関係の論文を掲載していった。そしてそれらの論文は、大正一〇（一九二一）年一〇月、『日本文明史』としてまとめられ、刊行された。その著の序において「日本政治史の解釈に於ては、予に初めて史学の興味を鼓吹せる山路氏の数ある史的著作に従へるところ多い[56]」と述べられているように、彼は山路愛山から多大な影響を受けていた。そもそも大川の蔵書には、現存する限りでも、愛山の編著として『基督教評論』『足利尊氏』『源頼朝』『西郷隆盛（上）』『武家時代史論』『愛山史論』『書斎独語』『清川八郎遺著』『岩崎弥太郎』『南洲全集』『徳川家康』『山路愛山講演集』『乃木大将』『山路愛山選集』一〜三巻、『勝海舟』が収められているように、大川は熱烈な愛山の愛読者であった。愛山は、徳富蘇峰、竹越与三郎らと並んで民友社史学を代表する史論家であるが、愛山と大川とをつなぐ接点は何だったのか。それを知る手がかりは両者の皇室観にある。愛山の皇室観は、共同生活の中心、宗教的権威という二点で大川のそれと極めて類似していたのである。即ち、「日本人ノ道徳ハ世ニ連レ時ニ従ヒテ其形式ニハ様々ノ変化アレドモ日本国民が（ママ）皇室ヲ中心トスル共同生活体タル事実ハ千秋万古、永遠ニ亙リテ変ゼザルコト[57]」、「皇室の御威光は日本においては政治的と申さんよりはむしろ宗教的とも申すべく民の心に滲みわたりて、如何なる戦国といえども禁裡の尊きことを知らざるはなし。……されば日本の人民はあだかも先天的に尊王の性分ありともいうべし[58]」と。

　このような皇室観の共通性を背景に、大川は愛山の史論を積極的に受容し、特に中世の叙述に関しては、『足利尊氏』『武家時代史論』に依拠して愛山の見解をかなりの程度に踏襲している。その結果、大川は、中世暗黒時代観を払拭したことで知られる原勝郎『日本中世史』（一九〇六年）を読んでいたこともあり、大川の中世観は、源頼朝や足利尊氏を高く評価する極めて肯定的なものとなった。神代を歴史から切断し、古代人の信仰だと合理的に判断した彼は、天皇制神話に束縛されることなく、自由な立場から中世を含めて日本歴史を再解釈していくこととなる。

註

（1）　わずかに刈田徹「五高時代における大川周明の思想と行動」『拓殖大学論集』一七〇号、一九八七年（刈田徹『大川周明と国家改造運動』人間の科学社、二〇〇一年に再録）、大塚健洋『近代日本と大川周明』木鐸社、一九九〇年、同『大川周明――ある復古革新主義者の思想』中公新書、一九九五年（講談社学術文庫、二〇〇九年）、などが青年期の大川の思想に注目している。

（2）「大川周明君より」『大陸』三号、一九一三年九月、六七頁。乃木大将自刃に対する当時の様々な受け止め方については、佐々木英昭『乃木希典』ミネルヴァ書房、二〇〇五年、参照。

（3）『復興亜細亜の諸問題』大鐙閣、一九二二年、序三頁。

（4）　橋川文三「解説」『近代日本思想大系二一　大川周明集』筑摩書房、一九七五年、四二八頁。なお廣瀬重見氏もこの橋川氏による規定を批判している（「大川周明稿『列聖伝』の考察」『芸林』五六巻二号、二〇〇七年一〇月、参照）。

（5）　二〇〇〇年以降「宗教」概念を問い直す研究の蓄積とも相俟って、姉崎正治に関する研究は増えつつある。本書では特に、磯前順一・深澤英隆編『近代日本における知識人と宗教――姉崎正治の軌跡』東京堂出版、二〇〇二年、磯前順一『近代日本の宗教言説とその系譜――宗教・国家・神道』岩波書店、二〇〇三年、長尾宗典『〈憧憬〉の明治精神史――高山樗牛・姉崎嘲風の時代』ぺりかん社、二〇一六年、を参照した。

（6）　近年、前川理子氏が大川の宗教（学）的思考傾向について本格的に論じている。前川理子『近代日本の宗教論と国家――宗教学の思想と国民教育の交錯』東京大学出版会、二〇一五年、参照。

（7）（8）　久米邦武「神道は祭天の古俗」（一八九一年一〇月～一二月）『史海』八巻、一八九二年一月（『日本近代思想大系一三　歴史認識』岩波書店、一九九一年）四六五頁、四四八頁。

（9）　以上、山路愛山「思想の自由につひて（神道家に告ぐ）」『護教』三七号、一八九二年三月一九日、頁数なし。

（10）　以上、無署名「文界の新現象」『帝国文学』五巻四、一八九九年四月、一〇九頁。この明治三二年における日本神話研究については、大林太良「神話学における日本」『日本神話の起源』角川選書、一九七三年、二五六～五七頁、平藤喜久子『神話学と日本の神々』弘文堂、二〇〇四年、末木文美士「戦前における神道史研究をめぐって――宮地直一の方法論を手がかりに」（速水侑編『日本社会における仏と神』吉川弘文館、二〇〇六年）三一五～一六頁参照。

（11）（12）（13）　姉崎正治『南北朝問題と国体の大義』博文館、一九一一年、六二頁、六三頁、六一～六二頁。

(14)　以上、森鷗外「かのやうに」『中央公論』二七年一号、一九一二年一月（『鷗外全集』一〇巻、岩波書店、一九七二年）六五頁、五三頁。なお森鷗外は、大正六（一九一七）年一二月に宮内省図書頭となり、「天皇皇族実録」編修事業を主導するとともに、『帝諡考』（大正八年着手、翌年脱稿）、『元号考』（大正九年着手、未完）の執筆に取りくんだが、これは一次大戦後における世界的な君主制の危機の中で日本の皇室を守ろうとする彼の問題意識のあらわれといえよう。松澤克行「「天皇皇族実録」の編修事業について」『史境』五三号、二〇〇六年九月、大塚美保「帝室制度審議会と鷗外晩年の業績」『聖心女子大学論叢』一一七集、二〇一一年八月、など参照。

(15)(16)　高木敏雄「古事記に就て」『東亜之光』七巻二号、一九一二年二月、八四頁、八六頁。佐伯有清「久米邦武と日本古代史」（大久保利謙編『久米邦武の研究』吉川弘文館、一九九一年）参照。

(17)　津田左右吉『文学に現はれたる我が国民思想の研究 貴族文学の時代』（一九一六年）『津田左右吉全集』別巻二、岩波書店、一九六六年、四二頁。

(18)　肥後和男『歴史教育講座・第二部 資料篇3・A 古代史』四海書房、一九三五年、七頁。

(19)　三谷太一郎『日本政党政治の形成』東京大学出版会、一九六七年、三七〜五四頁。

(20)　海後宗臣『歴史教育の歴史』東京大学出版会、一九六九年、一四五〜四六頁参照。

(21)　大久保利謙「明治憲法の制定過程と国体論――岩倉具視の『大政紀要』による側面観」（一九五四年初出）『大久保利謙歴史著作集』七、吉川弘文館、一九八八年、三一七頁。

(22)(23)(24)　『大政紀要　全』（一八八三年）大野書店、一九一二年、凡例三頁、凡例一〜二頁、一頁。

(25)　ただし、『大政紀要』の未刊行部分には、天壌無窮の神勅を根拠として君臣関係の不変性、皇統の万世一系を正当化する把握とは異質な要素も認められる。それは「草莽市井ノ庶人」という、いわば階層としては下位にある、無名の人々のなかに「勤王」の精神が伏流しており、それが王室の危機にのぞんで、継起的に「歴史」を転回させる力として流れ出てくるという認識」である（羽賀祥二『明治維新と宗教』筑摩書房、一九九四年、三五八頁）。

(26)　「訊問調書（大川周明）」（一九三三年四月一七日）『現代史資料(五) 国家主義運動(二)』みすず書房、一九六四年、六八三頁。

(27)　『列聖伝』には全体を通した頁数は付けられていない。引用に際しては冊数と天皇の名のみを記す。なお『列聖伝』は宗教法人道会本部に所蔵されている。閲覧に際しては栗原昭治氏のご配慮を受けた。厚くお礼申し上げたい。また廣瀬重見氏によって『列聖伝』は全文が翻刻されている（『芸林』五二巻一号〈二〇〇三年四月〉～五五巻二号〈二〇〇六年一〇月〉）。

（28）　かかる壬申の乱解釈を定着させたのは黒板勝美とされる（星野良作『研究史壬申の乱 増補版』吉川弘文館、一九七七年、一三六頁）。『列聖伝』も黒板『国史の研究 全』（文会堂書店、一九〇八年、三〇〇～〇一頁）に負っていると考えられる。近年、黒板勝美研究は活況を呈している。最近の業績として、池田智文「一九二〇～三〇年代の「国史学」――「三派鼎立」論の再考」『日本史研究』五八三号、二〇一一年三月、齋藤智志『近代日本の史蹟保存事業とアカデミズム』法政大学出版局、二〇一五年、廣木尚「黒板勝美の通史叙述――アカデミズム史学による卓越化の技法と〈国民史〉」『日本史研究』六二四号、二〇一四年八月、同「日本近代史学史研究の現状と黒板勝美の位置」『立教大学日本学研究所年報』一四・一五号、二〇一六年八月、ヨシカワ・リサ「近代日本の国家形成と歴史学――黒板勝美を通じて」『立教大学日本学研究所年報』一四・一五号、二〇一六年八月、Lisa Yoshikawa, *Making History Matter: Kuroita Katsumi and the Construction of Imperial Japan*, Harvard University Asia center, 2017 など。

（29）　「自レ是蔵人為二天子之私人一、常侍二禁中一、出二納王命一、威権赫奕、於レ是少納言侍従、旧掌二宣伝一者、皆失二其職一矣、（職原鈔）大抵延喜天暦以降、政帰二相家一、内レ之蔵人、外レ之検非違使、権勢最盛、大宝之制、於レ是一変矣、（参二取西宮記、禁秘鈔、職原鈔大意一）」（『大日本史〔十〕志二』巻二八四、大日本雄弁会、一九二九年、三七二頁）。

（30）　木寺柳次郎『日本歴史』博文館、一八九九年、一一八頁。木寺柳次郎（明治元～大正一二〈一八六八～一九二三〉）は、帝国大学文科大学国史科卒業、大分県立臼杵中学校長等を務め、大正四年七月から没する大正一二年一月まで臨時帝室編修局編修官として「明治天皇紀」編修に携わった人物である（堀口修「「明治天皇紀」編修と近現代の歴史学」『明治聖徳記念学会紀要』復刊四三号、二〇〇六年一一月、一八五頁）。

（31）　以上、木寺柳次郎『日本歴史』九八頁、二八〇頁。

（32）　のち大川は、北一輝『支那革命外史』（前半は一九一五年、後半は一九一六年に頒布、一九二一年に刊行）における明治維新・明治天皇の記述を引き写して、論文「革命としての明治維新」を書いている。北は、天皇が政治圏外に追いやられ、明治維新によって政治的に復権するまでの期間を、鎌倉幕府成立から数えて「七百年」としていた（『支那革命外史』『北一輝著作集』二巻、みすず書房、一九五九年、一三六頁）。それに対し、大川はその期間を「約一千年」と捉えていた（「革命としての明治維新（其四）」『道』一三三号、一九一九年五月、三八頁）。大川は北と異なり、天皇権威の失墜しはじめる時期を三百年ほど遡らせていたことになる。かかる独自の記述は、嵯峨天皇期における蔵人所・検非違使庁の設置を以て「天皇親政より一転」したという『列聖伝』での把握を踏まえたものであろう。
(33) 平泉澄「神皇正統記解説」『神皇正統記』文部省社会教育局、一九三四年、八頁。
(34)「新宗教の発明」に対する反応については、楠家重敏「B・H・チェンバレン研究序説——『新宗教の発明』における日本批判とその波紋をめぐって」『史叢』二〇号、一九七七年、参照。
(35)「日本文明の意義及び価値」『大陸』三号、一九一三年九月、二七〜二八頁。
(36)「宗教講話（其一）」『道』五三号、一九一二年九月、三七頁。
(37)(38) 姉崎正治『宗教学概論』東京専門学校出版部、一九〇〇年、一〇〜一一頁、五三頁。
(39)「宗教講話（其一）」前掲誌、三五〜三六頁。
(40) 磯前順一『近代日本の宗教言説とその系譜』一四七頁、一六七頁。
(41)「宗教講話（其二）」『道』五四号、一九一二年一〇月、三五頁。
(42)「宗教講話（其三）」『道』五五号、一九一二年一一月、「宗教講話（其四）」『道』五六号、一九一二年一二月、「宗教講話（其五）」『道』五七号、一九一三年一月、参照。大川のこのような宗教進化理解は、基本的にゲッチンゲン大学教授ヴィルヘルム・ブセット（Wilhelm Bousset）に拠っている（ヰルヘルム・ブッセット著、大川周明訳『宗教の本質』隆文館、一九一四年、参照）。ちなみにこの大川の訳書が誤訳に満ちたものであることを北山学人が指摘している（北山学人「大川周明氏訳『宗教の本質』を評す」『新人』一五巻五号、一九一四年五月）。この資料の存在は池上隆史氏からご教示いただいた。お礼申し上げたい。
(43)「宗教講話（其一）」前掲誌、三九頁。
(44)(45)(46)(47)『日本及日本人の道』行地社出版部、一九二六年、三〇頁、八六頁、三一〜三二頁、三一頁。
(48) 蓑田胸喜「諸家の日本主義思想を評す（二）——大川周明氏の『日本及日本人の道』」『原理日本』二巻五号、一九二六年五月、二九頁。
(49)「蓑田氏の批評を読む」『月刊日本』一五号、一九二六年六月、四五頁。
(50) 蓑田胸喜「大川周明氏の駁論を検討す」『原理日本』二巻七号、一九二六年七月、三七頁。
(51) 蓑田胸喜「諸家の日本主義思想を評す（二）」前掲誌、二九頁。
(52)「大日本帝国の使命（其四）」『養真』八三号、一九一八年五月、二八頁。

(53)(54)「日本文明の意義及び価値」前掲誌、二六頁、二七頁。
(55)『日本及日本人の道』八八頁。
(56)『日本文明史』大鐙閣、一九二一年、序七頁。
(57)山路愛山「日本人民史」『基督教評論・日本人民史』岩波文庫、一九六六年、二〇三頁。
(58)山路愛山『豊臣秀吉』(下)(一九〇九年)岩波文庫、一九九六年、六五頁。

第二章　平泉史学と人類学

はじめに

平泉澄（明治二八〜昭和五九〈一八九五〜一九八四〉）は、『中世に於ける社寺と社会との関係』によって大正末の日本史学界に新風を吹き込んだ中世史研究者、あるいは山崎闇斎、谷秦山、橋本左内、吉田松陰といった近世の勤皇家の顕彰者、あるいは戦前戦後を通じて当代の国民精神を緊張化せんとした憂国の士として知られている。ところが、このような中世・近世・現代に対する強い関心とは異なり、平泉は古代やその淵源をなす神代（古代以前の先史時代）についてはほとんど言及しておらず、著しい対照を示している。

とはいえ、平泉の古代観はある程度理解できる。彼は、神武建国から奈良時代までの時期を高く評価し、なかでも特に「我が国の古代（平泉によれば、建国〜崇峻朝期）こそは真実に極楽の世界であつたらう。……寔に日本文化固有の時代であつた」[1]と、「古代」を手放しで称揚している。このような把握は、多分に彼の独自な中世観＝中世暗黒時代観（本書第一部第三章参照）の反照といえよう。ところが、かかる古代観に引き換え、彼は白山神社祠官平泉恰合を父とするその出自にもかかわらず、戦前期、神代を強調することはむしろ稀であった。もちろん戦時期の彼は東京帝国大学文学部において通史を扱う国史概説の講義を担当している関係から神代に言及し、「悠久ノ昔ニ於テ国史ノ根本トシテ何ヲ見出スノデアルカ。ソレハ一言ニシテ云フナラバ天壌無窮ノ神勅デアル[2]」と捉えている。ただしいってみればそれだけであり、むしろ彼の重点は「ソノ悠久ノ年月ヲ通ジテ顕著ナルコトハ我等ノ先祖ガ云ヒツギ語リ伝ヘテヨク古キ歴史ヲ保持シ、此処ニ国民道徳ヲ明カニシテ、君臣ノ大義ヲワキマヘ百姓一意奉公ノ誠ヲ致シタ為、内ニ革命ノ惨毒ヲ見ズ　外ニ国威大イニ昂ツタト云フコトデアル[3]」というように、神勅それ自体よりも神勅を事実たらしめてきた人為、歴史の方にある。少なくとも残された戦前・戦時期の資料からは必ずしも彼独自の神代への格別な思い入れを窺うことはできない。

天壌無窮の神勅に代表される神話・神代は、前近代ではいうまでもなく、近代になってからも常に日本の独自性を保証するものとして価値付けられてきた。その尊重ぶりは、前章で紹介したように、久米邦武によって神代に執着する神道家が揶揄されるほどであった。それに対し、平泉の出自を考え合わせれば、彼が神代にほとんど言及せず、独特の神代観を提示していないことの意味はかえって大きいといえよう。にもかかわらず、数多い先行研究の中でも、平泉における神代観がこれまで十分注目されてきたとは必ずしも言い難い。そして実際、依然として彼の神代観は検証されないまま、次のような見解が広まっている。

『国史眼』（明治二三（一八九〇）年に刊行された国史教科書）以来積み重ねられてきた、神話と歴史を融合させ復古の英雄譚を随所に散りばめた国学的（物語的）歴史を、かく今風にいえば構成主義的認識論によって正当化したものが、いわゆる皇国史観になったのである。……日本の歴史家たちの多くは、平泉澄を先頭に皇国史観を選択したのである。そしていきおい、神話的世界の語り部になっていったのである。神話的言説を媒介に、日本帝国主義のあらゆる行動を合理化する、時代の尖兵になっていったのである[4]。

ここでは、「神話と歴史を融合させ」た物語を構成主義によって正当化したものが〈皇国史観〉とされ、それを先導した人物として平泉が措定されている。しかし、繰り返すが記紀神話（神代）について正面から取り上げることがほとんどなかった平泉が、果たして本当に「神話と歴史を融合させ」た代表者といえるのか。この点、平泉における神話（神代）に対する態度を明らかにすることは、平泉研究史上の空白を埋めるに止まらず、従来の〈皇国史観〉像を見直すことにもつながるだろう。そしてその解明の糸口として、本章では、平泉の人類学観を検討することを通じて、間接的にではあれ、彼の神代（先史時代）観に迫ってみたい。

一九九〇年代以降、日本の植民地統治に関する研究や国民国家論と関わって、近代日本の人類学が植民地主義と不可分な政治性を有していたことは広く認識されている[5]。ただし、鳥居龍蔵や西村真次といった人類学者の研究成果が、昭和期に日本戦闘的無神論者同盟によって、建国神話を批判する際のバックボーンとして活用されたことも事実であり[6]、近代日本の人類学の性質を画一的に捉えることには慎重であるべきだろう。むしろ大正期における平泉の人類学観を検討することで、かえって当該期の人類学が果たした意義の一端や平泉史学自体の性格を浮かび上がらせることもできよう。

以上のような問題意識から、本章は、平泉における歴史学と人類学（具体的には西村真次の人類学）との関係を解明することを目的とする。今日、言語論的転回のインパクトを受けて、歴史学、人類学、社会学などの人文社会科学において、互いの学問の独自性を尊重しつつ、学問間での対話も積極的に試みられつつある[7]。対話の重要性はいうまでもないものの、生産的な対話の道を確保するためには、まず近代における歴史学と人類学との関係の歴史を確認しておくことが必要だろう。

一　人類学と歴史学

(一)坪井正五郎と内田銀蔵

周知のように、日本の人類学は帝国大学理科大学助手を経て教授となった坪井正五郎によって立ち上げられた。[8] その坪井にとって、人類学は「早解りに云へば動物学の中人類の部」[9]「人類の理学」[10]と定義されるものであった。そして「人類学上の人類は即ち動物学上の人類」[11]であり、「人類総体或は抽象的の人類に関する諸事の説明」[12]に従事する以上、彼の人類学は、普遍的・抽象的「人類」の解明を志向していた。当然ながら彼にとって人類学の対象とする「人類」とは、「野蛮未開人」「開明諸国人民」などと区別されるものではなかった。[13] そして彼は多岐にわたる人類学を、人類本質論（「我々人類は抑も何で有るか」）、人類現状論（「諸地方に現住する人類は如何なる有様で居るか」）、人類由来論（「人類が如此有様にて存在する所以は如何」）の三部門に区分した。[14] さらに人類学の扱う時代については、「歴史の人類一般に於けるは猶日記の一個人に於けるが如し。記録の術を弁へざる時代の事は是に由つて知る事を得ず」[15]とされた歴史学との対比の下、より広範に「記録の術を弁へざる時代」にまで及んだ。このような人類学と他の諸学との関係は、彼によれば「人類学とは前に申した諸学科（人体解剖学、生理学、心理学、人類発生学、社会学、史学、言語学、考古学等）の全部を含むものでも無く何れをも含まないものでも無く、諸学科の或部分を総括するものでござります」[16]と説明されるものであった。彼は「周辺領域の学知を動員しうる総合科学」として人類学を位置付け、さらに「他の学問分野からの卓越化」をも意図していた。[17]

以上のような坪井＝人類学の側からの主張に対し、坪井と親交もあった東京帝国大学文科大学講師内田銀蔵は、「一の学問としての史学は、史的事実、即ち人類の経歴を組成する所の諸般の事情を分解剖析し、其の性質を究め、其の理数を明にし、之を解釈し、之を説明するもの」[18]と歴史学を捉えた。留意すべきは、彼にとって「人類の経歴」とは、「一の動物として自然界に於ける人類の生存の経歴のことではなく、専ら意識的活動を為す社交的生物としての人類の生活経歴のこと[19]」であった点である。つまり彼は、歴史学の対象とする人類を人類学上の「人類」よりも限定して把握する。即ち、普遍的・抽象的「人類」を対象とした坪井とは異なり、内田は、意識的・社会的存在としての人類の経歴を扱い、そしてそれを「民族」「国民」「社会団集」「氏族」「個人」という五つの具体的なレベルに分けて捉える。彼によれば、歴史理論は、これらに対応する五つの経歴論から成り立つとされた[20]。

内田は「民族経歴論」が人類学・人種学とは異なることを次のように説明する。

歴史理論の一部門を構成すべき民族経歴論は、……適当に所謂人類学、人種学等とは同一物でないのである。適当に所謂人類学は、坪井〔正五郎〕理学博士の説の如く、人類そのもの丶理学であると云はなければならぬ。同博士の常に説かる丶如く、人類の本質現状、及由来に関する一般の学術的取調を為す者であると認むるのが蓋し最も穏当であるでありませう。又人種学と云ふものが、若し別に存在すべき必要ありとすれば、それは専ら人種そのものにつき研究し、特に現在諸人種の特質、其の分布、其の相互関係等を取調ぶるものであると見做すのが適当であると考へられます。然るに余輩が歴史理論の一部門を構成すべきものと認むる民族経歴論は、人類そのもの丶研究ではない又人種そのもの丶研究でもないのである。それは民族の経歴に於て顕はる丶所の現象の性質及理数に関する学術的研究である。然らば則ちそれは人類学若くは人種学とは、全く別物であつて、相混同すべきではありませぬ。それは人類学人種学の外に別に成立し存在すべき必要があるのである[21]。

「民族」は、明治二十年代以降普及した、文化的・歴史的意味合いをもった概念であり[22]、内田においても「人類」や「人種」とは異なる、特殊な対象として捉えられている。もちろん内田は、「人類史」＝「世界史」を否定した訳ではないが、少なくとも現状ではそれが「各国史を併叙せるもの」か「列国関係の発達を叙説したるもの」に過ぎず、「国民史の一種」に止まっていると捉え、その成立を今後の研究に託していた[23]。ところで、当時の欧米において歴史学と人類学との一般的な区別は、研究対象における「文明」／「未開」という基準によるものであった[24]。例えば、明治期日本で教科書として広く使用された翻訳書の一つには次のようにある。

歴史ニ所謂人間トハ、自然未開ノ域ヲ脱シテ、既ニ政治社会ヲ成シ国民ノ資格ヲ具フル者ト仮定ス。……夫レ人類ニシテ未ダ国民タルノ資格ヲ備ヘザル者ヲ研究スルニハ、……歴史本義ノ範囲ニ在ラズシテ、人類論ニ属ス。何トナレバ、人類論ハ博物学上人類ヲ論ズル者ニシテ、歴史ハ国民即チ文明人民ヲ論ズル者ナレバナリ[25]。

内田においては、歴史理論（歴史学）と人類学との区別は、その研究対象の違い（「民族」等／「人類」）に止まり、「文明」／「未開」といった価値基準は前面に出ていない。実際、後々まで彼は、研究対象のレベルで歴史学の独自性を強調することはなく、むしろ「今日の史学の特別なる性質は、其の対象の外に、考察法及研究の手段、材料等を合せ考へて始めて充分に確定せらるゝものとす[26]」というように、広い視野で考えていた。以後結局、対象における特殊的「民族」／普遍的「人類」といった程度の区分の下で、歴史学と人類学とは棲み分け、共存していったと考えられる。例えば、『国史眼』編修の中心人物である重野安繹は、人類学を意識しながらも、神代を「国の本源」として繰り返しその意義を強調していた[27]。明治国家と歴史学（国史学）とは強固な繋がりを維持しており、人類学はこの関係に打撃を与えるほどのものではなかったのである。

(2)人類学の台頭

明治期、歴史学と人類学とはおおむね安定的な関係にあった。ところが、一次大戦後、両者の関係には大きな変化が生じることになる。かつて東京専門学校で歴史を講じてもいた坪内逍遙は、「最近世の最も進んだ史筆でさへも、現在の需要には剴切であるとはいへない。といふのは、例の大戦乱が世態をも人心をも激変せしめた結果、世界を挙つて前古未曾有の大不安を経験しつゝあるからである」と評し、「歴史思想の根本的改造」を要請した[28]。また柳田國男も「歴史の学問も現在の研究程度に止まつて居るといふことは、無用なるのみか又有害でもあり得る[29]」と不満を漏らしていた。一次大戦後の歴史学は、一部少数の新しい動き——和辻哲郎に代表される文化史、三浦周行の研究など——を除き、世界的「大不安」に直面した時勢に適合しきれないでいた。

このように歴史学が機能不全に陥った戦後学界の傾向とは、早稲田大学教授西村真次によれば、以下のようなものであった。

世界大戦以後、学界に現はれた二つの傾向は、古代研究の盛んなことと、歴史を世界的に綜合しようとする企図の多いことゝである。これらの新傾向は、共に人類学的だと批評することが出来る。／古代研究の盛んなことは、行き詰つた現代文明を行き詰らなかつた古代に溯源させて、そこから今一度新らしく踏み出さうとするのが主因であらう。歴史を世界的に綜合しようとする企図は、恐らく帝国主義的な闘争観が誤つた方向へ文化を導いたことに気注いて、世界主義的な協同観に基づいた新傾向へ世界の民衆を導かうとする努力に基因してゐるのであらう。／さうした企図は、人類を一全として其進化を研究する人類学の態度を採らなければ遂げられるものでない。[30]

行き詰まった現代と「帝国主義的な闘争観」を相対化するために、①古代への回帰、②歴史の世界的・「協同」的総合化という二つの傾向が盛行したのである。

このうち①の傾向に対しては、人類学の側から、記紀神話に依拠しない形で新しい古代像の創造が積極的に進められた。坪井の高弟である國學院大學教授鳥居龍蔵は、明治時代とは異なる今日における新しい古代観を強調する。

今や国民の知識は一般に進歩して、最早神話伝説などを鵜呑みにして其の儘信ずるやうなことは無くなつて居る。現に皇族講話会に於ても、古代の話に就いて各皇族方のお聴きになる御模様も、以前とは非常に違つて新しい考でお聴き取りになるし、……尚ほ一般民衆の上から見ても、我々日本の古代といふことに就いて、其の考とが余程昔と変つて居るのである。[31]

鳥居は、冒頭に記紀神話を掲げる国史教科書を時代錯誤のものと批判し、「兎に角さういふ風に我々の祖先か《ママ》日本の土地に移住して来たのは、極く古い時のことであつて、決して古事記や日本紀の書いて居るやうに、農業をし鍛冶をするやうに開けた新しい時代ではない」[32]と捉え、人類学の知見に基づいて教科書の書き直しを要求する。人類学の営為によって、記紀の正典性、記紀神話の神聖性は大きな打撃を受ける。そしてそれに伴い、それらの権威を背景としていた国史学もまた動揺を免れなかった。

さらに動揺は国史学のみに止まらない。②の傾向は歴史学一般にとって致命的であった。歴史の世界的・「協同」的総合化を実現するには、少なくともこれまでのような歴史学の存在は障害とならざるをえない。西村真次は、歴史学が「民族」の発達過程を研究する特殊史であり、「差異」を発見するものであるのに対し、人類学が「人類」の発達過程を検討する一般史であり、「類同」を発見するものだという従来の区別を踏まえた上で次のような展望を述べる。

私の現在の考へでは、歴史と人類学とを分つことの出来たのは過去のことで、両者は段々接近して来て、しまひには区別することが出来なくなるやうな道を歩いてゐるのではないかと思はれる。だから、若し強ひて両者の範囲を決めようとするものは――さうすることは愚かなことであるかも知れないが――歴史と人類学とを「分」と「全」との関係、「縦」と「横」との関係にあるものと見做し、其間におぼろげな区別を設けるだけで満足しなければなるまい。[33]

西村は、歴史学＝「文明」人／人類学＝「未開」人という区分を越えて、普遍的「人類」を対象とする人類学によって、特殊的「民族」を扱う歴史学を吸収・融合しようとしたのである。一次大戦後の流れを一層押し進めるためには、かかる企図はどうしても必要なことであった。実際、「かくの如き〔人類学が歴史学を吸収する〕考方は今日の所頗る有勢である。或は明確にかく考へないにしても、事実に於てかくの如き道を辿れる人は多い。即ち西村氏も亦その潮流に掉〔さ〕す一人として、その思想を明確に発表した丈に過ぎない。恐らくはこの一文も世人に何等の疑義なくして読過せられ、のみならず史学に関するこの種の見解に気勢を添える事とさへなるであらう[34]」と評されたように、西村＝人類学側からの主張は決して突飛なものではなく、むしろ一次大戦後の情勢においては「頗る有勢」なものだったのである。

　西村にとって、現代文明の閉塞感の打破・帝国主義から世界主義へという喫緊の課題を十全に遂行できる学問は、諸学の中で人類学をおいて他になかった。その使命感に支えられて彼は、「文化人類学の研究は、私達人類の現在及び将来の生活の為めであつて、決して単《(ママ)》な面白味や古めかしさなどに後押しされてゐるDilettanteではない。……つまり此小著によつて、私は人類文化の過去と、それの堆積であり、結果である現在とを知り、更に現在の堆積であり、結果であらうところの未来を知らうとするのである[35]」と、人類学によって「人類」の過去・現在・未来を見通そうとする。

　以上のように、西村の人類学は、特殊的「民族」を対象とする歴史学を吸収し、「人類を一全として」検討する立場から歴史を世界的に総合しようとする。その営為は、過去の解明を通じて現在・未来を見通し、拠るべき指針を与えようとするものであった。

　一次大戦後の潮流に掉さすことになるかかる人類学の台頭によって、歴史学の価値はそれ以前に比して相対的に低下せざるをえない。これまで国史学を中心とする歴史学はナショナル・アイデンティティの源泉として特権的な学問たりえてきたが、今や新たな指針を提示し得る学問の地位を人類学に取って代わられようとしていたのである。次の文章には、もちろん誇張はあるにしても、当時の雰囲気がよく示されている。

> 遂に、人類学時代は到来した。……偉大なる世紀の転換と共に、已に擡頭しつゝあつた学問体統に於ける下剋上の気運は、遂にその目的を達成し、実証主義の精神は完全に観念主義を克服し、哲学を逐つて、新興の科学人類学を以つて、学問の首座に拠らしめた[36]。

坪井の志向した人類学の卓越化はここに達成されたかのようであり、人類学の勝利宣言として読める。このような人類学の台頭によって、大正末期の歴史家は歴史学の独自性、現代に果たす有効な役割に対して強烈な挑戦を突きつけられることになった。それではこの挑戦に対し、歴史家平泉は果たしてどのように応じたのか。以下、平泉における西村真次批判のありようを検討したい。

二　平泉における西村真次批判

㈠歴史学と人類学との違い

当時東京帝国大学講師であった平泉は、「けだし文化人類学と銘打った、わが国最初の単行本[37]」である西村真次『文化人類学』に注目し、「「文化人類学」を読む」を公表した。平泉がいちはやく書評を著した背景には、「時代の潮流に順つて棹さす」同書の批評を通じて「学界最近の傾向」を批判しようとする意図があった[38]。即ち、平泉は、人類学の台頭に代表される、一次大戦後における普遍性の潮流に対し、全面対決の姿勢を打ち出したのである。近代日本の人類学史において西村真次は必ずしも主流的な存在とは言い難いが、少なくとも平泉にとっては西村こそが当時の人類学という学問の性格を最も体現する人物として受け止められ、批判対象とされたことは注目してよいだろう。

まず平泉は、「史学と人類学とは、その対象こそ等しく人であれ、学問としては全く別箇の領域を有つ。それは決して分と全との関係ではない。それ故にいかに進歩発達するも史学はあくまで史学であつて、それが人類学と融合一致する事はない[39]」と、断平西村に反対する。それでは平泉において歴史学と人類学とはどのように区別されたのか。

いかにするも彼等〔「エスキモー」「台湾の生蕃」〕は歴史なき人種であり、史学の主題となるを得ざるものである。[40]

無意識なる自然の生活には歴史はない。自己を意識し、意志の自由をもち、従つて一個の人格として道徳的責任を負ふに至り、初めて歴史をもつ。而してかくの如き文化人は必ずその生活を組織して国家を建設するに至る。歴史はこゝに至つて完全に成立し、その後国家と共に綿々として継続するであらう。かくて歴史以前の生活は、自然人としての生活であり、それを研究する人類学の性質は、動物学や植物学と同じ立場に在る。[41]

平泉は、歴史学と人類学の研究対象が同じく「人」であることを認める。問題はその「人」の把握如何である。平泉は、「人」を、「人格」「歴史」「国家」を有する「文化人」とそれらをもたない「自然人」とに二分する。彼によれば、歴史学は前者を、人類学は後者を対象とするものであり、人類学は「動物学」「植物学」同様の自然科学の一つに他ならなかった。このような把握には、大正期に一世を風靡した文化主義――「所謂文化とは自然に対する語である。……一切の人格は文化の生産、創造にたづさはることによつて其自らの重要価値とを発揚するに於て其自身固有の意義が見出し得らる。……人格なきの文化価値はなく、文化価値なきの人格はあり得ない。文化価値に対せざるものは自然人であつて、人格は唯文化人に存するのみである」[42]――の影響が見てとれる。そして平泉における「文化」／「自然」という対比は、坪井・内田・西村には希薄であった「文明」／「野蛮」といった基準が形を変えて現れたものであった。いわば平泉は、「ヨーロッパ近代」[43]の思考に則って西村を批判したのである。

さらに平泉において人類学と歴史学との違いは、「自然人」／「文化人」という研究対象の違いに止まるものではなかった。一次大戦後の行き詰まった状況に対する態度の点でも、彼の考えは西村＝人類学とは対照的だったのである。

> 現代文明の行き詰りは、かくの如き〔「人格」のない動物のような〕自然生活への逆戻りによつて救はれるものではない。明かにそれは行き詰りより堕落への転回に過ぎない。それにも拘はらず我々は余りに屡々「自然に帰れ！」の叫びをきく。……進むべきは向上の一路である。断じて自然への復帰ではない。歴史に目ざめ、歴史に生きよ！　自然に帰れの標語は、かく改められなければならない。(44)

西村は、有史以前の「人類」の普遍的な「自然」状態に回帰することによって、それ以後の歴史時代、とくに一次大戦をもたらした現代を相対化しようとした。これに対し平泉は、「人類」の始源の解明によって歴史時代・現代を相対化するのは筋違いであると反駁する。平泉によれば、現代が連綿たる歴史を経た上で存在するものである以上、現代の相対化はあくまで「歴史」の中で、「歴史」によって行われなければならないものであった。

平泉にとって、「歴史」とは何よりも「人格」「国家」の存在と不可分なものであった。そのことを彼の専門たる日本歴史に当てはめれば、「私は日本歴史の始期を、人格として確立して飛躍的を（ママ）自覚のあった時、即ち我が国建国創業のそのかみを以つと（ママ）境とする」(45)という見解に帰着する。換言すれば、彼にとって神武天皇以前の神代は「歴史」ではない。彼は、「古代」「上代」「中世」「近世」（彼による歴史的時代区分）の帰結たる現代を、歴史以前の神代に頼らず、あくまで「歴史」によって相対化してみせた。即ち、「人はともすれば現代を謳歌して一切の過去を忘れんとする傾向がある。誤れるも甚しいことゝいはねばならぬ。過去に於ける文化系統を明らかにすることによつて現代文化の本質を明らかにし、其の缺陥を補ふ様にしなければならぬ。僅かに科学的真理研究のみに満足してはならぬ。古代に於ける純真さ、上代の芸術的雰囲気、中世の宗教的気分、近世に於ける倫理道徳的方面、これは其の時代々々の特質美点として考へると同時に、現代文化の缺陥に省みて三思すべきことである[46]」と。

平泉は徹底して「歴史」の内部で思考し、神代を排した。そもそも大正期、津田左右吉によって「神代史が事実を伝へた歴史で無い[47]」ことが剔抉されて以降、もはや国家主義者においても神代と歴史は区別されていた[48]。前章で確認したように、大川周明においても神代は「理想」として評価されつつ「歴史」ではないことが断言されていた。もちろん平泉も神代を尊重したに違いないが、彼が歴史家としての自己に大きな誇りを抱けば抱くほど、ますます神代は排され、「歴史以前は史学の関知せざるところ[49]」とされることに留意する必要がある。

以上のように平泉は、あくまで「歴史」の内部に止まり、先史時代なり神代なり、起源に遡及することを避ける。平泉史学には本来神代の入る余地などない。平泉史学が神代を歴史学の範疇外に追いやり、決して記紀神話に依拠したものではないことを確認しておくことは、昭和期の平泉の思想を考える上でも重要であろう。

(2)「国史」の固有性

平泉にとって、西村『文化人類学』は、「猶欧州人の考方を本とする人類学であつて、未だ日本的の智識となり了せない趣がある[50]」と評されたように、「日本的」性格を欠いた模倣的学問に過ぎなかった。またヨーロッパの模倣という意味のみに止まらない。先に見たように、西村は、①古代研究の盛行＝「自然」への回帰、

②歴史の世界的総合化＝「世界史」志向という二つの傾向に沿って議論していたが、そもそも彼におけるかかる把握は、坪内逍遙による次のような主張に応じたものでもあった。

それ（世界改造へ向けて自覚を高めること）をする最良手段の一つは、人間の過去生活に関する間違つた知識を翻して、それを正しい知識に取換へることであらねばならぬ。すなはち各国史を改編することが其一であり、世界文化史を新述することが其二であらねばならぬ。(51)

西村『文化人類学』刊行以前、夙に平泉は、この坪内の志向に対しても、「坪内博士のこの序文に現はれたる思想は、今日に於ける最も有力なる所の、或は最も流行する所の思想であるが、それはその世界大戦後の自覚に対する観察に於ても、又将来の理想に於ても、又歴史の往くべき道に就いても、必ずしも唯一絶対な、万人をして悉く首肯せしめるものではないであらう(52)」と違和感を表明していた。平泉による西村批判は、この坪内批判の延長線上にあり、平泉にとっては、坪内＝西村に顕著な「世界史」＝「人類史」志向は到底看過できないものであった。というのも、平泉としては、「国史」を超えた「世界史」は存在しない、存在してはならないものであったからである。彼にとって「歴史は一つの国家、一つの民族に於てのみ初めて可能である(53)」以上、「所謂世界史なるものは、何等の連絡なく、何等の統一なき寄木細工にして、真の歴史の意義と遠く離れたるもの(54)」であった。

日本の個性をなみし、「世界史」＝「人類史」を志向する西村の人類学に対し、平泉は、「史学はさやうな時代又は人種（「人格」の生じていない時代、「自然人」）を人類学の研究に委ねて、己れは別箇の範囲に、別箇の世界を展開するであらう(55)」と、独自な歴史学、とりわけ「国史学」の確立へと邁進する。それでは神代を排した日本の歴史（「国史」）、そしてそれを対象とする「国史学」は、彼においてどのようにしてその独自性・優越性が確保されることになるのか。

かくて日本の歴史は、日本精神の深遠なる相嗣、無窮の開展であつて、その不退不転、不断不絶なる点に於いて、凡そ歴史の典型的なるものであり、我等日本人にして、――この歴史の中より生れ、この歴史に於いて初めて人格たり、又この歴史は我等によつて初めて荷はるゝものなる其の我等日本人にして、――初めて其の歴史を理解し得るものであり、而してその日本歴史の研究は、幾多先哲の努力によつて、自らまた我が国独特の発展を遂げ来れるものであり、それ故に我等の世界的知識の博捜にも拘はらず、西洋史学の採長にも拘はらず、国史学は国史学として、あざやかに一個独特の旗幟を翻す。日本精神にして亡びざる限り、この旗も亦断じて倒さるべきではない[56]。

平泉にとって、革命がなく、「日本精神」の一貫する日本の歴史は「歴史の典型」であり、まさに日本が基準に据えられる。ここにおいて「歴史」はまさに「国史」へと収斂する。彼において、日本の歴史は日本人のみによって担われるものであり、到底「普遍」なものではありえない。しかし、その歴史は決して他の国、民族の「個別」的な歴史と並列される、相対的なものでもない[57]。

このように平泉は「国史」の至高化を求めた。彼にとって、「ひとり我が国が、昔より曽て外国の侮を受けず、常に光ある国、永久に栄ゆる国として進んで来たのは何故であるか。我等はこの光栄ある祖国の歴史を、決してあだやおろそかに解し去つてはならない。この光栄の歴史のかげには、身を捨てゝ国を思ひ、命を棄てゝ義を守つた幾多の先人の、尊い血潮が流れてゐるのである[58]」というように、「国史」の尊厳は、神代における神々の計らいなどではなく、忠臣義士の営為によってこそ守られてきたものに他ならない。「国史学」はまさにそのような営為をすくいあげるものであった。

そして「幾多の先人」の一人である五辻宮に寄せて、「我等の胸にいかなる艱苦にも耐へて、一途に理想に向はんとする義気の炎と燃ゆるとき、宮の後裔にあらざれども宮は我等の祖宗であらう[59]」とされる時、現代の日本人は五辻宮の精神上の子孫として連続的に捉えられ、「理想」=「国史」の尊厳を守るために奮闘することが要請される。「歴史に目ざめ、歴史に生きよ！」（前出）という平泉の宣言には、かかる要請が込められているのである。

とはいえ、「我等日本人」のみが日本歴史を理解できるとは、逆にいえば、「我等日本人」であれば誰でも日本歴史を理解できるということである。「我が国の古典は我等の祖先の書いたもの、我等はその空気の中から生れ出たものである。静かに読めば必らず了解のゆくものだ[60]」というように、「我等」と「我等の祖先」との間にはアプリオリに連続性が前提されることによって、古文読解という困難さは棚上げされ、古典=文化的伝統の継受、歴史の共有が楽観的に図られることにもなる。

平泉は、このように「我等日本人」の均質性を強調した一方で、前項で確認したように、法的には本来日本人であるはずの「台湾の生蕃」を「歴史」がないと見なし、「文化人」（=日本人）から排除していた。かかる態度は、坪井正五郎とは対照的である。即ち、坪井は次のように説く。

> 或る人は日本の種族は一つ歴史を持つて居る者である、台湾土人、蕃人、アイヌは歴史を異にして居るのであると云ふて区別して云つて居る者があるけれども、併しながら日清戦争以来、此等諸人種の混じて居る此の総体の日本人と云ふものが戦争を仕て居るのである、……取りも直さず今同し《ママ》歴史を作りつゝある

のであるから、最早之れを居候、継子扱ひ或は他人扱ひにすべきものではないのである。[61]

このような把握の背景には、日本民族の起源を混合民族とする理解がある。混合民族論は、坪井＝人類学によって普及し、極めて常識的な考えとして定着していったものでもある。それに対し、平泉はこの混合民族論を拒否し、純粋な「日本人」観に固執した。[62] 現在の「自然人」は今後も「歴史」をもつ可能性がないと判断されたのである。その意味で、彼の民族観は極めて固定的で純粋なものであった。

(3)歴史家＝「三世の大導師」

以上のように平泉は、西村＝人類学との対抗を一つの機縁としながら、「国史」「国史学」の独自性を強調したが、彼の「国史」への過大な思い入れは、歴史を認識する主体の側の問題に跳ね返る。「「文化人類学」を読む」の末尾近くには次のような主張がある。

しかるにこゝに不思議なるは、最も尊厳なる歴史を有てる日本人が、最も歴史を閑却し、常に歴史を研究せる歴史家が、歴史の意義を没却せる一事である。……蓋し歴史家は従来余りに史実の追及にのみ急であつた。史実の研究はもとより必要である。しかも史学の真義を知らずして史実の研究に耽るは、瞑目して舟を急灘にやるに等しいものではないか。[63]

平泉によれば、多くの日本人や歴史家は、「歴史を閑却」し、「歴史の意義を没却」している。それは「史実の追及」のみがなされ、「史学の真義」の闡明が不十分なためである。ここで彼にとって、実証的な「史実の追及」とは、いわば「動物学」「植物学」同様の人類学における客観的な科学的認識の謂いに他ならないことに留意する必要がある。そしてこの科学的認識では決して「史学の真義」は獲得できないのである。人類学的＝自然科学的認識とは異なる認識論を求めて、彼は有名な論文「歴史に於ける実と真」を書く。「「文化人類学」を読む」発表からわずか三ヶ月後、彼は次のように構成主義の立場を鮮明にする。

歴史家は何等の批判を加へずに、たゞありしがまゝを直叙すべきであるとは、屢々我等の耳にする所であるが、事実其の儘の再現といふ事は不可能である。事実をそのまゝに再現する事は、ひとり歴史に於て不可能であるばかりでなく、一般に認識が不可能とする所であらう。認識は決してありしがまゝの素直なる模写ではない。それは認識の主体によつて、様々に形色を変化せしめられ、而して常に単純化されてゐるのである。[64]

これは、「認識」とは「模写」ではなく「単純化（Vereinfachen）」であるとするH・リッケルト（Heinrich Rickert）の説[65]をほぼそのまま採用したものである。W・ヴィンデルバントやリッケルトに代表される西南ドイツ学派の思想は当時の日本で流行し、「日本では此頃（大正一一（一九二二）年頃）小学の先生でもRickertを口にするものがあり、又其歴史哲学に拠つて日本の歴史を研究し教授せねばならぬと力説するものさへある」[66]状況になっていたことを考えれば、平泉におけるリッケルト受容自体は必ずしも特別なことではない。[67]平泉の主張の眼目はこの論文の末尾にあり、ここにこそ注目する必要がある。

明治以来の学風は、往々にして実を詮索して能事了れりとした。所謂科学的研究これである。その研究法は分析である。分析は解体である。解体は死である。之に反し真を求むるは綜合である。綜合は生である。而してそは科学よりはむしろ芸術であり、更に究竟すれば信仰である。まことに歴史は一種異様の学問である。科学的冷静の態度、周到なる研究の必要なるは、いふまでもない。しかもそれのみにては、歴史は只分解せられ、死滅する。歴史を生かすものは、その歴史を継承し、その歴史の信に生くる人の、奇しき霊魂の力である。この霊魂の力によつて、実は真となる。歴史家の求むる所は、かくの如き真でなければならない。かくして史家は初めて三世の大導師となり、天地の化育を賛するものとなるであらう。(68)

平泉は、確かに「科学的研究」の必要性を十分認めていたが、それでも自己の認識を問わず、客観的・科学的認識のうちに安住する実証史学には批判的であった。かかる「実」のみではなく「真」を求めるその主張は、先の「「文化人類学」を読む」での主張と同意のものであり、その問題意識がリフレインされていることが窺える。その意味で、この実証史学批判の背後には、客観的・自然科学的認識に従う人類学——それは「国史」の独自性や歴史家の任務を否定・奪取しようとする——への反感が燻っていることを読み取るべきなのである。このように捉えてこそ、平泉が、この論文の最後の一文において、極めて唐突にも歴史家に対して「三世の大導師」たれと求めた真意が理解できる。つまり、彼の「三世の大導師」論は、西村が誇った過去・現在・未来を包摂せんとする人類学への対抗意識に基づいたものに他ならない。

ところでこのように平泉が構成主義に至る以前、歴史学界においては『大乗起信論』の撰者や弘安御願の祈願者をめぐって論争が生じていた。その際、彼は、文書記録の精査によっても判断がつかない膠着状態を打破する方途として「人物批判」「心理的考察」に着目する。(69)この方法に基づいて彼は論文「亀山上皇殉国の御祈願」（一九二〇年一二月）、「誤られたる日光廟」（一九二一年二月）を執筆する。のちに平泉史学の人物中心主義・

精神主義として批判される性質であるが、少なくとも当初は、当時の歴史学界における膠着した論争を打開する意図のもとに提示されたものである。この段階で既に「実」のみに固執する方法の限界が認識されていたとはいえ、あくまで「歴史的事実はたゞ一つ」[70]と断言する平泉にとって、構成主義の採用は必ずしも当然のものとは限らなかった。

その意味で、平泉における構成主義的認識への到達には、西村『文化人類学』＝客観的な科学的認識に対する反感が大きな契機となっている。その結果、平泉は、歴史を認識する主体に対して、単なる実証的な学究の徒としてではなく、「三世の大導師」という強烈な自意識・使命感を付与したのである。

おわりに

以上、平泉における西村真次＝人類学批判のありようを検討してきた。従来の研究では完全に看過されてきたが、大正末から昭和初期にかけて、平泉史学の形成を一層促進したものは、人類学への対抗意識に他ならない。以下、本章を要約してまとめとしたい。

一次大戦後の潮流を背景にして、普遍的な「人類」を対象とする人類学が盛行する。そしてその中で西村真次は、人類学が歴史学を融合し、「世界史」＝「人類史」を構築することによって現代文明の救済を企図した。平泉の営為は、このような人類学の立場からする「歴史」の範囲・歴史家の使命への侵蝕＝「人類」による「民族」「国民」の吸収・解消に対する防衛反応であるとともに積極的な攻勢でもあった。

「歴史」の外部から、「歴史」を相対化してしまう「人類」共通の始源＝「自然」に対し、平泉はあくまで「歴史」＝「国史」――彼において「歴史」は「国史」としてしかありえない――の内部に止まり、その中で思考と実践を積み重ねていったのである。その際、平泉は、「歴史」「人格」「国家」という三位一体に拘ることによって、歴史学の対象時期を神武建国以後と見なし、神代や先史時代への言及には禁欲的であった。そして歴史学の独自性と歴史家の使命を強調した彼は、人類学や津田左右吉の営為を通じて、相対的に価値の下がった神代を改めて持ち出し、称揚することなどなかった。あくまで「歴史」の範囲で思考した彼にとって、「神話と歴史を融合させ」ることなど論外であり、両者は明確に弁別され、「歴史」から神話は排除された。

このように神話を排した平泉は、神話に依拠することなく、「歴史」=「国史」の独自性・優越性を説くという、より困難な課題に立ち向かうことになった。そのため彼は、神話への安易なもたれかかりを拒否するためにも、歴史家に対して主体性を確立することを強烈に要求した。そのような彼の営為は全て「三世の大導師」たらんとする使命感に支えられていた。その結果、彼の構成主義的な歴史認識は、日本の固有性を強調した独善的・閉鎖的な歴史像を生み出し、日本歴史を「歴史の典型」と位置づけることになった。この「日本人」のみによって担われる、「典型」たる日本歴史は、他の民族・国家にとってはまさに仰ぎ見ることのみが許され、参与することの叶わないものであった。

平泉史学の根拠としてあったのは決して神話ではなく、その点で『国史眼』とは明らかに懸隔があったといえる。伊藤博文『憲法義解』をはじめ、明治期の国体論が天皇支配の正統性根拠を神話に求め、その「神話と歴史を融合させ」ていたことを考えれば、平泉史学における神代の「歴史」からの排除は、まさに新しい国体論の誕生を準備する、極めて重要な意味を有していたのである。

それでは記紀神話に依拠せず、「歴史」の内部で思考した平泉は、日本歴史の一体いつの時代に自らの実践の根拠を置いたのか。人類学との対抗と並行して、彼が精力的に研究に従事した時代こそ中世であった。ここに神代は去り、記紀神話とは断絶した武士の世=中世が国体を担う、新しい時代が幕を開けるのである。

註

（1）「日本文化史概論」『富山教育』一九〇、一九二九年九月、一二頁。

（2）（3）帝大プリント聯盟編『平泉澄先生 国史学概説（全）——昭和十四《ママ》年度（昭和一五年度）東京帝国大学文学部に於ける講義の編輯』帝大プリント聯盟、一九四一年、三九頁、四三～四四頁。また大学での講義以外にも「其の国体は、いふまでもなく遠き神代に淵源を発し、御歴代天皇の聖徳によつて益々光を増し、歴世忠臣の至誠によつて護持せられて来たのであります」（『順徳天皇を仰ぎ奉る』建武義会、一九四二年、二頁）という記述があるように、平泉は神代に全く言及しなかった訳ではない。ただし、国体の尊厳性を言う際には、決して「神代」のみではなく、「御歴代天皇の聖徳」「歴世忠臣の至誠」といった人為的な歴史の要素がセットになっている点に注意すべきであろう。後述するように、彼が最も重視したのは「神代」ではなく「歴世忠臣の至誠」であった。

（4）小路田泰直『「邪馬台国」と日本人』平凡社新書、二〇〇一年、一六一～六二頁。ただし、小路田氏は皇国史観を「進んで日本人になろうとする皇道実践に生命をかける歴史家の主体性に支えられてはじめて成り立つ歴史観」と捉え、皇国史観は「『国史眼』以来の物語的歴史の単なる延長ではなかった」ことも併せて指摘している（一六二頁）。

（5）坂野徹「人類学者と近代日本——回顧と展望：近代日本人類学史」『科学史・科学哲学』一四号、一九九八年三月、同『帝国日本と人類学者 一八八四―一九五二年』勁草書房、二〇〇五年、松田京子『帝国の視線——博覧会と異文化表象』吉川弘文館、二〇〇三年、中生勝美『近代日本の人類学史——帝国と植民地の記憶』風響社、二〇一六年、など。

（6）赤澤史朗「教化動員政策の展開」『近代日本の統合と抵抗』四、日本評論社、一九八二年、五七～五八頁。

（7）例えば、森明子編『歴史叙述の現在——歴史学と人類学の対話』人文書院、二〇〇二年、岩本通弥・法橋量・及川祥平編『オーラルヒストリーと「語り」のアーカイブに向けて——文化人類学・社会学・歴史学との対話』成城大学民俗学研究所グローカル研究センター、二〇一一年、など。またかつて、上野千鶴子氏と吉見義明氏との間で戦わされた「従軍慰安婦」問題をめぐる論争は、社会学と歴史学との関係を改めて考えさせる契機となった（上野輝将「「ポスト構造主義」と歴史学——「従軍慰安婦」問題をめぐる上野千鶴子・吉見義明の論争を素材に」『日本史研究』五〇九号、二〇〇五年一月、参照）。

（8）以下、坪井に関しては、寺田和夫『日本の人類学』角川文庫、一九八一年（初刊は一九七五年）、山口敏「坪井正五郎」（綾部恒雄編著『文化人類学群像』三、アカデミア出版会、一九八八年）、坂野徹「好事家の政治学——坪井正五郎と明治期人類学の軌跡」『思想』九〇七号、二〇〇〇年一月、松田京子『帝国の視線』、川村伸秀『坪井正五郎——日本で最初の人類学者』弘文堂、二〇一三年、などを参照した。
(9) 坪井正五郎「パリー通信」『東京人類学会雑誌』四八号、一八九〇年三月、一四六頁。
(10) 坪井正五郎「通俗講話人類学大意。」『東京人類学会雑誌』八二号、一八九三年一月、一三一頁。
(11) 坪井正五郎「通俗講話人類学大意。(続)」『東京人類学会雑誌』八四号、一八九三年三月、二三二頁。
(12) 坪井正五郎「通俗講話人類学大意。」前掲誌、一三二〜三三頁。
(13) 坪井正五郎「通俗講話人類学大意。(続)」前掲誌、二三一頁。
(14) 坪井正五郎「人類学の部門に関する意見」『東京人類学会雑誌』一一四号、一八九五年九月、四六六頁。
(15) 坪井正五郎「通俗講話人類学大意。」前掲誌、一三一頁。
(16) 坪井正五郎「パリー通信」前掲誌、一四七頁。
(17) 松田京子『帝国の視線』一四六頁。
(18)(19)(20)(21) 内田銀蔵「歴史の理論及歴史の哲学」(一九〇〇年五月〜一二月)『内田銀蔵遺稿全集』四輯、同文館、一九二二年、四頁、四四頁、四六頁、七二〜七三頁。
(22) 安田浩「近代日本における「民族」観念の形成——国民・臣民・民族」『思想と現代』三一号、一九九二年九月、参照。
(23) 内田銀蔵「歴史の理論及歴史の哲学」前掲書、五二頁。
(24) 福井憲彦「歴史とフォークロア」『新しい歴史学』とは何か』日本エディタースクール出版部、一九八七年、参照。
(25)『須因頓氏万国史』(一八八六年)『日本近代思想大系一三　歴史認識』岩波書店、一九九一年、一八五頁。
(26) 内田銀蔵「拙著『経済史総論』に就き松崎商学士の批評に答ふ」(一九一二年一一月)『内田銀蔵遺稿全集』二輯、同文館、一九二一年、四二〇頁。
(27) 重野安繹「神代」(一九〇六年四月)、「国史の話」(明治三十年代)、「雑考——神代の巻に就いて」(時期不明)『増訂重野博士史学論文集』中巻、名著普及会、一九八九年、参照。
(28) 以上、坪内逍遙「序」(西村真次『国民の日本史第一篇　大和時代』早稲田大学出版部、一九二二年)二〜三頁、六頁。
(29) 柳田國男「青年と学問」(一九二五年五月に講演)『青年と学問』(一九二八年)『定本柳田國男集』二五巻、筑摩書房、一九六四年、八九頁。

(30) 西村真次『文化人類学』早稲田大学出版部、一九二四年一二月、序文一頁。西村は一貫して進化の真因を「闘争」ではなく「協同」に見出し続けたが、彼における「協同」史観は、『大東亜共栄圏』(一九四二年)に示されるように、かえってその後、共存共栄を謳う「大東亜共栄圏」の思想と結合していった。西村については、西村朝日太郎「西村眞次」『日本民俗文化大系(一〇)西田直二郎・西村眞次』講談社、一九七八年、参照。

(31)(32) 鳥居龍蔵「歴史教科書と国津神」『人類学雑誌』三九巻三号、一九二四年三月、一三一頁、一三三頁。なお皇族講話会については、小田部雄次『皇族』中公新書、二〇〇九年、一三六～一三八頁参照。

(33) 西村『文化人類学』四頁。柳田國男も「〔人類学は〕実は大変に範囲の弘い学問で、歴史なども行く〳〵は其中に入ってしまふかも知れぬのだ」と予想している(柳田國男「旅行と歴史」〈一九二四年六月に講演〉『青年と学問』『定本柳田國男集』二五巻、一二六頁)。

(34) 平泉澄「「文化人類学」を読む」『史学雑誌』三六編二号、一九二五年二月、五五頁。

(35) 西村『文化人類学』一〇頁。

(36) 無署名「人類学叢書発刊に就て」(長谷部言人『自然人類学概論』岡書院、一九二七年)頁数なし。寺田和夫『日本の人類学』二一七～一八頁参照。

(37) 水野祐「西村真次」『文化人類学群像』三、一三一頁。

(38)(39)(40)(41) 「「文化人類学」を読む」前掲誌、五二頁、五六頁、五六頁、五七頁。

(42) 左右田喜一郎「「文化主義」の論理」(一九一九年一月一八日に講演)『左右田喜一郎全集』巻四、岩波書店、一九三〇年、九～一一頁。なお「文化主義」については、田中希生『精神の歴史――近代日本における二つの言語論』有志舎、二〇〇九年、飯田泰三『大正知識人の思想風景――「自我」と「社会」の発見とそのゆくえ』法政大学出版局、二〇一七年、大橋容一郎「文化主義の帰趨――新カント学派の哲学と「文化主義」」『思想』一一三五号、二〇一八年一一月、大木康充「左右田喜一郎における「文化主義の論理」と新カント派社会主義」『大東法政論集』二八号、二〇一九年三月、参照。

(43) 若井敏明「平泉澄における人間形成」『政治経済史学』三九七号、一九九九年九月、一九～二〇頁参照。

(44) 「「文化人類学」を読む」前掲誌、五七頁。

(45) 「日本文化史概論」前掲誌、六頁。

(46) 「日本文化の発展(承前)」『学校教育』一九八号、一九二九年一二月、一三九～四〇頁。

(47)　津田左右吉『神代史の新しい研究』(一九一三年)『津田左右吉全集』別巻第一、岩波書店、一九六六年、一五頁。
(48)　だからこそ、のち血盟団事件に参加する古内栄司も、大正期には「どうしても所謂古事記とか云ふ神話などをあの儘私は信ずることは出来ませんでした、けれども、あの神話を其の儘信ずることが出来ないと云ふのは、所謂日本国体に対する疑惑を持った、是では自分が日本国民として立って行くせいがない」と煩悶することになる(『血盟団事件公判速記録』上巻、血盟団事件公判速記録刊行会、一九六七年、四九八頁)。菅谷務『近代日本における転換期の思想――地域と物語論からの視点』岩田書院、二〇〇七年、一五～一六頁参照。
(49)　「日本文化の発展」『学校教育』一九七号、一九二九年一一月、二五五頁。
(50)　「「文化人類学」を読む」前掲誌、五三頁。
(51)　坪内逍遙「序」前掲書、三頁。
(52)　「西村真次著『国民の日本史第一篇 大和時代』」『史学雑誌』三四編六号、一九二三年六月、五八頁。
(53)(54)　平泉洸・平泉汪・平泉渉編、平泉澄著『DIARY』平泉洸、一九九一年、七二頁、七頁。京都産業大学法学部植村和秀教授より、貴重な本書の複写を頂戴した。心から感謝申し上げたい。なお『DIARY』は全文が以下に影印されている。植村和秀「平泉澄博士の滞欧研究日記」(その一)～(その八・完)『芸林』六三巻一号(二〇一四年四月)、六三巻二号(二〇一四年一〇月)、六四巻二号(二〇一五年一〇月)、六五巻一号(二〇一六年四月)、六五巻二号(二〇一六年一〇月)、六六巻一号(二〇一七年四月)、六六巻二号(二〇一七年一〇月)、六七巻一号(二〇一八年四月)。
(55)　「「文化人類学」を読む」前掲誌、五七頁。
(56)　「国史学の骨髄」『史学雑誌』三八編八号、一九二七年八月、二二～二三頁。
(57)　「私は嘗つて、もう今から四五十年も前でありますが、日本の国体は特殊な国体である――この国体は今いふ国体ではありません、国柄でありますが――日本の国柄といふのは特殊な国柄だと言ふ人のあるのに対して、特殊ではありません、正しい国柄なんです、といふことを言ひました。……世界に於て、日本の如き国家は特殊な、異例と言ふべきものでなくして、凡そ人の創つた国家として、他のものは皆乱れてしまつてをる。日本の国こそ正しい国家なんだ。といふことを考へるのであります」とは、戦後の平泉の弁である(『皇學館大学講演叢書第七輯 歴史の継承』皇學館大学出版部、一九六八年、三三～三四頁)。
(58)(59)　「史上に湮滅せし五辻宮」『太陽』二八巻一一号、一九二二年九月、一三一頁、一五一頁。

(60)「歴史を如何に学ぶべきか」『歴史教育』一巻一号、一九二六年一〇月、三六頁。

(61) 坪井正五郎「人類学的智識の要益々深し（承前）」『東京人類学会雑誌』二三二号、一九〇五年七月、四四二頁。

(62) 平泉は、誤解によってか、あるいは意図的に読み替えてか、坪井の議論を単一民族論として捉えた（平泉澄講述、啓明社編纂『昭和十七年度版 東京帝国大学文学部講義 改訂国史概説（完）』啓明社、一九四三年、四一～四二頁。本書第二部第一章註（70）資料）。そして植民地を全て喪失した戦後になると、「人類学の方面に於きましては、人骨の研究の上より帰納して、我が日本列島に異民族居住の痕跡を認めず、すべて今の日本人の祖先であると判断されるのであります。長谷部言人博士や清野謙次博士の説が、その代表的なものであります。／更に古畑種基博士の血液型の研究によりますと、日本人の血液型は、その周辺諸民族のものとは、大に相違してゐまして、……俗に云はれてゐますやうな、南方民族と北方民族とが混合して出来たのが日本民族であるといふやうな説は、到底之を信用する事が出来ないのであります」と、自然人類学者の見解に拠って、公然と先住民族の存在を否定し、日本民族の純粋性を称揚した（「日本の建国について」〈日本文化研究会編『神武天皇紀元論』立花書房、一九五八年〉八頁）。なお平泉と長谷部言人の親交については、守屋幸一「平泉澄から長谷部言人宛の手紙」（一山典還暦記念論集刊行会編『考古学と地域文化』一山典還暦記念論集刊行会、二〇〇九年）参照。

(63)「「文化人類学」を読む」前掲誌、五七～五八頁。

(64)「歴史に於ける実と真」『史学雑誌』三六編五号、一九二五年五月、三七頁。この論文は、史学会四月例会での講演を活字化したものである。

(65) リッカート著、佐竹哲雄訳『文化科学と自然科学』大村書店、一九二二年、一一七頁。

(66) 三浦周行『過去より現代へ』内外出版株式会社、一九二六年、一九頁。

(67) 田中希生氏は、平泉がヴィンデルバントの「聖なるもの」という概念に影響を受けていることを指摘している（田中希生『精神の歴史――近代日本における二つの言語論』三五七頁）。

(68)「歴史に於ける実と真」前掲誌、三九頁。

(69)「吉田兼倶の冤罪」『史学雑誌』三一編七号、一九二〇年七月、七八頁。

(70)「守護地頭に関する新説の根本的誤謬」『史学雑誌』三四編一号、一九二三年一月、二九頁。

第三章　平泉澄の中世史研究

はじめに

第二章において、平泉澄が神代に依拠することなく、日本歴史の尊厳性を説明しえたことを明らかにした。本章では、彼が神代にかえて重視した中世についていかなる研究を行っていたのか、時代的背景に留意しながら検討していきたい。

これまで昭和期における平泉史学の政治的側面については、早い時期から批判的検討がなされ、多くの言及がある。それに対し、『中世に於ける精神生活』（以下『生活』と略記）、『中世に於ける社寺と社会との関係』（以下『関係』と略記）といった大正期における彼の中世史研究は、彼の国家主義的立場とは切り離されて戦後も高い評価を受けてきた[1]。もちろんかかる理解の仕方に対しては批判も提出されており[2]、また網野善彦・中沢新一両氏は、平泉のアジール論に後年の国家主義を生み出した要素を看取している[3]。しかしおしなべて、特に網野・中沢両氏のものは平泉論を主眼としたものではないこともあり、部分的な言及に止まっている。これに対し、近年ではより内在的な研究が進展しており、特に苅部直氏の見解[4]を批判的に継承した若井敏明氏の研究が注目される。若井氏は、平泉において中世史研究が同時代的意義をもっていたことを認めた上で、彼が暗黒時代たる中世と現代とを重ねて捉えたにしても、それは決して現代の憂うべき傾向（国家主義の減退等）に対する諦観ではないと捉える。つまり若井氏によれば、彼にとって大正六（一九一七）年秋における中世史専攻決定は、ロシア革命を契機とする「国家主義者として現状を憂える平泉の積極的な選択」であった(5)。

少年期からの強烈な国家主義的傾向を背景に、現代的関心に動機付けられて平泉が中世を専攻したことは、これらの先行研究によって明らかにされてきた。しかし、そもそもなぜ大正期において現代的関心に引き付けられて特に中世が注目され、解釈されることになったのかは不明なままである。また一般に実証的とされる『生活』『関係』が、具体的にいかなる意味で「国家主義者として」の平泉の問題意識を反映したものなのか、といった肝心な点に関しては、必ずしも十分な解答は示されていない。もちろん平泉の中世史研究の歴史的意味を捉えるため、分析視角の模索も試みられているが、いまだ問題提起に止まり具体的検討には至っていないのが現状である(6)。

かかる研究史上の不備を克服するためには、平泉が眼前に捉えることになった時代の状況やその中で形成された彼の問題意識を解明しなければならない。その第一歩として、平泉が精力的に中世史研究に従事していた大正期において中世史研究が有した歴史的意味を問うことが必要だろう。当該期は、日露戦争での戦勝をうけて国民の国家への一体感が減退し、普選運動・労働運動といった社会の動きが活発化した時期である。つまり、「国家」とは区別された、独自な領域たる「社会の発見」がなされた(7)訳だが、かかる「国家」から「社会」へという思想潮流の移行期において中世史研究の占めた位置を明らかにして、はじめて平泉の中世史研究の歴史的意義を見定めることが可能になろう。

以上のような問題関心から、本章は、第一に大正期、特に一次大戦後に提示された様々な中世観を示し、それに対し、平泉はいかなる問題意識に基づいてどのような中世観を形成したのかを解明する。そして第二にその中世観を核とした彼の中世史研究が国家主義的思想といかなる接点で連続していくのかについて検討することを目的とする。

右のような見地からの考察は、平泉の個人史的研究に止まらず、歴史の激動期において中世という時代の表象に込められた様々な思いの一端をすくいあげることにつながるはずである。[8] また日本史における中世という時代区分については、今日に至るまで複雑な議論を繰り返しているが、近代に成立した中世観の展開を確認しておくことは、「戦後歴史学」の再検討を行う上で必要かつ重要な作業であろう。

一　近代天皇制と中世史

(1)神代から中世へ

「建武中興」ではなく「神武創業」に基づく王政復古を決定した維新政府は、その正統性原理を神代及び古代に求め、古代文化を重視した。[9] 復古とはいえ、歴史的には何の根拠もない「神武創業」に基づくことによって、維新政府は歴史的事実に拘束されずに新施策を次々と打ち出していった。[10] むしろ新施策に適合する形で古代像が創出されたといった方が適切であろう。[11] こうした政治情況に規定され、「国史」研究は当初から国家的意義を強く持ち、研究対象は、統治の正統性と密接に関わる神代・古代に偏ることになった。その結果、自由な研究は阻害された。明治二五（一八九二）年に生じた久米邦武筆禍事件を契機に、「今日ノ学理学説ハ……或場合ニ於テハ直接ニ社会ヲ支配スル力量ヲ示スコトナキニ非ラサレトモ、其多分ハ間接ニ於キテ社会ヲ左右スルヲ常トスル物ノ如シ、史学ノ如キハ最然リトス、此ヲ反言スレバ、史学ハ直接ニ現社会ヲ支配スヘキモノニ非サルナリ、然ルニ久米氏ハ名ヲ史学ノ研究ニ借リ、現行ノ政法ヲ公然ト誹謗シタリ[12]」という意見も提出され、「史学」は「現社会」の動向から切り離されつつあった。そして「凡そ事の皇室に連るものは吾人は臣民の徳義として公然と之を問題とすることを慎まざるべからず」というように、天皇制や神代・古代史については言及を避ける社会的雰囲気になっていった[13]。つまり神代・古代史研究は、専ら一般社会の要請とは乖離した「国家」という領域に閉じ込められることによってはじめて成り立つものであった。

　このように明治国家が推進する神代・古代史偏重の背後では、国家的意義の希薄な中世・近世の貶視がなされていた。明治一五（一八八二）年に出された軍人勅諭は、中世・近世のほとんどを占める武家政権期（「中世《なかつよ》」）を、「且は我国体に戻り、且は我祖宗の御制に背き奉り、浅間しき次第なりき」と規定していた[14]。この時期、幕府や武家政権期は否定の対象であった。特に明治期において東京帝国大学史料編纂掛によって「中世史研究の基礎となる史料の独占体制が成立した」[15]ように、中世史研究のための史料は限られた人物しか利用できず、それを利用した東京帝国大学史料編纂掛史料編纂官兼教授田中義成の主著『南北朝時代史』『足利時代史』等の刊行も没後にならざるを得なかった。その理由は、生前の田中が「公務に精励」したためと説明されたが[16]、実際は「第一、各自歴史上ノ論説考証等ヲ公ニスルカ為メニ、本掛史料編纂事業ニ対シテ世上ノ物議ヲ招クカ如キ嫌アルモノハ厳ニ之ヲ避クヘシ」[17]という掛員規約を田中が生涯遵守した結果であろう。

　ところが、明治二二（一八八九）年八月二六日に開催された東京開市三百年祭を契機に、徳川家康や旧幕府の顕彰が行われた。これを画期として明治二十年代には江戸時代再評価が進められることになった[18]。実際、徳富蘇峰等によって、文明開化期に顕著だった江戸時代「停滞」史観や暗黒時代観は打破され、日本文明の絶頂期として江戸時代が捉え直されていった[19]。しかし、中世は相変わらず暗黒時代のままであり、万世一系の国体に傷をつけかねない危険なものであった。第一高等学校教授原勝郎は次のように述べている。

　　従来本邦の歴史を編述するもの上代に詳密にして、中世以後を叙すること簡略に過ぐるもの多し。そのしかる所以は、……鎌倉時代より足利時代を経て徳川時代の初期における文教復興に至るまでの歴史は、本邦史中における暗黒時代にして、多く言を費すを要せざるものなりと思惟するによる。[20]

このような背景から中世史研究が本格化するのは遅れ、明治三四（一九〇一）年からの『大日本史料』第六編（田中義成主任）、第一二編（三上参次主任）の刊行開始を受けて、二〇世紀になってからであった。ヨーロッパ史を視野に入れながら著された内田銀蔵『日本近世史』（一九〇三年）、原勝郎『日本中世史』（一九〇六年）によって、鎌倉幕府成立から戦国時代末までの時代が「中世」として設定されたことは史学史上の定説といえる。ところで、史論史学を代表する山路愛山は、「此書（原勝郎『日本中世史』）は博士の名声を維持するに利益あるべき著述にあらず。之を要するに時代を分ちて研究するは一個の方法なるべしと雖も、其成績は未だ顕著ならずと謂ふべき歟[21]」と、時代区分の意義に対して懐疑的な意見を述べていた。このような見解もあったように、時代区分としての「中世」「近世」なるものは、必ずしもすんなりと日本史学界に定着した訳ではなかった。しかし、その愛山にしても、戦国時代を「暗黒時代」とは認識していなかったように[22]、時代区分を受容するしないにかかわらず、従来「暗黒時代」とされた中世のマイナス・イメージは確実に払拭されていった。

アカデミズムにおける具体的な動きとしては、原や福田徳三、中田薫、三浦周行等によって、日本の中世にヨーロッパと同様の事実（封建制）が見出された。彼らの中世史研究は、日本の近代化・西洋化の成功を保証する意図の下に行われたように[23]、西洋との同一化傾向が強いものであった。その中でも原の研究のもつ最大の意義は、腐敗した古代末期を「刷新」し、「新なる生命を享受した」時代として中世を捉え返した点に求められる[24]。原によって中世ははじめて暗黒時代から「刷新」の時代へと捉え直され、価値が逆転された。その逆転を背景に、「古代、近世、最近世以外には研究すべき時代はないものかと云ふことも考ふべきことであります[25]」

というように、中世研究を求める声も高まってきた。

かつて国体にとって危険視された中世観のかかる転換は、原個人の意図を越えて、明治末期から進行した新たな社会状況・歴史認識上の転換（「大正デモクラシー」状況・古代史研究のもつ国家的意義の低下）と連動したものであった(26)。そのような動きは特に一次大戦後において顕著である。よく知られたように、一次大戦によってもたらされた現代文明への閉塞感は、政治経済宗教学術等あらゆる分野における「革新」の機運をもたらした。その中で「歴史思想の根本的改造(27)」も要求され、一部の歴史学者はかかる要請に対して真摯に応答していく。その顕れとして注目すべき現象が中世史像の再解釈の進行である。

京都帝国大学教授三浦周行は、一次大戦後における社会問題の頻発を背景に、「現代の社会問題」を扱う「学者・実際家に向つて、歴史的理解と共に、其論策・施設上、多少の暗示や刺激を与へること」を望んで「日本社会史」を説く(28)。

> 併しながら熟く視ると、社会の裏面や下層に流れて居る暗流が、段段漲つて来るにつれて、是迄表面勢力のあつた上層のものも、いつしかそれに推し流されて漸次下層と入れ替はる。それが又久しくなつて来ると、又又、前と同じやうなことを繰返して行くといふのが、殆んど一定の常軌になつて居るやうである。……〔鎌倉幕府成立の背景を説明すれば〕侍といふ中産以下の地主共が、権門勢家たる貴族共から虐げられ虐げられつつも、実力を養つて、次第にこれを圧倒したので、頼朝はそれを踏台にしたまでである(29)。

また京都帝国大学教授内藤湖南は大正一〇（一九二一）年八月の講演において、応仁の乱のインパクトを強調し、日本の歴史を、応仁の乱を画期に二分しているが、その際「日本の歴史も大部分この下級人民がだんだん向上発展して行った記録であります」と説く。[30] 三浦・内藤におけるこのような把握が、当時盛んな労働運動や普選運動の現実と密接に関係したものであったことは明らかである。実際、三浦は「欧州の大戦が労働階級下層貧民を著しく優勝の地位に上せたのは殆ど世界共通の現象であつて、これが影響として、従来社会の中堅と看做された中産階級の疲弊困憊を来したのは真に社会的大革命である[31]」と観察しているように、彼が日本歴史の「常軌」として認識したものは、「殆ど世界共通の現象」に即したものであった。

さらにこの時期には親鸞の流行が起きている。

近年非常に親鸞々々と言つて聖人がもてはやされたのは何が故であるかと云ふに……聖人の教義が無差別平等の主義であつたからである数年来世界中の学者達によつてデモクラシーが説かれ社会一般にその言葉が流行したが実に聖人は七百年の昔に於て之をお説きになつたのであつた[32]、

親鸞は「大正デモクラシー」を背景に再解釈された結果、「無差別平等の主義」を説く平民的な親鸞像が流通することになったのである。[33] いわば中世におけるデモクラシーの伝統が発見され、ここにおいて中世は、デモクラシーが盛んな現代の原点として肯定的に捉え直されたのである。

以上のように、一次大戦後における世界の大勢たるデモクラシーの風潮の中で、鎌倉幕府成立や応仁の乱、親鸞に注目した中世の再解釈が行われていた。留意すべきは、内藤が「大体今日の日本を知るために日本の歴史を研究するには、古代の歴史を研究する必要は殆どありませぬ[34]」と断言しているように、かかる中世再解釈の営為が、古代史研究は時宜に適さず必要ないという意識を背景にして自覚的に行われたことである。平泉澄もまた従来の古代史研究が「多く微細なる部分の詳しき研究であつて、一般世人はそれらの細かき研究が、結局何を意味するかさへ分からなかつた」[35]というように、一般社会の要請との乖離を指摘していた。大正期に中世史研究に従事した者にとって、記紀に依拠した古代史研究は大いに価値を減じていたことに留意すべきであろう。神代の記述や古代史像の再解釈を通して「民本主義」の理論的正当化を図った和辻哲郎[36]に代表されるように、一次大戦後、神代・古代史研究の多様化が進行したが、それは結果として従来の神代・古代史研究の権威を相対化し、国家的意義の低下を促進したといえる。[37]つまりこの時期、神代・古代史研究の意義が低下する状況の中、「革新」機運の盛り上がり・社会運動の盛行を背景に、中世は、今日参照すべき肯定的・理想的な形で解釈されることになったのである。そしてこれらの動きが、原勝郎の中世観――腐敗した古代末期を「刷新」した時代――を前提としていたことは明らかであろう。

同時に原の中世観は、「大正デモクラシー」側のみに止まらず、政治的にそれとは対極の立場においても受容された。国家改造運動の始点ともいえる猶存社を結成（大正八〈一九一九〉年八月）した中心人物大川周明は、平安末期における武士の勃興から鎌倉幕府成立へと至る時期を、「孰れの時代に於ても革新は已み難き必要に迫られて成就するものである」と論じた。[38]大川はかかる認識を背景に、日本歴史を大化改新、鎌倉幕府成立、明治維新といった「革命」を基準として区分した。この大川の把握は、古代から中世への移行を扱った論文主題にしろ、以下に示す文言の類似からいっても、「革新なるものは、いずれの場合においても、已みがたき必要に起因する」とし、鎌倉幕府成立を「大化〔改新〕以後第二の革新」と捉えた原の影響である。[39]日本歴史を「已みがたき必要に起因する」「革新」の繰り返しと捉える原の認識は、中世を、腐敗した古代を「刷新」した時代と捉え、中世暗黒時代観を否定する際に前提となる根本的認識であり、先の三浦の日本歴史観もこの影響であろう。米騒動（大正七〈一九一八〉年）に象徴される「大正デモクラシー」の盛り上がりに危機感を抱いた大川もまた、原の根本的認識をもとに自らの国家改造を正当化する歴史観を作り上げていくことになる。

以上のように、社会の活発な動きを歓迎するにせよ、それに危機感を抱くにせよ、その新しい動きをいずれの「革新」陣営も無視することができない状況に立ち至った。その結果、大正期には、主に「国家」と結合した神代・古代史研究の地盤沈下が進行するのに伴い、「社会の発見」を背景に、中世史が「革新」を志向する様々な新しい動きと結び付き、「社会」的中世史が盛行した。[40] そもそも第一部第一章・第二章で確認した、大川周明・平泉澄における神代離れ（神代を歴史から排除し、自らの思想の正当性根拠としない）もまた、神代・古代史研究の地盤沈下を示すものであった。神代とそれにつながる古代という神々の息吹の感じられる時代から、記紀神話とは断絶した武士や民衆の活躍する中世へ。この「神代から中世へ」という当該期における歴史学の重心の移行は、政治的には「大正デモクラシー」として、また社会思想的には「社会の発見」として現れたものと根底を同じくするものであった。

⑵平泉における「国家」的中世史への志向

それでは、平泉の中世史研究は以上のような動向とどのように関わるのであろうか。彼もまた「研究の出発点を常に社会に置」[41]いたように、社会に視点を据えた点で大正期の思想潮流の埒外にあった訳ではない。まずは平泉の中世への関心のありようを確認しよう。彼によれば、推古朝以前が「古代」、推古朝〜保元元（一一五六）年が「上代」、保元元年（保元の乱）〜天正元（一五七三）年（室町幕府滅亡）が「中世」、天正元年〜慶応三（一八六七）年（大政奉還）が「近世」、それ以降が「最近世（現代）」である。[42]「中世」は、「社会の中心勢力」の違い（「宮廷」／「武家」）から「上代」と区別され、また「当時の文化」の違い（「仏教を主とする社寺」／「儒教特にその朱子学」）から「近世」と区別される。[43]

かかる時代区分への拘りは、平泉が愛読したクローチェの「歴史を思惟することは確かにこれを時代区分することである」[44]という言葉の実践であろうが、より切実な意図があった。即ち、「実際国史においては、中世といふ詞はまだ一般に用ひられてゐないばかりでなく、歴史家の中には反対意見が多いのである」[45]という状況にもかかわらず、平泉は日本歴史における他の時代との明確な差異化の下に、日本独自の「中世」（「日本の中世」）を立ち上げることを企図した。後年、彼は「西洋の歴史に於ては、古代、中世、近世といふ言葉を用ゐて居りますが、私も日本歴史の中に於て、然様な言葉を用ひて居ります。併し私のは日本歴史独特の研究から創出したものでありまして、必ずしも西洋のそれとは一致しないのであります」[46]と言っている。つまり平泉の営為は、日本史に「中世」という時代区分の定着を図った点で、大正一三（一九二四）年に没した原勝郎の遺志をまぎれもなく継承するものであった。しかし、それはおそらく原の意図とは逆に、西洋史の時代区分から独立した、一国史的な「日本の中世」の確立を志向したことに留意すべきである。

平泉が「日本の中世」確立に躍起となった背景には、以下のような現状認識があった。

現時世の視聴を聳てしめつゝある、プロレタリア対ブルジョアの所謂階級争闘、プロレタリヤの擡頭と団結、乃至少くとも従来社会の下層にあつたものの平等の待遇の要求、或はまた普選の断行等、それは中世の初めに於ける武士階級の勃興にやゝ類似してゐるといはれてゐる。果してそうであるか。両者の間にはいかなる類似と相違とがあるか。又現時の宗教熱、特に親鸞の流行は、頗る中世前期の思潮と類似してゐる。……〔親鸞を主題とする雑誌、小説、戯曲の盛行は、親鸞の思想が〕今日の日本人の精神に深き交渉を持つてゐるが如く見ゆる。しかもその思想の根本に於いて、現代人は果して中世人と共通の原理を有するか。これ等の問題は深遠なる研究と透徹せる見識とを要求するものである。／しかし、ともかくもかやうに、社会生活に於ける新なる階級の勃興といふ点に於いて、又精神生活に於ける指導的思想の類似といふ点に於いて、又経済生活にも種々の不安動揺を体験しつゝある点に於いて、……現代と中世とは頗る密接なる関係を持つてゐる。／予が中世史に対して特に心を惹かれるのは、実にこの理によるのである。(47)

先行研究が指摘するように、平泉は確かに「現代と中世とは頗る密接なる関係を持つてゐる」ことを認める。しかし、そのことは、「果してそうであるか」「現代人は果して中世人と共通の原理を有するか」という留保からも明らかなように、平泉が当時喧伝されていた、現代を中世に投影させて肯定的に捉える立場に共感していたことを意味しない。それでは平泉の留保・反発は、運動の手段と化しつつある中世史研究の現状に対して、より学術的な実証史学の立場から発せられたものであったのだろうか。答えは否である。一次大戦後における平泉の現状認識は次のようなものであった。

一知半解の徒、軽跳《ママ》浮薄の輩は、やゝもすれば世界の大勢に眩惑して、その立脚する所を忘れ、その帰嚮する所を失ひ、而して自ら溺没せむとするもの無きにしもあらず。この時に当りて、日本民族の由来を討究し、建国の意義を闡明し、以て国民精神を鼓舞し、国家生活を緊張せしむるは、正に国史家最大の任務なりと謂ふべし。(48)

平泉は自国の歴史を忘却し「世界の大勢に眩惑」した動きに批判的な立場から、何よりも「国民精神を鼓舞」することを「国史家」の使命とする。かかる立場からすれば、「世界の大勢に眩惑して」中世（親鸞の宗教）を理想化して現代と結び付ける傾向の蔓延に対して、彼が強い危機感を抱き、「日本の中世」を対置しようとしたことは極めて当然であったといえる。「世界の大勢」との同一化を拒否する彼は、武士の勃興と現代の労働運動・普選運動とを重ねたり、平等論者という親鸞像が流行したりする状況を苦々しく感じていたのである。まして彼には「八時間労働などと騒ぐ意気地の無い労働者がある[49]」といった労働運動への無理解があったことを踏まえれば、彼が抱いた嫌悪感は当然すぎるものであった。

ところで平泉に教えを受け、昭和三（一九二八）年に東大国史学科を卒業した市村其三郎は、「現代生活を離れての中世史の研究ではなくしてむしろ現代生活に即したる中世史の研究であるべき筈である。それ故に、歴史家にとつての先決問題は、むしろ、常に、現代史の研究、従つて現代の認識にあり、その現代認識の上にのみ始めて、力強き歴史の研究へ突進することが出来る[50]」と述べているが、これは「歴史は畢竟我自身乃至現代の投影[51]」と見なす平泉の考えを祖述したものであろう。市村―平泉は、歴史家の「現代認識」に支えられた「現代生活に即したる中世史の研究」をこそ求めていた。「世界の大勢」に対する態度をめぐって平泉と三浦は確かに対立したが、現代と中世とを結び付けて解釈する点では共通している。その点で、両者の営為は、総体として「なにより、現代の問題と関連させて歴史を見るという視点はほとんどなかった[52]」と回想されるような大正期のアカデミズム史学に対する批判＝「歴史思想の根本的改造」として位置付けられるものであった。ともに日本社会の過去に着目した平泉と三浦との対立の焦点は現代観にあり、両者の分岐点は、各々自らの研究を「国民精神」といった「国家」価値と労働運動に代表される「社会」運動とのいずれの領域に関連させているかに求められる。

そもそも中世を「国家」の側に取り込む必要性は明治期から説かれていた。東京帝国大学教授芳賀矢一は中世史研究が本格化し始めた世紀転換期に早くも、「国体を知る」ことを目的とする日本の「国学」が「古代に偏し過ぎた」ことを批判し、「今日に至つては鎌倉時代も、足利時代も、吾々の思想の境に這入つて来るやうに、時代を拡張するといふ考へが必要であります」と主張し、「国学」の改良を求めていた[53]。ところが、このような「国学」への中世の取り込みが十分行われないうちに、民衆や労働者の政治的台頭という事態と結び付いた「革新」派が主導的に中世（親鸞）を再評価し、その結果、中世史は「社会」の領域と結合していったのである。かかる事態に反発した平泉は芳賀の問題意識を引き継いで、中世史と「国家」との紐帯を強固にすることを企図し、「社会」的中世史に対して「国家」的中世史を志向したといえる。

もちろんそのような志向は必ずしも平泉に固有なものではない。例えば親鸞解釈のレベルでは、地主の家に生まれ、生地において激化する小作争議にさらされていた三井甲之が、争議には徹底的に批判的な立場から親鸞を捉えていた。三井はのち大正一四（一九二五）年に蓑田胸喜とともに原理日本社を立ち上げる歌人であるが、彼は「自力」を批判した親鸞をマルクス主義の批判者に読み替える。その上で他力信順について「個人生活を団体生活に、国家生活に、また無始無終の歴史的開展に結合せしむるときに開発する内心の永久生命感を信となづくる」と解釈する。そこから彼は「日本は滅びず」という確信を導き出す[54]。つまり、彼は、デモクラシーを背景とした親鸞像に対し、親鸞を、「自己神化教の教義」を批判した他力信順＝「国体随順勅命服従の即ち承詔必謹の臣道の先駆」と捉えるのである[55]。彼もまた大川周明同様、原勝郎『日本中世史』を読んでいたが、原の「革新」に惹かれた大川とは異なり、公家の中華崇拝を「今日の自国を忘れたる西洋崇拝と同じことである」と読み取るに止まった[56]。

このような親鸞像の多様化に示されるように、「神代から中世へ」という移行の中で、論者各自の問題意識を反映した様々な中世観が鎬を削ることとなる。それでは平泉は、かかる中世観の相剋状態においていかなる中世観を形成し、どのようにして「国家」的中世史を立ち上げたのであろうか。以下、平泉による実証的研究の成果として名高い『関係』『生活』を中心に彼の営為を確認していきたい。

二　平泉の中世観

(一)暗黒時代観

大正一一（一九二二）年に執筆された『関係』において、平泉はアジールという視点から中世を捉えた。そのような世界史的視点の導入は現在まで高く評価され、注目されてきた。ただしアジールという用語こそ使われていないものの、戦国時代の寺院が治外法権的慣習を有し、その慣習は近世的統一権力形成の動きと衝突するという山路愛山の把握に示されるように、中世から近世への移行を捉える視点としてアジールは夙に着目されていた。[57]愛山の把握はまさに『関係』の大筋に通じるものであり、アジールへの平泉の関心も、もともとは彼の時代区分への拘りに発するものであったことが推測される。それ故平泉にはアジール＝「人民の中にひそんでいる自由への根源的な希求」の現れという理解はない。[58]その意味で本来注目すべきはアジールそのものではなく、アジールの存在を可能とした時代状況の把握の仕方である。つまり、アジールが「専断苛酷の刑罰、又は違法の暴力の跋扈する乱世に於てのみ存在の意義を有する所の、一種変態の風習[59]」であり、中世をアジールの最盛期と捉える彼の視点からすれば、彼の中世観は必然的に中世「乱世」観と不可分のものとならざるを得ないことこそが重要なのである。

平泉はアジール成立の背景である「政府の威力の不十分[60]」さについて、「幕府の直接統治し得る所は決して全国民全社会ではなく、公家は猶確乎たる法制上の威光と勢力範囲を以て之に対立し、元来公家に属してゐた社寺も亦別箇の勢力をなして殆んど鼎立の形をなして居つた[61]」というように独特に説明する。このように平泉は、武士中心史観を相対化して、武家・公家・社寺の三者鼎立という新たな中世像を提示する。さらに彼の関心は社寺に向かい、特に「当時新教の流布の、未だその範囲あまねからずして、所属寺院の員数に於ても、又その勢力に於ても、旧教のそれには遠く及ばなかった[62]」というように、新仏教ではなく旧仏教勢力にこそ注目する。以上のような彼の中世像が、武士中心史観と新仏教への過大評価という二点を批判することを課題として成立していることは明らかである。

そして『関係』の基調をなす中世「乱世」観は、『生活』においてより露骨に展開されている。平泉は、中世人の精神生活の指導者を僧侶と見なし、彼等が「国史の智識に於いて最も缺乏してゐた[63]」ことを指摘する。そのため当時の国民は国史に関して完全に無知であり、中世には「歴史を忘れ、国家と歴史より遊離[64]」した「歴史を知らざる社会[65]」が現出していた。そして次のように中世を暗黒時代として結論付ける。

上代末より中世へかけては、かくて明かに暗黒時代である。……暗黒時代と云ふを、普通に考ふる如き制度の乱れた時代とのみ解せず、その心のくらさ、希望なく、楽なき、状態を示すものとするならば、この詞は猶生新な意味を以て中世を代表するであらう[66]。

平泉は『関係』においてアジールに着目することで統一権力の欠如した「制度の乱れた時代」として中世を描いたが、それと併せて『生活』では中世人の精神生活における「心のくらさ、希望なく、楽なき、状態」を強調し、二重の意味でその暗黒さを暴き出した。

ところで、「かのローマのキリスト教会のアジールに比すべき我国中世に於ける寺入[67]」、「この点（関所の乱設）に於ても西洋の中世は、我国のそれと著しき類似を示してゐる[68]」など、『関係』においては、原勝郎同様に西洋の歴史との同一化傾向が強く現れている。しかし、その同一化は、それを以て日本の近代化の成功を担保するものと見なした原とは異なり、中世暗黒時代観を強調する結果となっている。当時の日本の西洋史研究において、従来暗黒時代として否定的に捉えられてきた中世を捉え返そうとする研究が既に現れ始めていたが[69]、かかる動向にも背を向けて、平泉は中世暗黒時代観に固執したのである。

また平泉の否定的な中世観は、大正末から昭和初期にかけて彼が精力的に取り組んだ神仏習合研究からも導き出されるものであった。その研究は、神仏習合という打破すべき「伝説」が横行し、「歴史を忘却」し、「国史の全期を忘れ」つつある時代という中世観を描き出した[70]。それ故、平泉にとっては中世への復帰など常軌を逸した考えとして拒否された。即ち、「近時世間に現れる論説の傾向を見るに、一部の間に於いては、神仏関係の歴史に対して明察を欠き、近世三百年の努力を無視して、再び中正《ママ》の混沌雑駁に復帰しようとする傾向を見る。いはれなき逆転と断ぜざるを得ない[71]」と。

要するに『関係』における武士・新仏教の相対化、『生活』等における中世暗黒時代観の強調といった平泉の研究の特質は、中世（親鸞の宗教）を理想視し、現代と結び付ける傾向が蔓延する状況の中で、それとの対抗関係を通じて形成されたものであることが理解できる[72]。換言すれば、それは「世界の大勢」＝デモクラシーへの批判意識に支えられたものであった。中世観の対立は、決して学問的なレベルに止まるものではなく、「大正デモクラシー」状況に対して史家が選択した政治的立場をめぐる争いでもあったのである。

ところで平泉自身も中世と現代との類似自体は認めていた。「歴史を忘れ、国家と歴史より遊離」「歴史を知らざる社会」等否定的言辞のオンパレードで説明される平泉の中世観は、そのまま「世界の大勢に眩惑」し、自国の歴史を忘却しているという彼の一次大戦後における現代観と重なるものであり、中世暗黒時代観の強調は、彼の極めて強い現代への批判意識に支えられていたのである。つまり、平泉における中世暗黒時代観は、盛行する「社会」的中世史研究が描く肯定的な中世観へのカウンターであると同時に、平泉なりに中世と現代とを重ね合わせたものであり、現代暗黒時代観の反映であった。

そして平泉は、現代を中世同様「歴史を忘却」した時代たらしめた要因として、客観的考証（＝「実」）に終始する明治以来の「科学的研究」を措定し、「実」に止まらぬ「真」を求める歴史を立ち上げようとする。

明治以来の学風は、往々にして実を詮索して能事了れりとした。所謂科学的研究これである。その研究法は分析である。分析は解体である。解体は死である。之に反し真を求むるは綜合である。綜合は生である。而してそは科学よりはむしろ芸術であり、更に究竟すれば信仰である。……科学的冷静の態度、周到なる研究の必要なるは、いふまでもない。しかもそれのみにては、歴史は只分解せられ、死滅する。歴史を生かすものは、その歴史を継承し、その歴史の信に生くる人の、奇しき霊魂の力である。この霊魂の力によつて、実は真となる。歴史家の求むる所は、かくの如き真でなければならない[73]。

平泉は「科学的研究」それ自体を批判した訳ではなく、あくまでそれだけで事足れりとするあり方を批判し、「芸術」「信仰」としての歴史学を追求した[74]。実際彼は、重野安繹等「抹殺博士」による営為も「純正史学確立の為に、深重なる意義をもつた啓蒙運動[75]」として一定の歴史的意義を認めていたのである。彼は、「専心研究に没頭する幾多の学者の努力によつて伝説は絶えず何等かの動揺を来します。しかしそれは心弱き人の恐るゝ様な国民道徳の崩壊でもなければ、夢見る人の歎く様な美しいローマンスの消滅でもありません。恐怖すべく悲歎すべきは伝説の破壊ではなくして、発見されたる史実の上に新しい歴史を組織してゆく事の出来ない心弱さです[76]」と言い、「伝説の破壊」を果敢に遂行することを説く。彼にとって重要だったのは、「伝説の破壊」＝「実」に止まらずに、「発見されたる史実の上に新しい歴史を組織」することで「国民道徳」「美しいローマンス」を再生させることであった。少なくとも大正期、平泉が歴史認識において求めていたのは、「実」か「真」

かという二者択一的な態度ではなく、むしろ「実」と「真」との両立の可能性であり、『関係』『生活』はまさにその模索から生み出された成果といえる。

その成果を背景に、「実」の解明に止まる現代歴史学（＝官学アカデミズム史学）を克服する新たな歴史学を模索する平泉の営為は、自らの時代区分を踏まえた時代ごとの価値観の変遷を解明する研究へと展開した。彼は、昭和二（一九二七）年一〇月一日に行われた史学会九月例会において上古（美）・中世（聖）・近世（善）・最近世（真＝「実」）という価値観の展開を主張した（のち古代（純）が加えられた）。かかる研究に対して、東北帝国大学教授村岡典嗣は、「単に各時代を特質づけた理想を概念的にとり出しただけで、各時代を通してその奥に一貫して流れているいはゆる日本精神の発展といふ点から見る事が十分でない[77]」と批判し、一貫性を強調した。

もちろん平泉は決して一貫性を軽視した訳ではなかった。にもかかわらず、彼が時代ごとの価値観の変遷を解明することに拘ったのは、それが「現代批判の上にも、最も必要な事であるから[78]」であった。即ち「現代の目標であり最高価値であると信じられて居る真（＝「実」、科学至上主義）が、何時迄も絶対のものと考へらるべきだとは思はれませぬ。何時かは之が棄てられて何物かゞ之に変るものと思はれます[79]」というように、平泉にとって現代の価値観もあくまで相対的なものとして把握された。留意すべきは、ここで平泉は明確に「実」の揚棄について言及していることである。この認識は、「今日我が日本の学界に於て最も目立つて見えるものは、世界共通の考へ、或は何事も凡て国際的でなければならぬとする考へである。……私は斯かる考へが勢ひを占めて、日本国家の尊貴な特殊性が之に圧倒せられ、世界歴史の考へが跳梁跋扈して、日本歴史の特性が忘られんとするに至つた事が、今日あらゆる方面に於て思想の混乱を来した本源ではあるまいかと考へる。……これは維新以来の学風の根本に横はる所の大きな誤であると思はれる[80]」というように、一次大戦後の現在に対する批判意識を、維新以後の「現代」総体にまで押し広げて捉えるようになったことに対応している。それはともかく、現代の価値観＝「実」の相対化、揚棄の言及は、「実」と「真」との両立を模索していた大正期の志向とは一線を画するものとして注意が必要である。

そしてさらに現代を特徴づける真＝科学至上主義を社会科学において最も体現したものがマルクス主義史学とされた。[81] いわばマルクス主義史学は、官学アカデミズム史学と本質的に同じものとして、その系譜上に位置付けられて批判されたのである。「実」の揚棄を視野に入れた平泉は、自らの歴史学によって厭うべき現代を相対化（＝官学アカデミズム史学・マルクス主義史学と対抗）し、以て「実」に替わる「何物か」を提示せんとした。

今日は国史の精神が眠つてゐる時である、今日の社会の缺陥を認めなければなりません、この結果をどう処理するかと云へば……之は歴史の中に原動力を持たなければなりません、日本の大きな改革はたへず偉大なる政治家、偉大なる歴史家に依つてなされます……我が国は非常に重大なる時期に立つて居ります、これ迄の生ぬるい歴史の考へ方ではいけない、……国民の間に国民精神を呼び起さなければなりません。[82]

平泉は、「実」を重視する「これ迄の生ぬるい歴史の考へ方」を打破し、「何物か」＝「国民精神」によってこそ「缺陥」を抱えた現代を「改革」し得ると考えていた。

⑵「更生」の時代

前項において、現代暗黒時代観という把握は、「現代批判」へと進み、さらにその現代の「缺陥」を是正せんとする使命感を平泉に喚起させたことを確認した。このような彼の現代に対する態度は、既に彼の中世観に孕まれていた。

かくの如く中世はその当時の人によつて、並にその後の世の人々によつて呪はれ、軽蔑せられて来た。しかも我等は我国の歴史の中に於いて占むる中世の位置について、深き意義を認めざるを得ない。我が国の歴史は、中世に至つて更生してゐる。我が国が老い衰ふる事なく、生き生きとした若さを持続する事の出来たのは、この更生の為であつた。[83]

『生活』において平泉は、中世を暗黒時代と捉えるのみではなく、「更生」の時代とも認識していた。かかる中世観は、「五年間に亘る世界大戦争は、あらゆる方面に於て改造の機運を促進した。政治といひ経済といひ其他宗教芸術学問等文化のあらゆる方面に於て、革新改造の機運が漲つて来た[84]」と彼自身も認めるような一次大戦後の傾向を反映したものであろう。「改造の機運」が高まる中、三浦周行同様、平泉もまた原勝郎の把握に通じる中世「更生」時代観を受容していたのである。ただし平泉においては、原が否定した中世暗黒時代観が、現代観を媒介にして、中世「更生」時代観と密接に関連しあって併存していた。

そもそも中世暗黒時代観という現代を映した負の鏡像だけでは、誇るべき「日本の中世」を描いたことにはならない。中世という「暗黒の中の光明」が発見され、「更生」の具体像が示されねばならなかった。そしてそれは、当然現代の「更生」を遂行する上で指針となるものであったはずである。この課題に対し、平泉は「これ〔「怯弱憂鬱の心情」〕は中世の終りまで、なほ強く残つてゐたのであるが、一方には早く之を否定する精神があらはれた。武士の出現は即ちそれである。武士は暗黒の中の光明として現れ、我国を滅亡の危きより救つた[85]」というように、救世主として武士を措定し、原同様高く評価する。そして武士が創造した武士道の精神の思想的基礎として禅宗を挙げる。

今禅宗の起るや、この種の宗教〔「あくまで自己を無力なものとし」念仏を唱えることで誰もが平等に救われる、とする親鸞に代表される宗教〕とは反対に、自己の力、自己の尊厳を強調し、自己以外に神あり仏あり、乃至極楽あり地獄ありとなすはすべて妄想なりと断じた。(86)

平泉は、平等主義的な親鸞の宗教ではなく、「自己の力」を尊重する禅宗を新しい思想として重視する。ところで親鸞の宗教も禅宗も新仏教として一括して相対化した『関係』（一九二二年執筆）においては、「百年に余る戦乱の間に、只己が力を信ずる外信ずべきものを有たず、偏に我が力の伸展をこれ努めた国民は、もはや夢みる如く神仏の冥助をのみ仰いではゐなかつた(87)」という同意の記述は見られるものの、禅宗とは関係付けられていない。『生活』に至り、反親鸞の態度が明確化したといえ、この変化は親鸞をデモクラシーと結び付けて解釈する眼前の傾向へのより強い対抗意識に促されたものであったと考えられる。そして同時に、平泉における「自己の力」を尊重する禅宗重視の立場は、自力を排し他力信順に徹した親鸞を称揚する三井甲之の立場と潜在的に対抗するものでもあった。

それはともかく、ここには「更生」が、無力感に駆られ、既成の秩序に頼る他力本願なものではなく、何よりも「自己の力」「我が力」を自覚した上で遂行されるべきものであることが示唆されている。「外へ外へと発展を急いだ時代は既に過ぎた。……すべては今や深き反省によつて、自己を確立すべき秋である(88)」というように、平泉にとって現在の課題は対外的発展ではなく何よりも「自己」の確立＝国内「更生」であった。そしてその実現の上で彼が障害と捉えたのがデモクラシーや唯物論であった。「自己の力」を重視する平泉の意識は、次のようにそれら障害を批判する論理と結び付いている。

歴史はかくて自由の人格が永久にわたる創造開展の世界である。しからばかの集団的観察のみを是認して、個人の力を蔑視する考方は、そのデモクラシーの思想に出づるにせよ、はたまた唯物論に発するにせよ、すべて一様に反省しなければならない。……而して偉大なる個人は時代の潮流に乗じて之を洶湧せしめ、民衆の前路に立つて之を麾く。個人なくして民衆はない。(89)

つまり平泉は、「デモクラシーの思想」「唯物論」をともに「民衆」を重視し「個人の力を蔑視する考方」として批判し、以てそれらが現代「更生」を導く思想としては不十分であることを示したのである。平泉は「偉大なる個人」をこそ重視し、かかる英雄主義からすれば彼の労働運動への無理解は当然のものであった。以上のような問題意識から、平泉は英雄主義に基づいて中世を――誇るべき「日本の中世」を――叙述することになる。『日本歴史物語（中）』は次のように説く。

時代はちょうど、保元の乱から、織田信長が出てくるまでゞ、いくさばかりつゞいた、武張つた、荒らくれた時代であります。しかし日本男児の意気のあがり、桜の花にたとへられる大和魂のみがかれたのは、このいくさの間であつたのです。……さういふ英雄〔源為朝、源義平、源頼朝、源義経、武田信玄、上杉謙信〕は、大和魂にみがきをかけた人です。ですから、われ〳〵に大和魂のなくならない限り、それらの英雄は死んでしまつたのではなく、今現に、われ〳〵のうちに、生きてゐるのです。(90)

平泉は中世を「大和魂のみがかれた」時代とし、多くの武士や北畠親房等「大和魂にみがきをかけた人」＝

英雄があふれる時代として捉える。その叙述は、星野恒・久米邦武らが史料性を疑問視した『太平記』に大幅に依拠したものであり、官学アカデミズム史学に対する対抗意識あふれるものとなっている。結果として、児童へと語りかけるその具体的な叙述には「脆弱な暗い気持ちを拭い去った、明るい前向きの正義感あふれる歴史観[91]」が看取されることになる。

大正一一年執筆の『関係』から、『生活』を経て、『日本歴史物語（中）』へと至る平泉の中世論は、彼の一貫した問題意識（現代「更生」）が強く反映された一連のものとして理解されねばならず、昭和初期における彼の中世観は、「偉大なる個人」が活躍する、「大和魂のみがかれた」時代として帰着する。また「自己の力」の自覚は結局「大和魂」の自覚へと収斂することになる。彼は、暗黒時代たる現代を「大和魂」「国民精神」あふれる時代へと「更生」せんとしたのであり、彼の中世観はまさにその使命感の反映であった。そして「日本の大きな改革はたへず偉大なる政治家、偉大なる歴史家に依つてなされます」（前出）というように、彼は現実の改革の担い手として政治家と歴史家を措定していた。彼は、「実」に終始する現代歴史学を克服し、自らの歴史学を構築・普及することによって、「偉大なる歴史家」を生み出す（あるいは自らを「偉大なる歴史家」に擬す）とともに、「現国務大臣、長官等に於て歴史的精神のない[92]」状態を改善し、要路の人物を「偉大なる政治家」たらしめんとした。その意味で、彼が構想する現代「更生」像は、政治家・歴史家という「偉大なる個人」に主導される、極めて「上から」の性格が強いものであった。この点で民衆・労働者を「革新」の主体に想定する「社会」的中世史との相違は明らかである。

平泉が自らの中世観を形成した大正末から昭和初期にわたる時期は、「大正デモクラシー」が絶頂に達するとともに、国体論の今日的あり方が鋭く問われた時期でもある。大正一五（一九二六）年に生じた井上哲次郎不敬事件や里見岸雄『国体に対する疑惑』刊行（一九二八年）などがその端的な現れとして指摘できよう。特に里見は、同書において「承久の乱の如き下剋上があつても日本の国体は天壌無窮なのか、幸徳秋水は如何、虎の門事件は如何」という疑問を挙げている。「大逆事件」（明治四三〈一九一〇〉年）、皇太子狙撃事件（大正一二〈一九二三〉年）の記憶と承久の乱が結び付けられているように、中世史と国体の関係がこの時期改めて焦点化されたのである。かかる時代的要請にも従う形で、平泉は、中世暗黒時代観と表裏に「大和魂のみがかれた」時代として中世を捉え、以て「世界の大勢」に基づいた中世観と対抗した。このように平泉の中世観は「社会」的中世史研究の描く中世観と対峙し、「大和魂」という「国家」価値と結び付いていった。

ところで「国家」的中世史を志向した平泉は、昭和初期、東大内部では孤立していた[93]。また京都帝国大学教授西田直二郎も「歴史の全経過を五色の紙を置きならべた如くに排列しあざやかな手際を喜ぶことはあまりに単純な子供らしさでありラムプレヒトが非難を蒙つたところでもある。また前《ママ》の歴史時期を区分して文化のゆくへまでが明らかになるとする考へ方は私には遂に来らなかつたのである」[94]と明確に平泉史学を拒否している。その意味で、平泉の営為はアカデミズムの世界では孤立し、傍から見れば一人相撲と映ずるものであった。

(3)中世史論の変化

昭和八（一九三三）年八月中旬頃執筆された[95]『岩波講座日本歴史 中世に於ける国体観念』においては、中世における国体観念の「暗黒歪曲」面と「明鏡の如き光を放」つ面（＝『神皇正統記』）との両者が指摘されており[96]、平泉の中世観（暗黒時代・「光明」たる武士による「更生」の時代）の枠組みはまだしも継承されているといえる。ただしこれ以降、平泉の中世史研究の対象は建武中興関係のみに絞られる[97]といっても過言ではなく、さらにそれらの文章は学術的研究の枠を逸脱した時局的なものと化し、中世という時代そのものへの関心は急激に減退する。

かかる事態の生じた理由としては対外危機のインパクトが挙げられる。即ち、それまで平泉は対外的危機感が比較的希薄なままで国内「更生」を目指していたが、昭和八年には、日本の国際連盟脱退（三月）を受けて対外問題こそが重要な焦点と化したのである。

対外的には全くの孤立と言はなければなりません。寧ろ世界の憎まれ者と言つた方が当つて居るかも知れません。対内的に国民が一致団結さへ出来て居りますなら外患必ずしも恐れるに足らないのであります。敵国外患あつてこそ国礎堅しでありますが、最も恐ろしいのは内憂であり、内の分裂であるのであります。(98)

「対内的に国民が一致団結さへ出来て」いない現在、対外危機の発生は日本にとって致命的であった。この衝撃を受けて平泉は、これまでにもまして国内の「一致団結」を図り、「内の分裂」を克服しようと努めるようになる。その結果、彼の中世史論＝国内「更生」論には重要な変化が認められるようになり、現在を論じた時局論に傾くことになる。

右のような「内憂」「外患」への対処策として、平泉は「真の日本人」の自覚を強調した。具体的には武士道を復活し、全国民がそれを体現することを要請するのである。

〔徴兵令施行により〕乃ち今や全国民悉く武士である。……武士は明治初年に廃せられたのでなくして、却つてその範囲を拡大して、全国民に推し及ぼされたのである。武士道はこゝに於いて、全国民の道徳となつたのである。……而して其の之〔日本精神への復帰〕を敢へてせんが為には、死生利害を顧みず、一意義に就く武士道の精神を、長き眠りの後に、再び吾等の胸の中に、目覚めしめなければならないのである。(99)

平泉は現代においては全国民が武士であることを強調し、誰もが武士道を体現すべきことを強いるようになる。その武士道も「永久に亘つて日本人の精神行為の規矩」となるもの、「古今を通じてあやまらざるもの」として歴史を貫通する規範とされた。[100] もちろん四民の兵士による近代の「武士道」の創出は、夙に日露戦争前後の頃から始まるものだが、[101] 大正期、彼にとって武士・武士道は、一部の限られた「偉大なる個人」として、また武士に「自己の力」を自覚させる精神として、あくまで歴史的文脈において捉えられていた。しかし今や武士・武士道は、歴史的文脈から切り離されて当為的なものとして全国民に適用されたのであり、大正期との相違は明らかである。

この変化はより重要な意味を持つ。なぜなら、平泉の武士観は、自立した「偉大なる個人」が「民衆」を主導するという彼が構想する現代「更生」像（「上からの更生」）と密接に結び付いていたからである。内憂外患にさらされた非常時において、「〔大化改新・建武中興・明治維新に続き〕今四度革新の時期に入つてゐる」[102] というように、彼の「革新」志向はますます強まっていったが、そのさなかにおいて、現代「更生」の担い手・指導精神に擬されていた武士・武士道観が変化していることは、彼の現代「更生」に向けた問題意識の変化を示唆している。つまり武士道を体現する武士層の拡大は、平泉がいわば「下から」の要素に着目するようになったことを意味している。今や一握りの「偉大なる個人」ではなく、全階層にわたる全ての国民が「死生利害を顧みず、一意義に就く武士道の精神」を体現する（＝「真の日本人」になる）ことこそが、現代「更生」の実現の上で不可欠なことと見なされたのである。平泉のかかる「真の日本人」化を求める主張は、天皇のために死ぬことを迫るものであったが、その反面天皇の下での平準化を保証するものでもあり、一定の魅力を確保していた（本書第二部第一章参照）。だからこそ、やはり全国民の武士化を説くことで平泉の戦術の変化が示唆された講演

「武士道の精神」（一九三五年一月二九日）は「近来稀に見る卓論として各方面に多大の感激と反響を捲起した[103]」と評され、彼の新しい現代「更生」像は熱狂的に受け入れられたのである。まさにかかる変化があってこそ、平泉の主張は広汎な層に受容されたことに留意すべきである。

平泉における国内「更生」論の変化を端的に示しているのが建武中興論である。まず「かくの如き個人的利己的の関所は、上代の末より起り、中世に盛行したものであつて、天皇が之を撤廃せんとせられたのは、やがて中世否定、上代復古の運動と見てゐ[104]」というように、建武中興研究を通じて、「中世否定」を担う存在として新たに後醍醐天皇が見出された。また「回天の偉業は一に楠木正成の力によつて出来た[105]」ともされるように、大正期以来の英雄主義は確かに顕著である。ここでは「更生」の担い手が武士一般から後醍醐天皇（そして天皇を翼賛する正成等）へと変化しているのだが、それ以上に重要な新たな論点がある。即ち、後醍醐天皇、正成といった英雄＝「偉大なる個人」による建武中興（＝「中世否定」の「更生」）も「天下の人心多く義を忘れて利を求むるが故に、……遂に失敗に終つた」とされることである。大多数の国民が利に走る限り、英雄の力でも如何ともしがたいのであり、平泉の問題関心は「偉大なる個人」よりもかかる英雄に領導される層に移行した。彼は「我等の先祖」が犯した「罪」を指弾し、建武中興を失敗に帰せしめた原罪を背負った存在として「我等」を捉える[106]。そして大正期以来の批判的な現代観のもと、「建武の昔の問題」と「昭和の今の問題」とを直結させて次のように説く。

建武の昔の問題は、実にまた昭和の今の問題である。見よ、義利の戦、今如何。歴史を無視して、己の由つて来る所を忘れ、精神的放浪の旅、往いて帰る所を知らず、国体を閑却し、大義に昧く、奸猾利を求め、真の日本人として己の分をわきまへ、一意至尊を奉戴して、その鴻恩に報い奉り、死して大義を守らんと

する、果して何人であるか。問題はこゝに、六百年前の昔より、六百年後の今日に、飛瀑の如く急転直下し来る。(107)

現代「更生」をぜひとも成功させねばならない今日、建武中興の失敗を繰り返さぬよう、「歴史」や「国体」から乖離した罪人としての「我等」（いわば「偽の日本人」）を一元的に統合し、「真の日本人」たらしめることが至上課題とされる。「真の日本人」となること、「更生」を成功させることは「我等」にとっていわば贖罪なのである。平泉は、かつての後醍醐天皇の如く、昭和天皇が現代「否定」に邁進することを希求したと推測される。その際、天皇の足を引っ張りかねない存在を、「真の日本人」として「下から」の主体性に支えられて天皇を翼賛する存在へと転化することこそが、彼にとって極めて重要な課題として自覚されたのである。このように平泉の現代「更生」に向けた問題意識の変化（「下から」の要素への着目）(108)は、彼の建武中興論に極めて集約的に示されている。

大正・昭和期に平泉史学と対峙した三浦周行・西田直二郎が指導した京都帝大国史研究室からは、昭和一〇年二月の天皇機関説事件を受けて、「粗枝大葉の論、上に蔓り、下には国史に自ら諛ぶるの風、起らんとしてゐる。是れ国史の恟嚇時代を将来せんとするの兆であり、やがてまた是れ国史学が自ら恐怖時代に呻吟するの時である」(109)と、今後における「国史」の国体論化、国体論による「国史学」への圧迫といった事態を懸念する声が出されていた。まさにこの頃、西田直二郎の教え子である国民精神文化研究所助手吉田三郎は、「これ等（西田直二郎、松本彦次郎、肥後和男ら）の文化史的研究に対立するものは、近時著しく学界に勢力を伸長し初《（マヽ）》めた平泉澄博士の学流」(110)である、と京大系の文化史とは対立的な関係において平泉とその学派の勢力伸張に注意を払っていた。ただし、その吉田にしても、建武中興に関する「博士（平泉）の主張には、何人と雖も賛成せざるを得ない[111]」と言わざるを得なかったし、学生から「将来の我国史はこの人（平泉）の天下でせう[112]」という予想も出されていたように、昭和一〇年前後の平泉はかつての孤立を払拭し、アカデミズムの世界をも含めて極めて広汎な影響力をもつに至ったのである。それはまさに彼の「国家」的中世史がヘゲモニーを確立したことを意味している。

おわりに

以上、平泉澄の中世観に焦点を当てて、彼の中世史研究の歴史的意味を考察してきた。以下本章の要約を行って結論としたい。

大正期、歴史学の世界において古代史研究の地盤沈下・中世史研究の盛行、即ち「神代から中世へ」という重点の移行が生じた。さらに「国家」から「社会」へという思想潮流の変化が重なり、特に「社会」の領域と結び付いた中世史が盛行した。そしてかかる「社会」的中世史研究の盛行に反発した平泉は、芳賀矢一の問題意識を引き継いで、中世史と「国家」との紐帯を強固にすることを企図し、「国家」的中世史を志向した。平泉の中世観はまさにこのような対抗関係の中で形成された。特に彼は、「世界の大勢」＝デモクラシーの影響下に形成された新しい中世観（三浦周行等）に対抗して、徹底した中世暗黒時代観を以てこれに応えた。平泉の中世観は、歴史を忘却した暗黒時代と捉える現代観の反映であり、現代に対する強烈な批判意識は彼をして現代「更生」へと向かわせることになった。現代を「更生」せんとする彼の使命感は中世観へと投影され、その結果、彼にとって中世は暗黒時代と表裏に「更生」の時代として表象されることになったのである。

平泉は現代を暗黒時代たらしめた要因として、「実」（科学性・客観性）を求めるあまり「真」を切り捨てた官学アカデミズム史学、そしてその系譜上にあるマルクス主義史学を措定した。その上で、かかる現代歴史学を総体として批判することを目的とし、「世界の大勢に眩惑して」歴史を忘却した現代日本に誇るべき歴史を回復するために自らの歴史学の構築を目指した。つまり、彼は自らの歴史学を通じて現代「更生」を志向したが、その「更生」像は、自ずから民衆または無産者を背景に社会や政治の改造を図った大川周明、吉野作造等とは異なるものであった。彼は民衆よりも「自己の力」を自覚した「偉大なる個人」を重視し（「上からの更生」）、その結果、平泉史学は、英雄主義を基調とする国家主義的思想・運動と連続的に展開していくことになる。

平泉は、暗黒時代たる現代を誇るべき「大和魂」あふれる時代へと「更生」せんとしたが、かかる彼の使命感が反映されて、彼の中世観は、「偉大なる個人」が活躍する、「大和魂のみがかれた」時代として帰着することになった。それによって彼は中世という時代の表象を自らの側において独占しようとした。つまり、彼の中世史研究の歴史的意味は、原勝郎、三浦における西洋との同一化やデモクラシーの受容を志向した中世史を否定し、誇るべき「日本の中世」を描くことで、地盤沈下した「国家」的古代史に替えて、「国家」的中世史を立ち上げようとした点にこそ求められる。

平泉の中世史研究は一貫して現代「更生」の念に支えられていた。そのため昭和八年、平泉が対外危機に衝撃を受けて「更生」の念を強めるにつれて、彼の問題意識は中世史研究の枠内に収まりきらなくなり、彼の主張は現代を直接に論じる時局論へと傾いていった。その際、彼の武士・武士道観は大正期の把握とは変化しており、それは彼の現代「更生」のための戦術の変化を示していた。彼は国内の「一致団結」を目指し、全国民に武士道＝「義勇の精神」を体現させ、武士＝「真の日本人」と化すことで、これまでの「上からの更生」方針に対し、質的転換とも言い得る大幅な修正を行い、「下から」の主体性を汲みとる翼賛的な「更生」像を構想したのである。その変化を通じて彼の主張は広汎な層に受容されるようになり、ここに彼の「国家」的中世史のヘゲモニーは確立したのである。

敗戦後、平泉の敵視したマルクス主義史学によって日本歴史は再構成されていったが、その一環として「歴史上における古代・中世・近世（近代）という時代区分は、決して単に古いとか新しいとかまたは真・善・美聖《ママ》・とかの価値、その他何であれ、主観的・観念的な見地でなさるべきものではな」いとされ、「外国人には理解しかねる日本的な「中世」」の廃止が主張された。[113] これがまさに平泉史学の根本を否定することになる主張であったことは本章での考察から明らかであろう。「戦後歴史学」は、中世暗黒時代観を再び払拭し、かかる平泉の中世観と結び付いていた極端な天皇翼賛傾向を〈皇国史観〉として否定した。しかし、その営為は「日本的な「中世」」を完全に撤廃するには至らなかったのではないだろうか。

註

（1）　石井進「中世社会論」『岩波講座日本歴史八　中世四』岩波書店、一九七六年、井上光貞『わたくしの古代史学』文藝春秋、一九八二年、岩井忠熊「「戦後歴史学」は本当に破産したのか」『日本史研究』五四三号、二〇〇七年一一月、など。

（2）　海津一朗「大隅和雄講演「一九二〇年代の日本史学――平泉史学をめぐって」を聞いて」『民衆史研究会会報』二一、一九八三年一一月。

（3）　網野善彦『無縁・公界・楽』平凡社、一九七八年、一五三頁。中沢新一『僕の叔父さん　網野善彦』集英社新書、二〇〇四年、八九頁、九二～九三頁。

（4）　苅部直「歴史家の夢――平泉澄をめぐって」『年報・近代日本研究』一八、山川出版社、一九九六年（苅部直『秩序の夢――政治思想論集』筑摩書房、二〇一三年に再録）。

（5）　若井敏明「平泉澄における人間形成」『政治経済史学』三九七、一九九九年九月。

（6）　安田歩「平泉澄『中世に於ける社寺と社会との関係』を検討する視角について」『日本思想史研究会会報』二〇号、二〇〇三年一月。

（7）飯田泰三「ナショナル・デモクラットと「社会の発見」」（一九八〇年初出）『批判精神の航跡――近代日本精神史の一稜線』筑摩書房、一九九七年。

（8）近代日本における中世史研究・中世観の展開や中世天皇制研究の特質を検討したものとして以下が挙げられる。所理喜夫「日本中近世史の史学史的一考察――中近世史の統一的把握の一前提として」（一九六七年執筆、未完）『徳川権力と中近世の地域社会』岩田書院、二〇一六年、石井進「日本史における「中世」の発見とその意味」『創文』九三、一九七一年二月、永原慶二「歴史意識と歴史の視点――日本史学史における中世観の展開」『思想』六一五号、一九七五年九月、井原今朝男『日本中世の国政と家政』第一章第一節、校倉書房、一九九五年、デトレフ・タランチェフスキ「近代日本史のなかで「中世」と「封建」の意味するもの――福沢諭吉から石母田正まで」（東京大学史料編纂所編『歴史学と史料研究』山川出版社、二〇〇三年）、新田一郎『中世に国家はあったか』山川出版社、二〇〇四年、小路田泰直「近代国民国家の見た中世」『日本史の方法』創刊号、二〇〇五年三月、今谷明「島崎藤村の封建制論」『横浜市立大学論叢 人文科学系列』五六巻一号、二〇〇五年三月、など。

（9）高木博志「近代天皇制と古代文化――「国体の精華」としての正倉院・天皇陵」（二〇〇二年初出）『近代天皇制と古都』岩波書店、二〇〇六年。

（10）阪本是丸『明治維新と国学者』大明堂、一九九三年、三一～三二頁。

（11）例えば明治四（一八七一）年八月、従来の和服をやめて、天皇が洋服を採用する旨を述べた「内勅」には神武天皇が引き合いに出されている（飛鳥井雅道「近代天皇像の展開」〈一九九四年初出〉『日本近代精神史の研究』京都大学学術出版会、二〇〇二年、三三六～三七頁）。

（12）下田義天類「田口卯吉氏ノ告ヲ読ミ併テ祭天論ヲ弁ス」（一八九二年四月五日）『続現代史資料（八）教育 御真影と教育勅語Ⅰ』みすず書房、一九九四年、二一六～一七頁。

（13）陸羯南「神道論者の寄稿」『日本』一〇三三号、一八九二年四月八日（『陸羯南全集』三巻、みすず書房、一九六九年）四六四頁。井原今朝男『日本中世の国政と家政』二一頁参照。

（14）「軍人勅諭」（一八八二年一月四日）『日本近代思想大系四 軍隊 兵士』岩波書店、一九八九年、一七三頁。坂本賞三「軍人勅諭の「なかつよ」と「ちゆうせい」」『日本歴史』七五一号、二〇一〇年一二月、参照。

（15）永原慶二『20世紀日本の歴史学』吉川弘文館、二〇〇三年、四一頁。

(16)　平泉澄「前本会評議員田中博士の逝去を悼む」『史学雑誌』三〇編一一号、一九一九年一一月、九二頁。
(17)　「文科大学史料編纂掛掛員規約」（一八九五年四月一七日）東京大学史料編纂所編『東京大学史料編纂所史史料集』東京大学史料編纂所、二〇〇二年、四九頁。
(18)　高木博志「「郷土愛」と「愛国心」をつなぐもの」『歴史評論』六五九号、二〇〇五年三月、九頁、岩淵令治「「江戸史蹟」の誕生――旧幕臣戸川残花の軌跡から」（久留島浩・高木博志・高橋一樹編『文人世界の光芒と古都奈良――大和の生き字引・水木要太郎』思文閣出版、二〇〇九年）二七〇〜七一頁。
(19)　岡利郎『山路愛山』研文出版、一九九八年、六六〜六七頁。
(20)　原勝郎『日本中世史』序（一九〇六年）講談社学術文庫、一九七八年、四頁。
(21)　山路愛山「日本現代の史学及び史家」『太陽』一五巻一二号、一九〇九年九月、三七頁。
(22)　山路愛山「天草騒動」（一九〇八年一月〜五月、七月、九月、一〇月）『武家時代史論』有隣閣、一九一〇年、二四九頁。
(23)　石井進「日本史における「中世」の発見とその意味」前掲誌、参照。なお日本の歴史に封建制を発見する営為は、朝鮮の歴史における封建制の欠如（＝朝鮮の停滞性）の認識と表裏一体であった。福田徳三は、封建制の欠如を以て朝鮮の自主的近代化を不可能視した（寺内威太郎「「満鮮史」研究と稲葉岩吉」〈寺内威太郎ほか『植民地主義と歴史学――そのまなざしが残したもの』刀水書房、二〇〇四年〉三六〜三八頁）。
(24)　原『日本中世史』六七頁。
(25)　三浦周行「国史研究の趨勢」『國學院雑誌』一七巻一〇号、一九一一年一〇月、三頁。
(26)　小路田泰直氏は、日露戦後「古代史に偏っていた日本史が中世史や近世史の方向に研究対象が大きく変動していく。これは日本の国体に対する考え方の変化ではないだろうか」という注目すべき意見を述べている（「〈質疑・討論〉」『ヒストリア』一七八号、二〇〇二年一月、一三三〜三四頁）。また氏によれば、日露戦後、アカデミズムの世界においてアジア主義から日本主義への移行が生じ、古代と異なり、中国文化の影響が少ない「純粋」な中世がクローズアップすることになった（『日本史の思想――アジア主義と日本主義の相克』柏書房、一九九七年、一七七頁）。
(27)　坪内逍遙「序」（西村真次『国民の日本史第一篇　大和時代』早稲田大学出版部、一九二二年）六頁。
(28)(29)　三浦周行『国史上の社会問題』大鐙閣、一九二〇年、はしがき四頁、七〜九頁。
(30)　内藤湖南「応仁の乱について」『日本文化史研究』（一九二四年）、引用は講談社学術文庫、下巻、一九七六年、六二頁。

(31) 三浦周行『過去より現代へ』内外出版株式会社、一九二六年、三九七頁。
(32) 無署名「人間礼讃の御浄土へ」『水平月報』二号、一九二四年七月一五日、三面。藤野豊『水平運動の社会思想史的研究』雄山閣、一九八九年、八三頁参照。
(33) 藤野豊『水平運動の社会思想史的研究』七八頁。明治期から大正期にかけての親鸞像については、福島和人『近代日本の親鸞——その思想史』法蔵館、一九七三年、また大正後半期における親鸞を扱った文芸作品の流行については、千葉幸一郎「空前の親鸞ブーム粗描」（五十嵐伸治ほか編『大正宗教小説の流行——その背景と〝いま〟』論創社、二〇一一年）参照。
(34) 内藤「応仁の乱について」前掲書、六四頁。
(35) 平泉澄「西村真次著『国民の日本史第一篇 大和時代』」『史学雑誌』三四編六号、一九二三年六月、五九頁。
(36) 苅部直『光の領国 和辻哲郎』創文社、一九九五年、八八～九〇頁参照。
(37) 一九二〇年代、神代・古代史研究のもつ国家的意義は相対的に低下したが、さらに一九三〇年代になると、渡部義通「日本原始共産社会の生産及び生産力の発展」（『思想』一一〇号～一一二号、一九三一年）に代表されるように、マルクス主義者が原始・古代史研究に着手していくこととなり、古代像はさらに多様化していく。
(38) 大川周明「平安朝より鎌倉時代へ」『道』九〇号、一九一五年一〇月、三七頁。
(39) 以上、原『日本中世史』一三頁、六八頁。
(40) 中世＝暗黒時代という像を転換させた原の業績に比すべきものに、史料編纂掛史料編纂官兼東京帝国大学文科大学助教授辻善之助の田沼時代研究が挙げられる。辻は、従来暗黒時代とされた田沼時代を次のように捉え直す。即ち、「吾人はこの暗黒の間において一道の光明の閃くもののあるのを認める。それは即ちこの時代における新気運の潮流である。その新気運というは、／第一は民意の伸張である。換言すれば民権発達とも言う可きものである。上の第六条に数えたる百姓町人の騒動というものの如きも、一方から見れば民権の発達の一階段である。この現象によって察すればこの時期において確かに時勢の変転の著しきものあるを見る事が出来る」と（辻『田沼時代』〈一九一五年〉岩波文庫、一九八〇年、二五六頁）。かかる把握は、大正政変の際に示された活発な民衆運動を反映したものである。その意味で、『田沼時代』は対象とする時代は異なるものの、三浦ら「社会」的中世史研究の先駆をなすものともいえる。辻が昭和期に〈皇国史観〉と対抗するようになるのも、単に実証主義を堅持したためではなく、大正期におけるかかる「社会」との結合の経験が然らしめるものであったと考えられる。ちなみに京都帝国大学教授内田銀蔵は、辻の田沼時代観を「すこぶる我が意を得たる」ものと評価しつつも、「それ〔百姓町人の騒動〕を以て直に民権発達というのは如何であろうかと存じます」と批判している（内田『近世の日本』〈一九一九年〉『東洋文庫二七九　近世の日本・日本近世史』平凡社、一九七五年、八二頁）。内田は中産階級を重視する立場から（「中等階級政策に就きて」〈一九一六年一一月〉）、資本家と労働者との間の階級闘争には否定的で、両者の調和を強く願い、階級対立という「大勢」に乗らずに、「我々は我々のやり方如何によつて、社会問題の解決といふ事も、日本では西洋に於てよりも一層美くしくする事が出来るのではあるまいか、是れは我々の十分研究すべき事であらうと思ふ」（「歴史研究の目的」〈一九一七年一一月〉『内田銀蔵遺稿全集』四輯、同文館、一九二二年、一〇四～〇五頁）と、西洋とは異なる、日本的な社会問題の「美くし」い解決法を模索していた。この点で、一次大戦終結からほどなくして没した内田の立場は、「世界の大勢」に即した三浦周行とは異なる。

（41）『関係』至文堂、一九二六年、序二頁。

（42）『生活』至文堂、一九二六年、三頁。日本歴史の始期は神武建国とされる（「日本文化史概論」『富山教育』一九〇号、一九二九年九月、六頁）。ちなみに内田銀蔵は『日本近世史』において次のように時代区分している。即ち、「近古」（「中世」）が鎌倉・室町時代、「足利氏の季世より、織田、豊臣二氏の時代を経て、徳川氏の初世に至るまで」を過渡期として、「近世」が元和二（一六一六）年～嘉永六（一八五三）年、「米艦渡来より廃藩置県まで」を過渡期として、「最近世」が明治四（一八七一）年以降である。平泉は、「その〔「最近世」の〕発端をある論者〔内田銀蔵〕の如くに明治四年の廃藩置県に置かずして慶応三年の大政奉還に採つたのは、この時王政御一新の声全国民の耳を打ち、「凡百の宿弊も更始一新し、天下万姓目を拭ひ治を望むの秋」であつたからである」（「国史眼に映ぜる日本文学」『日本文学講座』一三巻、新潮社、一九二七年、二頁）と、先行する内田の説を採らず、「最近世」の発端を大政奉還に求めていた。内田は、「近世」を封建時代と捉え、封建制の崩壊＝中央集権の確立を以て「最近世」の始点に廃藩置県を置いた。即ち、両者における「最近世」の始点の相違は、まさに「近世」観の違いに基づくものであった。なお先の引用資料中、平泉が引用した「凡百の宿弊も更始一新し、天下万姓目を拭ひ治を望むの秋」は、「今や皇上始て大統を継せ給ひ御政権復一に帰し凡百の宿弊も更始一新し天下万姓目を拭ひ治を望むの秋なり」（越前宰相・土佐前少将・長門少将・薩摩少将・安芸新少将・細川右京大夫連名の建白書〈一八六八年二月七日〉『太政官日誌』第三、一八六八年二月〈石井良助編『太政官日誌』一巻、東京堂出版、一九八〇年〉一一頁。なお引用に際して平出、闕字は略した）を出典とする。

（43）『関係』序一頁。

(44) クロォチェ著、羽仁五郎訳『歴史の理論と歴史』岩波文庫、一九五二年、一四七頁。平泉は、クローチェのこの言葉を「国史学の骨髄」『史学雑誌』三八編八号、一九二七年八月、一四頁において引用している。
(45) 「綜合組織と新説――『中世に於ける精神生活』を書いた態度」『帝国大学新聞』一六五号、一九二六年五月一〇日、三面。
(46) 「国史家として欧米を観る」(一九三一年一一月一六日に講演) 田中卓編『平泉博士史論抄』青々企画、一九九八年、一七〇頁。
(47) 『生活』一七～一九頁。
(48) 「『民族と歴史』の発刊」『史学雑誌』三〇編二号、一九一九年二月、一〇九頁。
(49) 「六蔵寺本整理の意義」(下)(一九二八年一月一三日に講演)『日本』四三巻四号、一九九三年四月、七頁。
(50) 市村其三郎「宗教史」『歴史教育』七巻九号、一九三二年一一月、一一四頁。
(51) 「現代歴史観」『太陽』三二巻一号、一九二六年一月、七〇頁。
(52) 大久保利謙『日本近代史学事始め』岩波新書、一九九六年、六八頁。
(53) 芳賀矢一「国学とは何ぞや (承前)」『國學院雑誌』一〇巻二、一九〇四年二月、一三頁。
(54) 以上、三井甲之「親鸞の宗教より開展すべき今日の宗教」(一九二三年一月)『親鸞研究』東京堂、一九四三年、四五頁、五一頁、五七頁。
(55) 三井甲之「はしがき」『親鸞研究』四頁。近代における親鸞と日本主義との関係については、中島岳志『親鸞と日本主義』新潮選書、二〇一七年、参照。
(56) 三井甲之「芸術上の日本主義」『日本及日本人』六七五号、一九一六年三月一日、七八頁。
(57) 山路愛山『徳川家康』独立評論社、一九一五年、一二〇～二五頁。
(58) 中沢新一『僕の叔父さん 網野善彦』八九頁。アジールについては、夏目琢史『アジールの日本史』同成社、二〇〇九年、参照。
(59)(60)(61)(62) 『関係』一五六頁、一五七頁、一五八頁、序二頁。なお武家・公家・社寺の三者鼎立という平泉の把握は、「これより〔平安末期以降〕数百年、朝廷・寺院・武門の三大勢力、天下を三分して、歴史はその集散攻守の事跡によりて画かるるのほかなきにいたりぬ」という竹越与三郎の指摘を踏まえたものであろう(『二千五百年史』〈一八九六年〉、引用

は講談社学術文庫、上巻、一九九〇年、三八四頁）。

(63)(64)(65)(66)『生活』四〇三頁、四二七頁、四〇八頁。四九一～九二頁。

(67)(68)『関係』一五五頁、二〇九頁。他にも、一七二頁等。

(69) 酒井三郎『日本西洋史学発達史』吉川弘文館、一九六九年、一一一頁。

(70)「神仏習合並に分離の歴史的意義」『皇国』三三七号、一九二七年一月、一二頁。

(71)「神仏関係の逆転」『歴史教育』二巻四号、一九二七年七月、一頁。

(72) 今谷明氏は、黒田俊雄氏の権門体制論を平泉の中世史研究からの剽窃だと見なしているようである（「平泉澄と権門体制論」〈上横手雅敬編『中世の寺社と信仰』吉川弘文館、二〇〇一年〉など）。黒田氏が『関係』を読んでいることは確かだが（「中世における武勇と安穏」〈一九八一年一〇月初出〉『王法と仏法――中世史の構図』法蔵館、一九八三年、一九六頁）、今谷氏の見解は黒田氏・平泉両者の根本的な問題意識を無視した上で、表面的な類似のみに拘ったものかと思われる。権門体制論の眼目が「底辺からの視座」にあるとすれば（佐藤弘夫「中世仏教研究と顕密体制論」『日本思想史学』三三号、二〇〇一年、七九頁）、「上から」の視座に立つ平泉の議論（後述）とは位相を異にする。黒田氏は、むしろ平泉の議論を換骨奪胎し、〈皇国史観〉という批判が及ばないまま放置されていた平泉の中世史研究を本質的に批判・克服せんとしたといえよう。なお細川涼一「黒田俊雄『日本中世の国家と宗教』」『日本史研究』五七四号、二〇一〇年六月、参照。

(73)「歴史に於ける実と真」『史学雑誌』三六編五号、一九二五年五月、三九頁。

(74) 広島高等師範学校附属小学校訓導の大久保馨は、平泉の論文「歴史に於ける実と真」に共感しつつ、「こう云ふと（「実よりも真をとる」と言うと）或人々は教育的国史は、史実と合はなくてもいい。それが教育的にありさへすればそれでいいのだと早合点するかも知れないが、そんな人々は博士（平泉）の云ふ所を呑み込めない人であり、又私の言つて居る所の皮相にしか触れて居らない事になる」と戒めている（「国史教授に於ける実と真」（一）『学校教育』一五九号、一九二六年九月、五八頁）。大久保については、森本直人「大久保馨の歴史教育論――その目的論と方法論を中心として」『史学研究』一五四号、一九八二年一月、参照。

(75)「北条仲時の最後」『歴史地理』四一巻一号、一九二三年一月、七五頁。

(76)「破壊されゆく伝説」（下）『時事新報』一九二二年一月五日、一一面。

(77) 村岡典嗣「日本思想史概論――儒仏耶及び神道交渉の見地より観たる」（昭和三年度東北帝国大学法文学部講義草案）

『日本思想史研究』Ⅳ、創文社、一九六一年、四九一頁。村岡における平泉批判については、本書「補論一　村岡典嗣の中世思想史研究」参照。
(78)「中世文化の基調」『史林』一四巻一号、一九二九年一月、四三頁。
(79)「国史学の概要」(一九三〇年)田中卓編『平泉博士史論抄』一五三頁。
(80)「民族の特異性と歴史の恒久性」『神道学雑誌』一二号、一九三二年七月、七〇頁。
(81)「中世文化の基調」前掲誌、四一～四二頁。
(82)「国史を貫く精神」『静岡県教育』三七九号、一九二八年一一月、二〇頁。
(83)『生活』一七頁。
(84)「神社を中心とする自治団体の結合と統制」(一九二一年)神道攷究会編『神道講座(四)歴史篇』四海書房、一九三〇年(復刻版、原書房、一九八一年)二七一～七二頁。
(85)(86)『生活』四九三頁、五〇四頁。
(87)『関係』三五五頁。
(88)(89)「現代歴史観」前掲誌、七〇頁、六八頁。
(90)『日本児童文庫　日本歴史物語(中)』アルス、一九二八年、はしがき一～二頁。
(91)中山エイ子「『日本歴史物語(中)』」『日本』五〇巻二号、二〇〇〇年二月、四七頁。
(92)「日本精神に就いて」『秋田教育』一〇六号、一九三三年八月、九頁。
(93)北山茂夫「日本近代史学の発展」旧版『岩波講座日本歴史二二　別巻一』岩波書店、一九六三年、一三六～三七頁。
(94)西田直二郎「拙著『日本文化史序説』に就ての平泉博士の批評を読みて」(下)『京都帝国大学新聞』一六三号、一九三二年六月五日、二面。
(95)松木親男宛書簡(一九三三年九月中旬頃)「日本精神(つゞき)」『愛媛教育』五五七号、一九三三年一〇月、九頁。
(96)『岩波講座日本歴史　中世に於ける国体観念』岩波書店、一九三三年、四五頁、六六頁。ちなみに、和辻哲郎は、この書における「国体観念を混乱」(二〇頁)、「泰時等を弁護する事は無理」(二五～二六頁)、「人々の国体観念は、益々動揺」(二七頁)、「当時国体観念混乱の甚だしさ」(三〇頁)、「国体をわきまへず大義名分を知らないのが当時一般普通の有様」(三八頁)といった箇所に傍線を引き、注意している(国史研究会編『岩波講座日本歴史第一回　中世に於ける国体観念』

法政大学所蔵和辻哲郎文庫マイクロフィッシュ、リール No. 40、シート No. 1482、整理番号 210.08/2/1)。
(97) 平泉の建武政権論に対する学術的な評価として、亀田俊和「「建武の新政」は、反動的なのか、進歩的なのか?」(日本史史料研究会監修、呉座勇一編『南朝研究の最前線――ここまでわかった「建武政権」から後南朝まで』洋泉社歴史新書、二〇一六年)五二~五三頁参照。
(98) 「日本精神に就いて」前掲誌、四頁。
(99) 「武士道の復活」『大亜細亜主義』一九三三年九月号、六〇頁。
(100) 以上、「武士道の神髄」『日本精神講座』一巻、新潮社、一九三三年、二五頁、三〇頁。
(101) 高木博志「「郷土愛」と「愛国心」をつなぐもの」前掲誌、四頁。
(102) 「建武中興の精神」『国民精神研究会叢書第一輯 建武中興の精神・大楠公と日本精神』建武中興六百年記念国民精神研究会、一九三五年、四一頁。
(103) 無署名「平泉博士の講演「武士道の精神」に就て」『講演』二八一輯、一九三五年二月二〇日、三二頁。
(104)(105) 「日本中興」(建武中興六百年記念会編『建武中興』建武中興六百年記念会、一九三四年)九二頁、八頁。平泉の楠木正成論も含め、昭和期における広範な正成論の諸相について検討したものとして、谷田博幸『国家はいかに「楠木正成」を作ったのか――非常時日本の楠公崇拝』河出書房新社、二〇一九年、参照。
(106)(107) 『建武中興の本義』至文堂、一九三四年、三一一~一二頁、三一二頁。
(108) 後年のこととなるが、緒戦の勝利に沸く昭和一七(一九四二)年四月一三日、平泉はラジオ放送において当代を「一億の国民すべてが英雄として奮ひ起つに至つた此の目ざましき英雄時代」と呼びかけ、国民に奮起を促した(「肇国の大理想」『放送』一二巻五号、一九四二年五月、六頁)。
(109) 無署名「巻頭言」『国史研究室通信』一八号、一九三五年三月、一頁。
(110)(111) 吉田三郎『歴史教育講座・第二部 資料篇4・E 思想史』四海書房、一九三五年、一五頁、五三頁。
(112) 報知新聞社編輯局編『大学教授評判記』河出書房、一九三五年、二一五頁。
(113) 以上、石井孝「日本史上における「中世」と「近世」」『日本歴史』一七号、一九四九年六月、二頁、一一頁。

第二部　国体論の対立

第一章　平泉澄の「日本人」観

はじめに

第一部において、大川周明、平泉澄が大正期に発展する宗教学、人類学の知見を受容あるいは拒否しながら、それぞれ独自な思想を形成していった過程を検証してきた。その成果を基礎に、第二部では、彼らが昭和期の思想界にいかなるインパクトを与えたのかについて論じる。そこでまず本章は、当該期における平泉の思想の展開を追うことで、国体論の相剋を現出せざるを得ない対立点について浮き彫りにしていきたい。

昭和期における平泉史学に対する通説的な位置付けは、「日本ファシズムを支えた歴史観」、〈皇国史観〉というものだろう。(1) しかし、かかる把握は、平泉の思想を皇国史観という便利な用語の中に閉じ込めるものであり、その結果、平泉史学それ自体の独自性を解明する作業は十分行われてこなかった。そして、このような平泉＝〈皇国史観〉という画一的な把握への不満から、平泉史学の独自性をすくいあげようとしたのが田中卓氏である。氏は、従来の〈皇国史観〉は「皇国美化史観」というものであり、平泉史学はそれとは異なる「皇国護持史観」だと主張した。(2) ただ近年では、このような従来の傾向とは一線を画し、〈皇国史観〉という概念から離れ、平泉の思想に即して実証的に分析する研究が増えている。とくに苅部直氏、(3) 若井敏明氏、(4) 植村和秀氏(5)などによる一連の成果によって、平泉研究は極めて多様化しているのが現状である。

ところで、昭和期の平泉の思想を〈皇国史観〉と位置付ける研究はもちろんのこと、〈皇国史観〉概念から離れて論じる最近の研究においても、昭和期における平泉の思想の展開を連続、一貫したものと捉える傾向が強い。というのも、平泉の思想形成という視点からいえば、従来昭和五（一九三〇）年から翌年にかけての欧州遊学前後の時期に思想の変化（実証主義→国家主義）を指摘する声もあったが、今日では彼が少年時代から一貫して国家主義的思想を抱いていたことが明らかにされ[6]、あくまでかかる連続性を前提とした上で彼の思想展開を考えることが一般的になりつつあるからだろう。例えば、植村和秀氏は、平泉において「足利尊氏」の名前の表記が「尊氏」から「高氏」へと変化する時期を手がかりにして、明治四四（一九一一）年の立志、大正一五（一九二六）年の而立に続く、不惑の時期を昭和七（一九三二）年末から昭和八（一九三三）年初頭とし、画期としているが、その位置付けは「これ以降の猛烈な活動の最終的な出発点」と見なすに止まっている[7]。

右のような研究史の現状に対し、本章では平泉の「日本人」観を検討することによって、彼において国家主義的傾向が一貫しているとしても、彼の抱く国家主義思想の内実――「日本人」観を核とする――は、単なる程度の問題としてではなく、ある重要な質的変化を遂げていることに注目する。彼における「日本人」は、「日本臣民」と「日本民族」という本来ズレのある概念を合致させたものであるが、かかる「日本人」観の変化に着目することによって、より実態的に彼の国家主義思想に迫ることができよう。そして、変化に着目する視点を採るためにも、改めて時代において果たした平泉史学の意味――どのように時局を支え、またいかなる限界を有したか――を問う必要がある。

以上のような問題関心から、本章は、平泉の「日本人」観を軸に、その変化に留意しながら昭和期における彼の思想形成を辿り、以てその変化の意味と平泉史学の果たした機能及びその限界とを解明することを目的とする。本章において明らかにするように、昭和期における彼の思想の変化には、単なる平泉個人の思想形成史的意義に止まらず、国体論の歴史の上からも極めて大きな意味合いがあるのである。

一　昭和初期の国体論

平泉の「日本人」観は彼の歴史観、国体観と密接に関連している。そこで彼の思想の独自性を検討する前提作業として、まず近代天皇制が確立された明治期における国体論の特質を確認しておきたい。もっとも、この問題自体膨大な論証を必要とするテーマだが、ここではあくまで後述の平泉論と関わる限りで、大日本帝国憲法と教育勅語をもとに探ってみよう。帝国憲法が制定された明治二二（一八八九）年は、東京帝国大学の前身である文科大学に「国史科」が公式に成立した年でもあった。明治国家は、自己の正統性を確認するために「国史」研究の必要に迫られていたといえる。明治国家を正当化し、立憲制を導入し、あるべき国民像を創造するといった諸課題を背負った体制は、いかなる国体論を創造したのか(8)。

帝国憲法第一条「大日本帝国ハ万世一系ノ天皇之ヲ統治ス」の解説として、『憲法義解』は以下のように説いている。

恭て按ずるに、神祖開国以来、時に盛衰ありと雖、世に治乱ありと雖、皇統一系宝祚の隆は天地と与に窮なし。本条首めに立国の大義を掲げ、我が日本帝国は一系の皇統と相依て終始し、古今永遠に亙り、一ありて二なく、常ありて変なきことを示し、以て君臣の関係を万世に昭かにす。／統治は大位に居り、大権を統べて国土及臣民を治むるなり。古典に天祖の勅を挙げて「瑞穂の国は是れ吾が子孫の王たる可き地なり、宜しく爾皇孫就きて治せ〔原漢文〕」と云へり(9)。

また教育勅語は次の通りである。

朕惟フニ我カ皇祖皇宗国ヲ肇ムルコト宏遠ニ徳ヲ樹ツルコト深厚ナリ我カ臣民克ク忠ニ克ク孝ニ億兆心ヲ一ニシテ世々厥ノ美ヲ済セルハ此レ我カ国体ノ精華ニシテ教育ノ淵源亦実ニ此ニ存ス……一旦緩急アレハ義勇公ニ奉シ以テ天壌無窮ノ皇運ヲ扶翼スヘシ……斯ノ道ハ実ニ我カ皇祖皇宗ノ遺訓ニシテ子孫臣民ノ倶ニ遵守スヘキ所[10]……

これらから読みとれる明治国家の国体論の特質として、第一に天皇統治の正統性は神話、神勅に根拠付けられ、神話と歴史が連続している点が指摘できる。[11] そして第二に国民は歴史の各時代を通して忠と孝を尽くしてきたことが強調されている。留意すべきは、過去がそうであっただけでなく、現在、未来においても義勇奉公によって天壌無窮の皇統を守護することが国民に要請されている点である。前近代までの愚民観をはらんだ尊王論とは異なり、国体論は、まがりなりにも国体の存続において国民の果たす積極的な役割を期待し、主体的な忠義の発揮を求めていたといえるだろう。

さらに、教育勅語の公的解釈を示したものといえる井上哲次郎『勅語衍義』によって補足しておこう。

国君ノ臣民ニ於ケル、猶ホ父母ノ子孫ニ於ケルガ如シ、即チ一国ハ一家ヲ拡充セルモノニテ、一国ノ君主ノ臣民ヲ指揮命令スルハ、一家ノ父母ノ慈心ヲ以テ子孫ニ吩咐スルト、以テ相異ナルコトナシ、……抑々子ノ父母ニ対シテ一種特別ノ親愛ヲ感ズルハ元ト其骨肉ノ関係ヲ有スルニ由リテ起ルモノニテ、全ク是レ

自然ノ情ニ出ヅ[12]

ここでは「一国ハ一家ヲ拡充セルモノ」という家族国家観に基づき、君臣関係は契約ではなく、親子関係のごとき自然的、先天的な関係のアナロジーとされている。かかる把握は、軍人勅諭（一八八二年）における「凡生を我国に稟くるもの、誰かは国に報ゆるの心なかるべき[13]」という愛国心の存在を先天的なものと認める考えを踏襲していた。国民の天皇・日本国家に対する忠義心は国民の心性におのずから備わっているとされたのである。

万世一系の国体は、神代の神勅に根拠付けられるとともに、歴史を一貫する国民の自然的な忠義心によって支えられる――これが明治半ば以降、確立しつつあった近代天皇制国家における国体論の内容である。留意すべきは、神話・神勅を背景としたマジカルな権威や日本人であれば当然という思いこみが前提とされることで、日本人はなぜ天皇に忠義を尽くすのか、あるいはなぜ日本の国体は素晴らしいのかといった疑問に対する論理的・説得的な説明が棚上げされた点である。

そのため、国体論はある程度まで天皇統治の正当性を支えたが、限界もまた明らかであった。つまり、一九世紀から二〇世紀へと至る世紀転換期を経て、日本社会の近代化・世俗化に伴い、国民の皇室へのまなざしも神聖性が衰退するようになり[14]、かつ植民地を獲得し、帝国の版図を広げることで「日本人」の範囲が拡大すると、科学的な裏付けもない、日本民族に固有とされる要素に頼りきったこれまでの国体論では通用しなくなる。とくに後者の点についていえば、日韓併合に際し、ある植民地行政官は、「日本帝国ノ忠義心ハ日本民族ニ固有ナル祖先崇拝ニ深キ根帯ヲ有ス」と、先天性、自然性を重視することによって、「朝鮮民族ハ我皇室ニ対シテカ、ル〔日本民族のような〕特殊ノ関係ナキヲ以テ彼等ヲシテ此美妙ナル忠義心ヲ体得セシムルコトハ全ク不可能ナルベシ」という認識に至らざるを得なかった[15]。「国体ノ精華」たる天皇への忠義心が日本民族としての自然性に基づくものである以上、異民族同化は論理的には不可能であった。[16] 日清戦争による台湾領有や一九一九年に生じた三・一独立運動を契機にして、教育勅語の改訂・追加・撤回論議が起こるのも当然である。[17]

以上、明治国家における国体論が自然性を核とするものであること、そしてそれは異民族同化を目指す植民地帝国としては論理的矛盾を抱えざるを得ないものであることを確認した。台湾領有、日韓併合というように、大日本帝国が多民族帝国として版図と「日本人」の領域を拡大していく以上、従来の国体論は限界を迎える。小熊英二氏が指摘したように、大正期から昭和初期にかけて、国体論者たちは混合民族論を取り込んで国体論を再編し、多民族帝国への膨張のニーズに適合する形へと変貌させていった。彼らは、天皇統治が権力支配ではなく、自然な情の結合であるという論理を台湾や朝鮮にまで延長しようとし、混合民族論を導入することで、被支配民族も日本民族と血縁関係にあると主張していった。平泉の恩師黒板勝美も例外ではなく、『国体新論』（一九二五年）において消極的にではあれ混合民族論を基礎に国体論を展開していた。[18]

このような対外的要因からの限界とも相俟って、昭和初期には実証的な歴史研究や社会統合上の有効性といった点からも従来の国体論は批判にさらされた。民本主義の主唱者吉野作造は、徳川慶喜は本気で朝廷に抵抗する気はなかったという当時知られた逸話を紹介した後で次のように言う。

> 斯う云ふと、日本人は上下おしなべて皆昔から勤王の志厚く、朝廷尊崇と云ふ信念の下に訳もなく王政維新が出来上つた様に聞え、誠に結構な話であるが、事実は果して其通りであるか。史実の正直なる検討は、必しも如上の説明をその儘には裏書しない様である。……単に日本人たるの故を以て先天的に勤王の念ありと断じても、謬りとは思はぬのであるが、併し兎も角も三百年の永きに亘つて天下を支配した徳川政府だ。之に対する世間一般の執着が又さう一朝一夕にして消え去るとはどうしても思へぬのである。加之我

国では、少くとも鎌倉以来政権は引続き武門の掌る所となつて居た。……故に封建時代に於ける所謂忠義は、直接に禄を給する君侯に対するの義務にして、勤王とは全く別個の観念だ。……私の考では、凡ての人が皇室を見つめて日本国民としての共通の感情を有つ様になるまでには、凡そ二十年の歳月は掛つたと思ふ。[19]

そもそも吉野は、同化を不可能なものとし、日本による朝鮮への同化政策を批判していた。その吉野が「勤王の念」を「日本人」に「先天的」なものと見なしていたことは、ある意味当然であるが、彼の主張はそれだけに止まらない。彼によれば、勤王心は「日本人」に先天的とはいえ、鎌倉時代以降未発のままだったのであり、十全に発揮され国民共通のものになったのは、明治維新以後二十年を通じてであり、ごく最近の新しいことであった。彼によって、明治半ばの国体論はまさに「創られた伝統」に他ならないことが剔抉されたのである。

さらに、日蓮主義者田中智学の息子にして、特異な国体論者里見岸雄は次のように主張する。

天壌無窮の神勅があるから、周囲の事情がどうあらうとも、ひとりでにそうなるなどゝ考へてゐるボンヤリした霊感的尊王主義では糞の役にも立たない。我等の命のあらん限り、力のあらん限り、子々孫々をあげて、国を護り皇位皇統を守護するといふ願業がなければ一切オヂヤンだ。天壌無窮の必然性は実に日本の国体自覚によりて起る。[20]

歴史の起点に神話を置き、天壌無窮の神勅によって国体の連綿を流出論的に正当化する仕方は、まさに明治国家の国体論のそれであったはずである。里見によれば、国体の連綿の無為自然性に安住することは、「日本の国体自覚」という実践の必要性の認識を欠如していることに他ならない。里見のこのような激しい批判の背景には、「従来の日本国体論は三千年一日の如き神ながらの道で遺憾ながら現代社会の原動力として活躍してゐない[21]」と指摘されるような昭和初期における国体論の低迷状況があった[22]。そのような認識は、決して里見のような国体論者のみに限らない。「社会派」官僚永井亨は、国家の社会化を推進する立場から、「その間（資本主義や個人主義に変化が迫られている今日の過渡期において）社会思想の変転はもとより驚くばかりである。しかるに独り国体論は恰も国体そのものゝ如く依然としてゐる。いな、明治時代に統一されたる国体論（＝大日本帝国憲法の主権論、教育勅語の忠孝論）その儘に止まつてゐる[23]」と、国体論の保守固陋さを批判している。

混合民族論を取り入れることで、国体論は多民族帝国の現実に適合するものとなっていったとはいえ、国内的には社会的レベルにおける統合力の低下という厳しい現状にあった。国体論は再編成、再解釈の必要に迫られていたのである。

大正期の一見アカデミックな中世史研究を経て、昭和期の平泉は国家主義的傾向を一層顕著にしていくが、かかる転換期における国体論の状況は以上のようなものであった。昭和期における彼の精力的な活動の背景には、衰亡しつつある国体論を建て直し、新たに立ち上げるという使命感があった。このことを押さえた上で、以下昭和期における彼の思想的営為を検討しよう。

二　平泉史学の特質と限界

まず昭和初期における平泉の「日本人」観を確認しよう。

我等は紛れもなき日本人として、桜咲く日本の国土の上に、幾千年の歴史の中より、生れ出で、生ひ立ち来つた。我等のある事は、日本あるによる。日本の歴史は、その幾千年養ひ来つた力を以て今や我等を打出した。我等の人格は、日本の歴史の中に初めて可能である。同時に、日本の歴史は我等日本の歴史より生れ出で、日本の歴史を相嗣せる日本人によつて初めて成立する。……日本の歴史を求め、信じ、復活せしむるものは即ち我等日本人でなければならない。[24]

平泉において所与のものと見なされた「我等」「日本人」とは、日本列島に居住し、「幾千年の歴史」を共有する、極めて均質的な存在である。日本の歴史を担い、また理解できるのは「日本人」のみであり、この閉鎖的な世界では、異民族や外来文明の影響は最低限にまで押さえられ、異民族は日本の歴史を理解できないとされる。彼は明確に「民族を異にし、歴史を異にして居ります者が、互に其の心持を真に理解することは本来不可能であります[25]」と断言する。このように彼の立場は、「歴史」を共有しない異民族を排除し、純粋な「日本人」を希求する単一民族の見方に極めて近いものであった。留意すべきは、かかる「日本人」の強調が一国歴史学としての「国史学」の独自性の主張であるとともに、普遍的な「人類」を扱う人類学の中に歴史学を融合しようとする傾向や、「吾々の西洋史学の研究に、「日本人として」といふ条件を取り除きたい[26]」という当時の西洋史学界の志向への対抗を意味した点である。

その上で平泉は次のように日本歴史を捉える。

革命や滅亡によつて、国家の歴史は消滅する。中興により維新により国家の歴史は絶えず生き生きと復活する。未だ曾て革命と滅亡とを知らず、建国の精神の一途の開展として、日本の歴史は唯一無二である。

世界の誇りとして、歴史の典型は、こゝに日東帝国に之を見る。(27)

「歴史」と「革命」は両立せず、「革命」あるところ「歴史」はないとし、日本歴史は「建国の精神の一途の開展」とされ、「唯一無二」の「歴史の典型」と賞賛される。このことを典型的に示す事例とされたのが明治維新であった。平泉は、先に吉野作造が批判した徳川慶喜の逸話を肯定的に紹介した後で次のように言う。

明治維新は日本精神の、建国以来不易不磨の精神の顕現であつた。それ故に政治上の経緯、経済上の理由、外国の関係の如きは、単に之を助成する縁に過ぎなかつた。維新の大業は、日本精神の顕現による自然の展開であつた。断じて革命ではない。(28)

明治維新は「革命」ではないとされ、「日本精神の顕現による自然の展開」として、〈日本的なるもの〉が貫通する歴史において「自然」な現象とされた。自然性こそが称揚され、あくまでその中でこそ、次のように「棄石」の営為も評価される。

考へてくれば実に其等の人々〔楠木正成、吉田松陰等〕が、何等利益を求めず、名声に目もくれないで、甘んじで《ママ》国家の為に死んでいつたのでありまして、その数多くの棄石の力によつて、今日の我が国の隆盛となり、我が国体の尊厳を見得るのであります。そして、この棄石が真によく国家を護持し来つたものである事が明かになれば、棄石は決してたゞの棄石ではなく、国家を支持する有力なる一つの土台石であり、ぬきさしのならない一つの楔子であります。……私は冥々のうちに我が国家を護持するこの無数の崇高なる霊魂を、我々の心の中によび起したいと願ふのであります。[29]

ここで平泉は、歴史上省みられないまま「甘んじで国家の為に死んでいった」「数多くの棄石」を「棄石」のまま終わらせないため、〈日本的なるもの〉が貫通し、「冥々のうちに我が国家を護持する」歴史という大きな物語に収斂させることですくいあげる。「その〔「日本精神」の〕最も鮮かに現れ、強く働くは、必ず国歩艱難の際である。……国歩愈々艱難にして、この精神益々顕著である」[30]というように、「国歩艱難の際」に「日本人」が「日本精神」を発揮し、天皇や国家に忠を尽くすことは自然であるという認識が前提となって、「棄石」の多様な死は、〈日本的なるもの〉の自然な流れの中に没入することになる。彼における「日本人」への信頼は、大正期の論文においても、「〔元寇に際して〕君臣上下の別なく、専心神明の加護を祈願した事は、……よしまた史料乏しくとも之を確信して差支ないものである」[31]と、史料的根拠をこえて示されている。そしてこのような信頼は過去の「日本人」に対してのみではなく、現代の「日本人」にも寄せられるものである。彼は「現代思想界の混乱して、皇室と国民道徳との関係についても、種々の惑論を見るとはいふもの丶、やがてまた必らず正論に帰着すべき事疑を容れないのであります」と自信を表明し、「金甌無欠の国体」を誇りえた。[32]彼における信頼感は、「日本臣民」と「日本民族」という二つの概念の固い結合によって支えられているのだろう。

以上、昭和初期における平泉史学の性格の一端を検討してきた。しかし、明治半ばならいざ知らず、昭和初期の当時において、このような平泉の思想はある種の限界をもつものであった。若井敏明氏は、欧州遊学（昭和五〈一九三〇〉年三月～昭和六〈一九三一〉年七月）以後、平泉が一層「教化的態度」に偏った原因として学生の左傾化を指摘しているが[33]、そのこと自体は妥当でも、問題は左傾した学生に平泉の思想が無力であった点である。帰国から約一年後に行った講演を平泉は次のように「痛歎」している。

抑も小生此度の旅、大阪高知京都の三高等学校に於いて日本精神を高唱致候ひしも、如何せん多年惰弱放漫の教育をのみ受けたる学生の事故、一向に真の感激なく骨まで腐りはてたるやからと痛歎罷在り候。[34]

学生に「一向に真の感激」を与えられなかったこの時の講演の題目は「歴史と革命」であった。[35] その講演は「革命のある所、真実の歴史は存しないのだと、明快に断じ」[36]、さらに明治維新は「革命」ではなく、「日本精神の顕現による自然の展開」である、と説き及んだことが推測される。平泉の明治維新観は、先に吉野作造が批判した「朝廷尊崇と云ふ信念の下に訳もなく王政維新が出来上つた」という「誠に結構な」見方であった。また東京帝国大学史料編纂掛所員であった大久保道舟は、おそらく最も早く平泉史学のイデオロギー性を批判した人物だが、彼は、日本の発展の原因を「建国の精神の相嗣」に求める平泉に対し、「建国の意義に対する国民綜体の自覚によつた」と捉える。換言すれば、大久保は、予定調和的な平泉の日本歴史観における「国民自体の自覚」、主体性発揮の要素の欠如を鋭く指摘していた。[37]

国体論の低迷する当時、平泉がいかに使命感を燃え上がらせても、彼の解釈は極めて伝統的解釈に近く、魅力のない陳腐なものであった。その点で、彼の思想は「当時の日本人にとって耳新しいものではない」[38]といえる。

さらに当時の常識でもあった混合民族論の見地からも批判を受けた。再び大久保道舟の批判を見よう。

一体博士は日本人といふことを繰返しく〳〵喧しく論じられるが、我国家の成立基準を何時頃の時代に置て日本人といふ概念を定められたのであらう。……日本民族の成立を人類学的に、また言語学的に研究した結果、それが幾多の民族の混融したものであるくらいのことは、賢明なる博士の既に御承知のことゝ思はれる。況や後世に於てさへ幾多の帰化民族の大和及び筑紫地方等に住んでゐたこともご存知のことゝ思ふ。して見ればこれ等の民族は日本の歴史を解せず、日本国家の理想と没交渉にして亡びてしまつたのであらうか。日本の歴史は却つてそれ等の異民族の力によつて、より燦然たる光輝を放つた時代があつたのではないであらうか。而して今日吾々が浴し得る日本の歴史即ち日本文化の中には、これ等の民族によつて生成せられたるものを多量に有つてゐる。さればこれ等の異民族と雖も日本国家の理想を解し、その発展進化の大業に参ずることの出来たものであるといふこと、否出来うるといふことは、容易に首肯し得らるゝところである。従つて今日の朝鮮や台湾の人々と雖も、何時かは我日本の歴史を解し、日本の歴史を相嗣することは出来るに相違ない。故にそこには厳然として我歴史に対する理解の可能といふことが存在してゐる。(39)

大久保は、平泉における「日本人」概念の超歴史性に注目する。その上で、「国史学」を普遍的な学問と捉える立場から批判しているのだが、そこに台湾、朝鮮の同化という意図とも結び付いた混合民族論が入り込み、平泉の閉鎖的な単一民族的な見方を批判している。平泉における「日本人」の範囲には、「歴史」を共有しない異民族の日本人、つまり台湾人や朝鮮人という法的な日本人は排除されているが、大久保からすれば平泉の「日本人」観は、日本国籍を有する異民族を抱える多民族帝国の今日の日本人観から乖離したものであった。平泉の思想は、「日本人」の内部に異民族を抱える大日本帝国の現実にとって、実は不適合なものであった事実を看過すべきではない。

以上、マルクス主義が盛んな中、学生をはじめとする一般国民を吸引するだけの魅力の欠如（＝「国民自体の自覚」の要素の欠如）と、多民族帝国である現実に対する不適合という、昭和初期の平泉史学が抱えていた二つの限界を指摘した。

ところで、昭和八年三月、日本政府は正式に国際連盟理事会に対して脱退通告を行った（脱退の発効は昭和一〇年三月）。国際社会での孤立に起因する国内の緊張の高まりは、第一部第三章で確認したように平泉に深刻な危機感を与えるとともに、否応なく彼をして前者の限界を自覚せしめることになった。

多年「忠」と云ふことに就きましていろ〳〵と考へ、この日本人の最高の道徳を説き来つたのでありますが、どうしてもこれで物足りない、幾ら説きましても役に立たぬ所があるに気が附いて、……一昨年（昭和八年）夏八月になつて初めて気が附いたのは、これ即ち義の精神が欠けて居るからであると分りました。義勇の精神のない連中に、どれだけ忠孝を説いても何の役にも立ちませぬ。謀反はしますまい。温良ではありませう。恭順でありませう。併ながら国家将に傾かんとする非常の時に遭遇して、温良恭謙これを望視する連中が何の役に立ちませうか。幾多の青年がマルクスシズムに翻弄されて、日本は殆んど赤化するかと思はれた時に於て、たゞ穏かに温良恭謙以て忠孝を説くものが何の役に立ちますか。[40]

即ち、「国体ノ精華」を支える「忠」という正統イデオロギーが強調されてきたあまり、「忠」の言説が飽和し、かえって空疎になってしまった状況[41]を受け、「国家将に傾かんとする非常の時に遭遇」した平泉は、「忠」を実現する前提として「義勇の精神」の必要性に気付く。この「義勇の精神」の発見とは、自らの歴史観に欠如していた「国民自体の自覚」の要素を発見したことに対する彼なりの謂いであろう。

この発見を通して、平泉は論文「武士道の復活」を書き、「吾等当為の急務は、日本人をして真に日本人たらしめ、日本をして真に日本たらしむる事、即ち日本人の間に於ける日本精神の復活でなければならぬ[42]」と、課題を表明した。これは一見取り立てて珍しい主張ではない。しかし、ここに至って「日本人」としての自覚が重視され、あるがままの「日本人」、即ち自然的「日本人」の存在が否定された点は重要である。彼の眼前にいた現実の日本人、つまり「歴史」を共有しない台湾人や朝鮮人という法的な日本人や、マルクス主義者に典型化される国体から乖離した日本人が、彼においていわば「未完成な日本人」または「偽の日本人」として定立され、それらの認識、表象の反照として「真の日本人」なるものが想像（＝創造）されたのである。[43]そして、この投影を通して、平泉の中世史研究は、足利尊氏、楠木正成を、歴史上の「偽の日本人」「真の日本人」それぞれの典型として描き出し、彼をしてますます建武中興研究へと駆り立てることになる（本書第一部第三章参照）。

このように、「真の日本人」化という課題の表明は、平泉の「日本人」観、中世史研究の上で極めて大きな意味をもつ。この点で昭和八年八月を彼の思想形成史上の画期と見なすことにはおそらく異論はないであろう。それではかかる課題の設定は、昭和初期に平泉史学が抱えていた二つの限界をどのようにして克服していったのか、またはできなかったのか。以下、昭和八年八月以後の展開を検討しよう。

三　昭和八年八月以後の平泉史学

そもそも昭和初期の平泉が直面した限界は、明治半ばに確立された伝統的国体論がその後の歴史の展開によって直面した限界でもあった。伝統的国体論は、混合民族論を導入することで、多民族帝国としての現実に適応し、「国体ノ精華」の自然性を温存しえた。平泉も混合民族論を導入すれば「国体ノ精華」の自然性を保持できたかもしれない。しかし、先に確認した平泉史学の性格からして混合民族論は到底受け入れ難いものであった。その結果、彼は「国体ノ精華」の自然性の方に手を加えざるを得なかった。彼は、「流石に日本人は日本人の血を引いてゐる。〔日本精神は〕根こそぎ失はれたのではないと思ひます[44]」と、単一民族観に固執し、「日本精神」の復活可能性を認めつつも、次のようにその困難さを強調する。

我々を今現在のまゝで真の日本人なりといひ得るかどうか。世間には極めて雑駁なる浅薄なる楽観論を持つてゐる人があります。―何、我々は日本人である。我々には大和魂がある。国家の重大事には必ずこの大和魂を発揮して―と楽観をしてゐるものがあるが、これは驚くべき浅薄なる考であります。我々はむしろ自己反省して真の日本人となるために難儀不自由を敢てなさねばならない。日本人を親として日本に育つたが故に、そのまゝ日本人であると考へることは出来ない。真の日本人となることは並大抵のことではない[45]。

かつて見られた「日本人」への信頼感はもはや微塵もない。平泉は「日本人」は自然には「真の日本人」にはなりえないとし、「義勇の精神」を発揮し、修練によって「真の日本人」にならねばならないとした。このように彼が自然的「日本人」に替えて意志的・主体的「日本人」を顕著に主張し始めるのが、昭和一一（一九三六）年からであることを考えると、先の昭和八年八月の変化を一層促進した契機として二・二六事件の衝撃が挙げられる。彼は、陸軍の武力暴発を鎮静化することを依頼され、昭和八年三月一七日、陸軍戸山学校で講演を行い、「古来の忠臣、至誠を尽くして君国を護持して来た歴史を述べ[46]」た。彼はその講演によって鎮静化を果たしたと思っていたものの、実際には昭和一一年、二・二六事件は起きてしまった。このような彼の体験、後悔が、自然的「日本人」観の否定に拍車をかけたと推測される。

二・二六事件後、平泉は、警察官への講演の中で「日本精神、日本精神と今日言ふがそんな事は実際問題としてどうでも良い事」[47]だと断言する。彼が、現下の「日本精神」論の流行に対していかに批判的で、一時しのぎにしかならないことを苦々しく感じていたかがよく分かる。その思いを背景に、彼は、より実践的な方向に自らの「日本精神」論を再編することを決意する。彼が、「日本人」「日本精神」の自然性への期待を捨て、「至誠を尽くして君国を護持」する「真の日本人」を創り出すことを使命とするのは、まさにその決意の現れである。

そして、このような使命感の反映として、「真の日本人」による努力の継受こそが「万国に冠絶せる国体」とされた。

大体日本歴史を考へる上に於て人々の考は実に楽観し過ぎて居る。日本の歴史は実に見事な歴史である、日本の国体は実に立派な国体である、是には何も問題はない、斯ういふ風に非常に楽観し過ぎて居るのでありります。飛んでもない話。日本の歴史が光にみちた歴史であることは言ふまでもない。日本国の国体は万国に冠絶せる国体であることは言ふまでもない。併しながらこの優れたる国体、此の優れたる歴史といふものは好い加減な気持を有つて何等為すなくしてこの輝きを得られたものでは断じてない。幾多の苦しみの中に幾多の忠義の人々が命を捨てゝ、漸く護り来つたところである。実際事情を能く見て参つたならば幾多の恐るべき問題があつて、その幾多の恐るべき中に於て傑れたる人々が命を献げ奉つて之を護り来つたのが日本の国体であります[48]。

平泉は「真の日本の「歴史」を実践していこうとする、一人一人の主体的な姿勢」を日本人に求めたといえよう。(49)ただし、より重要なことは、昭和八年八月以後、特に二・二六事件以後、「日本人」や国体の自然性に依拠した議論が明確に批判された上で、国民一人ひとりに対して「日本人」としての自覚が要請された点である。もちろん本書第一部第二章註(58)(59)資料でも紹介したように、右の主張に類似するものは昭和八年八月以前にも確認できる。しかし、本章で検討したように、この頃にはまだ一方で国体や「日本人」の自然性に対する信頼、安心が認められるのも事実であり、「楽観論」批判は徹底していなかった。昭和八年八月以降はじめて彼は、日本の歴史を「何等為すなくして」「日本精神の顕現による自然の展開」であると見なした、昭和初期における自らの思想を切り捨て、乗り越えたのであり、ここには単なる重心の移行という程度の問題としては片付けられない、重要な質的変化が示されている。

そして、かかる転回、克服を経た平泉にとって、当時批判すべき、「日本人」に関する「楽観論」が結実したのが文部省『国体の本義』（一九三七年）であった。『国体の本義』は、昭和一一（一九三六）年一〇月二九日に出された「教学刷新ニ関スル答申」(50)を踏まえて、神勅や教育勅語、軍人勅諭、五箇条の誓文等といった明治の勅語をベースとして編纂されていた。

高御座に即き給ふ天皇が、万世一系の皇統より出でさせ給ふことは肇国の大本であり、神勅に明示し給ふところである。……臣民が天皇に仕へ奉るのは所謂義務ではなく、又力に服することでもなく、止み難き自然の心の現れであり、至尊に対し奉る自らなる渇仰随順である。(51)

神勅に根拠付けられた天皇統治、国民の天皇に対する自然的な忠を説く『国体の本義』は、まさに明治以来の伝統的国体論を継承するものであり、「国体ノ精華」の自然性が繰り返し強調された。このように同書は

「古伝国体論」を整頓したものに止まったため、「オーソドックスの立場からは非難がすくない」結果をもたらした。[52] それに対し、自然性に依拠した議論を「楽観論」と批判する平泉の主張は、明治以来の伝統的国体論に対するアンチテーゼの意味合いを持ち、それとは断絶したところに成立している。自然的「日本人」観から意志的（主体的）「日本人」観へ――この転回は、まさに伝統的国体論の否定に他ならず、その意味で、彼の変化には、単なる問題意識の昂進に伴う新たな展開という意義に止まらず、近代日本の国体論史上、極めて画期的な意義が認められなければならない。[53] 自然的「日本人」を排し、「真の日本人」によって主体的に支えられる新たな国体――彼による新しい国体観の提示は、昭和初期に国体論が直面した危機に対する彼なりの対応でもあった。

平泉においては、万世一系の連続は、もはや昭和初期の自らの思想や『国体の本義』に顕著なような単に自然的・非意志的過程として描かれるものではなく、あくまで国民の側の絶えざる国体的価値の実践というすぐれて意志的な努力の結果としてあった。[54] かかる彼の国体観は、「自分の責任に於て此の国体を護り奉つるといふことを覚悟せずしては、真に日本の国体、日本の歴史を考へることは出来ないのであります」[55]というように、国民による主体的な自覚、実践を重視する主張を導き出す。平泉史学の影響が極めて大きかった要因は、まさにこの点にこそ求められるべきである。

ただし、平泉による精力的な「楽観論」批判にもかかわらず、伝統的国体論の影響には根強いものがあった。例えば、言論界に大きな影響力をもつ徳富蘇峰は、「総体的にいへば日本国民は悉く忠勇である。その国民に普遍的の点が、即ち忠勇そのものが日本精神の本質であるといふ証拠である。換言すれば、忠勇は決して乃木大将や楠木正成だけのことではなくして、不肖なな《ママ》がら吾々の如き者も総べての大和民族が皆その心を有つて居るものであつてその精神はこれを発揮すべき機会さへ来れば、必ず発揮せらるべきものである[56]」と、実に典型的な「楽観論」を主張していた。さらに平泉が強い信頼と期待を寄せていた荒木貞夫においてすら「楽観論」は見られた。昭和一三（一九三八）年五月、近衛文麿首相が内閣改造によって文相に荒木を起用したことの背後には、近衛のブレーン的立場にあった平泉の意見があったと判断して大過ないだろう(57)。ところが、その荒木は、文相就任直前の頃、次のように講演している。

日本国民には教へずして自ら此魂〔「日本の悠久無限の魂」〕を呼び起すのである。……日本国民は、世界日本になつた今日に於て自ら其本然の日本人に還るものと信じて、此の点に付ては自分は、日本の国体の無窮と共に、楽観論者の一人である(58)。

このように荒木は、国民が「教へずして」「自ら其本然の日本人に還る」ことを信じる「楽観論者」であることを告白する。その立場から彼は、「現今八釜敷く唱へらるゝ統制論の如きも、……〔外国においては必要であろうが、日本では〕仮令国家の統制力なくとも、一度其日本人たる精神を呼び起せば其〔祖国を捨て逃避する〕心配は恐らく無いであらう(59)」と、日本人に強い信頼を寄せ、当時盛んな統制経済を含めた総力戦体制論〔「統制論」〕に対して牽制を行っている。かかる荒木の「楽観論」は、平泉よりもむしろ荒木と関係深かった原理日本社の思想に通じるものであった。同社による知識人批判は、「『国体明徴』とは……臣民間に於ける『反国体』『違憲』言動を芟除することである。雲霧にして散ずれば天日は自ら輝くのである(60)」という蓑田胸喜の言に明らかなように、思想批判＝「芟除」を徹底しさえすれば「自ら」国体の偉大さは十全に発揮されるという一種の楽観主義に支えられていた。

それに対し、主体的「日本人」によって国体が支えられるべきだと説く平泉の新しい国体論は、極めて総力戦体制に適合的なものであった。そもそも彼が国体を護持する者に求めた「自分の責任」とは、それぞれの「分」に応じた限定されたものに止まらなかった。「一度君国の大事に当つては、これはもう、その分に従はない、貴賤を問はず、上下を論ぜず、君国の大事に赴く、これが日本精神の特徴であります」[61]と、「君国の大事」の下、それぞれの「分」を超えた一種の平準化が肯定されるようになる。同時に平泉は、諸講演において女性、子ども、老人、「身体に故障があ」る者といった従来「国民」から排除されていた諸階層を総力戦体制に動員する構想を語っていたように[62]、「義勇の精神」の発揮という掛け声の下、総力戦を担うに足る「真の日本人」を全階層にわたって創り出そうとしていた。そして、そのために、彼は「真の日本人」との一体化を説く。

我々は血統から申したら楠公の血統でないかも知れませぬ。併ながら精神に於てはみな楠公の子孫でなければなりませぬ。斯の如き楠公の精神を、楠公の魂を、我々の胸の中に、我々の家にお迎へしなければならないのであります。[63]

「真の日本人」たる先祖と「我々」は「精神に於ては」つながっているという幻想は、自己が歴史や国体を回路として確認される構造である。換言すれば、「真の日本人」と一体化する（＝「真の日本人」になる）ことを通じて、自己は歴史や国体に回収され、永遠に生きることになる。平泉は次のように言う。

人はいかにも死ぬであらう。しかし其の精神は滅びないのである。いや滅びるものもあらう。厳密にいへば、まだ生きてゐるうちにさへ、生理的には呼吸してゐても、魂の上では本当に生きてゐないものゝ多い世の中である。かゝる者の死没して、徒に土と化する事はもとより云ふまでもない、しかしながら、まことに生きたるものに在つては、その肉体は倒れても、その精神は決して滅びないのである。[64]

即ち、平泉によれば、「日本人」として生れた意味も理解せず、漫然と生きた者の生は一代限りであるのに対し、「まことに生きたるもの」＝「真の日本人」の精神は不滅なのである。

以上、平泉は「国民」から排除された諸階層を含め、一般民衆が主体的な努力、修練を重ね、「真の日本人」となり歴史や国体に没入し回収されることを通じて、「分」の関係ない平準化や永遠の生が実現されると主張することで、一定の魅力を確保した。彼が「真の日本人」化を叫ぶ姿は、かなり印象的だったらしく、この頃の平泉について大川周明は「予は平泉澄先生を見る毎に景岳〔橋本左内〕を想起する」と日記に認めている。[65]

しかし、他方、「真の日本人」とはあくまで「精神」修練に基づくものである以上、「最も穏健なる、しかも最も深刻なる革新」とは「形を主とするのでなくして、実に精神の問題」[66]であるというように、具体的な制度改革は軽視されることになる。さらに「真の日本人」となるための「精神」修練の具体相が不明なため、主観的にはいくら努力、修練を重ねてみても、「真の日本人」となったことを証明する客観的な判定基準は存在しない。橋本左内になぞらえられたほどの平泉にしてからが、自らに不断の修練を課していた。[67]主体性を発揮させるために説かれた、手段としての修練は自己目的化され、結果、彼の修練論は、銃後に生活する者にとっては、日常の現場での外面的同調としてかえって形式化していき、また兵士、軍人にとっては、天皇のために死ぬことを「真の日本人」となった唯一の証拠として求めるものであった。

昭和十年代、平泉の歴史研究は、「歴史」を共有するすべての「日本人」を「真の日本人」として、〈日本的なるもの〉が一貫する「歴史」という大きな物語に収斂させ、最終的には画一的な外面的同調や戦死を強いる抑圧として作用することになる。「歴史」から乖離した人物、または「歴史」はないと見なされた民衆は、強制的に〈日本的なるもの〉が一貫する「歴史」への参加を要求される。彼は、まさにこの「歴史」の下に国民を総動員し、自己犠牲をも厭わぬ、強烈な主体性に支えられた「真の日本人」によって積極的に総力戦が担われることを期待していたのである。

ところで、画一的な「歴史」の下に均質な「日本人」を生み出そうとする平泉の主張は、一方で強烈な排除の論理を内在させている。留意すべきは、彼の内地「日本人」に対する「真の日本人」化の主張は、単に戦争への動員が目的だった訳ではなく、異民族の日本人を意識した上で、それとの差異化、分離をも目的としたものであった点である。

日本人といふのはその顔色、容貌を以ていふのではない、その国籍日本に属するを以ていふのではない、果してその精神、その思ふところに於て日本人としての値を持つて居るのであるかどうか、これについて深く考へなければならないのであります。[68]

平泉においては、かかる主張に示唆されているように、明らかに「顔色、容貌」が似通い、また日本国籍を有する、異民族の日本人の存在が念頭に置かれていた。一見この主張は、人種や国籍にかかわらず、異民族を日本人に包摂する論理を示しているようにも解釈できる。しかし、彼の場合それはありえない。後述するように、一貫して単一民族観に固執した彼にとって、そもそも「日本人としての値」は「歴史」を共有する均質な「日本人」にして初めて持ち得るものであり、異民族には閉ざされていた。ためにかかる主張は、包摂ではなく、異民族日本人を排除する論理とならざるを得ない。平泉史学は、異民族日本人への対抗意識を隠れたモチーフとして、内地「日本人」がより一層「日本人としての値」を発揮して戦争に参加し、戦死することで、積極的に異民族日本人との差異を証明することを強要した。このような要請と先述した永遠の生という要素が相俟って、彼の思想は死者を再生産する「靖国」の論理へと近づいていくことになる。

大日本帝国は、対外的には台湾人、朝鮮人に日本国籍を与え、「日本人」に包摂する一方、法制上は「日本人」としての権利を与えず「日本人」から排除する形で、内地「日本人」と区別した。(69)それが彼らを曖昧な立場に止め、レベルダウンすることで内地「日本人」の優越性を確保するものだったとすれば、平泉は、異民族の日本人と内地「日本人」とを区別するために、内地「日本人」を強引に「真の日本人」へと、異民族の日本人の及び得ない高みへとレベルアップさせることを図った。もちろんこれら両者の志向は根本的に矛盾するものではなく、むしろ相互補完的に作用した。

このように異民族の日本人への対抗意識を隠れたモチーフとする平泉史学の日本民族観は、当然のことながら、異民族の日本人を排除する単一民族観であり、昭和初期から一貫していた。

日本人は南洋方面から来たのであらうと云ふ想定の下に故坪井〔正五郎〕博士は非常な苦心をされ、何万といふ南洋の語と日本語をカードに書いて比較研究されたりしが、結局、性格、言語、風俗等に於て類似或は影響等はあるが、日本人は独特のものであると云ふやうに落ちつかれたやうである。／又白鳥〔庫吉〕博士は蒙古系統と云ふ想定の下に多年苦心研究せられたが、その想定は当らず、却って日本は悠久の過去より皇室を中心として来たものであり（その証拠としては皇室が姓を有せられぬこと等である）その言語も孤立語と称せらるべきものであるといふ結論に到達され、益々以て国体の尊厳なる所以が明かにせられた。(70)

平泉は、日本人の南方、北方からの渡来説に否定的な見解を好意的に紹介している。日本民族は「悠久の過去」から日本列島に存在していたという単一民族論に「国体の尊厳」を見て取る立場にシンパシーを感じていることが分かる。昭和初期同様、平泉史学における「日本人」の範囲は、単一民族論を基礎にして、内地に生まれ育ち、「歴史」を共有し得る同一民族に限られており、台湾人、朝鮮人といった異民族の日本人は排除された。彼は台湾人・朝鮮人を「日本人」から排除する一方で、他方、大正デモクラシー期に説かれた台湾・朝鮮放棄論を「誤まれる説」とし、台湾・朝鮮を手放すことを全く認めていなかった。(71) 彼は、朝鮮を「未だ曾て独立しなかつた国」と捉え、「朝鮮人が独立を考へるなとゝ《ママ》云ふことは全く意味をなさないことである」と切り捨てた。(72) 彼にとって、内地とは分離された台湾・朝鮮は、軍事的、経済的な見地から不可欠視された植民地に過ぎなかったのだろう。(73)

混合民族論をあくまで拒否する平泉においては、昭和初期に抱えた二つ目の限界は克服されないままであったように見える。ただし、「彼〔平泉〕には「皇国史観」の重要な要素である拡張主義的植民地主義すなわち「八紘一宇」の精神が欠如している。平泉はあくまで一国主義的天皇制論者である」(74) と結論付けるには一定の留保が必要であろう。というのも、彼は次のような主張も行っているからである。

曾て深き思索もなく十分の検討も加へずして、破壊的考察に附和雷同した者の多かつたやうに、今日はまたおごそかに仰ぎ謹みて思ふ事なくして国体を説き、大義を叫ぶ者が少くないのであり、それは一方には国史の浅薄なる美化主義となり、一方にはその苛酷なる摘発主義となつてゐるのである。かゝる偏せる行き方に於いては日本の歴史の真実は現はれて来るものではない。我々は正しく日本の歴史を明かにして、それによつて我等今後の行くべき道を知ると共に、之を大東亜に宣布しなければならないのである。(75)

夙に先行研究が注目してきたように、平泉が「国史の浅薄なる美化主義」と「苛酷なる摘発主義」を批判している点は確かに興味深いが、ここで留意すべきは、彼が日本歴史の本質を「大東亜に宣布しなければならない」と主張している点である。これは、彼年来の持論からすれば、本来出てこない主張のはずである。かかる平泉史学を平泉史学たらしめる本質を否定するような主張をどのように解釈すればよいのだろうか。

平泉の思想は、一方では、「日本人」という同一性の原理を異民族に及ぼすことを否定することによって、「日本人」の純粋性や現実的利益を守る、支配者側の本音を体現するものであった。しかし、他方、かかる本音は多民族帝国日本においては隠蔽されねばならないものであった。平泉が、日本歴史に対する理解の可否をめぐる議論とは別のレベルで、「宣布」を強いる主張を成立させていたことは、帝国主義的な異民族支配の現状に適合させようという意図を窺わせ、重要である。しかし、このような現状への適合化は平泉史学の矛盾点であることを自覚してか、かかる言及は極めて少ないと考えられる。(76)

平泉における単一の「歴史」による上からの統合は、異なる「伝統」を有する異民族には閉ざされていた。元来閉鎖性を本質とする平泉史学は、多民族帝国日本の支配イデオロギーとは本来なりえないものだったのである。

おわりに

従来、昭和期における平泉の思想的展開は一貫、連続したものであり、そして平泉史学は戦時期における極めて正統的な歴史観を提示したものとして一面的に位置付けられてきた。しかし、本章における検討を通じて得られた新しい知見は、かかる位置付けに根本的な見直しを求める。

第一に、昭和期における平泉の「日本人」観は、「日本民族」＝単一民族という点では一貫しつつも、昭和八年八月を画期として、「臣民」観のレベルで重要な変化が認められる。昭和初期の彼は、日本歴史を〈日本的なるもの〉の貫通する歴史と捉え、その一貫性を「自然な展開」と見なしていた。「日本人」への信頼に支えられて、歴史上の「棄石」の営為もその中に取り込まれていた。しかし、昭和八年八月、「真の日本人」化という課題が表明されて以後は、日本歴史を「自然」な流れとする見方を否定し、それを克服する形で、「難儀不自由」を甘受して「真の日本人」となる修練が重視された。かかる変化を「日本人」観の変化に即してまとめれば、自然的「日本人」観から意志的（主体的）「日本人」観へ、となろう。換言すれば、日本民族／異民族という「日本人」の境界が、さらに日本民族内部における「偽の日本人」／「真の日本人」へと細分化されたことになる。そしてかかる変化は、昭和初期における国体論の低迷状況に対する彼なりの再建策でもあった。

第二に、平泉史学の国体観、日本民族観は、当時大きな影響力をもった『国体の本義』における国体観や人類学の普及によって常識化した混合民族論とは対照的な、独特なものであった。平泉は、強固な単一民族観を基礎に、『国体の本義』＝明治以来の伝統的国体論とは断絶して、絶えざる修練によって「真の日本人」になることを内地「日本人」に求めた。それはまさに伝統的国体論の限界を突く新しい国体論の成立を意味するものであった。彼は、ラディカルな制度改革を志向せず、「精神」修練に止まったものの、かえってそのことによって、彼の思想は、内地における「偽の日本人」を排除、抑圧し、国民の強制的均質化を行う上でより大きな機能を果たしたといえよう。

しかし、この平泉の単一民族観を基礎にした一国歴史学は、「日本人」の範囲を、同一民族であり、内地に生まれ育ち、「歴史」を共有し得る存在に限定し、異民族の日本人を排除するものであった。その点で、建前としては異民族の同化政策をとった大日本帝国の方針とは相容れないものであり、少なくともそれ自体では多民族帝国日本の支配イデオロギーとしては不十分なものであった。平泉史学は極めて偏った性質を有していたのであり、単独では戦時期日本が抱えた諸課題に応えきれなかった。その意味で、特に平泉だけを取り上げて〈皇国史観〉の代表者とするのは適切でない。

平泉の思想にこのような偏りが生じた原因は、彼が一貫して単一民族観を堅持したためだが、より根本的には、平泉史学の隠れたモチーフともいえる純粋で均質的な「日本人」の希求、そしてそのための異民族の日本人への対抗意識と彼らの「日本人」からの排除という強迫観念が作用していたと考えられる。彼における変化後の「日本人」観、即ち辛苦、修練により、日本の歴史に一体化して「真の日本人」化を求める主張は、内地「日本人」が異民族の日本人との差異を証明する手段でもあった。

大日本帝国に奉仕する歴史学たらんとした平泉史学にとって、異民族を「日本人」に包摂する同化の問題はアポリアであった。しかし、そのアポリアは皮肉なことに日本の敗戦が解決することになる。敗戦によって植民地を全て喪失し、帝国が崩壊した結果、平泉はようやく異民族同化という難問から解放されたのである。そして、日本に在住する韓国・朝鮮人にしても、対日講和条約の発効によって日本が主権を回復するまさに直前、昭和二七（一九五二）年四月一九日、法務府民事局長通達（昭和二七年四月一九日民事甲四三八）によって一方的に日本国籍からの離脱を命じられた。平泉史学にとって、かかる「日本人」の内部からの異民族の放逐は、「日本人」の純粋化としてむしろ歓迎すべき事態であったろう。平泉の主観はともかく、平泉史学にとって、敗戦は何ら根本的なダメージを与えなかった。単一民族論が主流となる戦後において、占領中の沈黙の後、日本の独立とともに平泉史学は、持論である単一民族観を基礎に、より純粋な「日本人」観を核にして復活することになる。

註

(1)　松尾章一「平泉澄の歴史観――戦前・戦後の皇国史観の一典型」(一九七三年初出)『日本ファシズム史論』法政大学出版局、一九七七年、永原慶二『皇国史観』岩波ブックレット、一九八三年、阿部猛『太平洋戦争と歴史学』吉川弘文館、一九九九年、など。

(2)　田中卓「皇国史観について」(一九六九年初出)『皇国史観の対決』皇學館大学出版部、一九八四年。

(3)　苅部直「歴史家の夢――平泉澄をめぐって」『年報・近代日本研究一八　比較の中の近代日本思想』山川出版社、一九九六年(苅部直『秩序の夢――政治思想論集』筑摩書房、二〇一三年に再録)、「大正・昭和の歴史学と平泉史学」『芸林』六四巻一号、二〇一五年四月。

(4)　若井敏明「ひとつの平泉澄像」『史林』八七号、一九九八年一月、「平泉澄における人間形成」『政治経済史学』三九七号、一九九九年九月、「平泉澄論のために――田中卓『平泉史学と皇国史観』を得て」『皇學館論叢』三四巻三号、二〇〇一年六月、「皇国史観と郷土史研究」『ヒストリア』一七八号、二〇〇二年一月、「東京大学文学部日本史学研究室旧保管「平泉澄氏文書」について」『東京大学日本史学研究室紀要』九号、二〇〇五年三月、『平泉澄』ミネルヴァ書房、二〇〇六年、「史学史上の平泉澄博士――政治的活動をめぐって」『芸林』六四巻一号、二〇一五年四月。

(5)　植村和秀「平泉澄とフリードリヒ・マイネッケ」(一)～(四・完)『産大法学』三三巻三・四号(二〇〇〇年二月)、三四巻一・二号(二〇〇〇年七月)、三四巻四号(二〇〇一年二月)、三五巻三・四号(二〇〇二年二月)、「平泉澄の不惑について」『京都産業大学世界問題研究所紀要』一九巻、二〇〇一年三月、「歴史神学者平泉澄」(一)(二・完)『産大法学』三七巻四号(二〇〇四年三月)、三八巻一号(二〇〇四年七月)、『丸山眞男と平泉澄――昭和期日本の政治主義』柏書房、二〇〇四年、「丸山眞男と平泉澄の歴史的位置――二〇世紀の日本思想史への交点」『年報日本思想史』六号、二〇〇七年三月、「平泉澄・マイネッケ・丸山眞男」(望田幸男編著『近代日本とドイツ――比較と関係の歴史学』ミネルヴァ書房、二〇〇七年)、「滞欧研究日記にみる平泉澄博士」『芸林』六四巻一号、二〇一五年四月。

(6)　一貫説が定説となる上で大きな役割を果たしたのが今谷明氏による一連の論考である。今谷明「平泉澄の変節について――昭和史学史の一断面」『横浜市立大学論叢』四〇巻一号、一九八九年三月、「皇国史観と革命論――「平泉澄の変節」拾遺」『横浜市立大学論叢』四三巻一号、一九九二年三月、など参照。今谷氏の平泉に関する主要な論文は、今谷明『天皇と戦争と歴史家』(洋泉社、二〇一二年)に再録されている。なお、今谷氏の平泉論に対する批判として、今井修「「戦争と歴史家」をめぐる最近の研究について――阿部猛氏『太平洋戦争と歴史学』と今谷明氏の平泉澄論を中心に」『年報日本現代史』七号、現代史料出版、二〇〇一年、がある。

（7）植村和秀「平泉澄の不惑について」前掲誌、八三頁。

（8）国体論や明治期の「正統的歴史観」に関する先行研究として、以下のものが挙げられる。岩井忠熊『明治国家主義思想史研究』青木書店、一九七二年、橋川文三「国体論・二つの前提」（一九六二年初出）・「国体論の連想」（一九七五年初出）『橋川文三著作集』二、筑摩書房、一九八五年、長尾龍一「法思想における「国体論」」『近代日本法思想史』有斐閣、一九七九年、鈴木正幸『近代天皇制の支配秩序』校倉書房、一九八六年、吉田博司「国体の政治思想――上杉慎吉」（宮本盛太郎編『近代日本政治思想の座標』有斐閣、一九八七年）、松浦寿輝「国体論」（小林康夫・松浦寿輝編『表象のディスクール五　メディア　表象のポリティクス』東京大学出版会、二〇〇〇年）、池田智文「「皇国史観」研究序説――日本近代史学史研究の前提的問題として」『龍谷大学大学院研究紀要　人文科学』二二集、二〇〇〇年、姜尚中『ナショナリズム』岩波書店、二〇〇一年、大谷伸治「昭和戦前期の国体論とデモクラシー――矢部貞治・里見岸雄・大串兎代夫の比較から」『日本歴史』七七七号、二〇一三年二月、山口輝臣「なぜ国体だったのか？」（酒井哲哉編『日本の外交　第三巻　外交思想』岩波書店、二〇一三年）、米原謙『国体論はなぜ生まれたか――明治国家の知の地形図』ミネルヴァ書房、二〇一五年、同「国体」（米原謙編著『政治概念の歴史的展開』九巻、晃洋書房、二〇一六年）、小林敏男『国体はどのように語られてきたか――歴史学としての「国体」論』勉誠出版、二〇一九年、など。

（9）伊藤博文『憲法義解』（一八八九年）岩波文庫、一九四〇年、二二頁。

（10）「教育勅語」（一八九〇年一〇月三〇日）『日本近代思想大系六　教育の体系』岩波書店、一九九〇年、三八三頁。

（11）教育勅語を起草した井上毅自身は、「皇祖」＝神武天皇、「皇宗」＝歴代天皇と捉え、教育勅語には神武天皇以前の神代の事柄を含めないよう世俗主義に徹していた（齊藤智朗『井上毅と宗教――明治国家形成と世俗主義』弘文堂、二〇〇六年、二三〇～二三一頁）。ただし、「皇祖皇宗」が誰を指すかについては、教育勅語発布後も明確ではなく、様々な解釈が乱立した。実質的に井上が書いた『憲法義解』にも、アマテラスによるいわゆる天壌無窮の神勅の一節が引用されており、また文部大臣芳川顕正の訓示を掲げた文部省公認の解釈書である『勅語衍義』を書いた井上哲次郎が、井上毅の意見によって修正するまでは、もともと「皇祖」＝アマテラス、「皇宗」＝神武天皇と捉えていたように、井上毅の意図に反し、結果としては教育勅語がアマテラスという神話的（神道的・宗教的）存在を要素として組みこんだものとして理解されるようになる可能性は極めて高かったと考えられる。
(12) 井上哲次郎『勅語衍義』上、一八九一年、敬業社・哲眼社、一〇丁表〜一一丁表。
(13) 「軍人勅諭」(一八八二年一月四日)『日本近代思想大系四 軍隊 兵士』岩波書店、一九八九年、一七四頁。軍人勅諭の国体観について、大原康男「国体論と兵権思想――「軍人勅諭」の国体観を中心にして」『神道学』一〇四号(一九八〇年二月)、一〇五号(一九八〇年五月)参照。
(14) 右田裕規「天皇を神聖視するまなざしの衰退――二〇世紀初期の社会調査にもとづく民衆の皇室観の再構成」『哲学論集』五七号、二〇一一年三月、参照。
(15) 以上、「教化意見書」(一九一〇年九月八日)『日本植民地教育政策史料集成(朝鮮篇)』第六九巻、龍渓書舎、一九九一年、四頁、一六〜一七頁。
(16) イ・ヨンスク「「同化」とはなにか」『現代思想』二四巻七号、一九九六年六月。国体論と植民地統治との衝突については、小熊英二『単一民族神話の起源――〈日本人〉の自画像の系譜』新曜社、一九九五年、駒込武『植民地帝国日本の文化統合』岩波書店、一九九六年、鈴木正幸『国民国家と天皇制』校倉書房、二〇〇〇年、など参照。
(17) 佐藤秀夫「解説」『続現代史資料(八) 教育 御真影と教育勅語Ⅰ』みすず書房、一九九四年。
(18) 小熊英二『単一民族神話の起源』第八章、参照。
(19) 吉野作造「明治維新の解釈」(一九二七年一二月)『吉野作造選集』一一、岩波書店、一九九五年、二一七〜一八頁。
(20) 里見岸雄『国体に対する疑惑』里見研究所出版部、一九二八年、一八一頁。
(21) 里見岸雄『天皇とプロレタリア』アルス、一九二九年、一頁。
(22) 平井一臣「国体明徴運動の発生」『政治研究』三二号、一九八五年三月、九四頁。このような国体論の低迷状況を反映してか、東北帝国大学教授村岡典嗣は、この頃を「神道といふやうなものは大学で研究すべき程の価値があるかといふ風に考へられてゐたやうである」と振り返っている(『国民精神の淵源』青年教育普及会、一九三三年、五頁)。
(23) 永井亨『日本国体論』日本評論社、一九二八年、九頁。永井については、高橋彦博「労働雑誌『人と人』の廃刊――戦間期日本における労働政治の試行」『社会労働研究』四五巻四号、一九九九年三月、崔鐘吉「永井亨の国体論――一九二〇年代における「社会派」官僚の国家構想」『社会文化史学』四六号、二〇〇四年、参照。
(24) 「国史学の骨髄」『史学雑誌』三八編八号、一九二七年八月、一八〜一九頁。

(25)「国史家として欧米を観る」(一九三一年一一月一六日に講演) 田中卓編『平泉博士史論抄――歴史観を主として』青々企画、一九九八年、一九四頁。
(26) 原随園『ギリシア史研究』岩波書店、一九二八年、序一頁。酒井三郎『日本西洋史学発達史』吉川弘文館、一九六九年、一二三〜一二四頁参照。
(27)「国史学の骨髄」前掲誌、二〇頁。
(28)「日本史上より観たる明治維新」(史学会編『明治維新史研究』冨山房、一九二九年一一月) 四四頁。
(29)「国家護持の精神」(一九二九年一一月)『国史学の骨髄』至文堂、一九三二年九月、一五五〜五六頁。同様の認識は、京都帝国大学教授内田銀蔵にも見られるものであって、必ずしも平泉独自のものとは言い難い(内田「馬場正通の生涯及其の著書」(一九一〇年)『内田銀蔵遺稿全集』二輯、同文館、一九二一年、二九五頁)。
(30)「日本精神」(一九三〇年四月)『国史学の骨髄』二四二頁。
(31)「亀山上皇殉国の御祈願」『史学雑誌』三一編一二号、一九二〇年一二月、四五頁。
(32) 以上、「皇室と国民道徳 其の一」『皇室史の研究』東伏見宮蔵版、一九三二年六月、七一頁、三〇頁。
(33) 若井敏明「平泉澄における人間形成」前掲誌、二六頁。
(34) 大川周明宛書簡(一九三二年六月五日付) 大川周明関係文書刊行会編『大川周明関係文書』芙蓉書房、一九九八年、七六二頁。学生に「痛歎」した講演旅行の後、平泉は著者から寄贈された滋賀多喜雄『河合・蠟山両教授共著「学生思想問題」を検討す――全国民と祖国無窮生命との為に』(原理日本社、一九三二年) を読み、「之を読み候時は同感の熱情安座を許さず到底よみ終る能はず候、時事日に非なり睚眦殆んどやむ時なし、御同様心身共に燃ゆるやう覚え申候、……更にこれより筆をとつて「危機に立つ日本」を著し青年同志に訴へ度存居候」と共感の念あふれる書簡を送っている(「滋賀氏の新著を読みて」〈一九三二年八月二四日付〉『原理日本』八巻六号、一九三二年九月、一九頁)。
(35)「平泉澄博士著述・講演目録(稿)」(田中卓『田中卓評論集二 平泉史学と皇国史観』青々企画、二〇〇〇年) 二七五頁。
(36)『悲劇縦走』皇學館大学出版部、一九八〇年、四〇六頁。
(37) 大久保道舟「平泉博士の国史学の骨髄を読みて」『中央史壇』一四巻三号、一九二八年三月、一一七頁。
(38) 苅部直「歴史家の夢」前掲書、二七五頁。
(39) 大久保道舟「平泉博士の国史学の骨髄を読みて」前掲誌、一〇八頁。昭和期における平泉と大久保とのかかる対立は、日清戦争後の穂積八束・加藤弘之らと大西祝・浮田和民らとの対立の構図と同一である。駒込武『植民地帝国日本の文化統合』五八〜五九頁、鈴木正幸『国民国家と天皇制』一五〇頁参照。

（40）『楠公精神の喚起』大阪府南河内郡教育研究会、一九三五年九月、三四〜三五頁。なお山口道弘氏も、同じ資料を根拠に、昭和八年八月を平泉における「皇国史観」の完成を示す画期として重視する（山口道弘「正閏再続論」『千葉大学法学論集』二八巻四号、二〇一四年三月、五〜六頁）。平泉の認識にかかる変化が生じた要因として、国際連盟脱退を契機とする危機感の昂進が挙げられるが、そもそもこの脱退を告げる詔勅に対して同時代人はある異変を見て取っていた。例えば、宮内省掌典職祭事課長星野輝興は、「聯盟離脱の詔書この方、これまでは、爾臣民の翼戴に依つて、これ〳〵のことをしたいと仰せられた御事を、爾等も亦其の第一線に立てとも思召かの如く拝すみことのりの御異変」（「惟神の大道」『公論』一九四二年五月号、二〇頁）と捉えている。「翼戴」に止まらぬ、主体的国民の総動員を促すといった「御異変」は、当時の潮流を反映するものであろうし、平泉の変化もその一環であったと考えられる。

（41）「険難の一路」『万物流転』至文堂、一九三六年一一月、二一九頁。

（42）「武士道の復活」『大亜細亜主義』一巻五号、一九三三年九月、五八〜五九頁。

（43）夙に平泉は昭和六年に河合栄治郎を「日本人としての自覚がなく」「日本人でない」と批判していた（植村和秀「平泉澄とフリードリヒ・マイネッケ」（二）前掲誌、一四八頁）。平泉は、その際「而してこれ（日本の伝統に基礎を置かず、西欧思想から多大な影響をうけること）は、いふまでもなく多くの我国の学者に共通の短所である。日本を指導するものはかくの如き偽日本人であつてはならない。日本を救ふ道、それは日本の純粋性を維持し、発揮するの外にはない」と述べていた（平泉洸・平泉汪・平泉渉編、平泉澄著『DIARY』平泉洸、一九九一年、一九頁）。この段階では、「我国の学者」の西欧かぶれを批判していたのに止まり、「偽日本人」への差別、抑圧を前提とする、全階層における「真の日本人」化という課題意識の明確化は、昭和八年八月以後、特に二・二六事件以後におけるものと私は判断している。なお平泉におけるマルクス主義者像の原型は、精神生活上大きな影響を与えるとともに、自国の歴史に無関心だったと位置付けられる中世の僧侶であろう（『中世に於ける精神生活』至文堂、一九二六年四月、四〇三頁）。マルクス主義者の日本歴史無視に対する批判としては、大川周明「日本精神への復帰」（大川周明・室伏高信・笹川臨風・高須芳次郎共編『日本思想論集　光は日本より』新潮社、一九二九年）三〇九頁など参照。

（44）「大楠公と日本精神」『国民精神研究会叢書第一輯　建武中興の精神・大楠公と日本精神』建武中興六百年記念国民精神

研究会、一九三五年一二月、六一頁。

(45)『山口県国民精神文化叢書一　谷秦山先生』山口県、一九三七年三月、一五〜一六頁。

(46)『悲劇縦走』四五六頁。

(47)「永遠の生命」（一九三六年一一月一三日に講演）『日本精神』二篇、大阪府警察部警務課、一九三七年六月、三五頁。

(48)「国史の眼目」（二）『憲友』三二巻八号、一九三八年八月、一七頁。平泉は、建武中興失敗の原因を考察することを通じて、歴史上の国民が皆尊皇心あふれる者ではなかったこと、むしろ尊皇心は低調であったことを認識していた（『建武中興の本義』至文堂、一九三四年九月、三一一〜一二頁）。その点で、変化後の平泉は、日本歴史を「乱臣賊子の歴史」と捉える北一輝と共通していたとさえいえる。北が、かかる認識から「所謂国体論」を批判したことは周知のことだが、平泉もまた、国民への不信感を背景に伝統的国体論と断絶していった。北と異なり、平泉は「乱臣賊子の歴史」を「光にみちた歴史」たらしめた歴史上の人物の努力をこそ評価し、現代に生きる者に対して同様の「真の日本人」になれと迫るのである。

(49)植村和秀「平泉澄とフリードリヒ・マイネッケ」（一）前掲誌、三二頁。

(50)「国体・日本精神ノ真義ノ闡明ハ、天祖ノ神勅、歴代ノ詔勅並ニ教育ニ関スル勅語ヲ初メトシ明治以後屢屢下シ給ヘル聖詔ヲ本トシ、更ニコレヲ我ガ国建国以来ノ歴史ニ照シ、苟モ謬ナキヲ期セザルベカラズ」（「教学刷新評議会教学刷新ニ関スル答申（案）」『現代史資料(四二) 思想統制』みすず書房、一九七六年、一二六頁）

(51)文部省『国体の本義』内閣印刷局、一九三七年五月、一八〜一九頁。

(52)里見岸雄「寄贈書紹介」『国体学雑誌』一七九号、一九三七年八月、五四頁。

(53)昭和九（一九三四）年、文部省から刊行された『神皇正統記』に付した平泉の解説は不敬だと批判された（『悲劇縦走』五四〇頁）。「臣民」の側の主体性を重視する平泉にとって、もともと「君徳の涵養」を目的とした『神皇正統記』は「臣民の道とはむしろ逆になつてゐて、下々の読物としては不適当な」ものであった（「神皇正統記解説」『神皇正統記』文部省社会教育局、一九三四年三月、八頁）。平泉は、当時自らを批判する動きについて「あれは神皇正統記武烈天皇の条の記事、それを怪しからぬといふのであります」と三上参次に答えていたが（『悲劇縦走』五四〇頁）、実際には『神皇正統記』の記述ではなく、右のような平泉の解釈こそが問題視されたのであろう。結局、平沼騏一郎によって中止された平泉不敬事件は、平泉の国体観の変化に対する、伝統的国体論側からの反応だったと推測される。なおこの不敬事件と関わるかどうかは不明だが、平泉は『大義』で知られる杉本五郎に「東洋民主主義」と批判されている（吉岡勲『ああ黒木博司少佐』教育出版文化協会、一九七九年、二四一頁)。

(54) 櫻井進氏は「資本主義とナショナリズムの矛盾、あるいはナショナリズムと植民地主義、帝国主義とのずれ」という観点から、平泉と『国体の本義』との対立、矛盾を説明している(「帝国への欲望――『国体の本義』・「皇国史観」・「大東亜共栄圏」」『現代思想』二九巻一六号、二〇〇一年一二月、一一七頁)。本章は、両者の対立を、大局的には、平泉の歴史観が『国体の本義』＝明治期以来の伝統的国体論と断絶していると捉える点、また個人史的には、昭和期における平泉の思想の変化を示すメルクマールとして重視する点、の二点で櫻井氏とは異なる。

(55) 「国史の眼目」(二) 前掲誌、一八〜一九頁。

(56) 徳富猪一郎「忠勇と日本精神」『皇国時報』五三七号、一九三四年八月二一日、二頁。

(57) 平泉と荒木、近衛の関係については、若井敏明『平泉澄』第五章、参照。また平泉も「大学教授の権限以外に、国政の上に、私の意見が反映した事は、いろいろあつた」と認めている(「家内の想出」〈一九八二年一二月二一日〉平泉洸・平泉汪・平泉渉編、平泉澄著『家内の想出』鹿島出版会、一九八三年、四頁)。

(58)(59) 荒木貞夫『鎖国日本より世界日本へ』財団法人奉仕会出版所、一九三八年二月、一二頁、四八〜四九頁。「抑々我ガ国ノ経済ハ肇国ノ理想ニ基ヅキ皇国無窮ノ進展ヲ目指ス大業デアリマス。即チ、経世済民ノ道トシテ道徳ト一致シ、ヨク国体ノ精華ヲ発揚スルトコロニ其ノ根本ノ意義ガ存スルノデアリマス」(「日本諸学振興委員会第一回経済学会ニ於ケル荒木文部大臣挨拶」〈一九三八年一〇月六日〉『教学局時報』八号、一九三九年二月、五頁)というように、荒木にとって日本の経済は本来的に「道徳ト一致」するものと捉えられる以上、作為的な統制経済などはかえって「国体ノ精華」の発揮を阻害するものに他ならなかった。「世間にいろいろと私の名で、著書が刊行され、新聞雑誌等に文章が出ているが、私自身、筆を執って草稿を書いたのは、この講演〔昭和九(一九三四)年夏頃の「世界の平和よ、人道よ栄光あれ」〕だけだ」(有竹修二編『荒木貞夫風雪三十年』芙蓉書房、一九七五年、一六七頁)という戦後の荒木の証言を信じるならば、『鎖国日本より世界日本へ』の原稿も文部大臣としての挨拶文も荒木側近が起草したものであろう。つまり、「楽観論」は荒木個人に止まらず、より広く荒木周辺＝いわゆる皇道派において共有されていたと考えられる。

(60) 蓑田胸喜「政党・官僚・大学の違憲思想」(三井甲之『天皇親政論』原理日本社、一九三七年)五五頁。

(61) 「忠と義」(一九三四年九月)『忠と義　増補再版』私家版、一九三五年一〇月、二二頁。

(62) 『楠公精神の喚起』三八〜三九頁。「武教小学講話」(一九三六年一一月二〜九日に放送)『伝統』至文堂、一九四〇年一月、六三～六四頁。
(63)『楠公精神の喚起』四五頁。
(64)『思想問題小輯六　革命論』文部省、一九三四年三月、八頁。
(65)大川周明顕彰会編『大川周明日記』(一九三六年八月二〇日) 岩崎学術出版社、一九八六年、一五九頁。
(66)『伝統』序二頁。
(67)「大楠公と日本精神」前掲書、六二頁。
(68)『思想叢書第一六編　日本精神の復活』大阪府思想問題研究会、一九三七年三月、一三頁。
(69)小熊英二『〈日本人〉の境界――沖縄・アイヌ・台湾・朝鮮　植民地支配から復帰運動まで』新曜社、一九九八年。
(70)平泉澄講述、啓明社編纂『昭和十七年度版　東京帝国大学文学部講義　改訂国史概説(完)』啓明社、一九四三年一月、四一～四二頁。なお白鳥庫吉における日本民族論の変化については、工藤雅樹「『日鮮同祖論』の史学史的意義」(一九八〇年初出)『東北考古学・古代史学史』吉川弘文館、一九九八年、四三四～三六頁参照。
(71)「正学」(一九三八年八月六日に講演)『正学』不忘会、一九四一年三月、一八頁。なお念頭にあるのは、石橋湛山「支那と提携して太平洋会議に臨むべし」『東洋経済新報』一九二一年七月三〇日、などであろう。松尾尊兊『大正デモクラシー』岩波書店、一九七四年、三〇五～〇六頁参照。
(72)平泉澄著、下村敬三郎編『八紘一宇』帝国在郷軍人会本部、一九三九年、三一～三三頁。なお平泉の「八紘一宇」論については、拙稿「近代神道と「八紘一宇」――二荒芳徳の「八紘為宇」論を中心に」(藤田大誠編『国家神道と国体論――宗教とナショナリズムの学際的研究』弘文堂、二〇一九年刊行予定)参照。
(73)横久保義洋氏は「氏(昆野)の結論にはおおよそ同意するがそれに至る過程、ならびに資料批判の方法には疑義が生じざるを得ない」と批判し、平泉が〈日本人〉の要件として「「血」よりもはるかに「精神」を重んじていたこと」を強調し、彼が台湾・朝鮮を単なる植民地とのみ捉えていた訳ではないことを示した(横久保義洋「平泉澄における〈日本人〉――石原莞爾と比較して」〈岐阜聖徳学園大学外国語学部編『ポスト/コロニアルの諸相』彩流社、二〇一〇年〉一三〇頁、一三八頁)。
(74)櫻井進「帝国への欲望」前掲誌、一二〇頁。
(75)「国史の威力」『日本諸学』三号、一九四三年五月、九五頁。

(76)　平泉の著述・講演類は膨大な数にのぼる。その全てに目を通した訳ではないので断言はできないが、「更に神代以来伝はる大精神を拡充して、全世界にこれを規範たらしめねばならない」(「大楠公と日本精神」前掲書、七一頁)という類の記述はかなり珍しいものなのではないだろうか。そしてこのような「国史学」において平泉が抱えた矛盾は、そのまま当時の「国文学」における矛盾でもあった。例えば、東京帝国大学教授兼国民精神文化研究所所員久松潜一は、民族の歴史が積み重ねた美意識や教養によってはじめて「国文学」の鑑賞や研究が成り立つとしていた一方で、当時の拡張主義的な政治言説の中で、「国文学」の「世界化」という論理的に矛盾した議論を展開していた(笹沼俊暁「久松潜一と国文学研究」『史境』四五号、二〇〇二年、八〇頁)。

大方の国体論者が、日本民族=混合民族論の立場に立つことによって「八紘一宇」的要素を保持していたのに対し、津田左右吉、和辻哲郎、平泉といった日本民族=単一民族論者には「八紘一宇」的要素が希薄であり、少数派に止まった。この両者とは異なり、日本民族は現在における全ての民族の祖であるとする世界観をもつ偽史は、単一民族論と「八紘一宇」的要素とを両立させるものであった。近代日本に底流する偽史への憧憬は、民族としての純粋性と対外侵略の正当性をともに保証した点で、自らに極めて都合の良い世界を希求する欲望の反映であろう。

第二章　大川周明の日本歴史観

はじめに

第一章では、平泉澄の「日本人」観について検討することを通して、新旧二つの国体論の対立する焦点を浮き上がらせた。そして、両者の衝突は、昭和一四（一九三九）年に刊行された大川周明『日本二千六百年史』をめぐる不敬事件となって現出し、世間の大きな注目を集めることとなる。まさにこの事件は国体論の相剋状態を端的に示す縮図ともいえるものなのである。そこで、本章は、次章におけるこの事件に関する分析の前提作業として、大川の日本歴史観の特質を解明することを目的としたい。

そもそも大川周明は、大正二（一九一三）年の書簡において「私の日本史研究は他日私が精神界の一戦士として起たん為、起ちて良き戦を戦はんための至当なる且必要なる準備と存じ居り候[1]」と述べているように、思想形成を始めた大正初期から、日本史研究の必要性を痛感していた。特に第一次世界大戦後は、一貫して日本歴史を自らの研究対象とし、自分なりの日本歴史像を提示することを課題としてきた。にもかかわらず、従来の研究においては、大川の歴史観が研究の対象とされることはほとんどなかった。歴史観を取り上げた数少ない研究にしても、使われる資料はほぼ『日本二千六百年史』のみに限定されており、また多くは他の歴史家との比較研究を主とした部分的な引用に止まり、彼の日本歴史観の全体像や特質についての検討は十分になされてきたとは言い難い[2]。

第一部第一章で取り上げたように、大川は明治四五（一九一二）年春頃から『列聖伝』という歴代天皇伝の編纂に着手している。この書は刊行されなかったものの、これを嚆矢に、大正一〇（一九二一）年に初めて日本歴史の通史たる『日本文明史』を刊行して以来、昭和四（一九二九）年に『国史概論』、昭和六（一九三一）年に『国史読本』、昭和一四年に『日本二千六百年史』といった日本歴史書を次々に刊行する。また通史の他にも横井小楠、佐藤信淵、石田梅岩、平野国臣などの偉人論をまとめた『日本精神研究』（一九二七年）を著している。そして、それらのほとんどは刊行数年後に改訂版が出されて版を重ねており、当時の国民に広く読まれていたことを物語っている。

大川は、マルクス主義が流行し、反国家、「伝統」無視の風潮が盛んになった昭和初期の現状に対して、その原因を次のように捉え、危機意識を露わにしていた。

> 加ふるに当時〔明治期〕の吾国には、パーレーの万国史、又は十八史略に比すべき日本史がなかつた。……パーレーの万国史は小説を読む興味を以て之を読了させる魅力を有し、十八史略に至つては少年をして血湧き肉踊らしめるに足るものがあります。然るに私は日本史に斯様な著作を探りえなかつた。……この国民全般の好読物たるべき日本史なかりしことも多くの青年をして日本其者に無関心たらしめた一因と存じます[3]。

大川が執拗に日本史の著作を刊行し続けた背景には、自ら「国民全般の好読物たるべき日本史」を提示することで、国民の「日本」への関心を喚起する使命感があった。そして、実際「最近、大川周明博士の「二千六百年史」（『日本二千六百年史』）が非常に読まれてゐると言ふ。結構な事だと思ふ。あゝいふものも専門の歴史家から言へば、いろいろ難点があるだらうが、そんな事は問題としては小さいのである。日本歴史といふものはどういふものかを、穏健な常識と、一貫した歴史眼とを以て、誰にでも面白く読める様に纏め上げた本が他にない。といふ方が、問題は大きいのだ[4]」という評があったように、大川の日本歴史書は、「誰にでも面白く読める」ものとして読者に歓迎された。

大川の一連の日本歴史書は、序と、現代を記した結論部以外は、若干の章構成の増減はあるものの、内容的には一貫性を保っている。そして、現代を扱った結論部の記述が時期によって異なっていることは、彼が関心を向ける現実問題が変化していることを意味している。このことから本章では、彼の時事的課題と関わらせながら、彼の日本歴史観の特質について検討していく。

一　大川の日本歴史観の根本――〈日本的なるもの〉の貫通

そもそも大川において「歴史」とは次のように把握されるものであった。

多くの人々は、歴史とは過去の記録であると考へて居る。併し乍ら記録其儘が決して歴史ではない。恰も自然科学に於て、与へられたる材料を取捨し選択して、特殊の科学を建設するが如く、歴史とは現実の原理を以て過去の記録を取捨し選択せられたる組織である。故に歴史は、初めより既定的に存せるものに非ずして、現実の自我を分析し、此の自我内容を時間の秩序に従つて組織せる体系である。換言すれば自我を時間秩序に延長せるものが、取りも直さず歴史である。[5]

歴史は「既定的に存せるもの」ではなく、「自我内容」に基づき「組織」されるものである以上、歴史の把握は、何よりも歴史を認識する主体の主観に大きく左右されることになる。(6) それでは大川は日本歴史を全体としてどのように「組織」したのか。まずはこの点を初の歴史書『日本文明史』の序から確認しておこう。

吾等は、大和民族本来の精神が、如何なる他の影響を蒙つても、決して亡びなかつた事を断言して憚らぬ。宛ら木の下蔭を流るゝ河が、常に己れを蔽ひ隠せる草木を生立たせて居る様に、此の精神の流れは、時には隠れ、時には現はれつつ、常に日本文明の生命となつて来た。此国の香高き文化の花は、皆な此流れに其の生命を託して居る。(7)

大川にとって「日本文明史」は、「大和民族本来の精神」＝〈日本的なるもの〉が切断されることなく連綿と続いてきた歴史＝「日本精神」史であった。まずこれが第一の特質である。彼は日本国家について、「わが大日本帝国は、日本国民の精神の創造であり、同時に此の精神を維持し発展する絶対の組織体」であると繰り返し説いていた。この第一の特質は、「日本国民の精神」の結晶として〈日本的なるもの〉を維持発展していく「一個の偉大なる生命」であるという彼の国家観に対応するものであった。(8) 彼における〈日本的なるもの〉の一貫不断さを強調する考えは、平泉澄の論文「国史学の骨髄」（『史学雑誌』三八編八号、一九二七年八月）に接した感激を契機に、「国史の研究に就て、向後はどうぞ生の導師たる労を賜り度」(9) と平泉に敬服するようになって以後、より露骨となり肥大化していった。

そしてこのような第一の特質を支えたのが、連綿たる天皇の存在である。大川によれば、「多くの国家に在りては、内外幾多の原因によつて、建国当初の国家的生命が、中断または断滅した」のに対し、「唯だ吾国に於ては、建国このかた今日に至るまで、国家の歴史的進化、一貫相続して中絶せざりしのみならず、国祖の直系連綿として国家に君臨し給ふ」とされた[10]。天皇は、日本の「建国当初の国家的生命」を「中断または断滅」させることなく、いわば〈日本的なるもの〉を切断させることなく伝えてきた護持者であった。彼にとって天皇は、まさしく連綿たる〈日本的なるもの〉を体現、象徴する存在だったのである。

ところで〈日本的なるもの〉が不断に貫いているというこの第一の特質は、国体論一般にも通じるものであるが[11]、それとは決定的な違いがある。即ち、大川の日本歴史書は、吉野作造とともに明治文化研究に携わった史学者尾佐竹猛が、次のように評しているように、少なくとも伝統的国体論のような「神がゝり的の非科学的歴史書」ではなかった。

従来は左翼的の論法のものでなければ歴史と言はないやうな誤つた時代があつた。近頃では神がゝり的の非科学的歴史書が氾濫してゐる。斯くの如きは現代日本人の知性の満足し得ないところであつた。然るに大川博士の『日本二千六百年史』は、この両方を征服し、その長所を採つて、博士独特の主張の下にたゆまざる筆を以て書かれたものである[12]。

そもそも第一部第一章で確認したように、大川は神代と歴史とを区別し、天皇制神話を絶対化することなく日本歴史を論じうる立場にあった。事実、彼の歴史書には神代の記述は全くなく、それどころか「朝敵」とされた源頼朝、足利尊氏を好意的に評価してさえいる[13]。また「人若し北条氏の滅亡を以て、当時の国民の勤王心に帰せんとせば、そは甚だしき速断である。北条氏を倒せしものは、実に北条氏の政治に飽きたる諸国大小名の不平と野心とに外ならぬ[14]」という記述に示されるように、尊皇心のみを基準に歴史を裁断するドグマからは自由であった。これに対し、新しい国体論を代表する平泉澄は神代を歴史と認めない点では大川と同じだったものの、倒幕、建武中興を「日本の日本たらんとする精神、即ち純正日本精神[15]」の現れと捉えている。平泉にとっては尊皇、国体護持こそが「日本精神」の本質だったのである。

さらに、大川の歴史書における印象深い表現に「夜飛ぶ蟲は光る蛍のみでない」という言葉がある。彼は、中大兄皇子や源頼朝などの英雄を賛美する一方で、歴史が「光る蛍」のような英雄のみで動くものではないこと、換言すれば「歴史に名を残さぬ多くの国民」の重要性を認識していたといえる。[16]だからこそ彼は、「（日露）戦争の悲惨は平民のみ能くこれを知る。而も彼等は与へられるところ無かつた。又は与へられて十分でなかつた。然るに、正当に取得すべきものは、与へられずば之を奪はんとする。日本の平民は、日露戦争以後漸く国家に於ける自己の地位、国家に対する自己の貢献を自覚して、自己の正当なる権利を要求し初《（ママ）》めた[17]」というように、民衆のエネルギーそのものの正当性は認めていた。彼は、この無秩序なエネルギーに対して後述のように「国民」という枠付けをし、方向付けるとともに、ラディカルな国家改造へと結び付ける。

平泉もまた全階層を「真の日本人」と化す、「下から」の要素に着目した現代「更生」を志向していた（本書第一部第三章参照）。ただし、彼において国民の主体的忠は全て万世一系の皇統の翼賛に捧げられる。彼の「更生」はあくまで「精神」の問題（尊皇）として考えられており、具体的な制度改革を想定していない。平泉に篤く師事し、彼も信頼した海軍機関学校生徒黒木博司が「此ノ書（大川周明『日本精神研究』）ハ思想的ニ注意セヨ、尊　皇ノ考ヲ念頭ニオキ読ムベシ[18]」と警戒しているように、平泉―黒木にとって「日本精神」を尊皇にではなく、別の方面へ、おそらくは国家改造運動に動員しようとする大川の思想は極めて危険なものだったのである。このような両者の相違は、大川の歴史観に平泉のそれとは異なる性質を付与することになる。

ところで、〈日本的なるもの〉が一貫不断であるという第一の特質が、〈日本的なるもの〉の結晶として宣揚された大川の国家観に対応していることは先述した。このような日本国家観においては、当然個人は〈日本的なるもの〉を共有する均質化されたものとして認識される。彼は現代における日本の歴史、「伝統」に無関心なマルクス主義を奉じる青年を念頭にして、「この『国史読本』は……平凡なる一日本人のうちに潜める『日本』を、時間の秩序に従つて通俗的に解説せるものに過ぎない。若し此著が国民殊に青年の魂に、国史に対する関心を喚び起し得るならば、予の欣懐無上とするところである[19]」と自著の意図を語っていた。ここで彼が自らをあくまで「平凡なる一日本人」と規定している点は重要である。彼の提示する日本歴史は、「平凡」な日本国民にとって共同の過去の記憶＝国民共有の「伝統」を創出する、「日本」という文化的同一性の語りとして機能するものであった。

そして、〈日本的なるもの〉を共有することで均質化された人々は「国民」として枠付けられ、あくまでその秩序の内部においてのみ自発性の発揮が認められる。つまり、「日本人は日本人として、其の独自の面目を発揮することが、即ち人間としての面目を発揮する所以である、されば真に国民となつてこそ初めて真に人間ともなり得る……。従つて吾等日本国に生れたるものは第一に先づ日本人であらねばならぬ[20]」という立場をとる大川にとっては、国民としての「独自の面目」、つまり国民的個性を発揮することがまず要求された。そのため、逆に国民的個性から逸脱した行為は最大の悪であった。

其源を英米の個人主義・功利主義・快楽主義・物質主義に発せる民主主義的思潮――国本主義・健闘主義・理想主義・精神主義を生命として永遠に発展すべき日本精神とは、徹底して相容れざる民主思想が、今や滔々として吾国に流れ入り、……盛んに国民に鼓吹せられつゝある。……予は斯くの如き議論〔民主主義的議論」、殆ど総ての人々が当然至極として怪まざる議論の裡に、許す可からざる非日本的精神を認め、之を根本より覆へさんが為に、与へらるゝ総ての機会に於て、之を攻撃し、之を克服せんとするものである。[21]

大川のこうした「民主主義」批判には上述のごとき背景があったのである。さらに大正七（一九一八）年に起きた米騒動についても、彼は繰り返し激しく批判した。彼にとって米騒動は、「国本主義」から逸脱した利己的な「民主主義」に基づく行動であり、許し難いものであった。[22]彼は、このような「非日本的」な傾向に危機感を抱き、この傾向を「日本国家は此の儘では不可と云ふ事を示す天意[23]」として、つまり国家改造の必要性を痛感する契機として受けとった。

大川の歴史観における第一の特質は、〈日本的なるもの〉が一貫するとされた点である。この特質は連綿たる〈日本的なるもの〉を切断する、「民主主義」や「大正デモクラシー」といった「非日本的精神」の根絶の要請を必然化する。彼は真に〈日本的なるもの〉を闡明するための日本的国家改造を志向することになる。それではこのような課題から彼はいかなる日本歴史観＝「伝統」を創造したのか。第二の特質について検討しよう。

二　大正～昭和初期――「革命」の連続の歴史

大川は、「孰れの時代に於ても革新は已み難き必要に迫られて成就するものである[24]」という原勝郎からの影響著しい理解を背景に次のように捉えた。

而して吾国は新しき政治と、新しき道徳と、而して新ら《ママ》しき宗教とを得て、所謂封建時代七百年間に於ける国民生活の精神的基礎を与へられた。然るに徳川幕府の末に至りて、国民の生活は又もや革新の必要に迫られた。[25]

此時〔ペリー来航〕に当りて志士の心中、復た忠を其君に尽すの念なく、其藩を愛するの念なく、心裏満腔唯だ日本其ものを憂へた。故に封建の精神は、此時に於て早く既に破滅し去り、其の形骸は十年ならずして斃れたのである。[26]

このように、大川にとって、ある時代の固有の必要性にしたがって構築される制度・精神は、その必要が去り、新しい要求が噴出してくるにつれてそれへの対応能力を欠き、漸次形骸化していく運命にあった。そしてそのような把握は、「日本文明史は明かに四期を画することが出来る。即ち第一期は建国より大化革新まで、第二は大化革新より鎌倉幕府の創立まで、第三は鎌倉幕府の創立より徳川幕府の大政奉還まで、第四は明治維新以後の現代である[27]」というように、大化改新、鎌倉幕府成立、明治維新といった、彼における「革命」を歴史区分のメルクマールとする歴史観に対応していた。[28] ここで「革命」という語を用いたのは、彼においては、「政治的革新とは、現存せる国家の組織が、根本に於て尚ほ健全なることを容認し、法律乃至制度の変改によりて、其の枝葉を矯正整理せんとするものである。然るに革命とは、旧国家・旧社会の組織を根柢より否認し、一切の旧秩序を破壊して、全然別箇の主義に遵拠せる新国家を組織することである[29]」というように、「革新」と「革命」は明確に区別されていたからである。

大川において日本歴史は、「此の「必要」と云ふ事が最後の決定者であります[30]」という一文に端的にあらわれているように、自然な時の流れに基づく新たな「必要」への対応の歴史＝「革命」の連続の歴史でもあった。これが第二の特質である。

そして、「政治・経済・道徳・宗教悉く腐敗し去りて、猶且国家が現状を維持し得る乎。明治維新は、仮令米国の来襲なく英露の東漸なくとも、日本精神が未だ亡び去らざる限り必ず起るべき革命であった[31]」というように、大川において「日本精神」＝〈日本的なるもの〉は、まさしく「革命」の根本、基盤であった。「日本精神」は、ある時代固有の精神ではなく、表面的、制度的変化のかげにおいても一貫してきたと観念されていた。まさに彼の日本歴史観において、第一の特質と第二の特質は密接不可分な関係にある。

ところで、よく知られたように、昭和六年の「満洲事変」を契機として、左翼勢力は国家主義陣営への転向者を続出させた。このように様々な要素が流入し急激に膨張した国家主義陣営においてはその統一は非常に困難であった。かかる事情を考えれば、大川の歴史観において第一の特質と第二の特質とが結合した意味は大きい。即ち、尾佐竹猛の評のごとく、彼の歴史観は非科学的な国粋史観とマルクス主義史観の「両方を征服し、その長所を採」ったものであった。両者の結合を背景に、「転向右翼[32]」とも評された彼の思想は、もちろんその結合を理由に様々な勢力から批判されたが、それでも「観念右翼」から左翼からの転向者まで、国家主義陣営を構成する人物の多様な思想を包含する歴史観であり得た。このことは彼の歴史観が、分裂の危機を常に抱えていた国家主義陣営を統合する性格を有していたことを意味している。

以上、大川にとって日本歴史は、表面的には自然な時の流れに基づく新たな「必要」への対応の歴史＝「革命」の連続の歴史であり、またそのような変化のかげでも、〈日本的なるもの〉は切断されることなく一貫している歴史であったことを確認した。

それでは大川は、かかる「革命」の担い手をどのように考えていたのか。前節で確認したように、彼は「光る蛍」＝英雄と「歴史に名を残さぬ多くの国民」との双方に注目し、両者相俟って歴史が進行すると捉えていた。特に新しい社会の創出が望まれるような激動期、歴史の画期においては、「先覚者」の役割が高く評価された。

蓋し人間が単純なる社会の一員であり得る間は、個人と社会との間に何等の杆格もない。彼は唯だ社会の考へる如く考へ、社会の動くまゝに動く。たゞ選ばれたる個人即ち先覚者が、既存の社会を以て自己の道義的要求にそぐはぬものと感ずる時、茲に初めて個人と社会との対立が意識される。最初に新しき社会理想を抱く者は、必然万民の敵であり、其の蒙るべき運命は迫害である。不撓の精神を以て彼は永く民衆と戦ひ官憲と戦ふ。漸くにして少数の同志を得る。而して最後に勝利者となる。かくして新しき社会が生れる。これが歴史の進行――取りも直さず人格発展の径路である。(33)

大川にとって、新しい社会、国家の創出は個人人格の成長、主体的な個人の確立に起因するものであり、「革命」の連続する歴史こそが「人格発展の径路」に他ならなかった。彼が中大兄皇子、源頼朝を高く評価するのも、彼らが「革命」の「先覚者」として認識されたからである。平泉澄において主体的個人とは究極的には尊皇家のことだが、大川にとっては「革命」家を意味するのである。

先述のように大川は、連綿たる〈日本的なるもの〉を切断する「非日本的精神」を根絶するために国家改造を目指した。その際、「革命」の連続である日本歴史の延長上に、自らの国家改造を、「革命」たる明治維新を補完する「第二維新」として位置付けた。そして、「第二維新」を正当化する根拠は、連綿たる〈日本的なるもの〉を体現する天皇と国民とを結び付ける「君民一体」という理念に求められた。彼は、昭和六年刊行の

『国史読本』の結論において次のように説く。

天皇と国民との間にありて、その正しき関係を阻隔する者の存在を断じて許さゞることが、実に皇室ありて以来、一貫して変ることなき大御心であり、不幸にして斯くの如き者の出現したる時は、ついに之を倒さずば止まぬことは、大化革新このかた、万古不動の国策である。……まことに君民一体の日本に於て『君』は第一維新〔明治維新〕によつて、之〔天皇〕を武力の圧迫より救ひ参らせ、国家に於ける神聖にして尊厳なる地位を確立し参らせた。然るに今日の『民』は、黄金の圧迫によつて悲惨に呻吟しつゝある。……それ故に、黄金の不当なる圧迫より国民を解放することが、いまや君民一体の実を挙ぐべき無二無三の途となつた。(34)

ここに至り、「君民一体」の理念が日本の「伝統」として新たに創造され、日本歴史は、「君民一体」の理念が繰り返し実現されてきた歴史として再編された。「君民」間の介在者を排除した中大兄皇子や幕末の志士と同様に、「君民一体」の歴史に参画しその主人公になれると説く大川の国家改造論は、左翼的革命以上に、現状打破を切に望む当時の国民を惹き付けるものであったろう。このような魅力を与えつつも、大川は決して「君民一体」を絶対化した訳ではなく、例えば、先に確認したような「革命」の「先覚者」としての頼朝評価や鎌倉幕府打倒に関するリアルな記述は消失せず、一貫して認められた。

とはいえ、「君民一体」史観の初出は「革命としての明治維新（完結）」（『道』一三七号、一九一九年九月）にまで遡るものであり、「第二維新」を正当化する論理として、大川が一貫して使用してきたものである。ところが、この「君民一体」史観は、『改版 国史読本』（日本青年社、一九三五年一一月）には見られなくなる。これには、内務省警保局によって「我が国、国家主義運動の核心団体として、有力なる中央機関の役割を演じて居る」[35]と見なされた大川の主宰する神武会が、彼と五・一五事件との関係を理由に、昭和一〇（一九三五）年二月に解散させられたことが影を落としていると考えられる。

五・一五事件に連座し、下獄されるまでの、昭和期における大川の「第二維新」＝国家改造運動の目的には、「日本の現行法は、単に憲法に限らず、明治維新以後の制定に係るもので、恐らく今後根本的の改訂を要する」[36]というように、大日本帝国憲法の改訂があった。五・一五事件の約一ヶ月前、昭和七（一九三二）年四月五日の講演においても、彼は次のように気炎を上げる。

日本の議会は、議員の三分の二以上を占めれば、憲法の改正も出来るのだから、政友会が日頃唱へて居る様に、「政友会だけが日本の国を愛する」などと宣伝してゐるのが事実であるならば、彼等の大好きな、買収でも、何でもやつて、もう五六名、民政党から引張つて来て、日本の国を真に生かすやうな手段をとればよいのである。さうなれば、我々愛国者は一緒に日本の改造をやる。しかし、彼等には、そんな国難打開だの、時局匡救だの、日本の国の将来だのといふ事は少しも考へて居ない[37]。

大川の既成政党への失望感と怒りが滲み出ている発言だが、少なくとも彼は、五・一五事件によって政党内閣が倒れるまでは、合法的な改憲を「日本の国を真に生かす」ために不可欠視していたのである。蓑田胸喜ら伝統的国体論派は帝国憲法の護持を至上目的とするが故に、「解釈改憲」に近い美濃部達吉の天皇機関説を排撃したのであり[38]、平泉澄にしても改憲というラディカルな発想は全くなかった。

その点で、大川は根本的な国家改造を志向しており、しかも彼が日本歴史に込めた国家改造への情熱は、読者にきちんと伝わっていた。そのことは、批判的な立場からの書評さえもが、「此の書（『日本二千六百年史』）は言ふ迄もなく、日本の歴史を説いて時務を語つてゐる、而して国家革新の原理を説き、国内革新の大勢を作らんことを熱望する著者の真意が紙面に躍動してゐることは、何人にも容易に之を解することが出来る」(39)というように、「国家革新」の情熱を正確に読み取っていることに窺える。だからこそ、大川の『日本二千六百年史』は五十万部ものベストセラーを記録するのである。(40)

三　昭和一〇年以後——不断に外来思想に「方向を与へる」歴史

昭和六年刊行の『国史読本』の記述を最後に、以後、大川の日本歴史書からは「第二維新」及びそれを正当化する「君民一体」史観の記述は消滅する。先述のように、昭和一四年刊行の『日本二千六百年史』は「国家革新」の情熱にあふれ、反響を呼んだことは事実だが、結論部においては国家改造について全く言及しなくなる。米騒動以来の彼の課題が後景化し、当時の彼にとって最大の問題とは認識されなくなったためであろう。

ところで平泉澄はこの頃、対外的危機（国際連盟脱退による日本の国際的孤立）を契機に、自然的「日本人」観から意志的「日本人」観へと思想を転回させ、ますます国内問題へと沈潜していった。そのような平泉の展開とは対照的に、大川は、『日本二千六百年史』において「東亜新秩序の確立は、やがて全亜細亜復興の魁である。全亜細亜復興は、取りも直さず世界維新の実現である」(41)と結論付ける。国内改造の「第二維新」論から、「世界維新」としての「全亜細亜復興」へと議論の重心が移行したのである。さらに昭和一六（一九四一）年における対米戦争の開始は、それまで国民統合を主目的としていた「日本精神」論に新たな課題を突き付けた。アジアから自発的な戦争協力を引き出す必要性が高まるにつれ、〈日本的なるもの〉のみならず、〈アジア的なるもの〉との関係も問われることになったのである。

先述のように、大川の日本歴史書は非合理的な天皇主義や日本主義を極力排するものであった。彼は、戦時下においても、次のように当時の独善的な〈日本的なるもの〉の強調を批判し続けていた。


亜細亜の諸民族をして正しく日本を理解せしめ、積極的に日本に協力せしめるためには、日本民族は亜細亜的に自覚し、亜細亜的に行動せねばならぬ。然るに今日の日本人の言行は善き意味に於ても、悪き意味に於ても、余りに日本的である。……徒らに『日本的』なるものを力説して居るだけでは、その議論が如何に壮烈で神々しくあらうとも、亜細亜の心琴に触れ難く、従つて大東亜戦争のための対外思想戦としては無力である。[42]

大川において「亜細亜的」とは具体的にどういうことなのか、その内実は判然としないものの、〈日本的なるもの〉の強調＝ナショナリズムの論理に抑制を加えるものとして機能していたことは間違いない。この頃、文部省は、「皇国史観」とセットに、「今日の世界的転換期に当り」「真に現実を指導するに足る最高不動の世界観」として「日本世界観」という「八紘一宇」的秩序を提唱していた。[43]しかし、それは到底「現実を指導するに足る」ものではなく、「大東亜戦争のための対外思想戦としては無力」なものであった。このような現状に対して、大川は真に「対外思想戦として」有効な「日本精神」論の必要性を意識していた。

それでは、大川の日本歴史＝「日本精神」史は、どのようにしてこのような時代的要請に応えたのだろうか。彼が「日本精神」と「亜細亜精神」との関係を勘案し、「対外思想戦として」有効な日本歴史観として提示していたのが、不断に外来思想に「方向を与へる」ことを続けてきた歴史というものであった。これが第三の特質である。彼は、岡倉天心『東洋の理想』に全面的に依拠して書いた論文「日本文明の意義及び価値」(『大陸』三号、一九一三年九月）以来、一貫して「日本精神」の「旧を失ふこと無くして新を抱擁する驚嘆すべき精神」を賛美してきた。その意味で、この第三の特質自体は初期の段階からあったものだが、改めて時期的要請に基づいてクローズアップされたのである。

日本精神の数ある特徴のうち、その最も著しきものは、入り来る総べての思想・文明に「方向を与へる」ことである。それ故に吾等は日本精神を偉大なりとする。……吾等は先づ支那思想及び文明と接触して之を吾有とし、次いで印度思想及び文明と接触して之を吾有とした。亜細亜精神の両極ともいふべき此等の思想並に文明は、実に日本精神によりて正しき方向を与へられたるが故に、今日まで其の生命を護持し長養されて来た。支那思想の精華、従つて支那文明の根柢は、孔孟の教でないか。而して其の教が日本に活きて支那に死んだのだ。……仏教は遂に印度を興し、又は救ひ得ざりしのみならず、印度も仏教を生かし得なかつた。今や仏教は、僅かに錫蘭島に於て小乗的信仰者の少数を有する以外、殆ど印度に其跡を絶つてしまつた。(44)

大川は、「日本精神」の最大の特徴として外来思想に「方向を与へる」ことを挙げる。そして、中国やインドでは滅びてしまった儒教、仏教が日本には「今日まで其の生命を護持し長養されて来た」とする。この不断に外来思想に「方向を与へる」ことを続けてきたという第三の特質は、いうまでもなく〈日本的なるもの〉が一貫するとされた第一の特質と一体のものである。

そして、このような大川の「日本精神」史は、彼の主観からすれば「決して他国文明を蔑視し、自ら固陋に甘んずるが如きものでない[45]」とされた。だからこそ彼は、「亜細亜諸国は、日本歴史について真個に学ぶところなければならぬ[46]」と説くことができたのである。彼は、このようにアジア諸国に受け入れられる「大東亜戦争のための対外思想戦として」有効な「日本精神」史を打ち立てていたのである。

従来大塚健洋氏は、この不断に外来思想に「方向を与へる」ことを続けてきたという第三の特質を強調して、大川の「日本精神」論の「開明性」を主張してきた[47]。しかしこの第三の特質は、一見開かれた性格に見えながら、結果としてはアジアの諸文明は日本に帰一せしめられねばならないという閉鎖的な思想に帰結せざるを得ない[48]。そしてこの特質は、現実には次のように「大東亜戦争」や日本の指導性を合理化する根拠として機能した。

亜細亜復興は単に欧羅巴よりの政治的独立を意味するものでない。それは同時に亜細亜諸民族の精神生活に古代の光栄を復活せしめることである。而して日本は実に此の荘厳なる使命のために戦つて居る。何となれば東洋の善きもの、貴きものが、よし其の故国に於ては単に過去の偉大なる影となりはてて居るとしても、日本に於ては現に溌剌たる生命を以て躍動して居るからである[49]。

大川にとって「大東亜戦争」は、アジア文明の精髄を現に保持し、護持していく日本による「亜細亜復興」——政治的にも精神的にも——実現のための戦いであった。そこでは、当然ながら、「大東亜圏内に於て、日本が指導的地位に立つことは、東亜新秩序の確立と発展とのために、最も自然にして且つ必要なることと言はねばならぬ[50]」というように、アジア文明の護持者日本の指導性が自明視されていた。彼は現前の戦争を合理化し、「善導」するよう活動するほかなかったのである。

おわりに

戦時期日本では、内においては総力戦体制構築のために強烈な国民統合と体制内変革を目指し、外に対しては既成の国際秩序を否定して侵略戦争を遂行し、世界再分割を図って、様々な思想や運動が生じていた。それでは、その中で最も有効な思想たりうるための要件は何か。まず何よりも第一に、〈日本的なるもの〉の固有な価値を信じ、それが一貫不断であるという徹底した「自国史」であることが求められる（Ⅰ）。だがこれだけでは、明治以来の近代国民国家化を推進する日本においては極めて一般的な要件に止まる。総力戦体制構築のための民衆動員においては、民衆の自発性・主体性をも喚起する必要があった。そのため民衆の支持、共感を不可欠の要件とした。この点から第二に、不況の下で鬱屈した民衆の現状否定の不満を吸い上げ得るものとして、日本的革新を志向していることである（Ⅱ）。さらに総力戦は対外思想戦の一面も持つ以上、たとえ建て前とはいえ擬似的な普遍性を装わねばならなかった。即ち、第三には、西洋中心の世界秩序否定＝アジア解放という日本の「世界史的使命」において、日本の盟主性を正当化しつつ、西洋帝国主義に呻吟するアジアからの期待に応えうることである（Ⅲ）。

このように戦時期において有効な思想たりうる要件を探ってみれば、大川の日本歴史観の特質は、これらⅠ～Ⅲに対応するものであった。それは、第一に〈日本的なるもの〉が一貫する歴史であり、第二に「革命」の連続の歴史であり、第三に不断に外来思想に「方向を与へる」ことを続けてきた歴史であった。そのうち、第二の特質は、国内的に、自らの「第二維新」を正当化し、第三の特質は、対外的に、日本を盟主とするアジア解放戦争（＝「大東亜戦争」）を合理化するものとして機能した。彼の日本歴史観は、〈日本的なるもの〉が一貫するという特質を基盤に、現実政治での国家改造、アジア解放という内外の課題に対応する特質を兼ね備えていた。

また従来戦時期の日本を支配した歴史観は、『国体の本義』『国史概説』に代表される文部省主導の歴史観（＝「皇国史観」）だと説明されてきた。しかし、当該期において、かかる「神がゝり的の非科学的歴史書」では時代の求める総力戦体制の構築に十分応えきれない限界は、誰の目にも明らかであった。そして当時の国家主義陣営にしても、「観念右翼」、左翼からの転向者、アジア主義者など多様な人物を内包し、一致団結して総力戦体制構築に向かうことなど到底無理な注文であった。いくら「皇国史観」が鼓吹されたところで、統合力を弱めた国体論では国家主義陣営をまとめきれない状況に至っていた。

かかる状況に対して大川は、非合理的、独善的な「日本精神」論がいかに無力かをよく知っていた。彼は、「現代日本人の知性の満足し得」る、日本国民共同の過去の記憶＝国民共有の「伝統」を創造し、「国民全般の好読物たるべき日本史」を提示したのである。そしてそれは、分裂の危機を恒常的に抱えていた国家主義陣営を統合するものでもありえた。英雄主義に終始した「皇国史観」に対し、彼の創造した栄えある「伝統」は、まさに下から「光る蛍」ではない「平凡」な国民一人ひとりが参画できるものであった。下からの歴史的世界への参加の欲求をすくいあげた大川の「伝統」は、実際に当時の国民に熱狂的に歓迎され、国民を積極的に戦時動員に駆り立てる役割を果たしたのである。

註

（1）「大川周明君より」『大陸』三号、一九一三年九月、六七頁。

（2）進藤眞男「皇国史観――その政治的使命と批判」『政経論叢』四五・四六合併号、一九八三年一二月、松本健一『大川周明――百年の日本とアジア』作品社、一九八六年（岩波現代文庫、二〇〇四年）、清家基良「大川周明と日本精神――平泉博士と比較して」『芸林』三七巻四号、一九八八年一二月（清家基良『戦前昭和ナショナリズムの諸問題』錦正社、一九九五年に再録）、子安宣邦「歴史表象の要求――『二千五百年史』と『二千六百年史』との間」『江戸の思想』八、ぺりかん社、一九九八年（子安宣邦『方法としての江戸――日本思想史と批判的視座』ぺりかん社、二〇〇〇年に再録）、大森美紀彦「革命思想家から統制思想家へ――大川周明における革命思想の転換」『政治文化』一四号、一九九九年（大森美紀彦『日本政治思想研究――権藤成卿と大川周明』世織書房、二〇一〇年に再録）、など。なお大川の日本歴史書に関する基礎的研究として、廣瀬重見「大川周明の日本史関係著述に関する一考察」『日本学研究』六号、二〇〇三年六月、がある。

（3）「洋意の出離」『日本的言行』行地社出版部、一九三〇年、三二～三三頁。

（4）小林秀雄「歴史の活眼」『公論』二巻九号、一九三九年一一月、四頁。

（5）「大日本帝国の使命」（其四）『養真』八三号、一九一八年五月、二七頁。

（6）大川が山路愛山の史論に惹かれ、また平泉澄の論文に感激した要因の一つには、かかる歴史認識の共通性がある。愛山は「自己の判断力に訴へず、自己の智能に訴へずして成れる所の史なる者、何れに在る。真正の史は哲学者の世界観のみ。而して其最も実際に近き者を上乗となす」と断言している（山路愛山「怯懦乎、無識乎。（智識的の一大弊事）」〈一八九三年一二月二四日〉岡利郎編『山路愛山集』(一)、三一書房、一九八三年、一七一頁）。平泉の構成主義的歴史認識については、本書第一部第二章参照。

（7）『日本文明史』大鐙閣、一九二一年、序一〇頁。大川によるこのような日本歴史の把握は、その表現も含めて岡倉天心の日本美術史観の影響である。岡倉天心『東洋の理想』（『岡倉天心全集』第一巻、平凡社、一九八〇年）二〇頁参照。

（8）以上、「大日本帝国の使命」（二）『養真』八一号、一九一八年三月、一七～一八頁、一六頁。

（9）平泉澄宛書簡（一九二七年八年二九日付）大川周明関係文書刊行会編『大川周明関係文書』芙蓉書房、一九九八年、四四九頁。

（10）以上、○『国史読本』先進社、一九三一年、第一章、一九～二〇頁、二〇頁。以下『日本文明史』『国史読本』『日本二千六百年史』三著に共通している資料については「◎」で、『国史読本』『日本二千六百年史』二著に共通している資料については「○」で示す。

（11）「『国体の本義』編纂参考書」「四、国史・思想史・文化史・教育史」の項目中には大川の『日本文明史』が挙げられている（「志田延義氏所蔵『国体の本義』起草関係史料及精研・教学局資料」、国立教育政策研究所教育図書館所蔵マイクロフイルム、R―一―一〇）。

（12）尾佐竹猛「著者独特の主張」『大川周明著日本二千六百年史感想集』、一九三九年一〇月頃、一〇頁。

（13）◎『日本文明史』第一〇章、一二四～二六頁、第一三章、一五七～五九頁。大川のこのような評価は、山路愛山に依拠している。頼朝については山路愛山『源頼朝』玄黄社、一九〇九年、六三四～三九頁、尊氏については同『足利尊氏』（一九〇九年）岩波文庫、一九四九年、二一一～一二頁、同「鎌倉より室町へ過渡時代」『武家時代史論』有隣閣、一九一〇年、二七～二九頁参照。

（14）◎『日本文明史』第一二章、一五二～五三頁。

（15）平泉澄『建武中興の本義』至文堂、一九三四年、八頁。

（16）◎『日本文明史』第一六章、一八八頁。大川のこのような認識は山路愛山の影響である。愛山は次のように「世に知られざる英雄」を評価した。「光れる虫のみ夜飛び出すにあらず。其の名の青史に列せざる三家村裏の英雄も亦我が物質的進歩に大造なくんばあらず。彼等は資財を捨てて開墾に従事し、他国の物質を移植し、灌漑のために水路を通じ、凶年のために穀物を蓄へ、池を穿ちて水源を養ひ、更に余力あれば文庫を作りて子弟を教へき。……近世物質的の進歩は実に世に知られざる英雄の手になりしなり」と（山路愛山「近世物質的の進歩」〈一八九二年一〇月二三日～一二月一三日〉『武家時代史論』一六一～六二頁）。

（17）○『国史読本』第二五章、二七五頁。

（18）吉岡勲『ああ黒木博司少佐』教育出版文化協会、一九七九年、一四六頁。黒木博司とは対照的に、五・一五事件に関わった坂元兼一は、平泉の思想にあきたらない思いを抱いたようである。「豫てより上京平泉澄博士に師事して日本精神の研究を為し居りたる五、一五事件関係元士官候補生坂本《（ママ）》兼一は同博士の主張に承服し難きものあり先づ禅の研究を為すべしと称し山梨、長野、京都を経て宮崎県に帰郷す」（「運動日誌」『特高外事月報 昭和十一年十一月分』一一六頁）と観察されている。また血盟団事件で逮捕された四元義隆も、刑務所を出所した昭和一五（一九四〇）年秋、「平泉澄の皇国史観は全部嘘だ、現在を見れば判る、汚い事が一ぱいあるではないか」と批判している（金子淳一『昭和の激流――四元義隆の生涯』新潮社、二〇〇九年、一五八頁）。

（19）『国史読本』はしがき、一一頁。

（20）「大日本帝国の使命」（其三）『養真』八二号、一九一八年四月、一一頁。

(21)「大日本帝国の使命」(一)『真人』八〇号、一九一八年二月、一〇頁。
(22)○『国史読本』第二五章、二七八頁。
(23)「訊問調書（大川周明）」（一九三三年四月一七日）『現代史資料(五) 国家主義運動(二)』みすず書房、一九六三年、六八五頁。
(24)(25)「平安朝より鎌倉時代へ」『道』九〇号、一九一五年一〇月、三七頁、五一頁。
(26)◎『日本文明史』第二五章、三四〇頁。大川のこの記述は、田口卯吉『日本開化小史』の一節の引き写しである。即ち、田口は次のように説く。「封建の分子は此時〔ペリー来航〕早く既に破滅し、彼の族を重んずるの習気全く社会を去れり。……是時に当りて此等の人〔志士〕の心裏、復其君に忠を尽さんとの念あらざるなり、其藩を愛するの念あらざるなり、全く日本国をのみ憂ひて少しく更に勤王の志を存せしものなり」（田口卯吉『日本開化小史』巻之六〈一八八二年〉岩波文庫、一九六四年、二〇八頁）と。ただし『日本開化小史』においては「勤王の志」は必ずしも重視されておらず、昭和期には「愛国の志士の運動性に対しての認識は不足してゐる」と批判されるものであった（松木彦次郎「明治時代に於ける日本文化史の展望」『歴史教育』七巻九号、一九三二年一一月、九頁）。それに対し、大川の場合、「維新革命の志士は、皇室を中心として、君臣一体の国家を形成せんとせる根本精神に於て、正に革命の理想的なる主義を摑めるもの」（◎『日本文明史』第二五章、三四一頁）という記述が付加され、大川は志士の願った「日本国」を「君臣一体の国家」に読み替えている。同様のことは、大川が北一輝『支那革命外史』（前半は一九一五年、後半は一九一六年に頒布、一九二一年に刊行）における明治維新・明治天皇の記述を引き写して、論文「革命としての明治維新」を書いた際にも確認できる。つまり、大川は北『支那革命外史』にはない「君臣帰一の国家的理想」という語を挿入しているのである（「革命としての明治維新」（其四）『道』一三三号、一九一九年五月、三九頁）。
(27)『日本文明史』第三章、三一頁、『日本二千六百年史』第一書房、一九三九年七月、第五章、六九頁。
(28)大化改新、鎌倉幕府成立、明治維新をそれぞれ「革命」と呼称する事例としては、「大化革新を憶ふ」『道』一八七号、一九二四年一月、二九頁、◎『日本文明史』第一三章、一五六頁、後掲註(31)資料参照。
(29)『日本文明史』第二五章、三三六頁。このような大川における「革新」と「革命」との区別は北一輝の影響である。北一輝『支那革命外史』（一九二一年）『北一輝著作集』第二巻、みすず書房、一九五九年、一二〇頁参照。なお大川は、昭和六年にコミットした三月・一〇月両事件を「革命」ではないと主張していた（「大川周明博士控訴公判速記録」〈一九三四年

九月一二日〉『今村力三郎訴訟記録第六巻 五・一五事件㈢』専修大学今村法律研究室、一九八二年、二四頁)。
(30)「訊問調書(大川周明)」前掲書、六九八頁。
(31)◎『日本文明史』第二四章、三三五頁。なお引用資料中の「革命」の語句は、『改訂新版 日本文明史』(行地社出版部、一九二六年一月)においても「革命」のままだが、『国史読本』以後は「革新」に変更されている。『日本文明史』『国史読本』『日本二千六百年史』における「革命」用語の使用とその変化については、廣瀬重見「大川周明の日本史関係著述に関する一考察」前掲誌、三二一〜二七頁における(表二)参照。
(32)無署名「余録」『東京日日新聞』一九四〇年三月二四日付、二面。
(33)「維新日本の建設」『月刊日本』二二号、一九二七年一月、四頁。大川におけるかかる把握は、山路愛山の遺著となった『世界の過去現在未来』で展開されている「国家創造の努力」について述べた箇所の要約である(山路愛山『世界の過去現在未来』大江書房、一九一七年、四六二〜六四頁参照)。愛山は、既存の価値観に束縛されずに、それと闘う、抵抗する強い個人＝「英雄」に先導された反社会的行動こそ「国家創造の努力」だと称揚した。
(34)『国史読本』第二五章、二八〇〜八一頁。
(35)内務省警保局『国家主義運動の概要』(一九三三年)原書房、一九七四年、三二頁。
(36)『日本及日本人の道』行地社出版部、一九二六年、八八頁。
(37)『日本精神への浄化』神武会名古屋支部、一九三三年、三六頁。
(38)増田知子『天皇制と国家——近代日本の立憲君主制』青木書店、一九九九年、参照。
(39)大野慎『大川周明氏の二千六百年史を駁す』日本協会出版部、一九四〇年、一〇頁。
(40)春山行夫「私の『セルパン』時代」(林達夫他編著『第一書房長谷川巳之吉』日本エディタースクール出版部、一九八四年)一二六頁。
(41)『日本二千六百年史』第三〇章、四四四頁。
(42)「亜細亜的言行」『新亜細亜』一九四三年九月号、頁数なし。
(43)文部省「日本世界観と世界新秩序の建設」『週報』二九二号、一九四二年五月一三日、四頁。
(44)○『日本二千六百年史』第二章、二五〜二八頁。インドや中国の文化がその本国においては滅んだのに対し、それらが伝わった日本ではきちんと保存され、活用されているという大川の把握は、夙に「日本文明の意義及び価値」(『大陸』三号、一九一三年九月）に見られるが、かかる彼の把握は、恩師姉崎正治に由来するものであろう（姉崎正治『宗教と教育』博文館、一九一二年、三三一頁）。

(45) ◎『日本二千六百年史』第二五章、三三一頁。

(46) 『大東亜秩序建設』第一書房、一九四三年、二一〇頁。

(47) 大塚健洋『大川周明——ある復古革新主義者の思想』中公新書、一九九五年（講談社学術文庫、二〇〇九年）。

(48) 大川のアジア観については、本書第三部第二章参照。

(49) 『大東亜秩序建設』一四〇〜四一頁。

(50) 「指導能力と指導権」『新亜細亜』一九四三年一〇月号、頁数なし。

第三章　大川周明『日本二千六百年史』不敬書事件再考

はじめに

昭和一四（一九三九）年七月に刊行された大川周明『日本二千六百年史』（以下『年史』と略記）は、八月以降、増刷を重ね、当時としては記録的なベストセラーとなった。その売れ行きは「時代の動きを知らぬ古い知識人を呆然たらしめて余りあらう[1]」と評される程であり、のちに文部省教学局に入り、「皇国史観」の公認イデオローグとなる弘前高等学校教授小沼洋夫も、「学生達が最近最も多く読んだ書籍の中に大川周明氏の『日本二千六百年史』があること……は相当注目さるべきことでなければならない[2]」と捉えている。しかしその一方で、『年史』は相次いで不敬書として指弾され、昭和一五（一九四〇）年二月には、大日本新聞社社長宅野田夫や皇道日報社土屋長一郎らによって告発されるに至る。大川は「喜んで売名愛国者どもの挑戦に応ぜんとす[3]」という姿勢であったが、結局数々の訂正、削除を施した改訂新版が同年九月に刊行され、事件は一応の終息を迎えた。

当時の右翼陣営の第一人者たる大川が執筆し、読者に圧倒的に支持された『年史』はなぜ不敬書という批判を受けたのか――この疑問に対し、大川の思想史的研究の見地から松本健一、大塚健洋両氏が検討を加えているが[4]、不敬事件全体を戦時期思想史の中で位置付ける試みはなされていない。またこの問題をめぐっては、日本ファシズム研究の方面から、万峰氏が「神がかりの皇国史観（＝蓑田胸喜等の思想）による完璧のファシズム思想・文化専制を求めようとした事件[5]」と総括している。しかし、万峰氏は『年史』批判者として蓑田等しか取り上げておらず、結果として一面的な評価になってしまっている。

以上のような先行研究の問題点を踏まえて、大川不敬事件の歴史的意味を解明するためには、まず『年史』に対する様々な立場からの批判が存在したことを踏まえる必要がある。そしてその上で、何よりもこの事件が文部省による『国体の本義』刊行（一九三七年）と『臣民の道』刊行（一九四一年）との間の時期に生じていることに留意する必要がある。というのも、当該事件は、国民統合の矛盾が顕在化した昭和十年代における国体論の流れの中に位置付けられるべき性質を帯びていると考えられるからである。この頃、国民の思想的統合と自発的動員を図った官製の国民精神総動員運動（以下精動と略記）は、昭和一三（一九三八）年半ばには日中戦争の泥沼化、国民生活の悪化を背景に行き詰まり、運動方針の転換が図られるものの、『年史』刊行の頃には形骸化するに至っている[6]。かかる流れの下、『国体の本義』と『臣民の道』との間には国民観をめぐって看過しえぬ変化が現れてくる。これらの現象は、国体論が猛威を振るった背後において、国体論の展開史上ある重要な変化が生じていたことを示唆している。かかる背景を抜きにしては、当該事件が発生した歴史的意味を捉えることはできない。

以上の問題関心から本章は、第一に『年史』に対する具体的な批判の諸相を解明、整理し、第二に『年史』の反響及び当該事件の発生を『国体の本義』から『臣民の道』へと至る国体論の流れの中で考察することで、当該事件の意味を再考することを目的とする。当時の諸階層、諸陣営は、『年史』に対していかなる魅力を感じ、自らの願望を仮託させていたのか、そしてそのイメージは昭和十年代の歴史にいかなる影響を与えたのか。戦時期の思想史研究は、文部省、軍部や右翼の思想の集積としてではなく、かかる面も組み込んで構築される必要があろう。

一　昭和十年代の国体論

まず昭和十年代の国体論を概観したいが、その際、文部省による公的な国体解釈を提示した『国体の本義』の特質とその反響を検討することが不可欠であろう。

大日本帝国は、万世一系の天皇皇祖の神勅を奉じて永遠にこれを統治し給ふ。これ、我が万古不易の国体である。而してこの大義に基づき、一大家族国家として億兆一心聖旨を奉体して、克く忠孝の美徳を発揮する。これ、我が国体の精華とするところである。(7)

即ち我等は、生まれながらにして天皇に奉仕し、皇国の道を行ずるものであつて、我等臣民のかゝる本質を有することは、全く自然に出づるのである。(8)

神勅に根拠付けられる万世一系の国体、「国体の精華」たる国民の天皇に対する自然的忠義心――『国体の本義』は、第二部第一章で確認した、大日本帝国憲法、教育勅語、『勅語衍義』に示される伝統的国体論とまさに連続するものであった。

我が皇位が天壌無窮であるといふ意味は、実に過去も未来も今に於て一になり、我が国が永遠の生命を有

し、無窮に発展することである。我が歴史は永遠の今の展開であり、我が歴史の根柢にはいつも永遠の今が流れてゐる。(9)

神勅によって確定された天壌無窮の皇統は過去のことではなく、永遠にわたる実現が保障されている。「永遠の今」という時間意識の中では、当然「革命」の存在など否定される。同時にここでは、人間の主体性や個人の果たす固有の役割などは問題とならない。もちろん権力政治といった作為も存在しない。変わらぬ現在の中、人は自らの先天性、自然性に身を委ねて生きるしかない。『国体の本義』は、現在へと没入する「永遠の今」という時間意識を背景にした、「生まれながらにして天皇に奉仕」する自然的「日本人」観を根本的特質とする。その点で、変化の要素や国民の主体性を拒否する、極めて静態的な歴史把握となる。同書がかかる特質を有することになった背景には、もともと同書刊行の契機となった「官製・国体明徴運動が国家組織改革を切り離して展開され(10)」たこともあるだろう。

そして、伝統的国体論と連続する『国体の本義』の特質をさらに徹底したのが原理日本社の思想である。同社は、国体が自然的「日本人」によって担われることを信じた「楽観論者」荒木貞夫や真崎甚三郎といったいわゆる陸軍皇道派とつながりのあった団体である。その中心人物三井甲之は次のように主張する。

肇国の精神といひ、八紘一宇の国是といふのであるが、これは、皇祖皇宗の肇国の宏謨であり現人神我大君の御稜威であつて、臣民は之を仰ぎまつるのである。若し臣民が此の天業扶翼の奉公服従臣道を履践することを遺忘して、臣民自ら直接に此の聖業の達成を志す如きは反国体僭濫意志としてのデモクラ思想である。(11)

ここで三井が直接の批判対象としているのは、斎藤隆夫の「支那事変処理に関する質問演説」（弱肉強食こそ人類の歴史的現実という立場から政府の「聖戦」イデオロギーを批判した、いわゆる反軍演説）であるが、ここには三井の立場がよく現れている。三井は、「現人神」天皇の「御稜威」を称揚するとともに、国民の主体性を重視する考えを徹底的に忌避する。彼がこのように国民の徹底した随順を求める背景にある時間意識は、『国体の本義』同様の「永遠の今」という、どこまでも現在に没入し、現状追認していく意識であった。それを彼は、文武天皇即位宣命に現れる「中今《なかいま》」という言葉から説明している。[12] 彼は本居宣長の「中今」解釈を踏まえて、「中今」たる日本の時間を「過去なく未来なくたゞ現在の生成のみである」と捉え、同質的な時間の連続として認識した。[13] この時間の中では、国民の主体性など不要であり、むしろ「反国体」的なものでさえあった。三井の認識は『国体の本義』の特質を極限まで突き詰めたものだといえよう。

しかし、以上のような伝統的国体論に対して、批判の声が挙がり始める。国体論の核たる神代の神勅の権威、国民の自然的忠義心といったものはもはや自明なことではなく、それを前提とする伝統的国体論の時代的限界が顕在化し始めるにつれて、国体論の再編が行われるようになったのである。例えば、「国体」なる概念の源泉たる水戸学の解釈において「水戸学の再生」の動きが出てくる。『国体の本義』刊行の契機となった天皇機関説事件を通して、水戸学至上主義者大野慎は「わが日本の国体は何等の理由なしに尊厳であるのではない」と喝破し、国体の尊厳なる理由として、国体を護持しようとする「仁厚義勇の国民精神」の作用を強調する。この「国民精神」あってはじめて国体は尊厳なのである。大野は、水戸学を「民をして渾々たる無名の撲（文脈上「僕」の誤植であろう）に帰せしめんとする如き指導原理ではなかつた」と捉え、むしろ国民を「僕」から脱却させ、国体護持の「国民精神」を主体的に喚起させる原理であるとした。[14] 大野は、国民を「僕」に止まらせる水戸学＝伝統的国体論を批判し、「水戸学の再生」という形で新しい国体論を模索していった。

また平泉澄も「日本歴史を漫然と考へますれば、日本の歴史は実に光にみちて居る、日本の国体は実に立派な国体だと好い加減に考へて之に凭掛つて唯謳歌して居ればそれで宜いといふ風に無雑作に考へることは非常な間違であります」と批判した上で、「自分の責任に於て此の国体を護り奉つるといふことを覚悟」することを求める。(15) かかる覚悟をもつ者だけが「真の日本人」なのであって、ここには『国体の本義』に示されたような「無雑作」な「謳歌」は見出されず、万世一系の国体が神話に基づいているだけでは不十分だとする彼の問題意識が反映されている。換言すれば、彼には、天壌無窮の神勅によって約束された国体の永遠性への過信はない。第一部第二章・第三章において明らかにしたように、そもそも彼は、神代を歴史から排除した上で、『中世に於ける社寺と社会との関係』（一九二二年執筆）以来一貫して日本歴史の時代区分に固執しており、「永遠の今」といった観念とも無縁であった。

そして平泉の右の主張は、精動の方針転換が図られる頃、帝国在郷軍人会本部によって「現在長期戦に即し、特に日本国民の心肝に深く銘刻すべき事柄の尠からざるものある」(16) と見なされ、パンフレットとして全国に頒布された。「国防目的の為めの国家組織の改善」を目指す陸軍は、夙に昭和九（一九三四）年に思想戦の基礎たる「人的要素の培養」として、「建国の理想、皇国の使命に対する確乎たる信念を保持すること」、「尽忠報国の精神に徹底し、国家の生成発展の為め、自己滅却の精神を涵養すること」等を求めていた。(17) 平泉の主張は、現実の長期戦を支えきれる総力戦体制の構築を目指す軍人にとって、極めて適合的な国民像を提供するものであった。この点こそ平泉の思想が軍人に求心力を有した理由であろう。

昭和期における国体論の再編は、一様に国民の主体性発揮を焦点として行われ、そのため神代・神勅による基礎付けから自立することとなった。換言すれば、この新たな動きはこれまでの国体論が依拠してきた神代に対する価値転換（「神代から中世へ」）を前提としてはじめて可能となるものであった。明治期以来の伝統的国体論と昭和期に再編された新しい国体論との対立は、神勅で定められた国体の永遠性に対する信仰の程度をめぐるものであり、さらにいえば、その相違は国体の尊厳なる所以として神代・神勅をより尊重するのかあるいは国民の主体性をより重視するのかという性格の違いを意味した。

以上のように、国体明徴運動を受けて『国体の本義』が刊行される前後、国民の主体性発揮をこそ第一義的なものとする新しい国体論が生まれ、底流していた。かかる立場からの伝統的国体論批判のあり様は、当然『国体の本義』を批判する文脈においても認められる。[18] 例えば赤堀又次郎は、「甘い」「辛い」という比喩を用いながら『国体の本義』を批判する。即ち、歴史上天皇の命に服従しない国民は多くいたにもかかわらず、『国体の本義』はかかる存在に言及せず、歴史を美化する大甘な書であり、「皇統一系、万古不易も辛い〳〵中に擁護せられてきた[19]」、「国体は万古不易であるが、人間の世界は時々に変化する。其時代に相応して、国体を擁護し、培養せられてきた。単に自然の成りゆきに任せておかれたのではない[20]」と、国体の連綿は「自然の成りゆき」などではなく、国体護持を願う忠臣の主体的な営みがあってはじめて成り立つ大辛なものであることを強調する。先述した平泉澄の思想に通じる見地に立つ彼にとって、『国体の本義』はあまりにも平凡すぎるものであった。

また政教社社員三田村鳶魚は、「此の国が万億劫に於て動きのないのは、天地に譬へられた君臣の分際が確定してをるからであります、……〔しかし、時代の変遷によって〕臣民たるものは臣民たる分際を尽しさへすれば宜しい、などゝいふことは思へないやうにもなる」という現状認識を背景に、『国体の本義』には「何以故」の記述が少ないことを批判している。[21] つまり、彼によれば「臣民たるものは臣民たる分際を尽しさへすれば宜しい」という伝統的国体論お得意の論理がもはや成り立たない今日、国民が「臣民たる分際」を尽くすのはなぜか、という伝統的国体論では問われなかったその理由こそが重要なのである。

新しい国体論の動きを背景としたこの当然すぎる批判に対し、『国体の本義』編纂に関与した国民精神文化研究所事業部長紀平正美は「御説の如く「何以故」は寧ろ取り去られたと申しても宜数《ママ》く、其点に関しては小生一人としては残念と思ふ点も多々有之候へ共、致し方なく候、……「何以故」を仏教や儒教や乃至西洋の哲学の如きもので一貫せしむることが出来ないのが、日本の千古万古動きなき点と存念仕らされ申候[22]」と答えている。鳶魚が批判した「何以故」の欠如は編纂側も認めるものであった。編纂側は何ら新しい解釈を付加できず、結果として『国体の本義』は伝統的国体論の枠内に止まらざるを得なかった。

体制側からすれば、『国体の本義』を絶対化すれば国民の主体性発揮が阻害され、自己犠牲をも厭わない覚悟は育たない[23]、とはいえ、ひとたび公的な国体解釈が提示された以上、公然とそれを批判、撤回することはできない[24]というジレンマの中で、新しい国体論、日本精神論が当時痛切に希求されていたのである。そして、かかる危機に対する一つの対処として、『国体の本義』に示された自然的「日本人」観から意志的「日本人」観への転回が図られた。その実現が総力戦体制の構築を目指す『臣民の道』である。『臣民の道』は「なほ未だ国民生活の全般に亘つて、国体の本義、皇国臣民としての自覚が徹底してゐるとはいひ難きものがある。ともすれば、国体の尊厳を知りながらそれが単なる観念に止まり、生活の実際に具現せられざるものあるは深く憂ふべきである[25]」との問題意識から、何よりも後天的な「修練」を通じて得られる「皇国臣民としての自覚」を強調するに至った。自然的「日本人」などではなく、「皇国臣民としての自覚」に目ざめた「真の日本人」が、主体的に総力戦を担う。『臣民の道』が求めたのはこのようなあり方に他ならない。

『国体の本義』刊行後における国体論の盛行は、「国体論の起るといふことは国体そのものからいへば面白くない時代といはねばならぬものであらう[26]」と危惧されたように、それ自体国体の危機を表象していた。そして、それは具体的には以下のような混乱となって現れた。つまり、総力戦下、国民の自発的動員が要請され、伝統的国体論の限界が顕在化する中で、国民に内在する先天的な忠義心に頼るのではなく、国民の主体性を積極的に引き出す方向に国体論を再編する動きが生じる。伝統的国体論は、万世一系の国体の基礎を神代・神勅の権威と国民の自然的忠との二つに求めていたが、新しい国体論は後者の要素を自然性に安住させることなく人為的に発揮させようとしたのである。このような神勅の権威や自然性を軽んずることにつながる、伝統的国体論を相対化する新しい動きこそが、伝統的国体論の側に危機感を抱かせ、先述の三井のように、伝統的国体論の保持、さらにそれへの引き戻しを意図する主張が導き出されることになったと考えられる。むしろ三井らは、「現人神」天皇の「御稜威」を強調し、その下での国民の主体性発揮を徹底的に否定することによって、かえって神代・神勅の権威を極大化させる形でより先鋭化・極端化していくことになった。

このように昭和十年代の国体論の状況は、国民の客体化、主体化をめぐる伝統的国体論と新しい国体論との対抗関係として説明できる。以て当該期の国体論を画一的に捉えることは慎まねばならない。同時にこの対立は、天皇制イデオロギーにとって自らの正統性の根源をめぐるものであった。このような深刻な危機的状況を塗りつぶすかの如く、表面的には国体の絶対化が徹底されることになる。

国体論のあり方をめぐって混沌とした状況が続く中で『年史』は刊行され、また不敬事件は発生したが、そもそも『年史』はいかなる特質を有し、またいかなる反響を呼び起こしたのであろうか。

二　『年史』の特質と反響

第二部第二章で明らかにしたように、大川の日本歴史観の特質は、(I)〈日本的なるもの〉の一貫、(II)国家改造を正当化する「革命」史観（『年史』では「革新」に置換）、(III)アジア解放の盟主の立場を合理化する一見開かれた日本精神観の三点である。『年史』に即してその特質を確認しておこう。

まず大川は、次のように、歴史とは「自我の内容を、時間秩序に従つて組織せる体系」だとする大正期以来の立場に立って、〈日本的なるもの〉の一貫性を強調する。

さて日本歴史は、日本の国民的生命の発現である。此の生命は、肇国このかた一貫不断の発展を続け、日本国家に周流充実して今日に及んで居る。故に日本に生れし一切の国民は、皆な此の生命を自己の衷に宿して居る。吾等の生命の奥深く探り入れば其処に潑剌として躍動する生命がある。此の現実の生命を、時間秩序に従つて認識せるものが、取りも直さず歴史である。かくて歴史とは、自我の内容を、時間秩序に従つて組織せる体系に外ならぬが故に、日本歴史を学ぶことは、日本人の真個の面目を知ることである。(27)

日本国民は日本歴史を「自己の衷に宿して居る」のであり、換言すれば、大川は、国民に歴史を構成する主体性の存在を認めていることになる。またこの際の「一貫不断の発展」とは、決して「永遠の今」への没入ではなく、「一切の旧きものは、風俗習慣も、制度文物も、乃至は思想信仰も、もはや旧きままにては存在することを許されず、総べてが改造即ち破壊の道程にあるものと思はねばならぬ(28)」というように、不断に更新されるものであった。さらに「此の法則に従つて行動せねばならぬ」と国民の行動の基準として提示された「日本的生命を支配する法則(29)」とは「革新」の連続のことであった。伝統的国体論が極めて静態的な歴史把握になるのに対し、『年史』は、当時充満していた国民の現状打破への期待を吸い上げ、「革新」への動員という形で国民の主体性発揮を喚起する。その点で新しい国体論の流れに棹さすものであった。

ただし、『年史』は国体論一般の枠内に収まりきらない特質も有していた。即ち、大川は「吾が衷に求むべき建設の原理は、唯だ自国の歴史を学ぶことによつてのみ、之を把握することが出来る。いま改造の必要に当面しつつある時代に於て、吾等はいよいよ国史研究の重要を痛感する」[30]という問題意識に基づき、「革新」を指標として日本歴史を区分したが、特に彼は鎌倉幕府成立を「徹底的革新[31]」と捉えるとともに、武家政権期一般を肯定し、頼朝、泰時、尊氏を尊皇論から離れて高く評価した。かかる評価が、『国体の本義』も引用する軍人勅諭の武家政権期観＝「且は我国体に戻り、且は我祖宗の御制に背き奉り、浅間しき次第なりき[32]」と齟齬することは明らかだろう。先に確認した通り、天皇統治の正統性の根源をめぐって対立が存在する中で、大川は、あえて本来国体観念と抵触する幕府観の転回をテコにして、国家改造を進めようとしたのであり、この点にこそ『年史』の最大の特質がある。

さらに、『年史』は最終章末尾において「全亜細亜復興」「世界維新の実現」という「神聖なる任務」を説く。日本人によるかかる「任務」遂行を合理化するのが「入り来る総べての思想・文明に「方向を与へる」こと」を最大の特徴とする日本精神であった。この特徴を有するが故に、日本では儒教、仏教が現在まで護持されていると大川は誇る[33]。この「方向を与へる」性格は、日本精神のいわば求心的な性格だが、その遠心的な発揮となると、「日本精神の真実相は、統一の意志・支配の意志、而して優越の意志である[34]」というように説明される。大川はかかる日本精神観によって眼前の日中戦争を合理化した。

以上のように、(I)を基盤に、国内的には(II)、対外的には(III)という特質を兼備した『年史』は、当時の読者に熱狂的に受け入れられた。

それでは『年史』は当時どのように読まれたのか。刊行翌月末には早くも六刷計四万九千部もの絶大な売れ行きを示す中、当時の内務省警保局は次のように評した。

神代より今日の支那事変に対する日本民族の理想に至る二千六百年の叙述は、肇国の大精神に発して宏大なる大偉業の緒に就けるわが光栄ある民族の自覚を更に深めしめ、万邦無比の国体を有するわが民族の逞しき精神力の拠つて来るところを逐一史実に徴することによつて、著者はその抱懐する所の日本建設の指導原理を裏づけてゐるのである。……更に幾変遷を経たる国内改革の動機と方向とは孰れもわが民族個有《ママ》の精神の発露に外ならぬ旨を一々具体的に例証してゐる。……蓋し要するに歴史書としての方法論に就いては幾多の批判修正さるべき点がないでもなからうが、斯る戦時体制下の当代日本に於いて本著の企図し眼目とするところは現下の国民に対してより新たなる国体の明徴と日本精神の認識とを与へるであらうし、且つ全篇を貫く躍進的国家主義理想は稀代の名調子を以つて綴られてをり、本書を繙く者をして不知不識の裡に民族的歓喜を覚えしむると共に、祖国の実体を客観視するに役立つであらう(35)。

要するに、『年史』は「国内改革」を目指し、対外的に「躍進的国家主義理想」を鼓吹する「日本建設の指導原理」として「より新たなる国体の明徴と日本精神の認識とを与へる」ものとして読まれた訳である。「躍進的国家主義理想」の面については、「現地に居られる軍人諸君より感謝状は沢山来て居る。名前は言はれぬが某軍団長（四個師団の長である）よりも直々に書面を貰つて居る(36)」と大川が誇るように、日中戦争を合理化する「世界維新」論の要素は、現地の軍人から支持されていた。

しかし、より重要なのは「国内改革」の面である。大野慎は「〔『年史』が〕皇国二千六百年の歴史を通じて、革新日本の指導原理を説いた一個の教書として、各方面に愛読されてゐる様である(37)」と評しているように、銃後において『年史』は何よりも「革新日本の指導原理」を示したものとして解釈された。当時の国民生活の危機的状況を背景に、伝統的国体論にはない現状打破志向こそがクローズアップされて受け取られることになったのである。

このように、『年史』は、前節で確認したような伝統的国体論に対する批判が展開される中で、右翼陣営の第一人者たる大川が「より新たなる国体の明徴と日本精神の認識」とを提供してくれるとの期待を持たれて受け取られた。内務省が主導した精動に対し、伝統的国体論に通じるような「神話的回顧的日本主義の廃棄」を求める声も挙がっていた中[38]で、「百の「精動」より一冊の本書が有難い気がする」[39]とも評された『年史』が担った期待の前には、「幾多の批判修正さるべき点」（軍人勅諭に反する大川の幕府観等であろう）などは二次的なものでしかなかった。このような時代状況の中で抱かれた期待感こそが、『年史』をベストセラーとした一因であろうが、逆に言えば、それだけ民間での現状打破への憧憬や内務省の抱いた危機感というものが強かったということでもあろう。

また「日本精神の俗流的昂揚が識者の眉をひそめさせてゐる現在真の日本精神が何であるかを知るために是非とも必読される価値を有つた書であることを確信する」[40]と『年史』を推奨していた評論家津久井龍雄は、大川不敬事件たけなわの頃、次のように観察していた。

> 真に国体を尊重するものは、之をしてますます不動の根柢の上に立脚せしめんと考へないわけにはゆくな（ママ）い。そのためには、往々にして、徹底した検討を之に加へ、ために或る場合にそれが在来の旧い観念と衝突するが如きことが無いとは言へない。学者や思想家の筆禍、舌禍は、全くかかる場合に発生するのである。[41]

当時頻発した不敬事件を、津久井は「在来の旧い観念」、即ち伝統的国体論と新しい国体論との「衝突」として理解した。その上で「肝心なことは、抽象的に日本主義や国体精神を叫ぶことではなく、その現段階における意義と適用について考察をめぐらすことでなければなるまい。しかるにそれについて筆者には今のところ格別明確な成案が立たず、またよしんば立つたとしても、それを表明する自由を欲くのではないかと想像されるのである」(42)という危惧を表明した。伝統的国体論などではなく、現時の状況に即応した、抽象的ではない国体論や日本精神論が求められているにもかかわらず、それが提出されない、または提出されても伝統的国体論と対立し、不敬として否定されるジレンマが率直に吐露されているといえよう。そして、「より新たなる国体の明徴と日本精神の認識とを与へる」と期待された『年史』も、津久井の危惧を裏付けるかのように不敬書として指弾されたのである。

『年史』における三つの特質は、『年史』の元となり、また「当時の警保局の推薦により全国警察官《ママ》練習所（警察練習所（または警察教習所））の教本(43)」となっていた『国史読本』（一九三一年九月）においても基本的には認められるものである。つまり、昭和十年代における国体論の対立状況にさらされることによって、はじめて『年史』の特質は一挙に批判対象として焦点化されることになったのである。

いま『年史』不敬事件の経緯を、『年史』の増刷状況と併せて日録形式で示せば次のようになる。

昭和一四（一九三九）年

七月　五日　　『年史』初刷三万部発行

八月一〇日　　『年史』二刷五千部発行

八月一六日　　『年史』三刷三千部発行

八月二〇日　　『年史』四刷三千部発行

八月二五日　　『年史』五刷五千部発行

八月二八日　『年史』六刷三千部発行
九月　一日　高木尚一「日本二千六百年史（第一書房）にあらはれたる大川周明氏の不敬思想」『学生生活』二巻九号
九月　五日　津久井龍雄「大川周明著日本二千六百年史」『日本読書新聞』九三号
　　　　　　『年史』七刷三万部発行
九月二五日　『年史』八刷五千部発行
九月頃　「ブック・レヴュー　大川周明著日本二千六百年史」『出版警察資料』三七号
一〇月　五日　『年史』九刷五千部発行
一〇月一〇日　『年史』一〇刷三万部発行
一〇月頃　『大川周明著日本二千六百年史感想集』（第一書房）
一一月　一日　都築康二「大川周明氏の「日本二千六百年史」批判」『原理日本』一五巻一〇号
一一月一〇日　『年史』一一刷五千部発行
一一月一五日　『年史』一二刷二万部発行
一一月一七日　『年史』一三刷三千部発行
一一月二〇日　『年史』一四刷二万部発行
一一月二二日　『年史』一五刷三千部発行
一二月　一日　和毛清雄「再び大川周明氏の「日本二千六百年史」を評す」『学生生活』二巻一二号
一二月　五日　『年史』一六刷五千部発行
一二月一〇日　『年史』一七刷三千部発行

一二月二二日　大野慎『大川周明博士の二千六百年史を駁す』（亜細亜出版社）
一二月二四日　蓑田胸喜「編輯消息」『原理日本』一五巻一一号は、大川と津田左右吉が「徹底民主主義に於いて同一思想系列にあるもの」と見なす
一二月二五日　『年史』一八刷三万部発行
一二月二六日　『年史』一九刷三万部発行
昭和一五（一九四〇）年
一月一一日　高橋清哉『国際問題研究パンフレット第三輯　大川周明氏の日本二千六百年史を駁す』（国際問題研究会）
二月　一日　『年史』二〇刷三万部発行
二月　五日　大野慎『大川周明氏の二千六百年史を駁す』（日本協会出版部）
二月　九日　大日本新聞社社長宅野田夫（清征）、大川及び第一書房社長長谷川巳之吉を東京刑事地方裁判所検事局に告発
二月一五日　近いうちに、国会で『年史』が取り上げられることを知らされ、「予（大川）は喜んで売名愛国者どもの挑戦に応ぜんとす」（『大川周明日記』）と決意
二月一六日　皇道日報社土屋長一郎、大川及び長谷川巳之吉を東京刑事地方裁判所検事局に告発
二月一七日　元光風塾塾監久保田徳市、元国策社社員山名豊雄、斎藤正夫ら、大川宅を訪問、勧告書を手交
二月一九日　大日本新聞社社長宅野田夫（清征）、上申書、建白書を要路に郵送
大川、東京刑事地方裁判所検事局に出頭

二月二三日　　大川、東京刑事地方裁判所検事局に出頭
二月二六日　　皇民倶楽部小川豊彦、児玉秀雄内務大臣に発禁処分を要望
二月二七日　　元国策社社員山名豊雄、大川を東亜経済調査局付属研究所に訪問
　　　　　　　大川、東京刑事地方裁判所検事局に出頭し、不穏当と見なされる箇所の訂正を当局に一任する旨陳述
三月一三〜一九日　蓑田胸喜「大川周明氏の学的良心に愬ふ――「日本二千六百年史」に就て」『帝国新報』
三月二二日　　第七五回帝国議会衆議院予算委員会において、政友会所属猪野毛利栄委員が『年史』を取り上げ、批判
三月二四日　　「余録」『東京日日新聞』は、大川不敬事件を「転向右翼」と「純正右翼」との対立と捉える
三月二五日　　蓑田胸喜「大川周明氏の学的良心に愬ふ――「日本二千六百年史」に就て」『原理日本』一六巻二号
四月一二日　　東京刑事地方裁判所思想部『大川周明著「日本二千六百年史」調査表』
四月一五日　　蓑田胸喜『大川周明氏の学的良心に愬ふ――「日本二千六百年史」に就て』（原理日本社）
七月二〇日　　木藤金吾「不敬書『日本二千六百年史』の剖検――大川思想を擁護礼讃する八幡市当局に対する公開状」（上）『皇国日本』九一号
九月二〇日　　『年史』二二刷、新訂改版として発行

以下、『年史』に対する具体的な批判の諸相を整理、検討しよう。

三　批判の諸相

『年史』批判を行った雑誌『学生生活』『皇国日本』や新聞『帝国新報』『日本』の発行元は、原理日本社と極めて親密な団体であり、一群のグループとして捉えられる。さらに大川に勧告書を手交したり、告発したりした人物もほぼこのグループに入れて問題ないだろう。以上が津久井のいう「在来の旧い観念」を代表する伝統的国体論からの批判陣営とすれば、先述した大野慎や後述の高橋清哉らが新しい国体論側からの批判者といえる。従来の研究史では完全に看過されてきたが、『年史』は二つの国体論の側から批判されたのである。彼ら批判者は、天皇に対する敬語の欠如、幕府政治に対する肯定的評価、明治天皇の「専制者」視という『年史』批判の論点を確かに共有していた一方で、各自が『年史』を批判する問題意識は異なっていた。批判陣営は決して一枚岩ではなく、その内部に対立を抱えていたことに留意する必要がある。以下、具体的に⑴伝統的国体論派、⑵新しい国体論側のそれぞれに固有の批判を検討していきたい。そして最後に、両者の批判と⑶当局による削除指定箇所とを比較することによって、両者の批判がどの程度現実に反映されたことになるのかを確認する。

⑴伝統的国体論派による批判

伝統的国体論派の中での最大の批判者はやはり蓑田胸喜であろう。先述した三井甲之の忠実な弟子であった蓑田は、「ほど〱にこゝろをつくす国民のちからぞやがてわが力なる」という明治天皇御製を引きながら次のように述べる。

上御一人と申しまつる　天皇の大御稜威とはこの君臣一体の精神的生命威力を臣民として仰ぎまつるに就いて申すのである。／それ故「大御稜威」の外に「将兵の勇武」を言挙げする如きはこれ即ち大御稜威を否定するものである。　天皇は臣民全体をスベ、ヲサメ給ふ全一者に在しまし、臣民はスベラレ、ヲサメラルル諸々の分一者である。従ってこのモロモロの臣民各個人が「日本歴史の全体を自己の衷に宿してゐる」といふのは、歴史的精神の客観性超個人性を無視否認し、モロモロの「部分が全体なり」といふに等しい。君臣の大義を紛更する不忠不臣の凶逆思想は、この全体と部分、歴史と個人との関係を明弁確認せざる学術論理学の方法論的誤謬に基くのである。(44)

蓑田が引いた御製は、『国体の本義』においても引用されており、そこでは国民が自己の分に応じた職務に励むことが忠になることの例証とされている。(45)そのことを前提とした上での記述であろう。彼にとって、臣民は「スベラレ、ヲサメラルル諸々の分一者」であって、完全な客体に止まる。「将兵の勇武」を説くことさえ不要なのである。「歴史的精神の客観性超個人性」を重視し、国民の手の届かないところに天皇中心の歴史を実体的・先験的に設定する蓑田からすれば、国民が日本歴史を内在しているという大川の考えは、部分である国民を全体たる日本歴史に先行させ、国民を主体と見なす不敬な認識ということになる。蓑田によれば、歴史はあくまで法則などない「不可思議の開展そのもの(46)」であってみれば、国民はこの不可測な現実に対して完全な客体のまま随順するしかない。蓑田にとって、歴史はあくまで天皇を主体とするものであり、客体たる国民に歴史を構成する主体性があるなどとは決して認められることではなかった。

蓑田が自己を現人神天皇に委ね、随順することで近代的自我を壊し、そうすることによってこそ天皇の「大御稜威」を顕揚することができると確信していたとすれば、対する大川は、大正期の時代思潮の延長上に、近代的自我の完成によって自己実現をはかる立場にあったと言ってよい。伝統的国体論の側から、大川に対して「神がゝり的自己崇拝観念にのみ囚はれたる偽愛国者[47]」という批判が呈されるのも、このような相違を背景としてであろう。以上を要するに、蓑田＝伝統的国体論派と大川『年史』は、国民観の上では随順的客体か自発的主体か、また人間観の上では自己の滅却か完成かをめぐって激しく対立したのである。

ところで、伝統的国体論派の中で右の如き蓑田の批判の登場が比較的遅いのは、この時期蓑田が津田左右吉の不敬事件の方に全力を注いでいたためだろう。蓑田は、津田の主張を、神代史・上代史は政治的要求から為政者によって捏造された物語であるとするものと捉え、激しく批判した。なぜ蓑田がヒステリックに反応したのかといえば、それは津田の主張が蓑田の信奉する次のような「中今」的生き方を否定するものだったからである。

畏かれどもわれらがいまこゝに、「かきもとに、うゑしはじかみ、くちひゞく、」「そねめつなぎて、うちてしやまむ」（『古事記』）の大御歌を高唱して進軍するといふことが、神代も一日の如く「中今」のいまのうつゝに生けるしるしの一つである。[48]

神代史が捏造であれば、もはや神代と現在とを無媒介に連続させ、「中今」だと誇ることはできなくなる。蓑田の主張が、「進軍」＝日中戦争の合理化の文脈で説かれていることを重視すれば、津田によって、蓑田はその合理化の論理を破壊されてしまうのである。かかる立場に追い込まれた蓑田は、「何れも（大川も津田も）徹底民主主義に於いて同一思想系列にあるもの[49]」と認識し、大川を津田と同列において批判していた。蓑田に代表される伝統的国体論派による大川批判は、国民の主体性を喚起する『年史』の「徹底民主主義」性を問題とするものであるとともに、何よりも津田批判の延長線上に行われたことに注意する必要がある。

かかる背景を有する伝統的国体論派からの『年史』批判は、後述するように国家改造論との関連から『年史』を問題視する高橋、大野とは異なる傾向を帯びることになった。つまり、国民は完全な客体として「中今」のいまのうつゝ」に没入することを求める蓑田＝伝統的国体論派は、何よりも現在進行する対外戦争の正当化に拘った結果、彼等の批判は、大川の日本精神論を「侵略主義」と批判する文脈へと収斂していく。大川の日本精神論が「侵略主義」と異ならないことは、夙に『原理日本』において指摘されていた[50]。木藤金吾は、既に提出されていた論点を結合し、次のように批判した。

抑々日本精神とは、万世一系の　天皇を奉戴し、まめやかに皇謨を翼賛し奉る思想精神である。……日本精神の真実相なるものは決して、統一、支配、優越の意志ではない。それは大川式日本精神の真実相であり、日本以外の庶流国家群に見る侵略主義、覇道主義、植民地政策、耶蘇教的優越主義に外ならない。……これ〔「大日本天皇の御稜威」による世界統一〕天意の存する所、神国の神国たる所以であるが、その森厳正大なる統制は聖業に属し、臣民は統一、支配を私にすべきものではないのである[51]。

木藤の認識は三井甲之の立場そのものといえよう。このように、国民の主体性をめぐる対立は、現在へと没入していく伝統的国体論派の枠組みに規定されて、現実の日中戦争の影響を受けて、日本の対外政策の把握の問題にスライドしていった。

⑵新しい国体論側からの批判

先に確認したように、『年史』は新しい国体論の流れに棹さす性格のものであったが、重要な相違点もある。つまり、新しい国体論を代表する平泉は、国家改造を志向せず、あくまで万世一系の皇統の翼賛に直結する限りにおいて国民の主体性発揮を容認していた。しかし、『年史』においては国民の主体性はかかる尊皇至上主義ではなく、国家改造論と結び付いており、その点にこそ新しい国体論からも批判を受ける余地があった。

例えば高橋清哉は、大川の日本歴史に対する態度を次のように問題とする。

氏は日本歴史を正解し、正しい把握を克ち得るものは、独り日本臣民的意志であり——意志なき処に善もなく悪もないのだ——又、純粋に日本と無関係なる他国人或は「日本」に無感覚なる意識にとつては、日本歴史への正しい理解把握は不可能である所以を気付いてゐないものの如くである。氏も亦、「一切の国民は、日本的生命を自己の裏《ママ》に宿してゐる」（序文）と云ふてゐるのであるが、此生命の自己決定は結局に於て生命自体ではなく意志であるといふ点に無関心であつたのである。氏の誤謬は此処から出発してゐる。[52]

大川は〈日本的なるもの〉の一貫性を説いたが、高橋によれば、その一貫性は日本人であれば先天的に理解できるというものではなく、何よりも「日本臣民的意志」が必要とされるものであった。高橋がこのような批判を行う背景には、「今の世の中に流行してゐる。《ママ》「俺は日本人だ」「忠君愛国は日本の伝統だ」などと言ふてゐる国民達の常識は余程間違ひ過ぎてゐる様だ」[53]という、現代の「国民達の常識」に対する憤懣がある。「俺は日本人だ」「忠君愛国は日本の伝統だ」といった「無雑作」な「謳歌」を批判し、外国人や「「日本」に無感覚」な日本人は日本歴史を理解できないとし、「日本臣民的意志」、換言すれば「真の日本人」となる意志をこそ重視する高橋の思想は、ほぼそのまま平泉澄の思想（＝新しい国体論）と重なるものである。高橋のいう「日本臣民的意志」として発揮される国民の主体性は、もちろん平泉同様、万世一系の皇統の翼賛に直結しなければならないものであった。高橋は、尊皇につながるべき「日本臣民的意志」を提示しないまま、性急に国家改造を志向する『年史』を、「革命思想による革新主義を押しつけ(54)」るものだと非難する。

このように大川の「革新」の性質を曝露する点は、蓑田、高橋・平泉と異なり、昭和維新を求める大野慎においても同様であった。「それ〔「革新」〕は旧き国家を破壊して新らしき国家を建設することではない」と批判する大野にとって、「革新」とは「国体を明徴にすること」であり(55)、万世一系の国体を再確認することである以上、大川が「革新」と見なす鎌倉幕府成立は、大野の「革新」概念とは齟齬するものであった。当然大野の批判は、国体観念に抵触する『年史』の幕府観へと向かうことになる。しかし、それだけでは他の批判者と同様なものにすぎないが、注目すべきは、『年史』において「革新」と見なされた幕府評価と、大川の構想する「革新」後の政治体制とが結び付けられて批判されている点である。

要するに、全篇を通じて流るゝ思想は、武断政治を謳歌する権力至上主義的政治形態を意欲してゐることであつて、此の如き世の中を理想し、此の如き世の中の出現を望むことが国家革新と考へるならば、皇国日本の本然の姿を求むる真の革新思想とは、甚だしき相違をもつものであつて、日本主義の衣装を着てゐるだけに、甚だ危険率の高いことを知らねばならぬ(56)。

大野の認識からすれば、鎌倉幕府に典型化される大川の「革新」とは「権力至上主義的政治形態を意欲」するものであり、到底許容できないものであった。かかる拒否の態度には、大野が徳川幕府を「フアツシヨ的支配統治機関」と捉え、倒幕の根拠となった水戸学をその反照として「常に大衆の与論を尊重」したものと把握していたことが背景にあった。水戸学に依拠する大野は、大川が「フアツシヨ」＝「寡頭専制政治」を志向していると見なし(57)、それ故に批判したのである。このように、大野による批判の特異な点は、大川の構想する「革新」を「フアツシヨ」志向として斥ける視点を有していることに求められる。

そもそも大野が『年史』を批判した背景には「要するに、それ〔右翼勢力の低迷〕も理論の貧困に基くもので、為政者の革新政策にも、大義名分に照らしていかゞはしきものがあり、各方面に西洋亜流を克服して、真乎の日本の姿を発揚するに足るイデオロギーの供給が要望されてゐる秋、大川博士の思想が、その儘受入れられ、革新日本の推進勢力に役立つとしたら、その結果はどうなるであらうか(58)」という懸念があった。大野もまた、既存の国体論の力不足を認識した上で、それに替わる、現下の情勢上適切な国体論を必要視しており、その点では『年史』を推奨する側と共通している。しかし留意すべきは、伝統的国体論を排撃し、昭和維新を志向した大野ですら、大川のような「フアツシヨ」志向が現在における国体論の空隙を埋め、低迷する「革新日本の推進勢力」に『年史』が利用されることを何よりも危惧していた点である。

このように尊皇に直結すべき「日本臣民的意志」を欠如し、それと表裏に、万世一系の国体の再確認に止まらない「フアツシヨ」を志向する『年史』は、新しい国体論側にとって危険極まりないものであった。

(3)東京刑事地方裁判所思想部『大川周明著「日本二千六百年史」調査表』

昭和一五年四月一二日の日付をもつ東京刑事地方裁判所思想部『大川周明著「日本二千六百年史」調査表(59)』は、実際の改訂のガイドラインとなったものであり、先行する内務省による訂正削除指定箇所と、それを増補した東京刑事地方裁判所思想部（以下思想部と略記）による同様の箇所というように、二種のガイドラインを収録している。

そしてこの両案の対照性を顕著に示しているのが、幕府への言及に対する対処の違いである。つまり、内務省案は軍人勅諭に反する『年史』の幕府観を「不問」に付しているのであり、ここで温存が図られたのは、幕府観そのものというよりも、それに仮託された「革新」を通じた国民の主体性発揮の要素であろう。「幾多の批判修正さるべき点」を棚上げにしてまで『年史』を推奨した態度は基本的に一貫している。それに対して思想部案は、北条氏、頼朝、足利氏、徳川政治の評価といった箇所を削除指定箇所として加え、『年史』の「革新」性を維持しようとする内務省案を真っ向から拒否している。この両案のズレは、国体論の対立を背景として生じた大川不敬事件を、どちらの国体論の側に立って解決を図るかという立場の違いに由来するものであろう。この頃、津田不敬事件を契機として、内務省による従来の取締の不備を指摘し、司法省も思想局出版課を設けて「危険思想の未然防遏」に努めるべきだという意見が出されており[60]、以て内務省と司法部との相剋が窺えよう。

実際の改訂では思想部案が採用されたようであり、幕府への肯定的言及はほとんど削除されている。しかし、このことは必ずしも伝統的国体論の勝利、『年史』の変質、後退を意味する訳ではない。なぜなら、思想部案による削除指定箇所は、あくまで二つの国体論が共通して批判していたものに止まり、彼等固有の批判点――「侵略主義」、「日本臣民的意志」欠如、「フアツシヨ」――とは関係が弱いものであったからである。あるいは、大野の固有な批判は、思想部案による幕府評価の記述の削除によって実現を見たのではないかと思われるかもしれない。しかし、大野は、単に『年史』が武士や幕府を高く評価していることを問題にしていた訳ではなく、その幕府評価が大川の志向する「革新」像と結合している点をこそ批判していたのである。つまり、大野にとっては、単に『年史』における幕府評価の記述がなくなればそれで済むというものではないのである。思想部案による幕府評価の記述の削除指定は、大川の鎌倉幕府＝「革新」という把握への介入を伴わない以上、大野の問題意識を踏まえたものとは見なせない。つまり、実際の改訂によって、新旧二つの国体論が共通して批判した点（＝国体論一般の観点から不適切な点）は削除されたものの、彼等が固有に批判した点は原文のままであった。

おわりに

以上、昭和十年代における国体論の流れの中で大川不敬事件の歴史的意味を検討してきた。以下、本章を通じて明らかになったことを要約して結びとしたい。

昭和十年代、国体の永遠性を信じ、現在への没入と国民の天皇への随順を強調する伝統的国体論は、総力戦下において国民の自発的動員が要請される中、限界を露わにした。かかる事態に対応して、国体が神話に基づいているだけでは不十分だと捉え、国民の積極的な自発性に支えられた翼賛を目指す方向で国体論の再編が行われた。二つの国体論は、神話によって弁証される国体に対する信仰の強弱を背景に、国民の客体化、主体化をめぐり、昭和十年代を通じて対立を続けた。そのことは、国体論が猛威を振るい、表面的には国体の絶対化が進行した背後で、当時の天皇制イデオロギーが陥っていた深刻な危機の有様を示していよう。かかる対立を背景として、伝統的国体論の臭みが指摘されていた精動は形骸化していく。そしてその動きに対応するように、文部省においては、国民の国体への自然な翼賛を説く『国体の本義』から、生活の隅々にまで意識的な「修練」を徹底させることを求める『臣民の道』へと国民教化の性格が変化していく。昭和十年代、まさに総力戦体制の構築が至上課題とされる中で、明治期以来の伝統的国体論からの脱却が試みられるようになる。

このように当時の危機的状況への対処策が模索される過渡期において、『年史』は国家改造と対外侵略を正当化する「新たなる国体の明徴と日本精神の認識」を提示したものとして受け取られた。国家改造を通して国民の自発性を吸い上げようとする『年史』は、新しい国体論の流れに棹さすものとして機能し、伝統的国体論と対立し、特に対外政策の面と関連して批判を受けた。と同時に、『年史』においては、平泉と対照的に、国民の主体性発揮が尊皇に直結せずに、万世一系の国体の再確認に止まらないラディカルな国家改造と結び付いていたために、新しい国体論の側からも批判を受けることになった。

この結果、二つの国体論の対立は、『年史』改訂の場面にも持ち込まれた。「革新」に傾いた内務省案とそれを拒否した思想部案とにおける改訂方針のズレは、このことを示唆していよう。しかし、当時『年史』に寄せられた「侵略主義」、「日本臣民的意志」欠如、「ファッショ」といった批判は、結果的に一つとして改訂には反映されなかった。二つの国体論どちらとも異なる独自性を有していたが故に両者から批判された『年史』は、改訂を通じて特質＝魅力の根源を温存しえたのである。確かに先行研究が注目してきたように改訂による変化の意味は軽視できないものの、その一方で存したかかる連続面を看過すべきではないだろう。

大川不敬事件は、一般の不敬事件とは異なり、二つの国体論を巻き込んで展開した点にこそ特異な歴史的意義が認められる。『年史』は、二つの国体論どちらとも異なり、国民の主体性喚起を目指し、国家改造と対外侵略という内外の課題に即応する点で、新しい国体論以上に総力戦体制と結びつく可能性をもつものであった。支配イデオロギーたる国体論の一元化が恒常的に失敗し、対立が続く中、その危機に処して、『年史』は国体論の総力戦的再編の一つの姿を提示し、戦時期において最も影響力の強い「指導原理」の地位を確立していったのである。

註

（1）無署名「昭和十四年の回顧（1）ベスト・セラーを顧る」『日本読書新聞』一〇一号、一九三九年一一月二五日、三面。
（2）小沼洋夫「政治と学生」『政界往来』一一巻七号、一九四〇年七月、二一八頁。
（3）大川周明顕彰会編『大川周明日記』（一九四〇年二月一五日）岩崎学術出版社、一九八六年、二一二頁。
（4）松本健一『大川周明――百年の日本とアジア』作品社、一九八六年（岩波現代文庫、二〇〇四年）、大塚健洋『大川周明と近代日本』木鐸社、一九九〇年、同『大川周明――ある復古革新主義者の思想』中公新書、一九九五年（講談社学術文庫、二〇〇九年）。
（5）万峰『日本ファシズムの興亡』六興出版、一九八九年、二八一頁。なお以上のような文脈とは別に、小熊英二氏が大川不敬事件に注目している（小熊英二『単一民族神話の起源――〈日本人〉の自画像の系譜』新曜社、一九九五年、三三六～三七頁）。
（6）須崎慎一「翼賛体制論」（『近代日本の統合と抵抗』四、日本評論社、一九八二年）。
（7）（8）（9）文部省『国体の本義』内閣印刷局、一九三七年五月、九頁、三二～三三頁、一六～一七頁。同書に見られる「永遠の今」という思想は山田孝雄の影響といわれている（西田長男「「中今」の語釈をめぐって」『季刊日本思想史』五号、一九七七年一〇月、五頁）。
（10）増田知子『天皇制と国家――近代日本の立憲君主制』青木書店、一九九九年、二六四頁。
（11）三井甲之「臣道感覚滅尽の危機」『原理日本』一六巻二号、一九四〇年三月、三三頁。
（12）丸山眞男氏は、日本における歴史意識の「古層」（「つぎつぎになりゆくいきほひ」）が復古主義とも進歩史観ともなじまないものであり、その本質には「「いま」の尊重」、「まことに日本的な「永遠の今」――ヨリ正確には「今の永遠」」があることを指摘している（丸山眞男「歴史意識の「古層」」〈一九七二年初出〉『忠誠と反逆』筑摩書房、一九九二年、三四三頁）。丸山氏は近代の日本主義者の例として三井甲之の名を挙げているが、近代における「中今」については片山素秀（杜秀）氏による一連の研究を参照。「「超国家主義」素描」『近代日本研究』六巻、一九九〇年三月、「日本ファシズム期の時間意識――「中今」を手がかりに」『法学政治学論究』一一号、一九九一年一二月、「原理日本社論のために――三井甲之を中心とする覚え書き」『近代日本研究』九巻、一九九三年三月、「写生・随順・拝誦――三井甲之の思想圏」（竹内洋・佐藤卓己編『日本主義的教養の時代――大学批判の古層』柏書房、二〇〇六年）、『近代日本の右翼思想』講談社選書メチエ、二〇〇七年。
(13)　三井甲之『しきしまのみち原論』原理日本社、一九三四年、三四頁。
(14)　以上、大野慎『皇道精神と水戸学』ヤシマ書房、一九三六年、二六二頁、六九頁。大野（明治三五〜平成元〈一九〇二〜一九八九〉年）は、旧制県立土浦中学校を卒業後、独学し、新聞記者を経て、昭和九（一九三四）年より著述に従事した（「著者略歴」〈大野慎『茨城の郷土史』上、常陽新聞社出版局、一九八〇年〉）。御子息の大野瑞男東洋大学名誉教授より、御尊父のお人柄などを御教示いただいた。記してお礼申し上げる。
(15)　以上、平泉澄「国史の眼目」（二）『憲友』三二巻八号、一九三八年八月、一八〜一九頁。
(16)　無署名「はしがき」（平泉澄『国史の眼目』其の一、帝国在郷軍人会本部、一九三八年）頁数なし。この平泉の講演はもともとは昭和一三（一九三八）年二月から三月にかけて行われたものである。
(17)　以上、『国防の本義と其強化の提唱』陸軍省新聞班、一九三四年、一一〜一二頁。なお原理日本社と関係のあった真崎甚三郎は、この陸軍パンフレットの思想を国家社会主義的だとして否定的に捉えていた（『真崎甚三郎日記　昭和七・八・九年一月〜昭和十年二月』山川出版社、一九八一年、三〇四頁）。
(18)　『国体の本義』に対する反響については、桐山剛志「『国体の本義』の教育思想に関する研究――教育に与えた影響を中心に」（二〇〇〇年度修士論文、筑波大学大学院）参照。新しい国体論側からのみに止まらず、当時『国体の本義』は様々な立場から批判された。例えば、今泉定助「文部省の「国体の本義」を読む」『皇道発揚』二八号、一九三七年五月（今泉定助『皇道論叢』桜門出版部、一九四二年、所収）、国社同人「時評」『国社』一巻五号、一九三七年六月、赤堀又次郎「『国体の本義』を読む」『日本及日本人』一九三七年六月号、一九三七年七月三一日の委員会質疑（『第七十一回帝国議会衆議院予算委員会議録（速記）第五回』）、里見岸雄「寄贈書紹介」『国体学雑誌』一七九号、一九三七年八月、谷口雅春「大麻奉斎と祈願」『生長の家』一九三七年一〇月号（現物未見）、日高瓊々彦『文部省当局に質す』私家版、一九三八年一月、西阪昌信「国体本義の天皇観を廻る論争と其の解決地盤」『いのち』六巻四号、一九三八年四月、小柳司気太「「国体の本義」及び「日本の儒教」を読みて国体学に及ぶ」『丁酉倫理会倫理講演集』四二六輯、一九三八年四月、田川大吉郎『国家と宗教』教文館、一九三八年、橘樸「国体論序説――平明な思想と言葉とに依る明徴運動の提唱」『中央公論』五六年七号、一九四一年七月、など。
(19)(20)　赤堀又次郎「国体の本義私説」『大日』一五五号、一九三七年七月一五日、二二頁、二五頁。

(21) 以上、鳶魚「『国体の本義』妄言」(上)『日本及日本人』一九三七年六月号、八三頁、八二頁。

(22) 鳶魚宛紀平正美書簡、鳶魚「紀平正美博士に請益す——専ら函寄によって」『日本及日本人』一九三七年七月号、一五六頁。国体の尊さは既存の概念では説明できないという紀平の答えは、昭和一〇年三月九日、機関説問題を追及された岡田啓介首相の「我ガ国体ハ尊厳其モノデアリマシテ、言葉デ言ヒ現ハスコトガ出来ヌモノデアリマス」という答弁と符節を合わせたものである(『帝国議会貴族院議事速記録』六一、東京大学出版会、一九八四年、一五二頁)。

(23) 『国体の本義』の論理が総力戦遂行の上で不適合な面を持つことは、櫻井進「帝国への欲望——『国体の本義』・「皇国史観」・「大東亜共栄圏」」『現代思想』二九巻一六号、二〇〇一年一二月、にも指摘がある。

(24) 昭和一二年七月三一日に行われた第七一回帝国議会衆議院予算委員会において、政友会所属牧野良三委員は「ソレ〔安井英二文相の答弁〕ハ私ハ此場面ヲ一時免レントセラルル御苦衷ダト思ヒマス、此際左様ナ御遠慮ハ要リマセヌ、前ノ文部大臣林銑十郎氏ノ思想ニ付キマシテハ、私共既ニ定ッタル批判ヲ致シテ居ルノデアリマス、其下ニ於テ発行セラレタ此書籍〔『国体の本義』〕ニ付テ御遠慮ニハ及ビマセヌ、率直明快ニ、昨日以来御研究ニナリマシタ事実ヲ此処デ明ニセラレテ、悪イト御思ヒニナリマシタナラバ、其事実ヲ明ニシテ、全国カラ之ヲ御取寄セナサイ、取寄セテ改メテ戴キタイ」と安井文相に詰め寄るものの、文相は「私共ト致シマシテハ出来ルダケ謙虚ナ態度ニ立ッテ、各方面ノ批判ヲ十分伺ハナケレバナラヌ、斯様ニ思ヒマスルガ、ソレト同時ニ、又此書物ヲドウスルカト云フコトニ付キマシテモ、軽卒《ママ》ニ申上ゲルコトハ如何デアラウカ、先程申上ゲマシタヤウニ、誠心誠意ヲ以テ此問題ニ付テ能ク研究ヲ凝ラシ、検討ヲ凝ラシタイ」と答えるに止まった(『第七十一回帝国議会衆議院予算委員会議録(速記)第五回』一〇頁)。とはいえ、この応答を根拠に田川大吉郎は「安井文相は、その〔『国体の本義』の〕再検討を約諾した」(『改訂増補版 国家と宗教』教文館、一九四三年、三一六頁)と解釈しているように、文相も『国体の本義』の欠点を認めたと捉える風潮が当時からあり、その後も継続したようである。

(25) 教学局編『臣民の道』内閣印刷局、一九四一年、序言一～二頁。

(26) 山田孝雄『国体の本義解説叢書 肇国の精神』教学局、一九三九年、四頁。

(27)(28)(29)(30)(31) 『年史』第一書房、一九三九年七月、序三頁、第一章一二頁、序四頁、第一章一四頁、第一六章二〇九頁。『年史』は増刷を繰り返す過程で、第一書房社長長谷川巳之吉の判断によって、批判を受けた箇所及び問題になりそうな箇所は適宜修正されていった。かかる弥縫策に対し、批判側は敏感に反応した。例えば、和毛清雄「再び大川周明氏の「日本二千六百年史」を評す」『学生生活』二巻一二号、一九三九年一二月、参照。本書における『年史』からの引用は全て初刷版から行う。
(32)「軍人勅諭」（一八八二年一月四日）『日本近代思想大系四 軍隊 兵士』岩波書店、一九八九年、一七三頁。
(33)(34)『年史』第二章二五頁、第一九章二四五頁。
(35) 無署名「ブック・レヴュー」『出版警察資料』三七号、四六頁。
(36) 大川談「会見記（第一回）」、「大川周明著『日本二千六百年史』問題」『現代史資料(二三) 国家主義運動(三)』みすず書房、一九七四年、一九五頁。
(37) 大野慎『大川周明氏の二千六百年史を駁す』日本協会出版部、一九四〇年、六頁。
(38) 内閣情報部「国民精神総動員運動に関する各方面の意見」（一九三九年四月）『資料日本現代史一〇 日中戦争期の国民動員①』大月書店、一九八四年、一八〇頁。
(39) 松岡譲「百の「精動」より本書一冊」『大川周明著日本二千六百年史感想集』、一九三九年一〇月頃、七頁。この感想集には他に西村真次、後藤末雄、杉山平助、阿部知二、本多顕彰、津久井龍雄、尾佐竹猛、陶山務の文が収められ、『年史』を推奨している。また保田與重郎、浅野晃も『年史』を推奨している（保田與重郎「大川博士の『亜細亜建設者』」〈一九四一年五月〉『環境と批評』協力出版社、一九四一年、一〇二頁）。かかる著名人による感想文は、彼ら自身のかなりに率直な読後感の表白であると同時に、『年史』をどう読めばよいのかという彼らによる他の読者への読み方の提示でもあった。
(40) 津久井龍雄「大川周明著日本二千六百年史」『日本読書新聞』九三号、一九三九年九月五日、二面。
(41)(42) 津久井龍雄「斎藤問題と我国の言論」『改造』一九四〇年三月号、七〇頁、七二頁。
(43)「大川周明著『日本二千六百年史』問題」前掲書、一九二頁。警察練習所は、各府県に設置された巡査教習所（巡査や幹部警察官に対し再教育を行う地方警察教養施設）を改称したものである（大霞会内務省史編集委員会編『内務省史』二巻、大霞会、一九七〇年、六四九頁）。
(44) 蓑田胸喜「大川周明氏の学的良心に愬ふ――『日本二千六百年史』に就て」『原理日本』一六巻二号、一九四〇年二月、七頁。蓑田は、一九三九年一二月二五日刊の一八刷の『年史』に拠っている（『大川周明氏の学的良心に愬ふ――「日本二千六百年史」に就て』原理日本社、一九四〇年、一頁）。
(45)『国体の本義』四二頁。
(46) 蓑田「大川周明氏の学的良心に愬ふ――『日本二千六百年史』に就て」前掲誌、一〇頁。

(47)「大川周明著『日本二千六百年史』問題」前掲書、一九五頁。
(48)蓑田胸喜「津田左右吉氏の神代史上代史抹殺論批判」『原理日本』一五巻一一号、一九三九年一二月、三一頁。
(49)蓑田胸喜「編輯消息」『原理日本』一五巻一一号、九六頁。
(50)都築康二「大川周明氏の「日本二千六百年史」批判」『原理日本』一五巻一〇号、一九三九年一一月、一三六頁。
(51)木藤金吾「不敬書『日本二千六百年史』の剖検——大川思想を擁護礼讃する八幡市当局に対する公開状」(上)『皇国日本』九一号、一九四〇年七月、一八～一九頁。
(52)(53)(54)高橋清哉『国際問題研究パンフレット第三輯　大川周明氏の日本二千六百年史を駁す』国際問題研究会、一九四〇年、五頁、序一頁、六頁。
(55)(56)大野『大川周明氏の二千六百年史を駁す』二一頁、一二頁。ちなみに、神兵隊事件を主導した一人であり、北一輝・西田税派に反対した安田銕之助は、「北、西田等の革命的凶逆意念に指導せられたる」二・二六事件を、「武家幕府の現出を意願する民意強要の僭権行為」と見なし、批判していた(吉野領剛「昭和初期右翼運動とその思想——神兵隊事件における安田銕之助の役割」『法政史学』五七、二〇〇二年三月、七三頁)。
(57)以上、大野『皇道精神と水戸学』一〇〇頁、一八七頁、一八六頁。
(58)大野『大川周明氏の二千六百年史を駁す』五八～五九頁。
(59)大塚健洋氏が、『姫路法学』一四・一五合併号、一九九四年三月、に紹介している。以下の検討はこの翻刻文に基づく。
(60)正木亮(広島控訴院次席検事)談「昭和十五年五月思想実務家会同議事録」『思想研究資料』特輯七九号、司法省刑事局、一九四〇年(復刻版、東洋文化社、一九七二年)二六二～六三頁。「かういふ旧刊新刊の書物(津田の著や『年史』)が大分売れてから発禁されたり削除されたりしたのは、内務省の係り役人の責任にはならぬのか」(無署名「余録」『東京日日新聞』一九四〇年三月二四日、二面)という意見もあるように、内務省の取締に対する不満は、必ずしも司法部のみに止まるものではなかった。

第三部　国体論の行方

第一章 「皇国史観」の相剋

はじめに

第二部において、平泉澄、大川周明の思想に即しながら、伝統的国体論と新しい国体論との激しい相剋の様を見てきた。この対立を確認した上で、第三部では大川不敬事件以降における新旧二つの国体論独自の展開を検討していきたい。

序論でも触れたように、「皇国史観」という用語は早くても昭和一七（一九四二）年六月頃から、大体は昭和一八（一九四三）年頃から文部省周辺の人々によって使われだしたことは夙に指摘されてきた。さらに先行研究によって当時の用例や一定の歴史的見取り図は提示されているものの、今日に至るまで資料用語としての「皇国史観」に対する分析は十分なされているとは到底言い難い状況にある。なぜ昭和一八年前後に文部省を中心として「皇国史観」がクローズアップされるのか、また当時その語に込められた意味内容は具体的にいかなるものなのか――かかる問いに対する答えはいまだ提出されていない。

そもそも「皇国史観」という用語が昭和一八年当時の人々に一般化することとなった契機は、「正史」編修事業の公表に求められる。即ち、橋田邦彦・岡部長景両文相期、六国史を継ぐ「正史」編修事業が計画されており[1]、昭和一八年八月二七日、その事業は岡部文相謹話の形で発表された。

大東亜戦争下国体ノ本義ニ徹シ肇国ノ大精神ヲ国民生活ノ全領域ニ於テ顕現セシメマスコトハ今次征戦ノ目的達成上最モ根本的ナル要請デアリ之ガ為ニハ肇国ノ大精神ノ具体的顕現タル我ガ国歴史ノ迹ヲ詳カニシテ以テ皇国ノ歴史的使命ノ識得ニ資スルコトガ刻下ノ急務デアリマス。茲ニ於テ政府ハ国家事業トシテ正史ヲ編修シ現代施策ノ鑑トナシ皇国史観ノ徹底ニ資スルト共ニ永ク後昆ニ伝ヘテ国運隆昌ノ基礎ニ培ハントスルモノデアリマス。(2)

各新聞に掲載されたこの謹話を通じて、「皇国史観」という用語は、限られた官僚や知識人の間に止まるものではなく、広く一般に受け入れられていったと考えられる。それではなぜこの時期に「正史」編修＝「皇国史観ノ徹底」が要請されたのであろうか。

謹話によれば「正史」編修＝「皇国史観ノ徹底」は、「国体ノ本義」や「肇国ノ大精神」を「国民生活ノ全領域ニ於テ顕現セシメ」るための手段として位置付けられている。この謹話自体は、昭和一七年九月二六日、大政翼賛会第三回中央協力会議における橋田邦彦文相の演説内容(3)と重なるものであり、必ずしも独自性は見出せない。ただし、かえってそのことは、上からの国体観念の注入が相変わらず観念的なものに止まり、国民生活に届いていないという体制側の深刻な危機意識がまるで解消されていないことを物語っている。即ち、文部省による「皇国史観」強調の背景には、政府側の国体論が国民統合、戦時動員の上で有効に作用していないという事情があったのである。そして、かかる非効率的な事態の現出は、「今日、わが国の思想情勢を考へるものは、第一に神話解釈を中心とする思想の対立を無視することはできず、さらに国体論を中心とする紛争の存在を無視することはできないであらう(4)」と評されるような神話解釈・国体論をめぐる対立の存在に原因が求められよう。国体論が一元化されないために、国民のトータルな動員が阻害され続けたのである。

この時期、東条内閣は戦局の悪化に伴って様々な戦時体制強化策を実施していたが、「正史」編修事業もまさにその一環であり、「皇国史観ノ徹底」によって戦時下の国民教化政策の根本的行き詰まりを打開しようとしたといえる。その意味で「今回の修史の事業は軍国多事の折にも拘らずと見るべきよりは、寧ろその故にと考へるべきものに属する」(5)ものであった。昭和一八年前後における「皇国史観」論は、「国体論を中心とする紛争の存在」を背景としながら、何よりもその紛争の解消、一元化を通じた国民総動員を目指して展開していくのである。

かかる事情を踏まえ、本章は文部省教学局教学官小沼洋夫と国民精神文化研究所所員吉田三郎の二人の思想展開を軸としながら、当該期における多様な「皇国史観」論の諸相を整理しつつ、その議論の歴史的意味を解明することを目的とする。そして、その際には「皇国史観」論のうちに孕まれる対立面に注目したい。結論を先取りすれば、多様な「皇国史観」論は、伝統的国体論派内部での混乱を示す一齣として位置付けられる。伝統的国体論は新しい国体論と対抗しつつも決して一枚岩ではなく、深刻な内部分裂を生み出していたのである。

一 小沼洋夫と「皇国史観」

文部当局において、極めて早くかつ頻繁に「皇国史観」の語を使用した点で公認イデオローグといえる人物が教学官小沼洋夫である。彼の経歴について最初に確認しておこう。小沼(明治四〇〜昭和四一〈一九〇七〜一九六六〉)は、昭和二(一九二七)年に第一高等学校を卒業、同年東京帝国大学文学部倫理学科へ入学し、吉田静致に師事する。昭和五(一九三〇)年に卒業後、文部省大臣官房秘書課事務嘱託を経て、昭和一〇(一九三五)年から一六（一九四一）年初頭まで弘前高等学校で倫理を講ずる。この間、昭和一四（一九三九）年に内地研究員として東京帝大で和辻哲郎に学ぶ傍ら、雑誌『政界往来』で企画された近衛公爵賞懸賞論文（募集テーマは「日本的世界観と日本的全体主義の課題」）において第二席の政界往来賞を受賞する。昭和一六（一九四一）年二月に文部省図書局図書監修官、翌年に教学局教学官となり、臨時国史概説編纂部の編纂会議員の一人として『国史概説』編纂の実務に当たる。昭和二〇（一九四五）年に教学局思想課長となる。戦後、公職追放を受けるが、解除後は文部省、国立教育研究所に勤務し、道徳教育研究に努めた[6]。

まずは昭和五〜九年における小沼の思想を検討することで、「皇国史観」を論じる以前の彼の問題意識を確認しておきたい。昭和五年三月、大学を卒業した小沼は友人らとともに三〇年社を結成し、四月に雑誌『現実へ』を創刊する。小沼は、秋田生男、荒井茂の筆名で毎号のように『現実へ』に論考を載せ、積極的に批評活動に従事している。まずは創刊号の「巻頭言」から同社の立場をうかがってみよう。

> 先づ何等か原理的なものを確立して、然る後それに拠つて現実的な問題に対しようとしたのが従来の多くの思想家達の態度である。いはゆる方法論の偏重はかゝる傾向の現はれに外ならない。然るに原理は唯現実に働いてこそ原理であり、方法は現実の対象を把握せしめる限りに於いてのみ意味ある方法であるに過ぎない。そしてそれらが現実を離れて無意味であるとするならば、それらは当然、唯、具体的な現実の中にのみ求められなければならないであらう。かくして、ひとは常に現実に帰り来らなければならないのである。現実へ、我々の意向もそこにある[7]。

原理・方法よりも現実・実践の優先・重視、これが三〇年社の基本的立場である。もちろんこれは理論の全否定を意味する訳ではなく、「最も実践と結びついてゐるが故にそれに対しては如何なる抗弁も対策も無に等しい勢力しか持たなくなるマルキシズムの理論」[8]というように、マルクス主義についてはは高く評価していた。三〇年社同人たちの関心は、現実の中においてマルクス主義理論を鍛え上げることにあったといえよう。

現実を重視する立場から、三〇年社が結成され、『現実へ』が創刊された頃は、折りしも「マルクス主義と宗教」論争がジャーナリズムを賑わせ、マルクス主義者によって結成された日本戦闘的無神論者同盟によって反宗教運動が組織的に展開していた時期に当たる[9]。特に反宗教運動は、「マルクス主義と宗教」論争で見られた多様な立場からの見解を否定することから出発し、宗教は階級支配の道具として機能するという教条主義的立場を崩さず、習俗的行事も含めた宗教の絶滅を目指した点で、現実から大きく遊離するものとなった。様々な弊害を生みつつも、この運動が当時の思想界・宗教界に与えたインパクトは大きく、新たな動きの呼び水ともなったのだが、現実を二の次とした輸入理論の適用という性格の強い反宗教運動は、三〇年社の基本的立場からすれば批判の対象に他ならなかった。小沼の運動に対する批評を見てみよう。

実際日本に於ては、無神論の名前に於て闘争出来るのは救世軍の陣営内ぐらゐしかないのです。それで全く変な話になるのですが、〔反宗教闘争同盟準備会から日本戦闘的無神論者同盟への〕名称変へはマルクシストの宗教定義を稍《(ママ)》て明かにしたと同時に、我国の宗教一般を対象とすることは困難になつたと思ふ。何故なら無神論は少しも我国の仏教徒などには痛痒とならないのであつて、名前からだけでは無神論運動は、少くも我国の宗教否定には困難だと思ふ。……私は左翼の論客の主張する反宗教理論は、余りに対キリスト教的であるのを不服だと思ふ[10]。

小沼は、キリスト教的世界観を前提とする無神論＝反宗教運動が日本の宗教的実態に適合せず、有効性をもたないことを指摘する。このように日本の実態という視座から運動を批判した彼は、同時にマルクス主義理論の解釈の点からも疑問を呈する。

そもそも小沼が『現実へ』に発表した初期論考群――「唯物弁証法と存在法則」（創刊号、一九三〇年四月）・「芸術の弁証法」に関する諸問題」（二号、一九三〇年六月）・「イデオロギーとしての道徳について」（三号、一九三〇年一〇月）・「唯物弁証法的「考へ方」と反宗教運動」（六号、一九三一年七月）――は、全て唯物弁証法における観念（芸術、道徳、宗教）の位置を定めるという問題関心によって一貫されている。彼は、「私の絶大な尊敬を捧ぐる人」[11]である本荘可宗の論文「反宗教運動の進展」（『改造』一九三一年六月号）における「即唯物史観に於ては文化諸部内の独立性は（経済的基底、社会的規定性からの）ひとへに否定する。然しその各々が有する各分野（芸術、宗教、哲学等）の独自価値は決して否定しはしない」という一節に共感しつつ、反宗教運動を批判する。[12]観念の領域の「独自価値」を称揚する小沼にとって、教条主義的に宗教を否定する反宗教運動こそが唯物弁証法に反するものなのである。

もちろん、本荘が観念の経済・社会からの独立性については明確に否定しているように、小沼もまた「要するに歴史は政治的支配の歴史である。歴史は政治的支配階級と被支配階級の間になされた争闘の歴史である。然らば社会生活とは取りも直さず政治的影響を受けた生活であり、道徳が社会生活から其方向と内容を与へらるゝと言ふ限り、道徳は政治生活の推移に基いて推移する。／斯くて吾々には道徳とは一つの上層建築であり、従つて其は一つの観念型体に過ぎぬものである事が知られる」[13]と、階級闘争史観を踏まえて観念（道徳）が歴史的・社会的・政治的に規定されたイデオロギーであることを指摘する。彼においても上部構造論は正当なものと認識されている。

道徳、宗教、芸術といった観念は経済的・社会的規定を被り、独立したものではない、しかし一方的に制約されるものでもなく、独自の領域を確保している。かかる小沼の把握は基本的にマルクス主義の立場に立ちつつも、単純に階級闘争史観や上部構造論には解消できない独自な領域を人間の内面に認めるものであった。「道徳的熱情」や「宗教的熱情が社会改革の拍車となり得る」[14]と考える彼にとって、現実を無視して道徳・宗教を安易に否定する公式マルクス主義者の態度は全く嘆かわしいことであり、結果として「左翼運動が可成りの程度にまで、其の認識不足と弱勢を、曝露したこと」[15]も当然なことと判断された。

左翼運動が低調化する中、小沼は世の中における本当の現実を見つめ続ける。これまで左翼運動家は農民・労働者といった「不幸な人々」に対し「救ひ主」として立ち現れることができた。しかし、かつてないほど追い詰められた「今日、昨日の救ひ主はその不幸な人々から、忘恩的な裏切りに会って、屈辱と瞋恚に燃えて、度し難い奴だと言つて不幸な人々を捨て去ることを何とも思はなくなつてゐる。処が斯うした事態がこれこそほんとに人間の振舞ふ現実であつたのだ[16]」。左翼運動家にすら見捨てられた「不幸な人々」を小沼は救おうとする。ただし、この彼の文章は内務省の検閲に抵触し、削除が行われたため、彼の構想する具体的な救済策は不明である。そしてこの削除が契機となって『現実へ』は休刊となる[17]。

その後、小沼は弘前高等学校へ赴任するが、この時期においても、「抽象的な理論を玩ぶことなく、常に大地に足をつけた、いはゞ実践に裏づけされた議論[18]」を尊重する態度は一貫している。しかし、もはや現実に対して無力なマルクス主義は「根本的誤謬[19]」として排されている。その代わりに「日本の国が国初以来民族国家として理想的統一を持つて来たこと及びかゝる統一を理想とした神話を持つたことは日本をして所謂道義国家たらしめた所以である[20]」と、神話が持ち出され、日本は内部対立などない統合された歴史をもつ国＝「道義国家」として把握される。マルクス主義を捨てた彼は、現実の国体の威光によってこそ「凡ての国民の悲願[21]」はすくいあげられ、叶えられるのだと確信するに至る。「不幸な人々」を救済する根拠として、新たに天皇や伝統の価値が見出されたのである。

このように転向を遂げた小沼は、あたかも文部省の進める文教政策のスポークスマンのごとき役割を果たしていく。即ち、彼が文部省教学局教学官となったまさに昭和一七年五月、文部省の名で「日本世界観と世界新秩序の建設」という文章が発表された。その末尾は「内に自らの徳を養ふ皇国日本としての儼たる国家的存在があればこそ、日本世界観が世界的にその真価を発揮し得るのである。もしそれ国内になほ米英的世界観に基づく弊風の残存するが如きことあらば、大東亜新秩序の建設も百年河清を俟つに等しい。この意味において国体の明徴と日本世界観の昂揚とは離るべからざるものである[22]」と結ばれている。「大東亜新秩序の建設」（日本の指導性の下にアジア諸国が提携する「大東亜共栄圏」の建設）のためには「国体の明徴と日本世界観の昂揚」とは不可欠の要件であり、両者は一体のものとして把握されている。おそらくはこれを踏まえてであろう、彼は次のように述べている。

かくして日本世界観に透徹することは、これを一面から言へば、皇国の歴史の中に、真の歴史的生命を見出し其処から歴史発展の理念を発見することに外ならない。それ故私は日本世界観に徹するといふことは皇国史観の確立といふことと相即不離のこととして考へるのである[23]。

小沼は、文部省の言う「国体の明徴」を「皇国史観の確立」と言い換え、「日本世界観」の徹底と「皇国史観」の確立とを一体化して捉える。留意すべきは、これが文部当局者として文部省の公的方針＝「日本世界観」の徹底と結び付けた「皇国史観」を初めて公刊物に使用した事例に当たるということである[24]。そして彼が同様の主張を繰り返した背景には、「興亜の実践に於いて今日最も必要だと思はれることは、皇国世界観が如実に示されてゐる我が国史を現地の人々に教へることとである。……世界観は同時に歴史観に外ならないのであつて、それ故私達は現在日本世界観の透徹具現は結局皇国史観の徹底に外ならないことを主張してゐるのである」[25]というように、「興亜の実践」、即ち文部省の言う「大東亜新秩序の建設」があり、そのためにはアジア諸民族に対する「皇国世界観」＝「皇国史観」による教育が必要視された。彼にとって「皇国史観」に基づく歴史とは「神話の事実と精神がそのまま今日に生きて具現せられてゐるといふことを」歴代天皇の「具体的事実」と「忠臣烈士、先哲偉人の業績」を詳述することによって確認させるものであった[26]。

ところで佐藤広美氏は、興亜教育論を①日本精神主義教育論を主軸にする②大東亜教育論（植民地における具体的な教育論）と③戦時教育改革論（日本国内の教育の改革論）のトライアングルという構成で把握しているが[27]、小沼の考える「皇国史観」が神話、天皇、忠臣を強調するものである以上、これらの徹底を以てアジア諸国に対しようとする彼の立場は明らかに①に特化したものである。彼は「あまり現地的なものと日本的なものといふ風に分析して、日本的なものを押しつけてはいかんとか、或は現地的なものを存置しなければいかんとかいふことを必要以上に考へることについて[28]」否定的であり、むしろ日本的／現地的という区分を取り払った上で、「日本世界観」＝「皇国史観」の普遍性を確信しつつ、「彼等（アジア諸民族）にはたとへ一時は異様であり不可解であつても、身を以て示す日本人らしさは……おのづから彼等に嘆称尊敬の念を湧き起さすに違ひないのである[29]」と、楽観的な主張を行った。

とはいえ、小沼の見るところ明治以後の歴史書の中には「正しい歴史意識を持つた即ち皇国史観の立場に立つ歴史書が少い[30]」のが現状であった。彼にとって前近代において「正しい歴史と断《ママ》することのできるのはまさに記紀であり、神皇正統記であり、大日本史である。又太平記や日本外史の如き歴史物語である[31]」。この「正しい歴史」の系譜に、彼は「皇国史観」と結び付けながら文部省が刊行中の『国史概説』を連ねようとする。その際、彼は「皇国史観は、西洋的世界観に従ひ知的抽象に於いて見出したる理論的原理によつて世界を創造せんとし、かかる人為創造が世界史の現実であると考へる近代的史観とは著しく異なるものである。それ故西洋的思惟に於いては、現実の歴史認識の以前に理論的了解としての史観が存在するのであるが、皇国史観に至る道は、これとは反対に、具体的歴史事実の真姿に接することによつてのみ得られるのであつて　そこに日本世界観即皇国史観としての国民的信念が確立する[32]」と述べる。彼における「皇国史観」は、「理論的了解としての史観」を欠いた「具体的歴史事実」に基づく「国民的信念」であった。

のみならず、ここに見られる「西洋的世界観」「知的抽象」「近代的史観」／「日本世界観」「具体的歴史事実」「皇国史観」という対比的把握及び後者の顕彰は、三〇年社時代以来の小沼の基本的立場――はじめに理論ありきという考え方を排し、現実・事実を尊重する――の延長線上にあることを看過してはならないだろう[33]。「皇国史観」へ転向する過程でマルクス主義（階級闘争史観）に対する評価は反転しても、評価のための枠組み・基準自体は変わらず一貫している。彼はあくまでこれまでの自らの問題関心を保持したまま「皇国史観」を論じているのである。

以下、小沼による『国史概説』の説明を見よう。彼は「皇国史の一貫不動の生命原理[34]」を示した点に同書の最大の特徴を見出す。そしてその「一貫不動」性の根拠に「神話と歴史との一体性」を置いた。

> かくて皇国史の生命を貫く永遠性を如実に示すものは、一に悠遠なる肇国の事実並に精神が今日まで神代さながらに実現せられてゐるといふことである。而してこの永遠の事実並びに精神の根源を示すものは言ふまでもなく古代の伝承であるが、嘗て西洋的史観に捉はれてこれを単に所謂神話の如く考へるものが少

からず、少くともこの伝承に見られる時代を所謂歴史時代と区別して扱ひ又扱ふかの如き印象を与へる歴史叙述が従来少くなかつた。かかるものに比して「国史概説」にあつては、肇国の事実と精神とを明らかにした古代伝承の部分こそ皇国史展開の歴史的基盤であることを明らかにするに努め、我が神話と歴史との一体性を具体的に示したのである。(35)

神代を「所謂歴史時代と区別して扱」う態度が批判され、神代に依拠し、「神話と歴史との一体性」を示した『国史概説』が称揚された。実際同書の記述は、神武天皇の建国から始まるものの、「即ち神代の伝承は、国体の真義を示し、且つ永遠に国史を貫ぬいて生成発展する国家生命の源泉である。これ他の国々の神話が単に古代人の自然観・人生観等を反映する物語たるに過ぎないのに比して、その本質を異にするものである」(36)というように、神話的背景を濃厚にまとわせていた。この点で『国史概説』は伝統的国体論の系譜上にあるといえる。そして、「国体の真義」を示した「神代の伝承」の反映として歴史が存在する以上、崇峻天皇暗殺、壬申の乱等は記されることのないまま、「国史は国体を基底とするが故に、各時代の諸事実の中には、時にこれに副はない事件が起り稀には乱臣賊子といはれる者が出たことがあつても、これらは結局に於いて根本に存する大義によつて克服せられるのである」(37)というように美化が施されることとなる。小沼は、かかる同書を以て「我が国に於ける今後の歴史叙述の基準(38)」たらしめようとしたのである。

二　吉田三郎と「皇国史観」

次に吉田三郎(39)の思想について検討したいが、まずは彼の経歴を示そう。吉田は、明治四一（一九〇八）年京都府に生れた。郷里は山口県であり、先祖は代々萩に居住してきた。昭和六（一九三一）年、京都帝国大学文学部史学科国史学専攻を卒業。大学では西田直二郎に師事しており、専門は近世後期の思想史、幕末・明治の外交史であった。卒業後は京都帝国大学副手、京都府立桃山中学校講師、史学研究会編纂委員を務める。同七（一九三二）年一〇月に、処女論文「近世に於ける学問の新傾向」（『史林』一七巻四号）を公表。昭和一〇年前後は、主に『歴史学研究』や文部省管轄下の国民精神文化研究所（以下、精研と略記）の紀要である『国民精神文化』に論文を発表。同九（一九三四）年に精研助手（歴史科）、同一五（一九四〇）年所員。紀元二千六百年奉祝記念事業の一環として計画された『日本文化大観』の執筆に加わる（第二巻歴史篇下の「現代の文化(二) 大正・昭和時代」を担当）。同一七（一九四二）年以後は興亜錬成所錬成官も兼任。同一八年興南錬成院錬成官としてマニラに赴任。同二〇（一九四五）年頃アメリカ軍のフィリピン侵攻に際し死去したと推測される。[40]

このように、吉田は精研の一員の歴史学者として思想的営為を行った訳だが、昭和一〇年前後の頃、彼の基本的視座は次のようなものであった。

親子間の自然の感情、性愛、現実の生活にとつて必要不可欠の食衣住等は古今人間の生活の根柢に横はるものであつて、これ等が他の諸関係によつて浸されたまゝに捨置かれる訳はない。……生活感情の基礎的なるものゝ満され得る如き生活関係――精神的並に物質的――の存する時代こそ調和ある時代と云ひ得るであらう。[41]

即ち、吉田は、人間としての自然な感情や生活を支える根底といった「生活感情の基礎的なるもの」を重視し、国民生活に多大な関心を払った。これが彼の基本的な視座である。彼は精研に所属しつつも、必ずしも体制迎合的なイデオロギーを主張していた訳ではなかった。むしろ、国民の「生活」と密接に関連する教育問題に関しては、次のような批判を呈してさえいた。

知育偏重を批難する声高く、あやまれる徳育偏重に傾きつゝある現代の教育界は、こゝに〔杉田〕玄白の教育精神を顧みて大いに反省すべきである。佯造りの徳育は決して真の徳育ではなく、人間の徳を傷けるものであることを思ふべきである。正しい知育の奨励、科学的精神の宣揚にして、甫めて具体的なる徳育となることを、筆者はこゝに繰返し唱へたく思ふ。……却つて真の国体明徴は、優れたる蘭学者の救民済世の所産とすべき理由があるのではなからうかと思ふ。(42)

吉田は、蘭学者杉田玄白に仮託して、昭和一〇（一九三五）年の国体明徴運動以後における現代教育のあり様を批判し、「正しい知育の奨励、科学的精神の宣揚」をこそ重視する。右の主張がなされる数ヶ月前には、「知育偏重」の克服の名の下に国体観念の宣揚を目的とする『国体の本義』が刊行されていた。ここで彼の言う「科学的」の意味は「実証的」ということだが、彼の批判は明らかにこの『国体の本義』を射程に入れていると判断できる。彼は、文部省の推進する国体明徴とは異なる、「科学」的＝実証的な「真の国体明徴」をこそ志向していたのである。

ところで、吉田自身の回想によると、彼は昭和一三（一九三八）年半ば、憲法制定史研究に携わった。その際、当時国民は自らの主観や名誉心から多様な憲法草案を作ったのに対し、明治天皇は私心のない公の境地から欽定憲法を制定した事態から、彼は私心に囚われる国民とあくまで公の立場に立つ天皇との本質的相違を悟る。これを契機に彼は、これまでの「経済関係は根本構造であつて、それの影響として色々の文化があるといふやうな考へ方」を捨て、「日本の国体日本文化の高さを確信し得た」[43]。もともと彼は必ずしもマルクス主義を完全に肯定していた訳ではなく、むしろ批判的に摂取していたのだが、明らかにこれは彼の転向表明である。この転向を経て彼は、東大文化科学研究会によって「現代日本の混迷のうちにをゝしき決意と見識を以て奮闘せられつゝある先達[44]」の一人と見なされるようになった。同会は、大川周明『日本二千六百年史』批判を繰り返した雑誌『学生生活』の発行元であり、また蓑田胸喜をはじめとする原理日本社の人物と関係の深い東大精神科学研究会の外郭団体であった[45]。吉田は、蓑田ら伝統的国体論派の周縁に位置する存在であったといえる。さらに吉田は文部省入省後の小沼洋夫とも親しく、同世代の小沼から「畏友」と呼ばれる関係にあった[46]が、両者はあるいは転向という共通の経験によって結ばれていたのかもしれない。

それでは転向後における吉田の問題関心はいかなるものであったろうか。

> 我が国史学界の現状は、国民の要求に答へ得るところ寔に寥々たる有様である。国民精神を喚起し、国民に何を為すべきかを指示する歴史教育に代へるに、狭隘にして誤謬に満てる近世的史学を以てし、国民一般は歴史学は日本の世界史的現実に無関係な興味少きものと思惟してゐる。衒学的な考証にあらざれば、マルクシズム理論への屈従、さもなければ垂加流神道の祖述、国民は何を為すべきかに迷はざるを得ない。……もとより所謂科学的研究の精緻をこれ〔自著〕によつて示さうと意図したのではない。国史を通じて、現下の時局に処する国民の希望と覚悟とを喚起することが主要なる目的である[47]。

吉田にとって最大の目的は、「国史を通じて」「国民精神を喚起し、国民に何を為すべきかを指示する」ことであった。この目的実現のためには、「狭隘」「世界史的現実に無関係」「衒学的」等の理由から、既成の歴史学は悉く効果のないものとして排されることとなる。ここでは転向前の経済的・精神的な観点からの国民生活への視角が、教化・動員の対象として国民を捉える視角へと変化しているが、それでも国民生活への多大な関心自体は依然として維持されている。つまり、ここには実証史学やマルクス主義史学の合理性＝「科学」性では、日中戦争の中で生きる「国民の要求」に応えられない、という彼なりの反省が窺える。「国史が所謂学問的形態を整へれば整へるだけ、国民の心から遠去かる結果となつた(48)」とも記しているように、彼の転向＝「所謂科学的研究」「所謂学問的形態」の放棄の背景には、実は何よりも「国民の心」に食い込もうとした彼なりの苦闘があったことを看過すべきではない。

そして、吉田は「所謂科学的研究」を批判するとともに、「垂加流神道の祖述」にも甚だ懐疑的であった。彼は夙に「山崎闇斎の研究は、垂加流神道の開祖、近世日本精神顕揚の第一人者として日本主義者によつて回顧せらるべきもの(49)」と捉え、具体的に平泉澄編『闇斎先生と日本精神』や同書の影響を大きく受けた小林健三「垂加神道の研究」（『日本神道史の研究』所収）を挙げているように、「垂加流神道の祖述」のごとき歴史学とは多分に平泉史学を念頭にしたものと考えられる(50)。これに対しても、吉田は「狭隘なる日本主義史観は国民に何等訴へるべき力を有たず(51)」と切り捨てる。

国民への影響力を重視する吉田は、日々の生活を生きる一般国民をリアルに捉えている。即ち、彼にとって「一般人民の吾々」はどうしても「欲と名誉を棄て切れぬ」存在であった(52)。彼は個人主義、功利主義が「単なる思想として」ではなく、既に「生活を通して根強く」定着している今日の事態を見てとっていた(53)。「一般人民」は私的利益を捨て切れない存在であるという認識があるからこそ、彼は「滅私奉公などゝ云ふ最近の説法が、国民一人々々の責任を忘れしめ、云ふところの国家が抽象的なるものへと堕しつゝある(54)」と、観念的な滅私奉公論の非有効性を批判し得たのである。

そもそも転向前における吉田の幕末・維新期の歴史研究にしても、尊皇論にはほとんど言及しないまま、攘夷運動は何よりも「生活の不安」が契機となった「暴行」であるとする点や、大名が町人と提携して外国貿易に従事し、「資本制」を採用したことを維新の推進力と見なす点が特徴として指摘できる。彼は、尊皇思想や英雄的な志士の個人的活躍ではなく、「国民一人々々の責任」を重視し、「一般人民」の「生活」上の利益追求心に根拠付けられたエネルギーをこそ評価していたのである。[55][56]

それでは、転向を通じて「生活」という視座を一貫させていた吉田は、いかなる思想や実践によって「現下の時局に処する国民の希望と覚悟とを喚起」しようとしたのだろうか。昭和一四（一九三九）年、彼は次のように自らの課題意識を表明している。

日本世界史の実現は、かくの如きアジアの情勢〔インドネシア、フィリピン、トルコ等での盛んな独立運動〕を皇道によつて導くことにある。日本の国是を中外に宣言し、通信網と宣伝機関とを通じて、皇道の本質を世界に宣布しなければならぬ。国是定まり、欧米的日本人が第一線を退却する時、国内の諸制度の徹底的な改革が実現せられ、それに伴ひ、アジア諸民族の共通の敵に対する、強力なる総力戦はその効果を現はすのである。皇道総力戦の展開するところ欧米的近世史は崩壊し、真正なる世界が誕生する。[57]

吉田は、国内的には「欧米的日本人」の排除を通じた国家改造、対外的には「欧米的近世史」の打破によるアジア解放という二つの課題を提示したが、その両者を結合するのが「日本世界史の実現」であった。「日本世界史」とは、今日求められている「現実の諸問題に解決の方向を与へ得る」「新しい学問体系」であり、「西欧のアジア支配のために書かれた東洋史・日本史・西洋史」に代わる「日本人の日本史・東洋史・西洋史」のことであった。[58] 彼は「日本史・東洋史・西洋史と云ふが如き地域別研究を止揚して、日本を主軸とする世界史[59]」を構想する。

ところで、吉田においては「欧米的日本人」の排除と国家改造とはやや安易に関係付けられているが、それは国民の国体観念の内面化に関する彼の認識の反映である。彼は「植民地的性格によつて、われらが歴史的伝統的に血の中に有してゐる国体を感受する力が覆はれてゐる[60]」と捉え、国民が国体観念を内面化できない原因を、日本を主体に考えず、欧米の植民地人のごとく思考する「植民地的性格」を付与する現代教育に見出していた。彼によれば、「植民地的性格を反省し、これを完全に脱却することによつて甫めて国体を信受する素地が更生する[61]」のであり、「日本世界史」を構築し、「植民地的性格」から脱却しさえすれば自ずから「国体を感受する力」が復活するという見通しであった。

注意すべきは、吉田が「われら」日本人は本来的に「国体を感受する力」を備えていると見なしている点である。いわば日本人は生まれながらにして「日本人」であるという前提が、彼をして後天的・作為的な教育制度の変革へと向かわせることになる。さらに彼の自然的「日本人」観は、「自分達でなければ御製を拝誦出来ぬかの如き言辞を弄する[62]」エリート主義的な日本主義者（「真の日本人」化を説く平泉澄が念頭にあるのかもしれない）に対する批判として現れる。彼は一部日本主義の閉鎖性を排し、「日本人」であれば誰でも国体観念を内面化し得ると見なし、国民間で広く共感、共有できるものとして強調した。

そして、「日本世界史」による歴史教育を国民に実践しようという彼の試みは決して孤立したものではなく、「狭隘な日本主義」に対する共通した批判意識の下、小島威彦（精研哲学科所員）、志田延義（精研国文学科所員）にも共有されていた[63]。即ち、当時の精研の歴史科、哲学科、国文学科の間で横断的に関心がもたれていたのである。吉田を含めた精研の一部若手所員は、小島威彦を「事実上の主宰者[64]」とするスメラ学塾に参加し、活発な国内宣伝、同志獲得に乗り出す。

昭和一五（一九四〇）年五月に成立したスメラ学塾は、末次信正海軍大将を塾頭とし、「思想の分裂、思想の不統一」を抱える現状に危機意識を感じ、その克服として「日本世界観の確立」を目的とした組織であった[65]。第一期講座は昭和一五年六月一七日から七月一六日まで、七百余名の塾生を集めて講義を行っており、以下第二〜四期は、それぞれ二千名の塾生を擁して同年一〇月一四日から一一月二六日、昭和一六年一月二〇日〜二月二〇日、昭和一七年四月二八日〜五月二五日に開講されており[66]、その後も継続したようである。講師を務める研究部員には吉田、小島、志田の他に伏見猛弥（精研教育科所員）等が名を連ねている。このスメラ学塾では塾生と指導側の塾員との一体感、緊密な関係が強調された。さらに、塾生は一人が一〇人を同志として獲得することが義務づけられ、そのためのグループが結成されている。新たにグループを作った際には、塾員に報告することになっており、そこに指導者が送り込まれるという左翼張りのオルグ的な塾生獲得方法が実施されていた。塾は官僚や軍人をも取り込む意欲を示し、昭和一五年度の末までに会員を一万人、昭和一七年までに百万人の会員を作ることを目指していた[67]。このように塾は国民的な支持基盤の獲得に極めて熱心だった。

ところで前節で確認したように、この頃文部省は「日本世界観と世界新秩序の建設」を公表し、「日本世界観」の構築を主張していた。小沼洋夫はこの世界観に則って「皇国史観」を説いたのである。吉田らがコミットしたスメラ学塾は「日本世界観の確立」を目的とする点で、文部省＝小沼と共通している。それでは吉田らと文部省＝小沼両者の営為は補完関係にあったのだろうか。否である。むしろ吉田の営為や「日本世界史」論は、文部省に対する徹底した不信感に支えられていた。吉田は「国体明徴、教学刷新、八紘一宇、肇国の精神が叫ばれて以来十年に近い年月が経過してゐるが、依然として国体論は概念論を出でてゐない[68]」というように、文部省の施策の抽象性を指摘したが、彼においてこの種の批判は枚挙にいとまがない。彼は文部行政を「机上の書類によつて物を考へる」非現実的なものと批判し、彼の文部省への不満は「文部省が一応廃絶し、陸軍省に所属することが望ましい」と、文部省廃止論のようなラディカルな改革論にまでエスカレートする。[69]

吉田の「皇国史観」論は、まさに以上のような彼の、さらにはスメラ学塾の思想の集大成に当たるものであり、彼は「皇国史は従来の西洋史や東洋史を統合せざるを得ない」[70]と年来の「日本世界史」の主張を繰り返した。ただし、そこでは「皇国史体得の根本は、天皇を現人神なりと信じ得るか否かにかゝる」[71]「陛下の大御心は神の御心、天照大神の御心である」[72]と、天皇＝現人神の信仰が表明されている点で、神話と歴史を連続させて捉える小沼、『国史概説』と共通している。ただし、吉田の天皇観はあくまで私利を捨てきれぬ一般国民の対極的存在、完全な公的存在として「現人神」とされたものであることに留意する必要がある。

確かに表面上吉田の「皇国史観」と小沼の「皇国史観」は内容的に類似しているものの、吉田は小沼＝文部省の政策に飽きたらず、国民生活に国体観念をさらに徹底させるべく、「皇国史観」を強調したのである。彼は、「近来御製の拝誦、詔勅の拝誦等が学校や各種の錬成所等で朝夕実施せらるゝに至つた結果、大御心と大みことのりを奉戴せんとする心構は次第に出来て来たやうである。併しほんとに御製や詔勅を奉戴するには、朝夕拝誦しただけでは不十分である。……こゝに先哲偉人烈士の事蹟に学び、その教へを実践する修業をなすの要がある」[73]と、あくまで文部省の錬成方法に対する批判意識に支えられて、小沼の「皇国史観」と軌を一にする主張を行う。文部省の教育政策によって植えつけられた国民の「植民地的性格」を完全に払拭させ、国民本来の「国体を感受する力」を取り戻すために、文部省以上のさらなる錬成が国民に要求されることになる。いわば、吉田にとって「皇国史観」とは、あくまで文部省に対する批判の根拠、抵抗のシンボルなのである。

三　「皇国史観」の相剋とその帰結

昭和一七年の春、友人の東京体育専門学校教授関口隆克から倫理学概説で使うテキストを相談された小沼洋夫は、躊躇なく「「国体の本義」と「臣民の道」を講ずるのが一番よく他は不要であろう」と答えたそうである。(74) このように『国体の本義』に信頼を寄せる小沼によって、「国体論を中心とする紛争」のさなか、「皇国史観」が打ち出されていくことは看過できない意味をもつ。即ち、「国体の明徴」と同一視された「皇国史観」論の登場は、公定の国体解説書である『国体の本義』を超えて独走する、勝手な史観の提出に対する文部省の防衛的反応という一面を示していたと考えられる。あるいは昭和一七年の時点ではそこまで自覚的な反応ではなかったかもしれないが、先に確認したように、のち小沼は、公認イデオローグとして『国体の本義』の延長線上にある『国史概説』と「皇国史観」を結び付け、「今後の歴史叙述の基準」とすることを志向している。

もちろんその小沼にしても、岡部文相謹話の公表直後には「私共の所謂「皇国史観」は猶今日決して十分に国内に透徹してゐないと思ふのである(75)」と懸念せざるを得ず、彼はますます「皇国史観」の強調に努めた。そして、政策的にも昭和一八年度より全国各府県において中等学校教員を対象として「皇国史観錬成会」が行われることとなった。例えば京都府では、岡部文相謹話を受けて、文部省との共同主催の下、同会が昭和一八年一〇月一三〜一九日に開催されることになったが、その際会員受講者は『国史概説』上巻を持参することが求められている。(76)「正史」編修事業の公表を機に、「皇国史観」＝『国史概説』という等式は公的なものとして普及・浸透させられていった。

そしてさらに「皇国史観」に込められた願意は、文部省図書局図書監修官竹下直之、精研事業部長紀平正美らによって顕在化する。

この見地（「いはゆる文化史的、ないしはまた歴史哲学的考へ方」や「精神史」は、日本の国体を冒瀆しかねない）において私はまた『国体の本義』を反復精読して、意のあるところを十分に掬みとることが皇国史観の確立については極めて重要な意味を有するものと確信してゐる。／然るのち、神代史の研究にもまた進まなければならぬ。記紀の理解は、徒らに現代文献をのみ多く渉猟することより大切である。[77]

竹下直之は、「皇国史観」を『国体の本義』に結び付けるとともに、「神代史の研究」の意義を強調した。彼は「肇国の大精神」が現代まで一貫・実現されてきたこと、[78]及び天皇が「現御神」であることを[79]称揚する人物である。彼の主張は、彼自身が言うように、結局は『国体の本義』の「結論に落着くものであつて、ただそれらを敷衍し、委曲をつくして見ようとするに過ぎない[80]」ものであった。彼が『国体の本義』の「反復精読」を説くのも当然である。

さらに『国体の本義』編纂に関与した紀平正美は『皇国史観』を刊行する。同書において、彼は「某書編纂」の経緯を次のように回想しているが、これは宮地正人氏も推測するように[81]『国体の本義』のことであろう。

余は某書編纂の一委員たる命をうけたことがある。一応草案が出来ると早速会議にかけられたのであるが、さて大変である、議論が百出して、然もその何れも一理のあることで、それが為にその草案はやがて完膚なきまでに訂正せられてしまつた。……斯るもみ合の内に、約一ヶ年を経過し、「筋道さへ通れば」といふこととなり、各委員が共に責任をとり得るといふことに到つて、やつと決定をみたのであつた。然も出来上つたものは、寧ろ平凡であつて、多くの人からその平凡さの上に批難が加へられ、又「その筋道の通つた」といふことの上に、個人主義的立場の理論からは、厳しき反対の声も聴かされた。[82]

『国体の本義』が、その「平凡さ」の故に数々の「批難」を蒙ったことは第二部第三章で確認した。このような「批難」に対し、紀平は自己の立場を「その〔『古事記』『日本書紀』『古語拾遺』の〕内に流れる最も平常なる道を捕へ、―特に所謂神話と称せらるゝ部分に重きを置き―以て皇国史一貫の、平凡な当り前の道、然もそれこそが大生命発展の如実の相なることを示さんとする[83]」と説明し、「平凡な当り前の道」を称揚することで『国体の本義』の「平凡さ」を擁護する。さらに彼は「神話が直ちに歴史へとつゞけられた」「永遠の「今」即ち「中今[84]」」という『国体の本義』に示される時間意識を強調した。

要するに、竹下・紀平が「皇国史観」の用語に込めた思いは、まさに神代への回帰であり、繰り返し批判を受けてきた『国体の本義』を擁護することにあったといえる。かかる彼らの熱心な営為は、「文部省では是も亦約一ケ年かゝつて『国体の本義』を撰録し、一段《（ママ）》に頒布することにした。……然し国体の本義とは何かといふことが、よく了解せられて居るか否かは、今日と雖猶ほ疑問であらう[85]」という危機感に支えられていた。『国体の本義』の効果が限定的であることは、編纂者も認めざるを得ない事実であり、その結果現出した国体論の混乱に対し、文部省及び精研上層部は、「正史」編修事業を好機にして「皇国史観」を論じることによって、『国体の本義』の復権を企図したのである。伝統的国体論＝『国体の本義』とは異なる新しい国体論を代表する平泉澄が、「正史」編修事業に対して乗り気ではなく[86]、「皇国史観」という用語を全く使わなかったのも当然なことであった。

以上のように、竹下、紀平らによって「皇国史観」は『国体の本義』と結び付けられ、その圏内に閉じ込められていった。そして、かかる方向での「皇国史観」の展開を正当化したのが、東京文理科大学教授肥後和男、神宮皇學館大学学部教授原田敏明らである。彼ら古代史家は、「天皇はそのまゝにして現人神であり、明津神であらせられる」[87]「人の世の歴史は、結局さうした神代に始る高く貴き、大御心が地上に実現されて行く過程に外ならない」[88]と、天皇＝現人神の立場に立ち、人間の歴史を神代との連続で捉えた。「天照大御神の賜はれる天壌無窮の神勅こそは皇国史観の本源であり、皇国史観をいふ時これに一語を加へ奉ることも実は不要なのであ」[89]ると、根本に置かれるのは当然のことながら天壌無窮の神勅であった。歴史はこの神勅の実現過程として「若干の迂余《（ママ）》曲折があつたにしても、常に肇国の精神をかへりみて、大過なく——さう云つてよいと思ふ——今日に至つた」[90]と糊塗される。彼らの「皇国史観」は、『国体の本義』『国史概説』の祖述の域を出ない。

文部省の企図した「皇国史観」＝『国体の本義』『国史概説』という「皇国史観」解釈は、アカデミズムによる事実上の追認を背景に広まっていくが、かかる展開過程において「皇国史観」が担っていた興亜論も影響を受ける。例えば『国体の本義』を重視する竹下にとって「興亜」「大東亜建設」とは「新しい古事記の書き卸し」[91]あるいは「皇国開闢の大道の世界宣布へ向かっての第一歩」[92]を意味した。『国体の本義』を復権することによって国体論の混乱を解決することが優先されたためか、彼は興亜論としては「八紘為宇」のイデオロギーを強調することしかできなかった。小沼らの日本精神主義的興亜教育論は、さらに国体を強調する観念的な興亜論となって展開されるのである。

以上のように、小沼の「皇国史観」は、国体論をめぐる紛争下において『国体の本義』との関係を強める方向で文部省・精研上層部に浸透していった。ただし、留意すべきは、かかる「皇国史観」解釈とは異なる、もう一つの解釈系列が精研に存在したことである。

例えば、思想科所員利根川東洋は「文部省では近年、国体の本義、文化大観などの編纂をはじめ国史教科書の改訂や国史概説の撰録のやうな皇国史に関聯した多くの事業をやつて来た」と、『国体の本義』『国史概説』

に言及しながらも、「これまでに受けた批判もあらためて検討してみる必要がある。殊に史観の点に厳重な吟味を要する」としている。[93]つまり、従来の文部省編纂書に対する批判の存在を認めていた彼にとっては、かえってその批判を活用し、「史観」、即ち「皇国史観」を吟味することこそが「皇国史観の徹底」を意味したのである。もちろん彼にしても「神々の「ことよさし」のまにまに、実現されてきた肇国以来の歴史的事実」[94]と捉えている辺り、小沼、竹下・紀平と共通しているが、それでも利根川の主張は彼らのように『国体の本義』『国史概説』に充足して「皇国史観」を語る態度とは極めて対照的である。そして、このような『国体の本義』に対する不満は、利根川のみならず、他の所員にも共有されていた。先に述べたスメラ学塾にも関係していた教育科所員伏見猛弥は次のように主張する。

……特に万古不易の国体を有する我が国にあつては、国体に反し国体の尊厳を侵すものに対する徹底的な敵愾心を付与することなくしては、国体観念そのものゝ確立すら覚束ないものと言はねばなるまい。……国民教育を「国体の本義」的な性格から「太平記」的な性格に変革することを意味する。……皇国民を錬成するとは決して国体を観念的に把握せしむることではなくして、具体的、歴史的に些かでも国体に反し国体の尊厳を侵すものに対しては、沸々たる怒に燃え、七生撃滅の悲願を抱かしむることであつて、決してお上品な所謂文化教養人の養成ではないのである。[95]

伏見は、「国体を観念的に把握」させるのではなく、激烈な敵愾心を抱かせることが重要だと説く。そしてそのために国民教育を『国体の本義』的性格から『太平記』的性格へと移行することが必要視される。即ち、彼においては『国体の本義』こそが「国体を観念的に把握」させる代表例として槍玉に挙げられているのである。

つまり、吉田三郎ら比較的若い世代の精研所員が抱いた問題意識は、『国体の本義』（そしてそれと連続する『国史概説』）を批判し、それに替わるもの（＝「日本世界史」）を提示することにあったと言える。要するに、「皇国史観」の語を使用した精研の若手所員たちによる一連の主張は、「皇国史観」を『国体の本義』『国史概説』に収斂させようとする文部省及び精研上層部の動きに対する異議申し立てとして位置付けられる。彼らの批判は、文部省に対する不信感に支えられていたのである。

また吉田らと小沼らとの間で「皇国史観」の解釈、徹底方法において相違が生じたのは、それぞれの興亜論の性質が異なるものであったことと無関係ではないだろう。吉田は志田延義とともに雑誌『興亜教育』の常任編輯委員を務め（伏見は編輯委員）、一貫して「興亜教育」論に関心を持ち続けた。吉田は、同誌の論考において大東亜建設に向けた錬成機関設置の構想を具体的に打ち出している。この点、再び佐藤広美氏の把握に従えば、②大東亜教育論の立場に分類できる。[96] 伏見猛弥『世界政策と日本教育』（大日本雄弁会講談社、一九四四年一月）、志田延義『大東亜言語建設の基本』（国民精神文化研究所、一九四三年九月）も同類であろう。

植民地での現実に触れる機会の多かった吉田らは、小沼、竹下のように興亜教育を観念的に捉え、手放しで賞賛することなどなく、むしろ「お題目や哲学的粉飾を以て覆はれた新秩序理念[97]」を排除し、さらに現地での停滞を打破するためにも、文部省自体の改革も含めて日本国内の教育体制を刷新しなければならないと考えていた。伏見は日本の教育改革を必要視する関心に基づいてであろう、「国家の危急存亡の秋に際会して、始めて従来の観念教育のみを以つてしては、国家有為の人間を作り得ないことを悟った[98]」中国国民党がとった「大胆な教育変革[99]」に注目している。『国体の本義』から『太平記』へという先の教育方針の転換案も、自ら企図する教育改革の一環として提示されたものであろう。即ち、現状維持を拒み、教育体制の全面的改革を目指す吉田・伏見らは、『国体の本義』『国史概説』に自足して「皇国史観」を捉え、日本精神主義的教育論に傾斜して観念的に国体を強調する小沼、竹下らとは一線を画しているといえる。彼らは、互いに「皇国史観」という共通の語を使いながら、その解釈の正当性を争うことで国体論・興亜論のヘゲモニーを握ることを画策していたのである。

当時使われた「皇国史観」の意味内容は一様ではなかった。文部省公認のイデオローグ小沼によって説かれた興亜政策と一体の「皇国史観」は、『国体の本義』に体現される国体の価値を強調することによって、観念的傾向をより帯びる方向で論壇に浸透していく一方、他方では文部省や『国体の本義』に期待せず、具体的な構想・改革案をもって興亜論の方に重点を置いて捉える一派を生じた。もちろん本来両者は、興亜教育論を構成するトライアングルとして一体となって機能するはずのものであった。しかし、両者の懸隔は深く、結果として『国体の本義』を墨守し、異論を排する文部省による糾弾は、精研若手所員の思想にまで及ぶこととなる。

もともと吉田の思想は、抽象的な日本精神論を排する橋田邦彦文相[100]の意図と合致していた。吉田がスメラ学塾に参加し、積極的に「日本世界史」を主張し、また文部行政を批判していた時期は、ほぼ橋田文相期（昭和一五年七月〜一八年四月）と重なる。吉田の思想はある程度橋田文相によって精研という機関において許容されていたのであろう。ところが昭和一八年四月、橋田は文相を辞任する。橋田文相という理解者を失った吉田は、同年夏、興南錬成院錬成官としてフィリピンへ赴任し、文化工作に従事することになる。この吉田のフィリピン行には、小島威彦と第三軍参謀長高嶋辰彦（皇戦会常務理事。スメラ学塾塾員とは密接な交流があった）が関与していたらしい[101]が、あるいはこれは国内での活動がもはや無理と判断された上での緊急避難だったのかもしれない。それは杞憂とも言いきれず、夙に昭和一七年五月、小島威彦は軍機漏洩の罪に問われ、精研を辞し、当時は執行猶予の身にあって一切の思想的活動を禁じられていた。また伏見猛弥も結果的には不問に付せられたものの、その「矯激言辞」が問題視されていた[102]。

そしてさらに昭和一八年一一月、精研は行政整理のため国民錬成所と合併し、教学錬成所に改組される。当時の精研関係者の間では、この合併を文部省による意図的な精研潰しとする推測が根強く、実際、教学錬成所は精研の活動を引き継ぐことはなく、精研とは全く別の機関になった。[103] 吉田自身、既に前年「行政簡素化に伴ふ部局の廃合も……革新分子の掃蕩に終らないとは保証し得ない」[104]と危惧していたが、精研の合併、解体の要因には、吉田に代表されるような「革新分子」の動きが、文部省側に忌避されたことも作用しているのではないだろうか。その推測の当否はともかく、実質的には小島・吉田を失い、精研という場も奪われた彼らは、以後二度と「皇国史観」を論じることなく、スメラ学塾も解散へと向かうようになる。

このような流れの下に神宮皇學館大学学長山田孝雄は、文相官邸での会合において——おそらく国史編修準備委員会会議の場と思われるが——時代区分の撤廃を主張する。その場面を平泉澄は次のように再現している。

その頃〔昭和一八年頃〕、文相官邸に於いて、文部省首脳部の主催したる会合の席上、国学者某氏〔山田孝雄〕の昂然として主張したる所は、満座の謹聴にもかかはらず、いたく私を驚かした。その説の大要は、かうであつた。「此のごろの国史学界では、古代、中世、近世、などと、時代をわけてゐる者が多いが、かやうな時代区分は、全く西洋史の模倣に過ぎず、日本歴史の実体に適せず、国体に反するものである。我が国は、万世一系である。すでに万世一系であれば、そこに時代を区分すべきでは無い。もし強ひて分けるとならば、よろしく後醍醐天皇を界として、以前と以後とを分つべきである。」／何といふ不謹慎なる暴言であらうか。[105]

平泉を憤慨させた山田の立場こそ「皇国史観」であった。山田は「支那の歴史や西洋の歴史と同じ態度で、我が皇国の歴史を取扱つたならば真の皇国史観といふものを得らるゝとは思はれないのである」とし、「我が大日本皇国は第一に神の生み給うた国である。さうして亡びた事の無い国である。又断じて亡ぶる事無きを神勅によりて保証せられた国である」ことを強調する。[106] 彼にとって、神勅によって永遠の発展が約束された日本の歴史に対し時代区分を行うことは、あたかも「支那の歴史や西洋の歴史」のごとき王朝の興亡を連想させるものなのである。平泉とは対照的に、かかる立場から山田は国史編修準備委員会委員の一人として熱心に「正史」編修に取り組んだ。

そして昭和一九（一九四四）年三月二九日、文相から国史編修準備委員会になされていた諮問に対する答申が提出された。この答申は「編修ノ方針」「編修ノ方法」の大綱を定めたが、そこから窺える「正史」像は、「宏遠ナル肇国ニ淵源シ無窮ノ皇統ノ下ニ顕現セル国史ノ神髄ヲ明カニシ、歴代天皇ノ御鴻業ヲ謹記シ且ツ皇謨ヲ翼賛シ奉レル臣民ノ事蹟ヲ叙述シ、以テ君臣ノ大義ヲ顕揚ス」[107] というものであった。始点としての「肇国」、天皇・忠臣の事績とは、小沼の「皇国史観」に沿うものである。また同年四月、文部省主流派――文部省内に設けられた、小沼も会員とする文政研究会――によって刊行された文政研究会編『文教維新の綱領』においては、「皇国史観」はもはや自明のものとして使われている。[108] これらは「皇国史観」解釈の収斂と定着をある程度示していよう。

以上のように文部省主流派とは異質な精研の「革新分子」は「掃蕩」され、『国体の本義』を墨守する保守層がヘゲモニーを確立し、「皇国史観」の解釈を独占する。その結果、「皇国史観」は『国体の本義』『国史概説』といった文部省による一連の国民教化策の流れについて自己正当化を図る表現として収斂することになる。

以上、文部省・精研上層部と精研若手所員との間における興亜＝「皇国史観」解釈の差異を検討してきた。文部省・『国体の本義』に対する態度をめぐって両者は対立したとはいえ、両者とも神話と歴史とを連続して捉える伝統的国体論の陣営に属し、あくまでその内部におけるヘゲモニー争いを演じていたに過ぎない。しかし、実際にはそのような伝統的国体論側における内紛とは距離をとったところでも「皇国史観」は論じられていた。以下、体制が切り札とした「皇国史観」に基づく「正史」編修に対する当時の論評を検討することで、果たして本当に文部省側が画一化した「皇国史観」解釈は一般に定着したのかについて確認しておきたい。

諸新聞は時局を反映して「正史」編修事業を賛美する。しかし、共通して賛美はするものの、記事自体は迎合一色という訳ではなかった。ある記事は、「これ〔「正史」編修事業〕を機会に国民挙つて国史に対する燃犀の知識を持つことだ」とし、「親房の『神皇正統記』白石の『読史余論』山陽の『日本外史』、明治以降のものとしては田口鼎軒の『日本開化小史』」を推薦している。[109]「皇国史観ノ徹底」を説いていた岡部文相謹話に対して、記事は儒教的合理主義に基づいた新井白石、文明史観に立った田口卯吉を推薦していることは注目してよいであろう。『神皇正統記』にしても、確かに小沼洋夫は「正しい歴史」だと断定し、当時「大日本者神国也」という冒頭の一文からイデオロギッシュに鼓吹された一面をもつが、他面では「恐レ多クモ、天皇ヲ御批判シ奉リタル書籍ニシテ最モ遺憾ナルハ、明治以後ノ人々ガ大忠臣ト云ヒ居ル北畠（源）親房ノ著 神皇正統記ナリ。／此ノ書籍ニハ実ニ不敬極マル句数ヶ所アリ。然モ現代ノ学者、軍人、教育者ハコノ神皇正統記ヲ国体上ノ名著ト称シ居ルナリ」[110]という批判も呈されていたのである。そもそも国史編修準備委員会の一員にしてからが、夙に『神皇正統記』を「臣民の読物としては、必ずしも適切でない」[111]、「正統記の名を標榜せるこの書が、正統の第一義に於いて当を失せりと認むる」[112]と判断していた。さらに別の記事は「一方飽くまでも公正不偏なる解釈に立ち、他方また宏大なる気宇気魄に基く見地から記述編修の事業が進められねばならぬ」[113]というように、「公正不偏なる解釈に立」つべきと釘を刺してさえいた。

このように国民の耳目に接する機会の多い新聞記事においては、文部省側の意図（伝統的国体論の復権・擁護）

は全く反映されておらず、それとは乖離し、むしろ体制側の「皇国史観」に基づく「正史」というものを「公正」な歴史という方向で読み替えようとさえしていた。文部省主流派の奮闘にもかかわらず、「皇国史観」がどのように解釈されねばならないかという規範化の徹底は明らかに失敗だった。保田與重郎は、「彼ら〔諸新聞の記者〕は正史といふ名で、「皇国史観」を新しく立てようと考へ、そのたくらみを自ら露に示した[114]」というように、この体制側の意図と新聞記事との深刻な乖離、ズレを指摘していた。さらに彼は「正史といふ語感によつて、皇国史を客観視する国際的な史観を考へるものが、巷間の言論界に一般である[115]」とまで言う。しかし、彼自身もまた「巷間の言論界」に批判的な立場から「「皇国史観」を新しく立てようと」していた一人であったといえよう。

　文部省は、吉田ら「革新分子」を排除し、伝統的国体論の一元化を図ったにもかかわらず、「皇国史観」＝『国体の本義』『国史概説』という理解は文部官僚の願望に止まり、「皇国史観」が正統的位置を確保することは結局できなかった訳である。伝統的国体論の正念場ともいえる「皇国史観」に基づく「正史」編修の企図も効果を上げ得ず、ここに体制は伝統的国体論を国民に浸透させる切り札をも失ったことになる。

おわりに

　従来の国体イデオロギーをめぐる昭和十年代の思想史研究は、特定の事件、テキスト、人物を対象としてきたが、当該期の実相に迫るためには、より多様な対象に多様な視点からアプローチする必要がある。本章では、研究史上ほとんど注目されてこなかった小沼洋夫・吉田三郎両者の思想展開を軸としながら、昭和一八年前後において「皇国史観」という用語に込められた当時の複雑な意味内容を整理してきた。その結果、この時期における国体論をめぐる今日支配的なイメージは二つの意味で正しくないことが指摘できる。

第一に、昭和十年代の思想は一枚岩的な体制側が一元的に当時の諸思想に介入した訳ではなく、体制側内部には多種多様な要素が伏在していた。そもそも小沼は、基本的にマルクス主義の立場から出発していたが、転向後の彼にとって「皇国史観」とは抽象的な理論ではなく、歴史的・具体的事実そのものであり、日本国民・アジア諸民族はそれに徹することによって内部対立のない「大和」や「興亜」が実現され、救われることを彼は信じていた。ただし、かかる彼の主観とは別に、文部省の公認イデオローグとして語られた「皇国史観」には、国体論の混乱が依然解消しない中、『国体の本義』を超えて独り歩きする多様な国体論、歴史観に対抗するという願意が込められていた。

そして、吉田三郎に代表される精研若手所員たちもまた小沼ら文部省側とともに、伝統的国体論の枠内から平泉澄の思想＝新しい国体論と対抗した。ただし、人間としての自然な情欲を認めるリアルな国民観、文部省への不信感に基づいた制度改革論、「日本世界史」の希求といった特質を有する吉田の思想は、文部省主流派とは重要な相違点をもつ。この相違を背景に彼は現実の文部行政を批判し、かつ「皇国史観」を論じたのである。そしてこの両者の相違は、それぞれの「皇国史観」解釈にも反映した。即ち、当時使われた「皇国史観」には二系統の解釈系列が存在した。文部省及び精研上層部と吉田に代表される精研中堅層とは、同じ「皇国史観」という用語を採用しつつも、そこに込めた意味は対照的であり、両者は相反目しあった。

第二に、これまで日本ファシズム論が重視してきた伝統的国体論は、戦時動員の下での過酷な負担に耐える国民の支持をつなぎとめることが必須な体制側にとって必ずしも有効なものではなかった。既に平泉澄ら新しい国体論側によって、国内における国民総動員という観点から伝統的国体論＝『国体の本義』は批判されていたが、それに続いて、伝統的国体論派内部からも、対外策としての有効性をめぐり『国体の本義』への懐疑者を生み出していたのである。しかし、『国体の本義』『国史概説』といった国民教化策の流れを自己正当化することに腐心する文部省側は、獅子身中の虫たる吉田ら「革新分子」の「皇国史観」を圧殺し、彼らの「皇国史観」が有していた批判性を去勢した。現在の私たちが皇国史観と聞くと、『国体の本義』や『国史概説』を連想し、結び付けてしまいがちである。しかし、それは、吉田らの「皇国史観」解釈の系列を弾圧し、「皇国史観」の画一化を果たそうとした文部省及び精研上層部の意向に同調してしまうことを意味する。「皇国史観」は文部省及び精研上層部が専有する用語となり、画一化が成功したかに見えたが、それでも到底正統的位置を占めるには至らなかったことに留意する必要がある。

註

（1）　長谷川亮一「アジア太平洋戦争下における文部省の修史事業と「国史編修院」」『千葉史学』四六号、二〇〇五年、参照。

（2）　岡部長景「文部大臣謹話」（一九四三年八月二七日）『文部時報』七九八号、一九四三年九月二五日、七四頁。国史編修準備委員会委員には、竹越与三郎、西田直二郎、山田孝雄、中村孝也、平泉澄、矢野仁一、辻善之助、安岡正篤などが任命されている。

（3）　『第三回中央協力会議録（全）』（須崎慎一編『大政翼賛運動資料集成』二集四巻、柏書房、一九八九年）二四～二五頁。

（4）　春日太一「思想情勢論」『日本評論』一八巻二号、一九四三年二月、九三頁。ちなみに、ここでいう「神話解釈を中心とする思想の対立」とは、昭和一七年三月に今泉定助の論文が掲載された雑誌が発禁処分に付されたことに端を発する騒動を指している。今泉や彼に影響を受けた葦津珍彦らは、処分を不服とし、神祇院、皇典講究所、大日本神祇会に対し質問書を提出するなどいわゆる「神典擁護運動」を展開した。運動は、今泉処分の背後にいると見なされた宮内省掌典職祭事課長星野輝興の学説を不敬として指弾し、星野を依願免官にまで追い込んだ。運動の概要・経過については『特高月報　昭和十七年八月分』一八一～九三頁、佐野和史「昭和十七年の別天神論争」『神道学』一二九号、一九八六年五月、拙稿「近代日本における祭と政――国民の主体化をめぐって」『日本史研究』五七一号、二〇一〇年三月、参照。

（5） 無署名「正史編修の大業」『読売報知』一九四三年八月三〇日付、一面。
（6） 「小沼洋夫年譜」（平塚益徳編『小沼洋夫遺稿集』小沼洋夫遺稿集刊行委員会、一九六八年）、内閣印刷局編『職員録昭和十七年七月一日現在』内閣印刷局、一九四二年、「近衛公爵賞懸賞論文入選発表」『政界往来』一〇巻一〇号、一九三九年一〇月。
（7） 無署名「巻頭言」『現実へ』創刊号、一九三〇年四月、一頁。
（8） 無署名「巻頭言」『現実へ』三号、一九三〇年一〇月、頁数なし。
（9） 「マルクス主義と宗教」論争、反宗教運動については、赤澤史朗「反宗教運動」『近代日本の思想動員と宗教統制』校倉書房、一九八五年、田中真人「共産主義者の反宗教運動」（同志社大学人文科学研究所編『排耶論の研究』教文館、一九八九年）、磯前順一「マルクス主義史学と宗教――近代日本における内面なるもの」『岩波講座宗教』三巻、二〇〇四年、などを参照。
（10） 荒井茂「宗教イデオロギーの存在性――O兄への書翰に代へて」『現実へ』七号、一九三一年一一月、四五頁。
（11）（12） 荒井茂「唯物弁証法的「考へ方」と反宗教運動――並に本荘可宗氏の論文批評」『現実へ』六号、一九三一年七月、七頁、五頁。
（13） 秋田生男「イデオロギーとしての道徳について」『現実へ』三号、一九三〇年一〇月、三六頁。
（14） 荒井茂「宗教イデオロギーの存在性」前掲誌、四七頁。
（15） 荒井茂「知識への失望の吟味」『現実へ』一三号、一九三三年六月、三頁。
（16） 荒井茂「世の中の現実」『現実へ』一六号、一九三四年一〇月、一八頁。
（17） 「小沼洋夫年譜」前掲書、二九〇頁。
（18）（19）（20）（21） 小沼洋夫「あるべき日本的諸相」『政界往来』一〇巻一一号、一九三九年一一月、八〇～八一頁、九八頁、九〇頁、九七頁。これは小沼が近衛公爵賞懸賞論文において第二席を獲得した論文である。
（22） 文部省「日本世界観と世界新秩序の建設」『週報』二九二号、一九四二年五月一三日、八頁。
（23） 小沼洋夫「日本世界観透徹の教育」『文化日本』六巻八号、一九四二年八月、二三頁。
（24） 公刊物でなければ『昭和十七年六月二十二日高等師範学校長、高等学校長、専門学校長、実業専門学校長会議ニ於ケル橋田文部大臣訓示要領』（国立教育政策研究所教育図書館蔵）が、「日本世界観」と関係なければ文部省図書局図書監修官中村一良「歴史教育に関する覚書」（『国民精神文化』七巻一〇号、一九四一年一一月）が、文部当局・「日本世界観」と関係なければ牧健二『日本国体の理論』（有斐閣、一九四〇年三月）が、「皇国史観」を使用した極めて初期のものである。この点については長谷川亮一氏よりご教示いただいた。記して感謝申し上げたい。

(25)(26)　小沼洋夫「興亜政策と歴史教育」『政界往来』一四巻六号、一九四三年六月、一九～二〇頁、二一～二二頁。

(27)　佐藤広美「「大東亜共栄圏」と日本教育学（序説）――教育学は植民地支配にいかに加担したのか」『植民地教育史研究年報』二号、一九九九年、同「大東亜共栄圏と『興亜教育』――教育学とアジア侵略との関係を問う」『興亜教育』別冊、緑蔭書房、二〇〇〇年。

(28)　小沼洋夫「歴史と理念の面から」『興亜』四巻七号、一九四三年七月、一七頁。

(29)　小沼洋夫「自主的一体感の興亜教育」『興亜教育』二巻九号、一九四三年九月、二五～二六頁。

(30)(31)　小沼洋夫「興亜政策と歴史教育」前掲誌、二〇頁、二二頁。

(32)　小沼洋夫「皇国史観の確立と『国史概説』」『文部時報』七八九号、一九四三年五月一〇日、二〇頁。

(33)　小沼は同様の立場から「皇国史観」論と並行して「日本倫理」学の構築に乗り出す。彼にとって盛行する西田幾多郎、和辻哲郎、京都学派らの学問もまた「知的抽象」に基づくものであり、彼はそれらを排することによって「倫理学の転換」を試みる（小沼洋夫「転換期の倫理学書」『読書人』二巻九号、一九四二年九月、「日本倫理の国学的考察」『改造』一九四三年一月号、「倫理学の転換――国学の思想を中心とする考察」『吉田博士古稀祝賀記念論文集』宝文館、一九四三年七月、など）。彼個人としては「「弟子である自分が、敢えて忠諫を試みて」無理解の矯激な反対勢力（原理日本社を中心としたグループのことだろう」からの不測の災を未然に警告したい」（「小沼洋夫年譜」前掲書、三〇二頁）という思いに駆られて批判を行っていた。

(34)(35)　小沼洋夫「皇国史観の確立と『国史概説』」前掲誌、二二頁、二三頁。

(36)(37)　文部省編『国史概説』上、内閣印刷局、一九四三年一月、二〇頁、三頁。『国史概説』上巻は、東北帝国大学教授村岡典嗣の女婿福尾猛市郎が下書きしたといわれている（中田易直先生談「戦後の三井文庫と文部省史料館について」『三井文庫論叢』三五号、二〇〇一年一二月、四頁）。福尾（明治四一～平成二〈一九〇八～一九九〇〉）は、昭和七年に京都帝国大学文学部史学科国史学専攻を卒業しており、吉田三郎とは同い年で、大学では吉田の一年後輩に当たる。

(38)　小沼洋夫「皇国史観の確立と『国史概説』」前掲誌、二五頁。

(39) 従来の研究史では、吉田の著作に思想戦や「皇国史観」、「世界史の哲学」批判を扱ったものがある点が注目され、その文脈から言及されてきた(渋谷重光「「思想戦」の論理と操作性」『人文研究』一〇三集、一九八九年、田中卓「皇国史観について」〈一九六九年初出〉『皇国史観の対決』皇學館大学出版部、一九八四年、大橋良介『京都学派と日本海軍』PHP新書、二〇〇一年)。また異なる文脈から、駒込武『植民地帝国日本の文化統合』(岩波書店、一九九六年)が吉田の資料を引用している。なお北山茂夫「日本近代史学の発展」旧版『岩波講座日本歴史二二 別巻一』(岩波書店、一九六三年)は、転向前の吉田に注目している。しかし、これらの研究における吉田への言及は、研究者の行論に関わりのある範囲での資料の部分的引用に止まり、吉田個人がクローズアップされることは全くなかった。

(40) 興南錬成院は、「東亜諸地域に派遣・進出させる者の錬成機関の性格と機能を総合統一する」という目的のもと、外務省所管の大鵬寮(昭和一六年一一月に東京小平村に設けられた「南方」派遣学生の錬成塾。塾長は大川周明)、拓務省(正確には財団法人日本拓殖協会)管轄の拓南塾(昭和一六年四月に開設された、「南方」開拓のための民間人養成機関)などを母体として、昭和一七(一九四二)年一一月に大東亜省に設置された、「南方」占領地行政に携わる文官、及び民間の「南方」進出者を錬成する機関である。興南錬成院は、第一部から第三部までと研究部に分けられており(大鵬寮が第二部の、拓南塾が第三部の母体)、昭和一八(一九四三)年一一月に、旧興亜院管轄の興亜錬成所(対中国要員のエリート養成機関)を第一部に吸収合併するかたちで、大東亜錬成院として発足する(昭和二〇年九月、廃止)。松永典子『「総力戦」下の人材養成と日本語教育』花書院、二〇〇八年、第一章参照。

(41) 吉田三郎「歴史の旋律」『国民精神文化』一巻一号、一九三五年六月、一〇八〜〇九頁。

(42) 吉田三郎『杉田玄白 高野長英』北海出版社、一九三七年、七五頁。

(43) 吉田三郎「日本史」『スメラ学塾講座』第一期、世界創造社、一九四〇年一一月、一四九〜五〇頁。

(44) M「編輯後記」『学生生活』二巻四号、一九三九年四月、頁数なし。

(45) 公安調査庁編『戦前における右翼団体の状況』中巻、公安調査庁、一九六四年、二八四頁。東大文化科学研究会の成立事情については、小田村寅二郎『昭和史に刻むわれらが道統』日本教文社、一九七八年、参照。

(46) 小沼洋夫「「祖国」国民の自覚に於いて」『興亜』四巻一〇号、一九四三年一〇月、三頁。

(47) 吉田三郎『日本建設史論』世界創造社、一九三九年、序一頁。

(48) 吉田三郎「大東亜史の構想」『日本語』二巻六号、一九四二年六月、一〇頁。

(49)　吉田三郎『歴史教育講座・第二部 資料篇4・E 思想史』四海書房、一九三五年、五七頁。
(50)　戦後の悪罵としても、「平田篤胤とその非科学的な点では同類項に置かるべき山崎闇斎の垂加流神道の祖述者平泉澄一派の歴史家が、戦時中の史壇を独占するに至ったのである」（瀧川政次郎「日本歴史解禁（第一回）」『新潮』四七巻三号、一九五〇年三月、四九頁）というように、垂加神道の祖述者＝平泉という捉え方は、戦後も根強く継続したようである。
(51)　吉田三郎「国史論」『日本建設史論』一八頁。
(52)　吉田三郎談「座談会・文化戦の方途」『現代』一九四二年六月号、三五頁。
(53)　吉田三郎「米英思想謀略物語」『時局雑誌』一九四二年三月号、九四頁。
(54)　吉田三郎「歴史教育論」『国民精神文化』八巻一〇号、一九四二年一一月、二頁。
(55)　吉田三郎「攘夷運動について」『歴史と地理』三三巻一号、一九三三年七月。
(56)　吉田三郎「外国貿易と大名」『歴史学研究』二巻三号、一九三四年七月。
(57)　吉田三郎「日本世界史に於ける英国」『日本建設史論』二六五～六六頁。
(58)　以上、吉田三郎「近世の国家思想」『日本諸学振興委員会研究報告』第四篇（歴史学）、教学局、一九三八年一二月、二二〇頁、二二五頁。
(59)　吉田三郎「総力戦としての歴史教育」『歴史教育』一四巻四号、一九三九年七月、三一頁。なお「編集後記」によれば「革新的な御意見」と紹介されている（一二八頁）。
(60)(61)(62)　吉田三郎「教学刷新と植民地人的性格」『国民精神文化』七巻二号、一九四一年二月、八三頁、八四頁、八六頁。
(63)　小島威彦「地理弁証法のデザイン」『国民精神文化研究』第三年第六冊、一九三六年六月、志田延義「国史教育論」『歴史教育』一四巻四号、一九三九年七月。引用は小島「地理弁証法のデザイン」前掲誌、四一頁。小島威彦については、竹内孝治・小川英明「戦時期における哲学者・小島威彦の著作および出版活動とスメラ学塾――坂倉準三とその協働者・小島威彦の日本世界主義思想に関する研究 その1」・小川英明・竹内孝治「小島威彦との協働関係からみた坂倉準三の建築活動――坂倉準三とその協働者・小島威彦の日本世界主義思想に関する研究 その2」『造形学研究所報』七号、二〇一一年三月、竹内孝治・小川英明「世界創造社の雑誌『ファッショ』および『戦争文化』にみられる思想傾向――坂倉準三とその協働者・小島威彦の日本世界主義思想に関する研究 その3」『造形学研究所報』八号、二〇一二年三月、Mizobe, Yasu'o,

“History of Intellectual Relations between Africa and Japan During the Interwar Period as Seen Through Takehiko Kojima's African Experience of 1936”『明治大学国際日本学研究』九巻一号、二〇一七年三月、など参照。
(64) 公安調査庁編『戦前における右翼団体の状況』中巻、五〇七頁。
(65) 以上、末次信正「開講之辞」『スメラ学塾講座』第一期、三頁、六頁。なおスメラ学塾については、小島威彦『百年目にあけた玉手箱』四巻、創樹社、一九九五年、二七八〜三二七頁、森田朋子「スメラ学塾をめぐる知識人達の軌跡――太平洋戦争期における思想統制と極右思想団体」『文化資源学』四号、二〇〇六年、竹内孝治・小川英明「戦時期における哲学者・小島威彦の著作および出版活動とスメラ学塾――坂倉準三とその協働者・小島威彦の日本世界主義思想に関する研究その1」前掲誌、参照。
(66) 無署名「塾誌」『スメラ学塾講座』第四期、世界創造社、一九四二年九月、三頁。
(67) 小島威彦「第一期終了に際して」『スメラ学塾講座』第一期、三九四〜九七頁。
(68) 吉田三郎「教学刷新と植民地人的性格」前掲誌、八四頁。
(69) 吉田三郎「教育改革論」『国民評論』一九四二年一〇月号、一五頁。伏見猛弥も文部省縮小案を説いていた（荻野富士夫『戦前文部省の治安機能――「思想統制」から「教学錬成」へ』校倉書房、二〇〇七年、二三三頁参照）。
(70)(71)(72)(73) 吉田三郎「皇国史観」『教学』九巻五号、一九四三年六月、二六頁、一九頁、二〇頁、二一頁。
(74)「小沼洋夫年譜」前掲書、三〇一〜〇二頁。
(75) 小沼洋夫「自主的一体感の興亜教育」前掲誌、二七頁。
(76)『公報』一七〇六号、京都府、一九四三年九月二八日、一三五四頁。
(77) 竹下直之「史観と文献」『日本読書新聞』二六八号、一九四三年九月二五日、二面。
(78)(79)(80) 竹下直之『師魂と士魂』聖紀書房、一九四三年一二月、三三頁、六二頁、五六頁。
(81) 宮地正人「天皇制ファシズムとそのイデオローグたち――「国民精神文化研究所」を例にとって」『季刊　科学と思想』七六号、一九九〇年四月、六二頁。
(82)(83)(84) 紀平正美『皇国史観』皇国青年教育協会、一九四三年一一月、二三〜二四頁、四〇頁、四一頁。
(85) 紀平正美「十年間」『国民精神文化』八巻九号、一九四二年一〇月、三二頁。
(86) 平泉澄「正史編修愚見」（一九四三年九月八日起稿、九日に東条首相に提出）田中卓編『平泉博士史論抄』青々企画、

一九九八年、三八八〜九〇頁参照。なお「〔文部省〕教学局と東大の国史学科の平泉教授とはあまり仲が良くなかった」という証言もある（中田易直先生談「戦後の三井文庫と文部省史料館について」前掲誌、三頁）。柳田國男も、「正史」編修事業に対して「私はね、いいことだけを抜いて並べたのでは、日本の歴史はできないと思うね。あの計画はどうするつもりなのかね」と疑念を呈していた（昭和一八年九月一二日開催の木曜会における柳田の発言〈今野圓助「柳田國男と研究会——木曜会を中心に」『女子聖学院短期大学紀要』九号、一九七七年三月、三四頁〉）。

(87) 原田敏明「皇国史観〈承前〉」『文化日本』八巻二号、一九四四年二月、四〇頁。

(88)(89)(90) 肥後和男「皇国史観」『知性』六巻一一号、一九四三年一一月、四頁、三頁、六頁。

(91)(92) 竹下直之『師魂と士魂』一一九頁、一二三〇頁。

(93) 利根川東洋「皇国史観の徹底」『日本読書新聞』二六八号、一九四三年九月二五日、一面。

(94) 利根川東洋『神話と哲学』昭和刊行会、一九四四年三月、三九頁。

(95) 伏見猛弥「教育維新の道」（一九四三年）『教育維新』旺文社、一九四四年六月、一一一〜一一三頁。伏見の経歴や人間像については、伏見猛弥追悼文集編集委員会編『伏見猛弥先生を偲んで』英才教育研究所、一九七二年、参照。

(96) 佐藤広美「大東亜共栄圏と『興亜教育』——教育学とアジア侵略との関係を問う」前掲書、一二二頁。

(97) 吉田三郎「中国新生の指標」『現代』一九四三年七月号、三七頁。

(98)(99) 伏見猛弥『世界政策と日本教育』大日本雄弁会講談社、一九四四年、一七九頁、一八三頁。

(100) 橋田の思想については、清水康幸「橋田邦彦における科学と教育の思想——戦時下教育思想研究への一視角」『日本の教育史学』二五集、一九八二年、金森修「橋田邦彦の生動と隘路」（一九九七年初出）『自然主義の臨界』勁草書房、二〇〇四年、岡本拓司「戦う帝国の科学論——日本精神と科学の接合」（坂野徹・塚原東吾編著『帝国日本の科学思想史』勁草書房、二〇一八年）参照。

(101) 小島威彦『百年目にあけた玉手箱』五巻、創樹社、一九九五年、九三頁。なお志田延義は、吉田のフィリピン行を「応召」と回想している（『歴史の片隅から』至文堂、一九八二年、一二六頁）。また高嶋辰彦については、森晴治編『雪松・高嶋辰彦さんの思い出』私家版、一九八一年、田中宏巳「皇戦会と「吉田の会」——高嶋辰彦の活動を通して」（小林茂・鳴海邦匡・波江彰彦編『日本地政学の組織と活動——綜合地理研究会と皇戦会』大阪大学文学研究科人文地理学教室、二〇一〇年）、柴田陽一『帝国日本と地政学——アジア・太平洋戦争期における地理学者の思想と実践』清文堂、二〇一六年、玉木寛輝「昭和戦前期における政戦両略一体論の系譜——高嶋辰彦を中心として」『法学政治学論究』一〇九号、二〇一六年六月、参照。

(102)「現下の思想動向 第二 教育関係の思想動向」(一九四三年)『昭和社会経済史料集成』一九巻、大東文化大学東洋研究所、一九九四年、四四七頁。

(103) 前田一男「国民精神文化研究所の研究——戦時下教学刷新における「精研」の役割・機能について」『日本の教育史学』二五集、一九八二年、六五頁。また荻野富士夫『戦前文部省の治安機能』三四七～四九頁、三七八～七九頁参照。

(104) 吉田三郎「教育改革論」前掲誌、一〇頁。

(105) 平泉澄「明治は遠くなりにけり——皇国正史編修の議」(一九六三年四月)『平泉博士史論抄』三八三頁。

(106) 以上、山田孝雄「皇国の歴史を如何に観ずべきか」『読書人』四巻一号、一九四四年一月、二頁。

(107)「国史編修準備委員会答申」(一九四四年三月二九日)『日本諸学』五号、一九四四年一二月、二四三頁。

(108) 文政研究会編『文教維新の綱領』新紀元社、一九四四年四月、二三八頁、三四一頁など。

(109) 無署名「神風賦」『朝日新聞』一九四三年八月二九日付、二面。

(110) 園田新吾「天皇観」(一九四一年頃) 岡本太郎編『園田新吾十五年祭記念 維新の信条』中井勝彦、一九七二年、二一二頁。同様に星野輝興も「私は北畠親房卿の神皇正統記を書かれたその忠誠には頭が下りますが、併し神皇正統記を書かれたその根本精神にはどうかと思ふのであります。　天皇に御諫言申上げるといふ積りで書いたものでなからうか。とすればその根本が既に間違つてをります。真に　天皇陛下と仰ぎ奉る時にかゝることが出来るものではない。支那ではあるが日本にはない。唯言上するのみです」と親房の天皇に対する態度を批判している(星野輝興『国体の根基』日本青年館、一九四〇年、三一頁)。もちろん『神皇正統記』に対する批判は以前からある。例えば、木村鷹太郎は「正統記は南朝の皇統には忠義なりしと雖、『日本』には如何ん」と、『神皇正統記』が尊皇の書ではあっても愛国の書ではないことを問題にしている(「神皇正統記は倫理教育上有害の書なり」『太陽』四巻一三号、一八九八年六月二〇日、二五頁)。

(111) 平泉澄「『神皇正統記』の内容」『武士道の復活』至文堂、一九三三年、二五二頁。

(112) 山田孝雄「読者の為に」『神皇正統記』岩波文庫、一九三四年、二〇三頁。

(113)「正史編修の大業」前掲紙、一面。

(114)(115) 保田與重郎「日本正史の編修」『読書人』三巻一一号、一九四三年一一月、一一頁、八頁。

第二章　大川周明のアジア観

はじめに

昭和十年代、日中戦争の開始に伴って、国内では本格的な総力戦体制の構築が要請され、また植民地では皇民化政策が激化していった中、歴史学の動員も積極的に叫ばれた。台湾、朝鮮を帝国の版図としている多民族帝国としての現実、そしてさらに中国への侵略を一段と進めつつある現状に対応するには、ある程度「国史学」を外部に開いていく必要があった。吉田三郎は次のように主張している。

今日要求される歴史学は如何なるものであるか。結論的に云へば、日本史を語ることが、やがて世界史である如き日本史を編述することである。日本史・東洋史・西洋史といふが如き地域別研究を止揚して、日本を主軸とする世界史が描かれねばならぬ。この事業に対して、日本史専攻者も東洋史専門家も、西洋史家も動員せられねばならない(1)。

大日本帝国の版図及び「日本人」の拡大に伴って、「地域別研究を止揚」し、「国史」もまた拡大の方向を打ち出す。今や「世界史」こそがクローズアップされつつあり、国体論もまた変容を示す必要があった。

吉田ら伝統的国体論「革新派」は文部省主流派によって排除され、「日本世界史」はあくまで構想のレベルに止まらざるを得なかった。それでは、彼ら以外の国体論者は、この「世界史」問題の浮上に対し、どのような対応をしたのだろうか。このような問題関心から、本章は大川周明の「世界史」理解に注目したい。その際、世界史を成り立たせる一つの主体たるアジアに対する彼の把握を検討する必要があろう。

近年、大川周明のアジア観が議論される機会は増えてきたが(2)、その研究は、これまで主にインド観、中国観に重点が置かれてきた。即ち、彼における「亜細亜」「東洋」という全体概念を問うよりも、それらを構成する具体的な国々に関する観察が考察されてきたのである。そしてそのような先行研究においては、大塚健洋氏の見解に顕著なように、大川はインドに対しては独立運動の協力者、中国に対しては帝国主義者というように両者は完全に切り離され、評価が区別されてきた(3)。しかし、問題はこの二面がどのように関係しているのかということであり、さらには彼にとって全体としてのアジアはどのように把握されていたのかであろう。

以下では、大川のインド・朝鮮・中国といった個別の国に対する見方を確認しつつ、全体としてのアジアを、さらにはそれを包む世界史を彼がどのように捉えていたのかについて分析していきたい。

一　「世界史」問題の浮上

平泉澄は、滞欧中の昭和六（一九三一）年二月、日記に次のように記している。

世界史乃至一般史なるものが極めて便宜的なものであつて歴史の本質より論ずれば結局成立し得ない事は予のかねて確信主張し来つたところであるが、此頃考ふるに世界史は三種を分ち得る、／1、ドイツの世界史、之はドイツ文化を人類文化の極段と考へ、文化的に世界を征服せんとの意図をその根抵とする、もしその前提が正しく、而して此の意図が実現せらるゝものならば世界史は成立つであらう、しかも前提は全然虚構であり、意図は結局成立つべくもない、我等はこの暴慢無礼の意図を粉砕しなければならない、／2、マルクス主義者の世界史、之はマルクス主義によつて世界を動かし世界を統一せんとするものである、之はその実現の暁に於いて世界史の成立を示す事となるであらう、従つてマルクス主義の末輩が「世界史の可能性と必然性」を説くは当然の事である、しかもこはいかにしても許さるべきでない我等は今力を尽してこの妄説を破り、この暴虐を抑へなければならない、／3、便宜的世界史、即ち常識としての世界史、これは必要なものであつて我等の研究しなければならないものである、[4]

やや引用が長くなったが、ここで平泉は、①ドイツ文化による世界統一、②マルクス主義の世界制覇、③常識という三つのタイプで「世界史」を考えている。彼は③は認容したものの、①②は断固拒否した。彼にとって「歴史は一つの国家、一つの民族に於てのみ初めて可能である」[5]以上、「所謂世界史なるものは、何等の連絡なく、何等の統一なき寄木細工にして、真の歴史の意義と遠く離れたるもの」[6]であった。一国史家平泉としては、「国史」を超えた「世界史」は存在しない、存在してはならないという考えは当然のものであり、以後一貫して保持された。新しい国体論を代表する平泉の思想は、国民の主体性を喚起し、国民を総力戦へと駆り立てる上で有効なものではあったが、「世界史」を否定するという陥穽をも秘めていた。それに対し、例えば大野慎は、従来信奉してきた水戸学のみでは対米開戦後の情勢に対応しかねることを自覚してか、唐突に偽史（『竹内文献』）の世界観を受容し始める。彼は「世界人類の生命の源は、そして世界文化の発祥地は実に皇国日本であつたのだ」と高らかに宣言し、「太古日本の姿に還元することが八紘為宇の大精神を実践するわれわれの宿命なのだ」と説く[7]。偽史の世界観に基づいて、世界の全人種、全文化の発祥地たる日本を中心として、夜郎自大な「世界史」が展開することになる。

それではこのような中、大川周明は世界史をどのように構想していたのだろうか。先の平泉の分類に即していえば、③についてはともかく、日本の「伝統」に依拠した国家改造を目指していた彼が、②に賛同するとは到底考えられず、さらにもともと彼は大正七（一九一八）年に、同一主義による世界連邦の形成やある一国による世界統一について、「弥勒菩薩の出現よりも、尚ほ遼遠なる未来の事」としていた[8]。即ち、①のレベルでの「世界史」についても、その成立は無理と判断していたことになる。

ところが、一九二四年、アメリカで成立した排日移民法は、大川の思想にとって大きな転機となった。かねてから「国民としての権威と品位とを傷けられても、尚且これを忍べと命ずるやうな平和の神は、吾等に取りて最も無用の存在である[9]」と説いていた彼は、当時の世論で盛んに説かれていた日米戦争論を背景に、大正一四（一九二五）年刊行の『亜細亜・欧羅巴・日本』において「言葉の真個の意味に於ける世界史とは、東西両洋の対立・抗争・統一の歴史に外ならぬこと[10]」を示そうとした。

いま東洋と西洋とは、夫れ〴〵の路を行き尽した。然り、相離れては両ながら存続し難き点まで進み尽した。世界史は、両者が相結ばねばならぬことを明示して居る。さり乍ら此の結合は、恐らく平和の間に行はれることはあるまい。『天国は常に剣影裡に在る』。東西両強国が、生命を賭しての戦が、恐らく従来も然りし如く、新世界出現のために避け難き運命である。この論理は、果然米国の日本に対する挑戦として現はれた。亜細亜に於ける最強国は日本であり、欧羅巴を代表する最強国は米国である。……この両国は、希臘と波斯、羅馬とカルタゴが戦はねばならなかつた如く、相戦はねばならぬ運命に在る。日本よ！　一年の後か、十年の後か、又は三十年の後か、そは唯だ天のみ知る。いつ何時、天は汝を喚んで、戦を命ずるかも知れぬ。寸時も油断なく用意せよ！／建国三千年、この優秀なる民族を以てして、日本は唯だ異邦より一切の文明を摂取したるのみで、未だ曾て世界史に積極的に貢献する所なかつた。この永き準備は、実に今日の為でなかつたか。来るべき日米戦に於ける日本の勝利によつて、暗黒の世は去り、天つ日輝く世界が明け初めねばならぬ。[11]

東西文明対抗史観を唱えて以降、大川は、大正七年の頃とは異なり、世界連邦や世界統一の実現は「今日明日の事でない」と断りつつも、実現の日は「必ず来る」とし、その実現こそ「日本の世界史的使命」であるとするに至った。[12] 即ち、彼において、①のレベルでの「世界史」が日本を主体として構想されるようになったのである。

しかし、留意すべきは、大川が東洋文明と西洋文明との戦争を具体的には日本とアメリカとの戦争と捉えていたように、彼にとっていまだ「国家は至高至大の組織体であり、国家以上の個体が無い」[13]とされたことである。そのため彼の東洋観も、具体的にはインド・朝鮮・中国といった個別の国、国民に対する見方として現出することになった。日本の帝国主義的政策の進展とも関わり、彼は将来的に「必ず来る」アメリカとの戦争を見越して、昭和期には、日本の「同盟者」たる東洋文明の担い手達について言及することが増えていく。以下では彼のインド・朝鮮・中国に関する議論を検討していこう。

二　大川のインド・朝鮮・中国観

大川は、東京帝国大学で宗教学を学び、卒業論文として「龍樹研究序論」を書いたように、仏教哲学に大きな関心を寄せていた。彼は、大正二（一九一三）年の夏、書名に引かれてコットン『新インド』（S. H. Cotton, *New India or India in Transition*）を読み、イギリス統治下における現実のインドの状況を知り、アジア問題に開眼していった。このような経緯からも窺えるように、彼のアジア観の根底にはインド観がある。この点、近代日本のアジア主義者の多くが、朝鮮や中国への関心から思想を形成していったのとは大きく異なる。かかる独自性を反映するように、彼は現代インドにおけるガンディーの指導による国民運動に早くから注目し、かつ高く評価していた。ただし、その評価の背景には彼の抱く国家改造という使命感がある点に留意しなければならない。彼にとって、「印度に内在する昔乍らの生命が、芽出度き機運に際会し、新しき力を帯びて捲土重来する」「復興印度の原則は、取りも直さず改造日本の原則」であり、日本の国家改造運動もまた「深く国民本来の精神に根ざし、運動の各部面に於て、躍如たる国民性の発露を認め得る」ものでなければならなかった[14]。つまり、彼は、それぞれの「伝統」に基づく国民運動を重視するという点で、ヨーロッパ支配下におけるアジアの独立運動の原則と日本の国家改造運動の原則とを本質的に同じものとして認識していたのである。

このように大川の現代アジアに対する評価は、アジア各国における現在と過去の「伝統」との合致度を判断基準として行われるものであった。そのため彼のまなざしはまずアジア各国の「伝統」に向けられることになる。彼における朝鮮への言及は、アジア主義者としては異例なほど少なく、それもほとんどは古代史の文脈に限られる。そこで彼は、「彼等〔朝鮮人〕は卑屈なる事大主義者となり、権力と黄金の前に膝を屈して恥ぢざる民となつた[15]」と、朝鮮の民族性をはるか昔から善美ならざるものとして把握していた。このように朝鮮の民族性を貶視し、その「事大主義」をこそ「伝統」化してとらえた彼は、朝鮮のナショナリズムを無視し、「要するに国家が偉大で、其国威国勢が旺盛でありさへすれば、新附の民は喜んで其同化政策に服するのである」、「日本人たることが世界何れの国に於ても有利であるならば、凡ての台湾人凡ての朝鮮人を挙げて、日本人たることを大なる誇とするのは勿論」だと主張してはばからなかった[16]。

さらに大川は、昭和期になると『中庸新註』の著作をはじめ中国思想について活発に論じ始める。もともと彼は、大正初期から儒教に代表される中国思想の家重視、国家無視の性格を貶視し、中国思想が近代国民国家の基礎をなすネーション観念と結び付くには不向きであるとし、「国運の悲しむべき衰頽も必然の結果である」と、現実の中国を悲観的に把握していた[17]。しかし昭和初期には、彼は「相共に東洋文明興隆のため、東洋平和確立のため、東洋諸国復興のため拮据献身」する「日支の親善」の必要を説き[18]、政治、宗教、道徳を一体とした「道」という「支那の昔ながらの正統思想」を「吾々が大いに学ぶべき点」として高く評価していった[19]。

ところが、このような高い評価は、国民政府や中国の改造運動者が「支那本来の思想、文明とは相反した方向にのみ、今日は走つて居る[20]」点や「民族精神の奥底に沈潜して其善を認め之を体得しやうと努ゐ（ママ）て居[21]」らず、かえって「一切支那的なるものを否定せんとさへして居[22]」る点に対する強い批判と表裏一体のものであった。大川の主観における「支那の昔ながらの正統思想」が高く評価されればされるほど、それと乖離した現代の中国の動きはむしろ否定されるという構図である。中国の「伝統」を評価することは、現在の中国に対する肯定的評価には決してつながらなかった。むしろ抗日気運が高まる現代中国の情勢への反感こそが、彼をして「支那の昔ながらの正統思想」へと向かわせることになったといえよう。彼が、インドとは対照的に朝鮮・中国のナショナリズムの勃興を正当に評価できなかったのは、両国のナショナリズムが西洋に抗するものではなく、抗日を基本にするものであったためだろう[23]。

　このような中国観を有する大川にとって、中国の歴史は、「万世一系」の皇室を戴く日本との対比の下で「悲惨なる簒奪の歴史、夷狄と貶せる異民族の侵略史、支那民族の降伏史」[24]として捉えられ、かえって「支那の昔ながらの正統思想」が実現されてこなかった過程として描き出されることになった。日本の国体の優秀さを浮かび上がらせるためには、その反照として否定的な他者像、即ち劣った「伝統」の捏造による補完が不可欠であったが、そこに彼は中国を利用したのである[25]。

　第二部第二章で確認したように、大川は日本歴史を〈日本的なるもの〉が貫通する流れとして捉えていた。そのようなまなざしから、彼は朝鮮・中国の歴史を貶視した一方で、他方、日本と朝鮮・中国は「同文[26]」、「精神的の国境がない」と文化的一体感を強調し、中国で滅びつつある「支那文明の本質」を日本が復興させねばならないとした[27]。

　近代国民国家はその成立に当たり「国民の歴史」を不可欠の要件とするが、大川は、日本の「伝統」の反照として朝鮮・中国の「伝統」を一方的に貶視することで朝鮮・中国の近代国民国家化の可能性を否定した。そしてこのような停滞史観を背景に、アジアで唯一近代国民国家化に成功した日本は、同時に、中国で滅びつつある「支那文明の本質」をも保持しているとされた。中国での現実の近代国民国家化の動きを認めず、「支那的なるもの」「支那文明の本質」とは何かを判断する基準は、日本国民たる大川の主観に委ねられていた。彼は徹底して、朝鮮・中国の「伝統」を近代国民国家であり、「アジア文明の博物館」である日本の歴史に収奪し、取り込み、再編しようとしたといえる。

　ところで、昭和一〇（一九三五）年二月、大川が主宰する神武会は五・一五事件との関係で解散させられた。神武会は、当時の国家主義陣営における核心団体と見なされており、その解散は、大川にとってはもちろん、昭和の国家主義運動にとっても一大打撃であった。先に彼のアジア観と国家改造運動観との共通性を指摘しておいたが、この神武会解散という挫折のもたらした衝撃は、彼のアジア観にも影響を与えている。彼は、五・一五事件に連座した獄中において、昭和一一（一九三六）年の日記に次のように記す。

予は従来総ての人間を平等に扱ひ過ぎた。これは一得一失である。向後は取扱ひに多少の差別をつけよう。猿のやうな人間をば猿のやうに、犬のやうな人間をば犬のやうに扱はう。猿又は犬のやうな人間は、かく取扱はれることを却つて喜ぶであらう。／予はこれまで幾多の亡国民と交はつて来た。支那人朝鮮人印度人安南人爪哇人等である。此等の亡国民は決して之を日本人と同一視し、従つて同一に待遇してはならぬ。……もともと彼等は道徳的に低度の国民であるからこそ亡国の民となつたのだから、高い道徳的要求に応じ切れないのは当然の話である。……彼等に対しては丁度家畜を馴らすと同様に、情けと力で手なづける外に良策がないようだ。とにかく高き道徳的要求や期待を持たぬやうにすることが肝心だ。尤も日本人の中にも彼等と択ばぬのが相当に多い[28]。

ここにはアジアの「亡国民」に対する、大川の拭いがたい絶望感、憤懣が露骨なまでに表れている。日本とともに西洋帝国主義と戦うことを求められたアジアの国民が散々にこき下ろされている。彼は「伝統」という視座からアジア各国の動きの正当性を特権的に判定し、インドには高い評価を、朝鮮・中国の抗日には無視や否定的評価を下していた。その態度は、表面的にはインドに対しては独立運動の協力者、朝鮮・中国に対しては帝国主義者という異なる大川像を形成することになったが、彼のインドへのまなざしと朝鮮・中国へのそれとは本質的には同じであり、「亡国民」「道徳的に低度の国民」「家畜」同様といった極めて侮蔑的なものとして表出することになった。翌年には日中戦争が始まるような、日本がますますアジア侵略を進めていたこの時期、彼は現実のインド、朝鮮、中国といったアジア諸国を極めてネガティブに把握していた。

またここでは大川が同時に日本人の中にも「道徳的に低度の国民」を見出していたことにも注意したい。アジアの「亡国民」に対してと同様、彼はほとんど日本人にも絶望していたのである。しかし、彼はかかる絶望に閉じこもることなく、出獄後に刊行した『日本二千六百年史』（一九三九年）によって、改めて国民に国家改造と「全亜細亜復興」の必要性を説いた。

かかる大川のアジア論の展開にとって一つの契機となったのが、昭和一五（一九四〇）年七月二六日に閣議決定された「基本国策要綱」である。それは、「世界ハ今ヤ歴史的一大転機ニ際会シ数個ノ国家群ノ生成発展ヲ基調トスル新ナル政治経済文化ノ創成ヲ見ントシ」[29]ている、という新たな世界認識を表明した。そして、この「基本国策要綱」の外交方針について説明した松岡洋右外相は、公式に初めて「大東亜共栄圏」という言葉を使い、以後一般に広まっていった。この流れを受けて、かつて「国家は至高至大の組織体であり、国家以上の個体が無い」としていた大川も、世界連邦や世界統一の理想に到達する前段階として、「先づ地域的に近接し、人種的に近似し、経済的に連関し、文化的に緊密なる数個の国家又は民族の間に、超国家的なる組織体が、共通の主義と利害とによつて実現せられねばならぬ。世界史は、今や是の如き組織体を地上に出現せしめんとして居る」[30]とし、「超国家的なる組織体」の実現を説いた。

大川は、先述のように、具体的なアジアの国民に対しては極めて低い評価を下しながら、その一方で「超国家的なる組織体」として「アジア」を構想していくことになる。以下では、太平洋戦争開戦後、当時の「大東亜共栄圏」をめぐる議論の傾向を踏まえた上で、「超国家」主義者大川のアジア論を検討しよう。

三　戦時下のアジア論

「大東亜共栄圏」建設が国策となった昭和一五年後半から敗戦まで、『改造』『中央公論』『文藝春秋』などの総合雑誌には、夥しい数の「大東亜共栄圏」論が掲載された。それらは多種多様なものではあったが、ほとんどは天皇の詔勅や政府の発表する国策を素材とするものであった。(31)さらに「大東亜共栄圏」の歴史的根拠を探る歴史書も、文部省編『大東亜史概説』（刊行されず）、海軍有終会編『太平洋二千六百年史』（初版一九四〇年、増補再版一九四三年）、矢野仁一『大東亜史の構想』（一九四四年）など多数構想、刊行された。また伏見猛弥『大東亜教育政策』（一九四二年）、志田延義『大東亜言語建設の基本』（一九四三年）、吉田三郎『興亜論』（一九四四年）など、特に国民精神文化研究所の若手所員は積極的に「大東亜」論を打ち出していた。第一章で確認したように、彼らは対外策をめぐって文部省と対立していたのであり、その意味で彼らの著作を単純に時流に迎合したものと捉えることには慎重であるべきだろう。そして同様の複雑さはこの時期の大川の言論活動にもつきまとう。大川の議論を検討する前に、これら当時の議論の中から、文部省による『大東亜史概説』編纂の趣旨を窺い、その意図を確認しよう。

大東亜戦争の意義に鑑み日本世界観に基く大東亜一体観の立場より大東亜の歴史と其意義とを明らかにし、その文化の特質と諸民族隆替の様相を探ね特に我が国との関係及欧米諸国のアジヤ経略の実情を明確にし以て我が国民の自覚とアジヤ諸民族の奮起とを促し大東亜新秩序建設に資せんが為大東亜史を編纂せんとす。(32)

文部省は、日本国民の自覚とアジア諸民族の奮起を促すことを目的として、「日本世界観に基く大東亜一体観」の立場から、アジア諸文化と「我が国との関係」、「欧米諸国のアジヤ経略の実情」の二点を明確化することをはかった。

では、文部省側のこのような二点の要請に対して大川はいかに対応したか。そもそも彼は早くも開戦から六日後、即ち昭和一六（一九四二）年一二月一四日から二五日まで「米英東亜侵略史」と題してラジオ講演を行い、欧米のアジア侵略史を批判し、被侵略共同体としてのアジアを強調した。そしてそれによって、アジア解放という日本の世界史的使命を謳い上げ、国民の戦意を高揚させ、また欧米に対する敵愾心を煽り立てた。

次に、アジア諸文化と「我が国との関係」について、大川はいかなる説明を国民に行ったか。彼は昭和一九（一九四四）年三月二八日からのラジオ講演において、「東洋精神」の名の下にアジアに共通する〈アジア的なるもの〉の存在を強調した。そして、その特徴として保守主義や没我的で超個人的共同体を重視する点や、宗教・道徳・政治が分化せず一体である点を挙げ、「日本のみち、支那の道、印度のダルマ又はリタ、回教のシヤル」を本質的には同じものとする。さらに彼は「一面に於て此の〔「東洋精神」の〕同一性を認めると同時に、他面に於て諸民族精神の差別相をも無視してはならない」とし、「支那的なるもの及び印度的なるものの再探求」を行う。しかしその「再探求」は、前者については実践的な倫理思想を、後者については超越的な宗教思想を指摘した上で、「支那の倫理と印度の宗教が合流して、単一の東洋を成して居り、その一如を実現して居るのが日本」だとし、「日本精神は、東洋の綜合的精神の生きた姿」とするものであった[33]。

ここにおいてアジア「諸民族精神の差別相」は「日本精神」に統合される。〈日本的なるもの〉は、「単一の東洋」＝〈アジア的なるもの〉の単なる一特殊相ではなく、唯一〈アジア的なるもの〉全体を体現しているものと位置付けられた。それ故、「日本精神は東洋精神として初めて正しく理解することが出来る[34]」という言説は、決して〈アジア的なるもの〉の下における〈日本的なるもの〉という一特殊相の把握を意図しているのではなく、〈日本的なるもの〉こそが〈アジア的なるもの〉を代表しているのだという自負の表明なのである。彼はより直接的に「『アジア及アジア人の道』といふことは取も直さず『日本人及日本の道』であります[35]」と断言してはばからなかった。彼にとって、「日本精神は即ち三国精神であり、この精神こそ、大東亜秩序の基礎たるべき新東洋精神の根柢または中心たるべきものである[36]」というように、現在生まれつつある「新東洋精神」における「日本精神」の中心性、指導性は自明のものであった。中国、インドの国民を「亡国民」として貶視した開戦前のアジア観の延長線上にあるものといえよう。

ラジオ講演のみならず、大川は、『亜細亜建設者』（一九四一年一月）、『近世欧羅巴植民史（一）』（一九四一年一〇月）、『米英東亜侵略史』（一九四二年一月）、『大東亜秩序建設』（一九四三年八月）、『新亜細亜小論』（一九四四年六月）、『新東洋精神』（一九四五年四月）といった一連の著作を通じて、西洋によるアジア侵略を指弾し、アジア解放戦争たる「大東亜戦争」の意義を鼓吹した。また第二部第三章で確認したように、『日本二千六百年史』は伝統的国体論派によって「侵略主義」と批判された過去をもつ。しかし逆にいえば、それだけ彼の思想が時局と密接に関わっていたということであろう。彼は間違いなく「大東亜戦争のイデオローグ」であった。

ただし、「欧米諸国のアジヤ経略の実情」、アジア諸文化と「我が国との関係」の二点を明確にする根本的立場たる「日本世界観に基く大東亜一体観」の点についてはどうか。留意すべきは、大川は確かに津田左右吉を批判し「大東亜一体観」を主張したが、その根拠は文部省の「八紘一宇」的な「日本世界観」では決してなかった点である。むしろ彼はそのような日本の特殊的価値を強調することの無力さを痛感していた。

亜細亜の諸民族をして正しく日本を理解せしめ、積極的に日本に協力せしめるためには、日本民族は亜細亜的に自覚し、亜細亜的に行動せねばならぬ。然るに今日の日本人の言行は善き意味に於ても、悪き意味に於ても、余りに日本的である。……徒らに『日本的』なるものを力説して居るだけでは、その議論が如何に壮烈で神々しくあらうとも、亜細亜の心琴に触れ難く、従つて大東亜戦争のための対外思想戦としては無力である。(37)

大川は、実際の戦局の悪さをよく知っていたため、(38)日本的価値の強調が、無力どころか戦争遂行上むしろ弊害となっていることを問題視していた。そのような現状認識から導きだされた「『日本的』なるもの」の抑制という彼の課題は、当時重光葵外相が進めていた「大東亜新政策」〔連合国側の戦争目的としての大西洋憲章〈一九四一年八月〉に思想的に対抗できる新外交〕の方針と適合的なものであった。(39)重光の新外交の帰着点として、アジア各国の首脳を招いた大東亜会議が、昭和一八〔一九四三〕年一一月に開催された。会議では「大東亜宣言」が採択されたが、その宣言の起草を大川は大東亜省の宇山厚から依頼されていた。(40)大川の起草案は採用されなかったようだが、彼に白羽の矢が立てられたこと自体、彼のアジア観の位置を示唆していよう。

文部省は「日本世界観」を「今日の世界的転換期に当り」「真に現実を指導するに足る最高不動の世界観」と見なしていた。(41)第一章で確認したように、「日本世界観」は小沼洋夫によって「皇国史観」と同一視され、吉田三郎ら「日本世界史」派を排除しながら確立していったものである。ただし、その後の文部省の「日本世界観」論にしても、重光外相の新外交によって低迷していく。そのような中にあって、大川は最初から「日本世界観」とは異なる地点で発言していたのである。それ故、戦闘的自由主義者河合栄治郎の門下生木村健康までもが「所謂右翼の人々の著作の中で、何が将来も残るかは私の多く知り得ない所であるが、尠くとも此の著者〔大川〕の著書は思想界に生命を保持するのではないかと思ふ」(42)と述べるに至っていたように、戦時下において幅広い層で大川への支持が集まっていた。

大川の問題関心は、当時の独善的な日本精神論を批判し、そして「対外思想戦として」有効な「日本精神」論を立ち上げることにあったのであり、実際、先の昭和一九年三月二八日からのラジオ講演の主旨はそこにあった。彼は、「亜細亜諸民族を積極的に日本に協力させるため(43)」、現下の過度の日本主義を批判し、「伝統的東洋精神」と「今日説かれて居る如き日本精神」とを変革し、「新東洋精神」を生み出すことを求めた(44)。

とはいえ大川は、「日本精神」の指導性には疑いを持たず、〈アジア的なるもの〉を〈日本的なるもの〉に還元してしまい、結局別の形で日本主義を唱えたことになるだろう。しかし、彼がこの時期唱えた「日本精神」は天皇や国体、「八紘一宇」といった日本固有とされた特殊的価値とは結び付かない。もちろん天皇について全く触れないという訳ではない。しかし、数少ない言及にしても、「民族制度の国家」→「君主国家」→「貴族政治の国家」→「封建国家」→「近代的立憲君主国家」という「欧羅巴的進化の跡」を示す日本の政治史を「一貫して、国民生活の中心が常に千秋万古易ることなき皇室に存した点に於て、実に最も際立つて東洋的でありまず」と、その言及はあくまで「東洋的」特質たる保守主義の顕著な例としてであった(45)。

それではなぜ大川は、当時の傾向と異なり、天皇や国体といった特殊的価値から距離を置き、「八紘一宇」とは異なる「新東洋精神」の創造に向かい得たのであろうか。それは、彼の天皇観(46)とも関わるであろうが、直接的には「八紘一宇」といった神がかった概念や「大東亜共栄圏」という政府の新秩序に寄りかからずに済む、自前の秩序構想のモデルを彼が調達できたからであろう。そして、そのモデルの源泉となったのは、彼が東京帝国大学在学中から一貫していたイスラムへの関心に基づく知識である。彼は西紀六五〇年より一〇〇〇年に至る時期のイスラムについて次のように述べる。

回教は、其の燦爛たる文化を以て新附の諸民族の上に臨み、彼等自身の旧き文化伝統に対する執着又は記憶を弱め、代ふるに回教の歴史と伝統とを以てした。かくて回教徒の治下に入れる諸民族は、いつしか彼等の回教帰依以前の過去を忘却し去り、心の祖国としてアラビアに回向し、魂の祖先として初代カリーフア〔マホメットの後継者の意味〕を思慕するに至つた。例へばエジプト人は其のファラオやプトレミ朝を忘れ、トルコ人は其の可汗を忘れ去つた。(47)

共通の信仰、共通の律法、共通の文化が、やがて社会的統一の感情を生み、総ての回教徒をして互に同胞たるの感を抱かしめ、精神的並に物質的に自余の世界と対立する『回教国 Dâr al Islâm』の観念を長養して来た。……全き『回教国』が彼等の国土である。なるほど彼等は、其の生国に対して愛着を感ずるであらう。而も一般に愛国心と呼ばるる祖国に対する忠誠の情は、彼等の場合に於ては其の生国に対してよりも、寧ろ全体としての回教圏及び其の宗教的文化に対して献げられる。(48)

大川において、イスラム教の広まりは、優れた「歴史」「伝統」による諸民族の「歴史」「伝統」の淘汰、統合として把握された。そしてそこでは当然、祖国への愛国心よりも「全体としての回教圏」への忠誠心が優先されたのである。

大川は、岡倉天心の影響の下、大正期から一貫して「日本精神の真実相は、統一の意志、支配の意志、而して優越の意志である(49)」とし、「旧を失ふ事なくして新を抱擁する潑溂たる帰一の精神」のおかげで「吾等の意識は全亜細亜意識の綜合である。吾等の文明は全亜細亜思想の表現である」と把握していた。(50) さらにその後も一貫して彼が、朝鮮・中国の歴史を日本の歴史に取り込み、アジア「諸民族精神の差別相」を「日本精神」に統合していたことを考え合わせれば、彼において「日本精神」とイスラム教とがオーバーラップしていることは見易いであろう。まさに「超国家」主義者大川のバックボーンには、「回教国」という現実の具体像があったのであり、彼はアジア各国民に対し、自国への愛国心よりも「全体としてのアジア」、そしてそれを体現する日本への忠誠を要求した。

さて昭和一八年一一月五日、大東亜会議第一日目において、ビルマの代表バー・モウ首相は次のように述べた。

我々「アジア」人は個々の国家の為ではなく、「アジア」全体の為に生きると云ふ、此の精神的信念に基いて新秩序を建設しなければならないのであります。即ち東洋人に生れました暁に於ては、国籍を二重に持つて居る、此の事実を認めなければならないのでありまして、換言致しますると、自国の国籍と同時に大東亜の国籍を有するのであります。[51]

これは一見大川の「大東亜共栄圏」構想そのものである。しかし、バー・モウの主意は、「「ビルマ」はより強くならなければなりませぬ。同じく支那、満州国、「タイ」国、「フィリピン」、御互により強くなり、依つて以てより強き、より偉大なる大東亜共栄圏建設に邁進したい[52]」と、むしろアジア各国の強化こそが「大東亜共栄圏建設」につながるというものであり、大川とは重点が明らかに異なっていた。バー・モウに端的に示されるように、アジア各国の首脳は、自国に都合がよい方向で解釈していたのである。

おわりに

以上、大川の東西文明対抗史観に基づいた「世界史」における一方の主体たるアジア観について検討してきた。以下、まとめをして結びとしたい。

従来の研究において、大川はインドに対して独立運動の協力者、朝鮮・中国に対しては帝国主義者というようにインド観と中国観はそれぞれ別個に把握されてきた。しかし、彼の現代アジアに対する評価は、アジア各国における過去の「伝統」がどの程度現在に現れているかという点から行われるものであり、どの国を見るにしても共通していた。そして、表面的には異なる評価の背後においても、アジア各国の「伝統」の内容があくまで大川によって主観的に設定される点では同じであり、評価にはどうしても日本に都合がよいようバイアスがかかることになった。アジアの国民にも日本人にも絶望した昭和一一年に彼の本質的なアジア人観は露呈する。それはインドも含めて「亡国民」「道徳的に低度の国民」と称されるものであった。

また、大川の戦時下における盛んな言論活動は「大東亜戦争のイデオローグ」と評されてしかるべきものであったろう。しかし、彼のアジア論は、文部省の「日本世界観」や「八紘一宇」といった観念とは無縁なものであった。従来の研究ではほとんど注目されることはなかったが、彼は、当時の議論と異なり、天皇や「八紘一宇」といった日本的価値から距離をとって、むしろ批判的に「対外思想戦」として有効な本当の「日本精神」を追求していた。彼においてそのような態度が可能だったのは、イスラムに関する豊富な知識を背景に、「日本精神」とイスラム教をオーバーラップさせて把握することで、政府の「大東亜共栄圏」論とは異なる「全体としてのアジア」を構想し得たからであろう。アジア主義者として彼の最大の特質はイスラムへの関心にあるが、まさに彼のアジア観においてイスラムは決定的に重要な位置にあったのである。(53) しかし、そもそもイスラムには東洋対西洋という二項対立を止揚する意義がある。彼はイスラムに着目しつつも、あくまでこの二項対立図式を手放すことなく、東西文明対抗史観に基づいた「世界史」理解に固執した。

大川が目指した「全体としてのアジア」という構想は、結局、「単一の東洋」＝〈アジア的なるもの〉を〈日本的なるもの〉に還元した上で、アジアの「亡国民」「道徳的に低度の国民」への蔑視、不信から、「家畜」の主人として日本がアジアの「伝統」を淘汰・統合し、「全体としてのアジア」を率いる主体として立ち現れることを要請することになる。彼自身の意気込みにもかかわらず、それがアジア各国にそのまま受け入れられることはまずありえない性質のものだった。

新しい国体論は、国内における総力戦体制構築という課題に対応して生じた関係上、対外策の面ではどうしても弱い一面があった。そのことは、「世界史」を否定した平泉や慌てて偽史に依拠した大野慎などに顕著である。むしろ伝統的国体論の内部から、「日本世界史」の構築を目指す「革新分子」が現れたものの、文部省主流派によって弾圧されていった。あとには文部省の「日本世界観」という「八紘一宇」的な世界観が残ったものの、これも昭和一八年四月、新たに外相に就任した重光の新外交によって否定されていく。重光の方針にまがりなりにも対応しえたのは、国家主義陣営ではほぼ大川ただ一人であった。

註

（1）　吉田三郎「総力戦としての歴史教育」『歴史教育』一四巻四号、一九三九年七月、三一〜三二頁。なお同様の主張は、遠藤元男「日本歴史学の動向」『日本的反省』三邦出版社、一九四二年、二七八頁など。遠藤元男は、平泉澄外遊中の昭和六年に東大国史学科を卒業、大学院進学とともに副手となったが、昭和七（一九三二）年三月に退職している。この遠藤の辞職は、平泉による「研究室の粛清」（豊田武）、「二つの史観への統一の動き」（中村吉治）と評されている（若井敏明「平泉澄における人間形成」『政治経済史学』三九七号、一九九九年九月、二四頁、三三頁）。

（2）　堀真清「大川周明と復興アジアの理念――パール・ハーバー五十周年に際して」『西南学院大学法学論集』二四巻三号、一九九二年一月、大森美紀彦「大川周明におけるアジア観の転換」『現代比較政治研究』一号、一九九六年〈国際政治秩序観〉」と改題のうえ大森美紀彦『日本政治思想研究――権藤成卿と大川周明』世織書房、二〇一〇年に再録）、大塚健洋「大川周明のアジア観」（岡本幸治編『近代日本のアジア観』ミネルヴァ書房、一九九八年）、筒井清忠「近代日本のアジア主義」（青木保・佐伯啓思編著『「アジア的価値」とは何か』TBSブリタニカ、一九九八年）、平石直昭「近代日本の国際秩序観と「アジア主義」」（東京大学社会科学研究所編『二〇世紀システム一　構想と形成』東京大学出版会、一九九八年）、坪内隆彦『岡倉天心の思想探訪――迷走するアジア主義』勁草書房、一九九八年、第二章、呉懐中「昭和の超国家主義思想と大川周明――同時代中国との関わりを手掛かりに」（西田毅編『近代日本のアポリア――近代化と自我・ナショナリズムの諸相』晃洋書房、二〇〇一年）、同「一九二〇年代後半における大川周明の中国認識――満蒙問題対策との関連の視角から」『中国研究月報』五八巻一号、二〇〇四年一月、同「日中戦争の解決・収拾に対する大川周明の取り組み――日中戦争前期（一九三七―一九四一）を中心に」Ⅰ・Ⅱ『政治経済史学』四五〇号、四五一号、二〇〇四年二・三月、同『大川周明と近代中国――日中関係の在り方をめぐる認識と行動』日本僑報社、二〇〇七年、李京錫「大川周明のアジア主義における民族解放理論の分析――ボルシェヴィズム及び日本精神との関連を中心に」『早稲田政治公法研究』六七号、二〇〇一年八月、末木文美士「「連帯」か「侵略」か――大川周明と日本のアジア主義」（末木文美士・中島隆博編『非・西欧の視座』大明堂、二〇〇一年）、塩出浩之『岡倉天心と大川周明――「アジア」を考えた知識人たち』山川出版社、二〇一一年、中島岳志「若き大川周明――煩悶から復興アジアへ」（松浦正孝編著『アジア主義は何を語るのか――記憶・権力・価値』ミネルヴァ書房、二〇一三年）、クリストファー・W・A・スピルマン『近代日本の革新論とアジア主義――北一輝、大川周明、満川亀太郎らの思想と行動』芦書房、二〇一五年、など。

（3）　大塚健洋『大川周明――ある復古革新主義者の思想』中公新書、一九九五年（講談社学術文庫、二〇〇九年）、同「大川周明のアジア観」前掲書。

（4）（5）（6）　平泉洸・平泉汪・平泉渉編、平泉澄著『DIARY』平泉洸、一九九一年、七八頁、七二頁、七頁。

（7）　以上、大野慎『大東亜戦争に直面して日本国民に檄す』大新社、一九四二年、七頁、八頁。

（8）　「大日本帝国の使命」（其三）『養真』八二号、一九一八年四月、一二頁。

（9）　「日本文明の意義及び価値」『大陸』三号、一九一三年九月、三二頁。

（10）『亜細亜・欧羅巴・日本』大東文化協会、一九二五年、序、一頁。
（11）『亜細亜・欧羅巴・日本』八二〜八三頁。このような大川の東西文明対抗史観は、満川亀太郎『東洋講座第五輯　東西人種闘争史観』（東洋協会出版部、一九二四年）の影響である。
（12）（13）「国民的理想の確立」『月刊日本』二三号、一九二七年二月、八頁。
（14）「復興印度の内面的径路」『外交時報』四四三号、一九二三年四月一五日、四七〜四八頁。
（15）『国史概論』行地社本部、一九二九年、四一頁。なお『国史概論』は、大川による陸軍士官学校の中国人学生に対する講義が元になっている。昭和一九（一九四四）年、日本語教育振興会は、支配地域住民に日本文化を理解させるのに適した教材について、識者にアンケートを行ったが、その際実藤恵秀は『国史概論』を挙げている（「教材に何を選ぶべきか」『日本語』四巻一一号、一九四四年一一月、三三頁）。
（16）以上、「大邦日本の理想」『明治聖徳記念学会紀要』二六巻、一九二六年九月、一三一頁、一三二頁。
（17）「日本文明の意義及び価値」前掲誌、三〇頁。既に大正初期に大川は、このような現代中国の「国運の悲しむべき衰頽状況＝「亡国」化を見てとっていた。彼が後に米騒動を契機に日本の国家改造の必要を痛感したのも、「亡国」をもたらした中国人の国家無視の利己的行動様式と同じものを米騒動の中に見出したからであろう。さらに彼は、「満洲」旅行中、ロシア革命から避難してきたロシア人を見て、「亡国民の傷ましさに、心をいため」、「何はともあれ亡国の民にはなつてならぬと思つた」（大川周明顕彰会編『大川周明日記』〈一九二二年八月二日〉〈同年八月四日〉岩崎学術出版社、一九八六年、一二〇頁、一二二頁）。彼が国家主義に傾倒する背景には、自らの「亡国民」との交際、観察を通じての「亡国民」となることへの嫌悪感、恐怖感がある。このような感情は、本質的には昭和期に露になるような「亡国民」への蔑視感と表裏一体のものであった。
（18）「東洋文明の擁護」『東亜』一巻三号、一九二八年七月、一頁。
（19）「漢民族と其文明」『月刊日本』六〇号、一九三〇年三月、三七頁。
（20）「漢民族と其文明」前掲誌、三八頁。
（21）（22）『国史概論』一〇頁、一〇頁。
（23）太平洋戦争開戦後、反日的なインドに対すると、大川は、それまで盛んにガンディーによるインド国民運動を評価していたにもかかわらず、政治判断によってガンディーからボースに乗り換えている（石田雄『平和と変革の論理』れんが書房、一九七三年、二〇七頁)。
(24)「国民的理想の確立」前掲誌、一二～一三頁。
(25)もちろんこのような中国観は大川のみに見られるものではなかった。内藤湖南、矢野仁一などによる「支那学」研究は、いわゆる中国非国論を大量に生産していた。
(26)「印度国民運動の大観」『外交時報』六三六号、一九三一年六月一日、二二頁。
(27)「東洋文明の擁護」前掲誌、一頁。
(28)『大川周明日記』(一九三六年八月四日)一四二～四三頁。
(29)「基本国策要綱」『太平洋戦争への道』別巻資料編、朝日新聞社、一九六三年、三二〇頁。
(30)「東亜協同体の意義」『新亜細亜』一九四一年一月号、頁数なし。
(31)安部博純『日本ファシズム論』影書房、一九九六年、三六四頁。
(32)「彙報」『日本諸学』二号、一九四二年一一月、二三五頁。『大東亜史概説』については、奈須恵子「戦時下における「大東亜史」構想――『大東亜史概説』編纂の試みに着目して」『東京大学大学院教育学研究科紀要』三五巻、一九九五年一二月、冨永望「『大東亜史概説』」『京都大学大学文書館研究紀要』一四号、二〇一六年三月、参照。
(33)以上、『新東洋精神』(一九四五年)『大川周明全集』二巻、岩崎書店、一九六二年、九五七頁、九六四頁、九六五頁、九七九頁、九七八頁。
(34)『大東亜秩序建設』第一書房、一九四三年、一四一頁。
(35)「アジア及びアジア人の道」(大川周明・藤森清一朗・中山優・金内良輔共著『復興アジア論叢』国際日本協会、一九四四年)二一四～二一五頁。
(36)『新東洋精神』前掲書、九八一頁。
(37)「亜細亜的言行」『新亜細亜』一九四三年九月号、頁数なし。
(38)昭和一八(一九四三)年一一月一七日、大川は学習院大東亜部在籍の出陣学徒の送別会における講演を依頼され、同月二二日、学習院昭和寮において講演と座談会を行っている(『大川周明日記』、一九四三年一一月一七日、同年一一月二二日、二八六頁、二八七頁)。この送別会に参加した板倉勝宏は、座談会時の大川の発言を以下のように回想している。「曰く「こゝは憲兵が来ないから真実を申し上げたい。今日本は勝つてはゐない。大東亜共栄圏の各地の親住民(当時の言葉)は離反しつゝある。軍人の非常識な行動の為である。その実例はこれこれである。諸兄は将校要員として入隊されるのだし、常識ある方々なので、入隊して任官されたら軍隊の内部からの改革に心を留めてほしい。」皇国二《（マヽ）》千六百年史（『日本二千六百年史』）で親んでゐた東亜の論客の意外な言葉であった」（「板倉勝宏「学習院の想い出」翻刻・解説」〈杉山欣也『「三島由紀夫」の誕生』翰林書房、二〇〇八年〉三二五～三二六頁）。

(39) 重光の「大東亜新政策」については、波多野澄雄『太平洋戦争とアジア外交』東京大学出版会、一九九六年、参照。

(40) 『大川周明日記』（一九四三年一〇月五日）二七七頁。

(41) 文部省「日本世界観と世界新秩序の建設」『週報』二九二号、一九四二年五月一三日、四頁。なお「日本世界観」について、和辻哲郎も「どうしてたゞ世界観と云はずに日本世界観と言はなければならないのか」と疑問を呈し、「日本」といふ限定ばかりが先に出て……大東亜建設にも世界新秩序建設にも何にも貢献しない」点を批判していた（和辻哲郎談「日本世界観と日本諸学——研究座談会」『日本諸学』二号、一五九頁、一六〇頁）。

(42) 木村健康「思想」（木村健康編『教養文献解説』日本評論社、一九四三年）二四頁。

(43) 『新東洋精神』序、前掲書、九四四頁。

(44)(45) 『新東洋精神』前掲書、九八二頁、九七九頁。

(46) 大川の天皇観については、本書第一部第一章及び大塚健洋『大川周明と近代日本』木鐸社、一九九〇年、一九二～九七頁参照。

(47)(48) 『回教概論』はしがき、慶応書房、一九四二年、六頁、七～八頁。「はしがき」は昭和一七年九月付の文章であり、大川は『回教概論』の原稿を開戦の翌月、即ち昭和一七年一月に書き上げている（『大川周明日記』〈一九四二年一月七日〉二二二頁）。彼が緒戦の勝利と占領地の拡大を見つつ、「東亜の新秩序におけるイスラームの位置づけを明確化しようとして」『回教概論』をまとめたことは間違いないだろう（鈴木規夫『日本人にとってイスラームとは何か』ちくま新書、一九九八年、一九七頁）。

(49) 「豊太閤と日本精神」『道』一一三号、一九一七年九月、四八頁。

(50) 「日本文明の意義及び価値」前掲誌、二五頁。

(51)(52) 「ビルマ」国代表（ウー・バー・モウ内閣総理大臣）の所見開陳。伊藤隆ほか編『東條内閣総理大臣機密記録』東京大学出版会、一九九〇年、三二八頁、三二九頁。

（53）　大川におけるイスラム研究の歴史的意義を解明しようとしたものとして、鈴木規夫『日本人にとってイスラームとは何か』第五章、三沢伸生「大川周明と日本のイスラーム研究」『アジア・アフリカ文化研究所研究年報』三七号、二〇〇三年、嶋本隆光「大川周明の宗教研究――イスラーム研究への道」『日本語・日本文化』三四号、二〇〇八年三月、同「大川周明と波斯（ペルシア）――続・イスラーム研究への道」『日本語・日本文化』三六号、二〇一〇年三月、臼杵陽『大川周明――イスラームと天皇のはざまで』青土社、二〇一〇年、などがあるものの、その研究は必ずしも活発ではない。大川のイスラムへの関心は、東京帝国大学在学中から戦後まで一貫している①宗教学的関心、大正期から敗戦まで見られる②植民政策的関心、大正期から日米開戦までの③「復興亜細亜の前衛」としての関心、戦時下における④「全体としてのアジア」のモデルとしての関心、といった四つにおおむね分類できる。④については本章で述べた通りだが、②は満鉄の方針や政府の「大東亜共栄圏」論と重なるものであるし、③は自らの「復興亜細亜」という課題と密接に関わるものであった。これら複雑な大川のイスラム観を、彼の思想全体の中に位置付けるとともに、近代日本におけるイスラム研究の歴史の中に位置付ける作業は、他日に期したい。

第三章　三井甲之の戦後

はじめに

原理日本社の中心人物三井甲之（明治一六〜昭和二八〈一八八三〜一九五三〉）は、敗戦後、農地改革によって土地のほとんどを失い、公職・言論追放処分に付され、さらに脳梗塞で左半身不随となり、そのうえ戦地から引き揚げてきた次男時人を病気で失った。「タタカヒテヤブレシクニノウンメイヲミニゾオボユルタダチニソノママニ」[1]と詠んだ通りに、失意の底にあった三井は、昭和天皇御製に救いを求めた。その姿は、国民宗教儀礼として明治天皇御製拝誦を説いた戦前のあり方を彷彿とさせる。

しかし、戦後の三井は他方において、「天皇親政」を説いた戦前とは異なり、「デモクラシイ」を容認し、キリスト教・仏教・儒教などの有する普遍的価値を称揚した人物でもあった。原理日本社を立ち上げ、蓑田胸喜とともに、自由主義的知識人を次々と弾劾した狂信的日本主義者という今日一般的な三井像からすると、意外極まりない一面であろう。

御製という日本独自の価値にすがりつく姿勢と、民主主義を認め、普遍的価値を求める志向——この一見相反する二つの要素は、戦後における三井の思想においてどのような関係にあったのか。

従来、先行研究において唯一戦後の三井を検討した米田利昭氏は、彼の「デモクラシイ」や「世界主義」に関する議論を「民主主義的偽装＝看板ぬりかえ」とし、戦前と戦後における三井の天皇観、ナショナリズムの一貫性を強調した[2]。実際、三井に親しく接した彼の弟子ともいえる人たちも、口を揃えて三井の思想が戦前・戦後を通じて連続していることを証言している[3]。

国体論を担うべき国家主義者、右翼団体は、敗戦直後おおむね①戦前的価値に殉じて自殺、②民主主義の偽装、③非政治的分野への方向転換といった傾向を示したとされる[4]。このような分類に基づき、戦後の三井も典型的な②の一人と捉えられてきた。確かに敗戦後の右翼において国体擁護と民主主義賞賛という偽装的なセットはありふれたものである。しかし、ＧＨＱによって多くの偽装的団体は強制的に民主主義の看板を引きずり下ろされ、解散に追い込まれていった。活動を禁じられた彼らと同じく、公職・言論追放を受けた三井も公然たる言論活動を自粛せざるをえない状況にあった。そのため、戦後の彼の思想は主に私的な日記、書簡から窺うしかないのだが、これら世間への公開を前提としない資料において、三井は昭和二六（一九五一）年の講和条約調印以後も「デモクラシイ」の価値を称揚し続けた。彼の「デモクラシイ」論があくまで表面的な「偽装」だというのであれば、独立決定後も説く必然性はない。つまり、彼において「デモクラシイ」論は必ずしも偽装ではなく、ある程度血肉化され、根付いたものであったといえる。

このように米田氏の見解には再検討の余地があるが、現在における三井研究の進展[5]にもかかわらず、半世紀以上前になされた氏の戦後三井像が問い直される機会はこれまで全くなかったといって過言ではない。近年の活発な三井研究は全て敗戦以前の思想・活動を対象としているためである。かかる状況が示すように、敗戦後の右翼思想、国体論はこれまでの研究史上ほとんど注目されてこなかった[6]。それは、戦後右翼が思想的に検討に値する動きをとることができず、国体論の思想的意義は昭和二〇（一九四五）年八月一五日を画期に失墜したという先入観が作用した結果であろう。しかし、このような感覚は、無意識的に丸山眞男氏らのいわゆる

「八・一五革命」神話に呪縛されたものである。無前提に昭和二〇年八月以後の国体論の失墜を想定するのではなく、昭和二〇年末のいわゆる「神道指令」、昭和二一（一九四六）年元旦の天皇神格化否定の詔書、五月に開廷される東京裁判といった諸々の上から推進される事態に対し、それまでの国体論者がいわば下からどのように応じたのかをきちんと歴史的に検討すべきであろう。

三井甲之は、戦前、明治天皇御製、軍人勅諭、教育勅語といった明治の伝統的価値を信奉した人物であるが、彼はどのように戦後の時代と向かい合ったのか。また昭和二一年一月三〇日に戦前的価値に殉じて自殺した蓑田胸喜と生き残った三井――彼らの選択した対照的な岐路は、果たしていかなる要因に基づくものなのだろうか。戦後三井の思想の展開を明らかにすることは、伝統的国体論が戦後に辿った帰結の一つを示すことになるだろう。換言すれば、敗戦で断絶させることなく、占領期も視野に入れた上で一九四〇年代を通じた国体論史を試みてみたい。本章はこのような問題意識から、三井の戦後について検討する。

一　昭和二一年における三井の変化

(1)戦前的価値の墨守

まず敗戦前後の時期、三井がいかなる考えを抱いていたのかを確認しよう。

昭和二〇年七月、敗戦目前の時期に出された「神州不滅　天壌無窮必勝ノ信念ナド、イツテコノマ、カウイフ風ニシテヲレバダメデ日本ハマケ亡ビル」という意見に対して、三井は「マチガヒ」だとして、次のように反駁している。

上ニ天壌無窮ノ神勅勅語アリ下ニ神州不滅日本ハ亡ビズノ信念覚悟アリコレハ□□□□□自然事実ニアラズ神意勅命デアリ臣民奉公意志也サウ信ジサウ志スナリ……ソレハスナハチ（又ハソレ故ニ）全国力ヲアゲテ億兆一身義勇奉公スルコトデアル講和降伏ノ如キハ夢想セザル也／神州不滅確信堅志（原因）　億兆一心義勇奉公（結果）[7]

序論や第二部第一章で述べたように、平泉学派は国民の「億兆一心義勇奉公」をこそ第一義的なものとし、それによって「神州不滅」という結果を導き出そうとしていた。ところが、三井の認識は彼らとは「原因」と「結果」が逆転していた。そのため、彼は根本となる「神州不滅」という信仰が動揺にさらされることのないよう、「タ、カヒハイヨイヨハゲシク思想戦ノツトメイヨイヨオモクナリユク[8]」と、思想戦の準備に余念がなかった。連合国によるポツダム宣言の発表に対しても、「ひのもとのたみことごとくみなごろしになしたるのちにこそいへ降伏といふことのの《ママ》は／降伏するよりは死なむよろこびぞわかひのもの《ママ》とのたみはねがひなる[9]」と、国民全滅をも辞さぬ覚悟で降伏を拒否していた。

しかし、三井の思いとは裏腹に、政府は昭和二〇年八月一四日、ポツダム宣言の受諾を決め、翌日のいわゆる玉音放送となり、ここにアジア・太平洋戦争は日本の敗戦を以て終わった。三井は、「たへがたきをたへよとのらす大御言かしこみまつり生きつゞけなむ[10]」と、昭和天皇の詔書に従い、敗戦に当たっても自殺することなく生き続けた。もちろん彼の中では忸怩たる思いもあったのであろう、「決死を人にときつゝも自ら実践し得ざるをはづ／死を思ひ堪忍せよ／陛下に於かせられても大御心をいためさせ民をなぐさめ給ふ[11]」と、折に触れて心中を吐露していた。

それでは三井は戦後の状況をどのように感じていたのだろうか。

昭和二〇年一二月二七日には憲法研究会が、そしてその翌日には高野岩三郎がそれぞれ国民主権を柱とする憲法草案を公表している。それを受けてであろう、三井は、「主権在民ナレバ却ツテソ実際ノ施政急ノ肆意ニヨルコトトナリデモクラチツクデナクナルベシ(12)」と書き付けた。昭和二一年一月二日午後には、盟友井上孚麿が彼の許を来訪している(13)。前日になされた天皇神格化否定の詔書に対する相談であろう。また同年三月六日、政府によって主権在民・天皇象徴・戦争放棄を規定した憲法改正草案要綱が発表されたが、彼は「言論ノ自由討議モ同胞排攘ニ陥リ挙国一致ヲ□ルニ至レバ禍患荐リニ至ルハ現代史実ノ教訓ナリ。今ヤ同胞ハ和親協力スル外ニ行クベキ道ナシ(14)」と記す。このように彼は「主権在民」「言論ノ自由討議」に対して強い危惧の念を抱いていた。その上で次のような古事記論を記す。

古事記撰述トイフコトハ事実ナリ／ソレニカクカクノコト記載セラレアルコトモ史実ナリ／ソノ記載ヲ今日眼前ニ翻訳シウルトオモフハ猿蟹合戦ノ再現ヲ可能トスルトオナジコト也(15)

これは戦前における次のような記述を踏まえたものであろう。

神話・童話的想像と歴史・政治的事実とをその開展階次を明確に区分することなしに、すべてを人間内心の感激のうちにとけ入らしめたのが、『やまとだましひ』であり、日本建国の歴史的事実としての、島国内に於ける孤独団結生活と排外絶縁文化とであつた。しかしながらそれは……日本の土地に『世界』を築造しこゝに『宇宙』を開闢しつゝ『帝国』を建設したのである。故に日本の神話伝説は天壌無窮に伝へられ、神話と歴史とは同一化せしめられ、現人神としての　天皇をいたゞきまつるのである(16)。

敗戦後の今日、古事記の撰述自体は事実でも、その内容、つまり神話と歴史との「同一化」・現人神天皇を「眼前ニ翻訳」＝現実化することは無理と判断されている。戦前的な意識を守株する三井にとって、もはや戦後改革の進む現在に随順することはかなわず、ここに神代と現代とは断ち切られたのである。

三井のかかる現在に対する懐疑・反発は、昭和二一年四月二八日完成の「蓑田胸喜君の霊にさゝぐるのりと」(17)（筆者所蔵、二〇字×一〇行詰、大日本雄弁会講談社原稿用紙一七枚、青インク、ペン書、以下「のりと」Aと記す）に顕著に示されている。以下、この史料に依拠して、昭和二一年における三井の戦後日本観を見ていきたい。

「のりと」Aは全体が二部構成から成っており、第一部は「序、戦死の覚悟」と題されている。第一部全体を通じて「戦死」の意義が強調されており、「皇軍《ミイクサ》」や「特別攻撃隊青年勇士」という語、『太平記』からの引用など、敗戦から約八ヶ月も経っている時期の文章とは思えないくらいである。この点で戦中の時局認識が強く残存していることが分かる。そしてそれは単なる言葉の問題に止まらない。第一部の末尾は次の通りである。

短かき一生も／限られたる生命も／悠久の思ひと／一つなるべし／生命も／人生も／つひに一念である。／一念連続しまた連繋して／悠久の生命を現成する。／最後の一念に／宇宙の生命／日本にあつまり、／日本をしろしめす／天皇陛下にさゝげまつる／み民のいのちのうちに／万有の法則／現実の感覚となる、／この時に／唱へまつる／天皇陛下万歳。三唱（八～九枚目）

「日本をしろしめす／天皇陛下」「天皇陛下万歳」とあるように、ここには天皇主権の観念が強烈である。そしてそれと表裏に、「み民のいのち」は「天皇陛下にさゝげまつる」ものとされるように、天皇のための戦死が寿がれ、徹底的に客体たる臣民観も表明されている。

この主権者天皇・客体的臣民という三井の認識は、戦後改革の方針に対する彼なりのアンチテーゼであった。先にも見た彼における「主権在民」への疑念・不信感がまさにここに結実しているのである。この時点での三井は、いまだ戦中の感覚から脱却しておらず、戦後的価値観に対する露骨な拒否反応を示していた。「のりと」Aはあまりにも戦前的な、特殊日本的論理の体現なのである。

そして同様の性格は第二部にも共通している。

八月十四日終戦の詔書は下つたのである。承詔必謹、幾百万の軍隊は武器を捨てゝ、全国民は天地《アメツチ》の始めてひらけし時に溯り、太古薄明の時代をあてどもなく手さぐりしつゝ／見えざる力にひかれて歩みつゝあるのである。（一五枚目）

このように敗戦という極限状態における天皇による意思決定、即ち主権者としての天皇が強調される。その上で敗戦後の今日は、天地開闢・「太古薄明の時代」への逆戻りと捉えられ、第二の肇国が志向される。第一部において、「高天原《タカマノハラ》の神代《カミヨ》は／眼前《マサカ》に成りつゝある」（三枚目）とはいうものの、その「神代」の像はあくまでぼんやりした「薄明の時代」に過ぎなかった。

それでは天皇主権、客体としての臣民という戦中から一貫する認識は、いかなる第二の肇国像を描き出すのか。三井は親鸞・聖徳太子を「デモクラシイの主張者」（一四枚目）と捉えているように、人間は「愚痴」「凡夫」であり、みな不完全である点で平等だというのが彼にとっての「デモクラシイ」であった。その意味で、彼の「デモクラシイ」観は、国民主権や国民間の制度的平等などといった考えとは懸隔があり、「終戦後の今日全国民が国体護持の一念に徹列して／それによつて、またそれによつてのみ、日本に於けるデモクラシイを実現しうべしとする」（一二枚目）というように、あくまで「国体護持の一念」を基礎とするものであった。そのため一連の民主化政策を進める現実の戦後のありようは、「道徳が頽廃し、世は「闇」となる。その無秩序が「自由」であり「デモクラシイ」であるとする徒党も出没する」（一五枚目）と、否定的に捉えられる。『ノート』の記述からは、昭和二一年一月以降、三井一家が農地改革への対応に忙殺されている様が窺える。大地主の子として生まれ、郷里における小作争議の激化を契機にマルクス主義・帝大教授批判へと積極的に乗り出した三井としては、農地解放に代表されるGHQの民主化政策に対し、苦々しい思いを抱いたことは当然であったろう。

三井は、世に流通する「デモクラシイ」とは区別して、自ら想定する「デモクラシイの原理」（人間は皆不完全）に基づき、「現代の「教育」は革新を必要とする」「現代の文明も知的迷信の打破を必要とし不断の進歩、無窮の維新を行はねばならぬ」（一三枚目）とする。即ち、彼は自らの志向＝第二の肇国を「デモクラシイ」として正当化している訳だが、かかる主張は基本的に以下のような戦前の主張の延長線上にあるものと思われる。

> 故に真の教育によつて獲得せらるべきは人生観上の確信であり、日本人にとつてはやまとだましひである。それはそれ〴〵の現世の繋縛に随順して各人の義務を遂行しつゝ内心に解脱の自由平等感を得ることである。それは内的平等感であり、内心の要求に於いて全国民が一致しまた平等であることである。故に『教育』によつて始めて『自由平等』の精神生活が実現せられ、それに基いて不断の継続的改革が全国民生活の各方面に行はるべきである。(18)

三井によれば、現実の差別にはそのまま随順して、あくまで内心において自由平等感を抱くことが「やまとだましひ」であり、彼はそれを「真の教育」によって国民に徹底し、以て「不断の継続的改革」の基礎とせんと企図していた。この「やまとだましひ」が「デモクラシイ」にスライドしたのであろう。

以上、「のりと」Aは戦後日本に対する反感あふれる内容のものであった。その特質は、主権者天皇への崇敬を核とした戦中的、特殊日本的な点に求められる。少なくともこの時点での彼の「デモクラシイ」論は「偽装」と評されても仕方のないものであった。

(2)戦後的価値受容の端緒

「のりと」Aは、完成稿として完成の翌日、昭和二一年四月二九日に第三者に手渡されている。ところが、日付は確認できないものの、『ノート』の昭和二一年五月頃の頁（二二一頁左上段）には、「心ニカ、リヲルモノ」として、当時三井の村で懸案となっていた水利問題と関連した「連結水路」の件とともに「ミノダノリト」が挙げられている。実際、五月二三日には「ミノダ兄ニサ、グルノリトヲナホス」とあり、翌日二四日には早くも「ミノダノリト殆ンド完成ス」とある。[19] 蓑田への追悼文の完成稿は実はもう一つあったことになる。これが、同年五月二四日完成の「蓑田胸喜君の霊にさゝぐるのりと」（山梨県立文学館所蔵、登録番号23009040、二〇字×二〇行詰、原稿用紙六枚、青インク、ペン書、以下、「のりと」Bと記す）である。

それでは、「のりと」Aと「のりと」Bとの間には具体的にいかなる相違が認められるのか。両者の相違を最も端的に示すのが、次に掲げる「のりと」Bの第一部の末尾である。

短かき一生も／限られたる生命も／悠久の思ひと／一つなるべし。／生命も／人生も／つひに一念である。／一念連続しまた連繫して／悠久の生命を現成する。／最後の一念に／宇宙の生命／その立つ大地にあつまり、／その立つ大地をしろしめす／神のこゝろにさゝげまつる／人のいのちのうちに／万有の法則／現実の感覚となる、／この時に／眼前《マサカ》に／現《ウツ》しく／あふぐ／天つ日のひかり／天てらすかみのみひかり／天照大御神《アマテラスオホミカミ》。（「のりと」B三枚目）

比較のために、先に引いた「のりと」Aの第一部末尾の一部を再掲しよう。

宇宙の生命／日本にあつまり、／日本をしろしめす／天皇陛下にさゝげまつる／み民のいのちのうちに／万有の法則／現実の感覚となる、／この時に／唱へまつる／天皇陛下万歳。三唱（「のりと」A九枚目）

両者を比べれば、「のりと」Bにおける変化は明らかである。即ち、「のりと」Aの「日本」「天皇陛下」「み民」「天皇陛下万歳。三唱」が、それぞれ「その立つ大地」「神のこゝろ」「人」「天照大御神」に置き換えられている。まさに天皇主権の観念や臣民観が一掃され、また「天照大御神」が「日本」「天皇」の文脈から解放されて、より一般的な文脈に位置付けられているのである。この方針が「のりと」B全体に貫徹されており、「のりと」Aにおける「日本」「皇軍」といった語や『太平記』からの引用、「承詔必謹」「無窮の維新」関係の記述は全て削除され、先に述べた「のりと」Aの性質は大幅に修正されている。「特別攻撃隊青年勇士」は「人生の旅人」（「のりと」B二枚目）に換えられ、彼らの死の意義は、「天壌無窮の皇運を扶翼しまつらむ」（「のりと」A八枚目）から「宇宙無窮の生命につながらむ」（「のりと」B三枚目）に直される。また同時に「最後の意志を世界永久平和のための捨身求道《グダウ》に集注し」（「のりと」B二枚目）のように、「のりと」Aにはなかった「世界永久平和のための」が追加されてもいる。

以上のように、三井は書き直した「のりと」Bにおいて、徹底して「のりと」Aの有した特殊日本的性格を払拭するとともに、新たに普遍的性格を付与しようと努めているのである。

かかる志向は当然第二部でも確認できる。第二部の末尾は、「のりと」Aの場合、「君の生は不滅である、不滅のいのちにつながるゆゑに」（二九枚目）といった蓑田の死の顕彰であったが、それは「のりと」Bでは削除されてしまった。「のりと」Bでの第二部末尾は、「もろともに、もろともにくりかへし、／み名をとなへむ。／アマテラスカミノミヒカリアリテコソ／ナムアミダブツ」（六枚目）となっている。「アマテラスカミノミヒカリアリテコソ」とは、明治四三（一九一〇）年作の御製「あまてらす神の御光ありてこそわか日のもとはくもらさりけれ[20]」の一節である。この御製は、三井の『明治天皇御集研究』（一九二八年五月）では言及されておらず、『しきしまのみち原論』（一九三四年一〇月）や『天皇親政論』（一九三七年一月）ではあくまで複数引用された御製のうちの一つに過ぎなかったが、戦後には「御製の核心[21]」とまで重視されたものである。それはともかく、ここで彼は、御製と念仏とを並列しており、その意味で御製に象徴される特殊日本的価値は相対化されていることになる。

同様の事態は実は第一部においても試みられていた。即ち、「のりと」Bとして清書される元になった草稿「蓑田胸喜君の霊にさゝぐるのりと」（山梨県立文学館所蔵、登録番号23009050、二〇字×二〇行詰、原稿用紙二三枚、黒インク・青インク、ペン書）においては「天之御中主神【（エホバ・アミダブツ）】／高天原に成りまして、【（西方極楽浄土にアミダブツ】（ママ）」（二枚目）というように、一度は赤鉛筆によって【　】の箇所が増補されていたのである。この箇所は結局赤鉛筆で削除され、「のりと」Bには反映されなかったとはいえ、「天之御中主神」が「エホバ・アミダブツ」と、また「高天原」が「西方極楽浄土」と並列されたことは看過できない意味を持つ。

もちろん三井は大正期以来、自らの親鸞研究や河村幹雄からの影響を通じて、仏教・キリスト教の「日本精神」化を試みてきた。しかし、三井は親鸞を礼賛しつつも、「浄土」という言葉をほとんど用いず、彼にとって「浄土」とはむしろ迷信、妄想でしかない理想郷を意味するものだった。彼においては親鸞すら限界を有し、「「阿弥陀仏」という名号は、「祖国日本」に置き換えられた」[22]。彼のキリスト教理解にしても、せいぜいが「忠義の宗教」[23]と捉え直す程度に過ぎなかった。戦前では、むしろ「天国を／高天原に、／極楽浄土を／民族の郷土に」[24]というように、「天国」「極楽浄土」をともに特殊日本的なものへと置き換えようとする志向が顕著であった。

かかる彼が、「高天原」と「西方極楽浄土」とを、また御製と念仏とを、さらに「天之御中主神」と「エホバ」とを並列させるなど、少なくとも敗戦前の彼からは到底考えられない現象なのである。この点で、「のりと」Bにおける記述は、明確に戦前の思想とは異なり、日本的価値の相対化がなされているといえよう。「のりと」B完成を通じ、昭和二一年五月二四日段階において、三井は戦中の感覚から脱し、「世界永久平和」といった戦後的価値観の中で自らの思想を表現しようと努めつつあったのである。

このように「のりと」Aと「のりと」Bとの間には看過し得ぬ重大な違いがある。それではこの相違は何に起因するものなのだろうか。両者成立の間の時期、即ち四月二九日から五月二二日の間に、三井に一体何があったのだろうか。残念ながら当該期の『ノート』には特に目立った記述はなく、彼の思想が何を契機に変化したのかを示す史料は存在しない。そのため変化の要因を知る上で、内在的な検討には限界があり、外在的な、即ち当該期の時代状況から推測せざるを得ない。

三井が「のりと」Aを手渡した四月二九日は、A級戦犯二八名及びその起訴状が発表された日に当たる。翌日の新聞各紙によって大々的に報道されたこの件を三井も知り、衝撃を受けたであろう。戦犯には、荒木貞夫のように原理日本社と関係深い人物や橋本欣五郎ら『原理日本』誌友も含まれ、起訴状は、アジア・太平洋戦争を「犯罪的軍閥」によって指導された「侵略戦争」と規定し、「日本国民の精神は、亜細亜否全世界の他の諸民族に対する日本の民族的優越性を主張する有害なる思想に依り組織的に蠹毒せられたり」と指摘していた[25]。起訴状の骨子は、「平和に対する罪」「軍事法規違反の罪」「人道に対する罪」であったように、連合国は「平和」「人道」という普遍的な立場から日本を断罪した。

東京裁判は五月三日に開廷するが、この時期になっても、天皇の戦争責任をめぐる戦犯問題は必ずしも決着がついていなかった。もちろん当該問題については、連合国内部における意見の対立にもかかわらず、連合国の対日管理機関である極東委員会が既に四月三日、アメリカの政策を追認して天皇の戦犯除外を決定していた。しかし、その決定は日本側に伝えられず、かえって日本の資本家と天皇を戦犯として裁くべきだとする、五月五日のモスクワ放送の主張が日本の新聞各紙によって伝えられるなど、安心するには程遠い状況にあった。この問題が一応終結するのは、六月一七日のキーナン主席検事による天皇を訴追せずとの声明まで待たねばならなかった[26]。

このように東京裁判が開廷されても、天皇訴追の問題がいまだ決着のつかない状勢の中で、やみくもに天皇主権を強調することはかえって天皇の政治的責任を認めることにつながりかねない。このような危惧を背景に、三井は「のりと」Aにおける「天皇」「日本」といった語を削るとともに、普遍性への指向を付加することで、「平和」「人道」を掲げる連合国に対抗しようとしたと推測される。その結果、特殊日本的な「のりと」Aから普遍指向の「のりと」Bへの書き直しが行われたのではないだろうか。

実際、キーナン声明以降、天皇訴追の可能性がなくなったことで三井も安心したためか、昭和二二（一九四七）年一月二五日、蓑田の死から約一年後に書かれた別の追悼文には「みくに」「すめろぎ」「み民」の語が見える。[27]とすれば、「のりと」Bは表面的な一時しのぎに過ぎなかったのだろうか。

否、必ずしもそうとはいえない。「のりと」B完成から約半年後、三井は「孔子仁ヲトキ孟子仁義ヲトク／仏慈悲ヲトキ／基督愛ヲトク／詔書（終戦の詔書）ニ／惨害ヲ避ケ太平ヲ開カムトノ大御心ヲ拝シマツル[28]」と、昭和天皇の「大御心」を「仁」「慈悲」「愛」といった儒教・仏教・キリスト教の原理との共通性から把握している。彼において世界主義の指向は決して放棄された訳ではない。また蓑田追悼文の言い回しは三井のお気に入りだったらしく、以後の文章にもしばしば流用されている。例えば、昭和二六（一九五一）年一月一八日に書かれた、自著『しきしまのみち原論』の献本辞の一節には次のようにある。


短き一生も／限られたる生命も／悠久の生命と一つなるべし。／生命も／人生も／つひに一念である。／一念つゞきまたつながりて／悠久生命は成りつゝある。／われらのいまの一念に／宇宙の生命／日本にあつまり、／われらのいのちのうちに／万有の法則／現実の感覚となる、／このとき南無ととなへ／アメンととなへ／万歳とさけぶ／イエス最後に／エリ、エリ、ラマサバクタ／とさけびしことを思へ[29]

執筆時期を考えれば、当然蓑田のことが頭をよぎったであろう。そして、この一節が「のりと」AとBの性質をそれぞれ端的に示した第一部末尾をもとにしていることは明らかである。ここで三井は、「日本」「万歳」と言いつつも、阿弥陀信仰、キリスト信仰、天皇崇敬を並列して三教一致的に捉えている。いわば「のりと」AとBとの折衷である。

「のりと」B完成以降も、三井において天皇のいる日本（「みくに」）への誇りは決して失われた訳ではない。しかし、留意すべきは、それでもそれは決して手放しの、無条件な日本的価値の称揚ではもはやないことである。[30] 三井の天皇に対する尊崇は、仏教やキリスト教などの普遍宗教との関連で、相対化された上でのものであった。あくまでこのような世界主義を前提として、彼は日本の「みち」（「しきしまのみち」）への信を復活させていった。

けはしくしてくらきみちとはおもへどもみちあることを信じて疑はず[31]

あめつちのあらむかぎりはこのみちのたゆることなしといまもおもへり[32]

夜見の国をゆく心地であります、しかし前途に光明をみとめます。[33]

蓑田追悼文を完成させて以降、昭和二一年秋頃には、三井は「夜見の国」たる現在において先を照らす「光明」として「みち」への信を把持して迷わずに進んでいこうという意志を固めていった。

二　晩年までの三井

㈠三井の「デモクラシイ」観・天皇観

前節で確認したように、昭和二一年秋には、三井は戦後の時代状況の中でも自らの立脚点を模索していった。この適応への志向を前提に、これ以降、彼の「デモクラシイ」論や天皇観にも重要な変化が現れてくる。

まずは三井の「デモクラシイ」観についていえば、昭和二一年の「のりと」A段階においては十七条憲法中の言葉「共是凡夫耳」に注目し、戦前の「やまとだましひ」から横滑りした偽装的「デモクラシイ」を述べるに止まっていた。現実に進行する戦後改革の柱となったデモクラシーにはむしろ反感を抱き、国民主権を明言した新憲法発布に際しても、「今日新憲法発布ノ日ナリ学校ニ式典アレドモ薪作リニ忙シク出席セズ[34]」と冷ややかな反応を示した。

しかし、昭和二三（一九四八）年頃からこれまでの偽装的な「デモクラシイ」論やデモクラシーへの反発とは異なる議論が現れるようになる。

デモクラシイトテモ学術的ニ正シクトイフコトニ近ヅク外ニヨイ方法モナキ故ノ窮策 Nothilfe トミルベキデセウ　デモクラシイモ国民ノ教化ヲ前提トスルデセウカラ[35]

リンカーンとホイットマンとに象徴せらるる民主主義（デモクラシー）とは民衆（チヨロヅノタミ）ノ教化向上国民ノ見識ノ向上デアリソノタメニハ御製ノ御心ノ普及ニアリ仏教ノ念仏ト同ジク通俗化ノタメ御製拝誦ガヨイト思ヒマス[36]

この時期、あくまで「窮策」としてではあれ「デモクラシイ」の価値を認め、また「民主主義（デモクラシー）」の定着のために御製拝誦の意義を説くようになる。このような変化は、後述する三井の天皇観の変化と関連するものである。

さらに昭和二五（一九五〇）年になると、「デモクラシイ」は十七条憲法の「与衆相弁」と結び付けられ、完全に肯定されることとなる。昭和二六（一九五一）年に迎える聖徳太子千三百三十年遠忌を間近にしてか、昭和二四（一九四九）年頃、聖徳太子に対する世の関心が高まったようであるが[37]、あるいはそのことも関係しているのかもしれない。三井は戦後初めて本名で公表した文章において、次のように述べる。

その〔十七条憲法の〕第一条は「一曰以レ和為レ貴。无レ忤為レ宗。」とあり、第十七条は「十七曰夫事不レ可ニ独弁一（ママ）……故与レ衆相弁辞則得レ理矣」とある。これこそ一三〇〇年前日本に於いてデモクラシーの方法と平和の原理とを説いたものである[38]。

言論追放のいまだ解除されぬ身の上を慮って、「時事、政治論にはゼツタイフレヌやうしました[39]」と断りながらも、これ以後彼の変わらぬ持論となる「与衆相弁」＝「デモクラシーの方法」という見解を初めて打ち出す。この見方は、次のように説明されている。

太子憲法十に我独雖得従衆同挙。十七に与衆相弁辞則得理といふ、衆に従ひ又衆とゝもに、といふのを味ひをります。エライ人でも一人ではだめでせう。百人百いろでせうから一人一人ではツマリマトマラヌノデセウ。衆といふこともよく実感すればこゝにも宗旨がありませう。デモクラシイもしきしまのみち化しませう[40]。

衆議をこそ重んじ、「エライ人でも一人ではだめ」と見なす。「デモクラシイ」も「しきしまのみち化」し、日本に取り込むことを志向している。ここには、かつて天皇親政を説き、デモクラシーの排撃・絶滅を叫んだ原理日本主義者の姿は微塵も見当たらない。即ち、戦前の彼は次のように説いていた。

聖徳太子が十七条憲法に於いて『我必非聖。彼必非愚。共是凡夫耳』と仰せられ最後に『十七曰。夫事不可独弁。必与衆宜論。小事是軽。不可必衆。唯逮論大事若疑有失。故与衆相弁。辞則得理矣。』と結ばせ給ひたるも個我の『私』を全体の『公』に没入せしむべきを説き給へるものとあふがしめらるゝのである。こゝに『十五曰。背私向公。是臣之道矣』といふは『臣之道』としての義務遂行の道徳律のみちびき出さるべき原理である。[41]

「与衆相弁」に依拠して今や「デモクラシイ」を「しきしまのみち化」せんという三井は、かつて同じく「与衆相弁」を持ち出しながらも、「個我の『私』を全体の『公』に没入せしむべき」という天皇への随順、絶対的忠義を説いていた。ここでは「デモクラシイ」どころか「承詔必謹」の意味合いが込められているのである。「勿論デモクラシーといふことは日本の国体とは一致すべくもなく、大和魂と一致すべきものでない。また敷島の道と一致すべきものでもないと信じます[42]」と断言していた彼が、「デモクラシイ」を「しきしまのみち化」しようなどと言い出すことは、単なる偽装のレベルを超えている。天皇親政、現人神天皇、デモクラシー排撃を核とする戦前的な伝統的国体論は、三井においてすら堅持されなかったのである。

まさに伝統的国体論の崩壊過程ともいえる三井の「デモクラシイ」観の変遷は、彼の天皇観の変化と重なるものである。次にその点を確認しよう。

昭和二一年の「のりと」Aにおいて、三井は主権者としての天皇観を表明していた。「のりと」Bに至り、そのような天皇観は修正されたが、天皇親政にかける彼の思いは容易にはなくならなかった。彼は、昭和二二年六月六日、「すべをさめしらすといふはけだしくもわれをすてたるきはみなるらむ[43]」と詠んでいる。「肆意ニヨル」ことになる「主権在民」の対極に、「われをすてた」無私の天皇親政が想定されているのである。ただし、留意すべきは、もはや現人神としての天皇観は放棄されていることである。

ソレ故ニ米ソ対立ノ事実ハ、「戦」ハ「思想学術戦」デアルベキダトイフコトヲ眼前ニ証スルノデ　ココニ世界史ノ日本ノ使命アリト思ヒマス……コノ時ニアタリ日本文化ノ主流ハ歴代皇室ニアルコトヲ　所謂神話伝説的ヨリ全ク解放セラレ学術的ニ正イ研究方法論トシテノ論理学カラ　シキシマノミチノウタヲ主トシテ明カニシ所謂「天皇制」ノ文化内容ヲ学術的ニ明証スルコトヲ心ガクベキデセウ(44)

三井は「所謂神話伝説的ヨリ全ク解放」された方法で「日本文化ノ主流ハ歴代皇室ニアルコトヲ」実証しようとする。この三井の志向が、昭和二三年七月三日付書簡で示されていることに注目すれば、直接の契機は、同年六月一九日になされた衆議院「教育勅語等排除に関する決議」及び参議院「教育勅語等の失効確認に関する決議」に求められよう。前者は「思うに、これらの詔勅〔教育勅語、軍人勅諭など〕の根本理念が主権在君並びに神話的国体観に基いている事実は、明かに基本的人権を損い、且つ国際信義に対して疑点を残すもととなる。よつて憲法第九十八条の本旨に従い、ここに衆議院は院議を以て、これらの詔勅を排除し、その指導原理的性格を認めないことを宣言する(45)」としていた。先に確認したように、昭和二三年に彼の「デモクラシイ」観に変化が認められるのも、この決議の影響かと推測される。

とはいえ、三井による「神話伝説」から解放された皇室研究の要請は、より根本的には昭和二一年元旦の天皇神格化否定の詔書、いわゆる「人間宣言」を踏まえたものであろう。

朕ト爾等国民トノ間ノ紐帯ハ、終始相互ノ信頼ト敬愛トニ依リテ結バレ、単ナル神話ト伝説トニ依リテ生ゼルモノニ非ズ。天皇ヲ以テ現御神トシ、且日本国民ヲ以テ他ノ民族ニ優越セル民族ニシテ、延テ世界ヲ支配スベキ運命ヲ有ストノ架空ナル観念ニ基クモノニモ非ス。(46)

詔書は、「神話ト伝説」に基づいた現人神天皇観を否定していた。周知のように、昭和天皇がこの詔書に込めた狙いは冒頭に置かれた五箇条の誓文にあった訳だが、それでも天皇自身が、伝統的国体論の主柱たる現人神天皇観を拒否したことの意味は大きい。昭和二一年当時の三井にとって、この詔書は到底受け入れがたいものであったろう。しかし、後年、次のようにこの詔書を明確に「人間宣言」として受け止めるに至る。

御製についても、二一年の「人間宣言」としての詔書にもとづき純学術的見地より研究してしきしまのみちのウタのしらべの現実威力を解明し、拝誦を実行し、それを「今上」御製より出発せしめようとしつゝあります(47)

三井は、「人間宣言」を遵守する方向で「今上」御製を尊重し、天皇を「人間」歌人として捉えていた。このような彼の天皇観は、昭和二六（一九五二）年における天野貞祐文相の発言をめぐる動きの中で強く吐露されることになる。即ち、同年一〇月一五日の参議院本会議において、天野文相は「国家の道徳的中心は天皇にある」と発言し、物議をかもした。

天皇が道徳の中心と文部大臣いひ是非のロンがありますが天皇が優位の歌人であることを学術的に明らか

にすればよいでせう[48]

天野文相の天皇象徴論に反対のコヱがあがつてをりますが、人間天皇の学術的批判により現天皇が超人的優秀人格たることが明かになれば問題解決しませう。[49]

天野発言に対し、三井は「人間天皇」を「優位の歌人」「超人的優秀人格」と捉えればそれで十分だとしている。同様の昭和天皇観は他にも「しきしまのみちのロジックの達人」[50]「このみち（和歌）の第一人者」[51]と枚挙にいとまがない。

この時期の三井の天皇観は、もはや親政を行う主権者としての面を希薄化し、優れた歌人の面に重点が置かれていた。先に確認したように、三井は昭和二五年以降、「デモクラシイ」＝衆議政治を肯定していたが、これを受ける形で彼において政治の主体として天皇が語られることはめっきり少なくなっていく。

以上の検討から明らかなように、戦後三井の認識において、明らかに天皇は神から人間へと変貌を遂げるとともに、「デモクラシイ」の観念が偽装を超えて血肉化していった。その展開は、戦前に一定の影響力を振るった伝統的国体論がまぎれもなく崩壊していく過程そのものに他ならなかった。

⑵三井の日本復興案

前項までの検討を通じ、三井の思想の本質的変化を明らかにしてきた。最後に戦後三井の思想的帰結を見届けておこう。

三井は、戦後日本を倫理観の欠如した「ヤミノ世」であると一貫して強調する。

世にもまれの罪業はびこる今の世は罪人をつくるところとなりぬ／をがむべきものをわすれし今の世にとりもどさなむいつくしみのこゝろ(52)

今上御製ノアリガタサヲシラヌコトハ「ヤミ屋ノゼイタク」連中ノココロノアラハレデドコマデモ　ヤミノ世ノ中デソレガ弁証法マルキシズムトトモニ敗戦ノ原因デセウ(53)

今の世の人々には、いまのところまことの人情は期待できぬでせうが　しかしながら　今上御製に世に求め得ぬものをあふぐはうれしいのですが　いま平和だとか中立だとかいふコトバは生命なきコトバの幻影である(54)

このように三井は、日本を国内的には暗黒時代と捉え、暗黒の中の光明＝「をがむべきもの」として「今上御製」を位置付けていく。彼において「今上御製」は日本文化「三千年間の最高峰に達した(55)」と最大級の賛辞が送られるものであった。そうはいっても、もちろん「今上御製」はあくまで人間の言葉なのであって、かつて明治天皇御製が「神様のお言葉(56)」とされていたのとは大きな懸隔がある。また彼が「今上御製」のみならず、「教育勅語は新らしい時代の指針として復活せらるべきである(57)」と、教育勅語の復活には最後まで執着を示したのも、同様に「ヤミノ世」における道徳的基準を求めてのものであった。

三井は、国内的には「今上御製」に希望を託すとともに、国際社会的には激化する冷戦の現実を背景に「全世界の開展はわがくに、われらの祖国日本を除外はできぬでせうし、また除外せぬでせう(58)」と、日本の復活を実感していった。とくに、一九五〇年六月二五日における朝鮮戦争の勃発の衝撃は彼にとっても大きかった。これ以降、彼は「内外の形勢日本のために吉兆を示してきたと感ぜられます[59]」と、ますます将来に明るい展望を抱くようになる。このような日本の国際世界における復権を後押しする形となった冷戦を、彼は「神意」の計らいとして捉えていた。

世界情勢進展のさまにめに見えぬ神の心をウツクシク感ず[60]

世界大勢もこのごろの天気の如くおもしろいと申すことばはいけませんが意義ふかく、しばらく忍耐してをりませう、「防共は神意なり」ですから[61]。

トモカクモ半島ノ風雲〔朝鮮戦争〕モカミノココロノアラハレデセウ[62]。

「神意」であるソ連・共産主義との対決は、戦前以来の三井の持論であり、歓迎すべきものであった以上、「眼前にあるのは防共反赤化の戦ひでせう[63]」と、彼は積極的に冷戦への参戦を説いた。そしてこの冷戦という世界構図の中で、彼は「英独仏米と日本と手をつなぐべきでせう。今こそ！[64]」「日本米英ナドモツナガリマセウ　ソノウチニダンダンニ[65]」と、繰り返し欧米との歩み寄りを見せる。このような彼における国際政治の面から欧米西側諸国との連帯を求める主張は、文化的なレベルでの欧米と日本との共通性を説く議論と関連していた。彼は「〔孟子の〕性善説ハ愛（ヤソ）、慈悲（仏）、イツクシミ（明治天皇）ノヲシヘニ通ヒマセウ[66]」と、儒教の仁、キリスト教の「愛」、仏教の「慈悲」、天皇の「イツクシミ」を同様のものとして捉える。先に確認したように、キリスト教と東洋の思想との本質的共通性を説く主張自体は既に昭和二一年段階から見られるものであるが、激化する冷戦下では新たな意味が付与される。「残忍ノ仁愛慈悲ニソムク思想地上ユキエヨトセチニ思ヘリ[67]」というように、「残忍」＝共産主義が、相通じ合う東西文化にとって共通の敵対者として措定されてくるのである。

こゝに米英のデモクラシーを「与衆相弁」の聖徳太子の以和為貴のセイシンに結合せしめて東西洋の文明を統一し、マルクス・レニンのマチガヒをも亦之を矯正しをさめることの大事業がこれから日本を中心として開展することを思ひます。[68]

「米英のデモクラシー」と聖徳太子の「与衆相弁」とを結合させることは、三井においては単なるこじつけ・偽装ではない。それは「東西洋の文明を統一」することであり、そのことを以て彼は共産主義の「矯正」をも企図したのである。

留意すべきは、ここで三井が「米英」＝西洋文明、日本＝東洋文明と臆面もなく代表させていることである。アジアに対する視野の欠如は相変わらずのものであった。

台湾朝鮮満州は日本をはなれましても心？《（ママ）》世界のつながりはイロ〳〵ノ形ヲトツテつゞきませうと思ひます。これらのことをいろ〳〵いふのは遠慮すべきで敗戦の罪を分ちあふものゝ心得でせうから申上げません。しかし世界はいよ〳〵相互密接し来る。[69]

「台湾朝鮮満州」は日本の帝国主義から自由になっても、精神的にはつながっており、世界の「相互密接」＝東西文明の融合は進むと見なされている。このような判断から、朝鮮戦争も「今度のたゝかひは東西洋文明、キリスト教仏教神道等の融合のためのたゝかひと存じます　世界の平和はこれなしには成就されぬと存じます[70]」と位置付けられる。

ここまでの検討から、冷戦下の三井が構想した日本復興のプログラムは以下のようなものであったことが理解できる。つまり、日本は国内的には「今上御製」に道徳の基準を求めて、天皇の「大御心」「いつくしみのこゝろ」を称揚することによって世の黒雲を払う。とともに国際的には東西の文化的融合を背景に、欧米と固く手を結ぶ。それを以て日本をソ連・共産主義に対抗する陣営の一角に食い込ませ、世界における日本の位置を確保する。これが三井の構想である。そしてこの計画においては「今度の「敗戦」も「勝利」を総摂する天地自然宇宙生命につながる意義ありませう[71]」と意義付けられることとなる。敗戦はもはや屈辱とともに回顧される記憶ではなく、最終的な「勝利」＝ソ連打倒・共産主義殲滅へ向かう過程での一齣に過ぎないのである。

このような構想を抱く三井にとっては、講和問題にしても西側陣営に属する国とだけ結ぶ片面講和論が当然であった。彼は「事実、実情にそはぬバカゲた「曲学阿世」ぶりを示してをる「南原」テイド[72]」と南原繁を批判している。これは、昭和二五年五月三日、吉田茂首相が、非武装・中立・全面講和を説く南原繁を「曲学阿世の徒」と非難して、明確に片面講和の立場に立っていたことを踏まえている[73]。三井の構想は、少なくとも対外政策の面では政府の方針と合致するものであった。

以上のような復興案をさらに現実化すべく、三井は挺身するつもりでいた。しかし、依然追放が解除されない身の上としてはあまり公然とした活動もできず、結局、彼の細々とした営為とは全然関係ない形で、ソ連等を除いた国々との対日講和条約が調印される。この日、昭和二六年九月八日、彼は「サンフランシスコよりのラヂオきくことのありがたきかな[74]」と独立を喜んだ。そして「かへりみてわれらがゆきしこの道は正しかりしと思ふになぐさめらるゝ[75]」と自己を慰めた。

日本が独立を確定して後の三井は、これまで以上にますます将来を楽観視していった。彼は自ら「生前訣別辞[76]」と見なした『今上御歌解説』（一九五二年三月）において「議会制度の与衆相弁自由討議のデモクラシイ[77]」の称讃、「日本では皇室を中心としてコトノハノミチが相続せられ天皇御歌にその示標を仰ぐ[78]」という皇室観、御製観などを示した上で、「明治時代は再びかへり来ぬ「堯舜」時代であつたか。さうではない、と答へるであらう。御歌をくりかへしく〳〵よむ人々は[79]」と書き記す。晩年の三井は、理想的な時代である明治時代が昭和の今に復活すると期待していた。敗戦直後の「明治時代ヨリノ進展一朝ニシテ□挫[80]」「日清日露役ノ仕事空無化[81]」という喪失感はここに回復されるに至ったのである。

反ソ・反共という一点のみにおいて三井の思想は戦前との連続性を保ったものの、「デモクラシイ」観・天皇観などの点では明らかに断絶した認識を示した。その変化を彼自身自覚していたのだろう、「昔のものは今日かき改めたいところありますのも神のめぐみとうれしく思ひをります[82]」と門下に書き送っていた。ここで注意すべきは、この変化を彼は強制されたものとして悲観している訳ではなく、「うれしく」感じている点である。三井は戦後の新たな状況に対応して、戦前とは異なる思想を展開していった。そのような戦後の動き及び自己の思想を含めた「あたらしきみち」を彼は肯定的に捉え、「あたらしきみちはつながるちはやぶる神のひらきし神代のみちに[83]」と、「神代のみち」の延長線上に位置付けていくのである。

そして「与衆相弁」＝「ともに」という要素を重視するようになった思想内容の変化は、そのまま活動方針の変更をもたらすこととなる。三井は「われらのいまゝでのやり方は多少排他的に傾いてをりましたのでこゝらで少し摂取不捨抱納無窮の方向へ向けようとおもひます[84]」という反省を見せている。かつて講演の場で

「私の申上げることは、……もし私が申上げなくても、お分りになる方は分つて居り、〔もし私が申し上げても〕お分りにならない方は分らない[85]」と聴衆を突き放していた態度を晩年になってようやく改める気になったのである。このように晩年における彼の営為には、単なる現状追認を超えて、新生面を切り開かんとする意志があふれている点を看過してはならないだろう。

おわりに

昭和二一年初頭、三井はGHQ主導の民主化政策や年頭詔書などに対する危機感を背景に、主権者としての天皇観や客体的臣民観を堅持していた。「のりと」Aは、そのような彼が戦後日本へ向けたアンチテーゼであった。それに対し、同年五月、三井は、「のりと」Aの有した特殊日本的性格を払拭するとともに、新たに普遍的性格を付与し、戦後的価値観を受容しうる余地をもつ「のりと」Bを完成させた。

この書き直し作業は、天皇訴追の可能性がまだ払拭されていない時期に行われたことから鑑みて、三井が慎重になり、一定程度の妥協をした結果ではないかと推定される。もちろんこの時点では三井の戦後的価値への反発や天皇主権への思い自体は保持されていた。実際、門弟たちも口を揃えて、戦前・戦後にかけて三井の思想が一貫していることを強調している。ただし、留意すべきは、彼が日本の神や天皇を相対化する視点を常に持ち続けたことであり、ここにこそ戦前と戦後との認識を分かつ最大の相違点を指摘することができる。昭和二一年五月を画期にして、三井における戦後日本への向き合い方には大きな変化が生じているのである。蓑田追悼文の完成型である「のりと」Bは、晩年へと至る戦後三井の思想の出発点を成すものであり、蓑田＝伝統的国体論からの訣別を示すモニュメントでもあるといえよう。

その後の三井は、戦後初期における現在の状況への反発を乗り越えて、積極的に適応していった。天皇の「人間宣言」、衆・参両院における教育勅語等排除・失効決議などを通して、伝統的国体論は上から解体せしめられていった。このような動きに対応するかのように、彼の認識においては、天皇は神から人間へと変貌を遂げ、普遍宗教との関わりで捉えられるとともに、「デモクラシイ」の観念が偽装を超えて血肉化していった。

三井は、以上のような思想を集大成して、晩年に『今上御歌解説』を執筆し、それを「ミノダ兄霊前にもさゝげたいと思ひます[86]」と希望していた。戦後、三井が書いた書簡や日記には蓑田の名前が頻出し、彼は片時も蓑田のことを忘れなかったようである。実際、彼は蓑田を追憶して「きみのこゝろわが生くあひだわれとゝもにありと信ぜむ信の友君よ[87]」と詠んでいる。自分が生きている限り蓑田の精神はともにあるという一心同体の表明である。しかし、あらゆる超越的存在を包摂した「原理日本」しか認めず、天皇の「人間宣言」から約一ヶ月後に自殺した蓑田と、自己の天皇崇敬を三教一致的に再編し、人間天皇・「デモクラシイ」を肯定した上で戦後的価値に適応していった三井との間には大きな懸隔があるといえよう。戦後における三井の思想的展開とは、戦前に一定の影響力を振るった伝統的国体論が下からも崩壊していく過程そのものに他ならなかった。

三井は、最終的に戦前的な伝統的国体論とは明確に断絶した地点に立って、戦後日本復興のプログラムを構想した。それは、国内的には「今上御製」を核として道徳の規準を確立するとともに、国際的には民主主義・キリスト教・仏教・儒教・御製など東西の文化的融合を背景に、西側諸国と連帯し、ソ連・共産主義に対抗する、というものであった。御製に救いを求める姿勢と、民主主義を認め、普遍的価値を希求する志向――この一見相反する二つの要素は、戦後における三井の思想において密接な関連を有していたのである。

確かに占領下における一連の上からの改革によって、伝統的国体論の思想的主柱はことごとく倒され、その権威は失墜した。それでは三井における戦後の思想的帰結は、上からの改革に対する現状追認に過ぎないのであろうか。そうとも言い切れない。三井の悪戦苦闘に示されるように、個々の思想家のレベルにおける営為には、単なる現状追認ではなく、まがりなりにも戦後という時代の中で積極的に自己革新をなそうとした一面があるのではないか。少なくとも彼らの戦後における変説を「変節」「転向」「偽装」とのみ判断するだけでは、国体論の思想性を正確に把握することはいつまでたってもできないだろう。

註

（1）一九四八年一月二二日付書簡「三井甲之先生書簡鈔（一）（夜久正雄宛・編註）昭和二十三年の部」『アカネ』復刊七号、一九七八年一月、三四頁。以後「書簡鈔」（一）のように略記。

（2）米田利昭「抒情的ナショナリズムの復活――三井甲之（完）」『文学』一九六一年三月号、七〇頁。

（3）松田福松「あゝ承命院無端甲之居士」『新公論』四号、一九五三年一〇月、茂木一郎「三井先生と私」同誌同号、など。

（4）丸山眞男「戦後日本のナショナリズムの一般的考察」（一九五一年初出）『丸山眞男集』五巻、岩波書店、一九九五年、木下半治『日本の右翼』要書房、一九五三年、堀幸雄『増補 戦後の右翼勢力』勁草書房、一九九三年、など。

（5）片山素秀「原理日本社論のために――三井甲之を中心とする覚え書き」『近代日本研究』九巻、一九九三年三月、平井法・佐藤道子「三井甲之」（昭和女子大学近代文学研究室『近代文学研究叢書』七三巻、昭和女子大学近代文化研究所、一九九七年）、石井公成「親鸞を讃仰した超国家主義者たち㈠――原理日本社の三井甲之の思想」『駒澤短期大学仏教科 仏教論集』八号、二〇〇二年一〇月、斉藤真伸「三井甲之試論」（一）～（七十四）『みぎわ』二二巻一〇号（二〇〇四年一〇月）～二九巻六号（二〇一一年六月）、塩出環「三井甲之と原理日本社の大衆組織――「しきしまのみち会」の場合」『古家実三日記研究』五号、二〇〇五年五月、同『天皇「原理主義」思想の研究』神戸大学大学院国際文化学研究科須崎研究室、二〇〇七年、打越孝明「三井甲之の短歌――明治・大正篇」『大倉山論集』五一輯、二〇〇五年、同「三井甲之の短歌――昭和篇（上）」『大倉山論集』五二輯、二〇〇六年、同「黒上正一郎と三井甲之」『大倉山論集』五三輯、二〇〇七年、片山杜秀「写生・随順・拝誦――三井甲之の思想圏」（竹内洋・佐藤卓己編『日本主義的教養の時代――大学批判の古層』柏書房、二〇〇六年）、同『近代日本の右翼思想』講談社選書メチエ、二〇〇七年、横川翔「松田福松の足跡――三井甲之とその同志たちの一側面」『國學院雑誌』一一七巻九号、二〇一六年九月、同「雑誌『アカネ』の再検討――三井甲之研究の緒論として」『史境』七五号、二〇一八年三月、中島岳志『親鸞と日本主義』新潮選書、二〇一七年、木下宏一『国文学とナショナリズム――沼波瓊音、三井甲之、久松潜一、政治的文学者たちの学問と思想』三元社、二〇一八年、など。

（6）藤原弘達「右翼ナショナリズムにおける戦後的特質の所在――その思想的立場の問題」『思想』三四〇号、一九五二年一〇月、Ivan Morris, *Nationalism and the Right Wing in Japan: A Study of Post-war Trends*, Oxford University Press, London, 1960, 梅森直之「菊と憲法――「右翼」ジャーナリズムにおける「戦後」の問題」『インテリジェンス』六号、二〇〇五年一一月、時野谷ゆり「占領期の「右翼」と短歌――歌道雑誌『不二』に見る影山正治の言説とGHQの検閲」『インテリジェンス』八号、二〇〇七年四月、小宮一夫「右翼ジャーナリストの再軍備論――斎藤忠を例に」『メディア史研究』二三号、二〇〇七年一二月、歩平・王希亮著、山邉悠喜子ほか訳『日本の右翼――歴史的視座からみた思潮と思想』明石書店、二〇一五年（原著『日本右翼問題研究』社会科学文献出版社、二〇〇五年）、大谷伸治「里見岸雄の戦後憲法論――「皇道民主主義」と非武装平和の確立へ」『道歴研年報』一六号、二〇一五年九月、同「敗戦直後における大串兎代夫の憲法改正論」『史学雑誌』一二六編二号、二〇一七年二月、安田浩一『「右翼」の戦後史』講談社現代新書、二〇一八年、など。

（7）『「蓑田胸喜君にささぐるのりと」草稿他ノート』（山梨県立文学館所蔵、登録番号 230092662、以下『ノート』と略記）（一九四五年七月）六七頁。本史料自体には頁数はない。この頁数は、山梨県立文学館の画像閲覧システムで公開されているものに付されたものである。

（8）『ノート』（一九四五年七月一九日）六八頁。

（9）『ノート』（一九四五年八月一二日）七〇頁。

（10）『ノート』（一九四五年九月七日）七三頁。

（11）『ノート』（一九四七年一二月一六日）一四三頁。

（12）『ノート』（一九四六年一月二日）八〇頁。

（13）『ノート』（一九四六年一月二日）七九頁。

（14）『ノート』（一九四六年三月一九日〜二九日頃）一一四頁。

（15）『ノート』（一九四六年三月一九日〜二九日頃）一一五頁。

(16)『明治天皇御集研究』東京堂、一九二八年、二四五頁。
(17) 本史料の翻刻及び成稿過程における諸草稿の位置付けについては、拙稿「三井甲之「蓑田胸喜君の霊にさゝぐるのりと」——翻刻と解題」『日本思想史研究』三八号、二〇〇六年三月、参照。また数ヶ所ほど微細な違いがあるものの、本史料は、木村松治郎編『原理日本の信と学術』(しきしまのみち会大阪支部、一九八〇年)にも活字化されている。
(18)『明治天皇御集研究』一八三頁。
(19) 以上、『ノート』一二一頁。
(20)『明治天皇御集』下、文部省、一九二二年、頁数なし。
(21) 一九四八年一一月二九日付書簡(宮崎五郎編『三井甲之書翰集 無限生成』しきしまのみち会、一九五七年)一一頁。以下『無限生成』と略記。
(22) 以上、石井公成「親鸞を讃仰した超国家主義者たち㈠」前掲誌、五五頁、六一頁。なお蓑田も、三井の影響のもと、「『南無阿弥陀仏』はわれらに至つて『帰命日本』の祖国礼拝宗教となつたのである」と断言している(蓑田胸喜『学術維新原理日本』原理日本社、一九三三年、八四頁)。
(23)「親鸞と基督」(一九二一年四月)『親鸞研究』東京堂、一九四三年、一三〇頁。
(24)「御製拝誦」(一九三九年三月)『日本の歓喜』原理日本社、一九四一年、二一九頁。
(25)『朝日新聞』一九四六年四月三〇日付、一面。
(26) 粟屋憲太郎『東京裁判論』大月書店、一九八九年、参照。
(27)『平和の大海へ注ぐ一滴の水』(一九五〇年六月脱稿)三井甲之遺稿刊行会、一九六九年、八七頁。
(28)『ノート』(一九四六年一一月六日〜二三日頃)一四二頁。
(29)『無限生成』一六四〜六五頁。
(30) 片山杜秀氏は、三井が信奉した一種の心霊療法「手のひら療治」に普遍性の指向を見出し、それが原理日本社の思想の根幹(天皇、和歌、日本語など)を崩壊させる危険性を有していたことを指摘している(片山杜秀「写生・随順・拝誦——三井甲之の思想圏」前掲書、一二七〜二八頁)。三井は昭和二二年四月一〇日、脳溢血で倒れ、左半身が不自由になって以降、ますます「手のひら療治」に傾倒していったが、あるいはこのこともまた特殊日本的価値を抑制する上で一定の作用をしたのかもしれない。

(31)(32)　一九四六年一〇月六日付松田福松宛書簡（しきしまのみち会編『三井甲之歌集』「三井甲之」歌碑建設・歌集刊行会、一九五八年）、二二一頁、二二二頁。
(33)　田代二見宛書簡（一九四六年一一月九日）「三井甲之私信詩歌及文」No. 2〜3『三井甲之歌集 昭和篇（下）』（山梨県立文学館所蔵、登録番号 23009l923）
(34)　『ノート』（一九四六年一一月三日）一四一頁。
(35)　一九四八年七月三日付書簡「書簡鈔」（一）前掲誌、四〇〜四一頁。
(36)　一九四八年一二月三日付書簡「三井甲之先生書簡鈔――富山師範、大分大学に在職の田中米喜氏にあてて」『アカネ』復刊二〇号、一九八八年一二月、一八頁。以下「田中米喜氏にあてて」と略記。
(37)　一九四九年一〇月二四日付書簡『無限生成』四六頁、一九四九年一〇月二五日付書簡「田中米喜氏にあてて」前掲誌、一九頁。
(38)　「江口俊博先生の霊前に」（一九五〇年六月）宮崎五郎編『新訂増補 江口俊博遺稿集 手のひら療治を語る』手のひら療治研究会、一九六九年、二五三頁。
(39)　一九五〇年三月三〇日付書簡『無限生成』七一頁。
(40)　一九五〇年一〇月二日付書簡『無限生成』一三三頁。
(41)　『明治天皇御集研究』四八〜四九頁。
(42)　『国民宗教儀礼としての明治天皇御製拝誦』原理日本社、一九二九年、四二頁。
(43)　笹野谷人「日記抄（昭和二十二年）」『興風』四巻二号、一九四九年二月、一一頁。なお「笹野谷人」は三井の筆名である。言論追放に処されている立場に配慮してのものであろう。
(44)　一九四八年七月三日付書簡「書簡鈔」（一）前掲誌、四〇〜四一頁。
(45)　『続現代史資料（一〇）教育 御真影と教育勅語㈢』みすず書房、一九九六年、三四六頁。
(46)　「昭和二十一年年頭の詔書（人間宣言）」（一九四六年一月一日）村上重良編『正文訓読 近代詔勅集』新人物往来社、一九八三年、三三四頁。
(47)　一九五一年三月二二日付書簡「田中米喜氏にあてて」前掲誌、二一頁。
(48)　一九五一年一一月四日付書簡「書簡鈔」（十）『アカネ』復刊一六号、一九八五年一月、一九頁。

(49) 一九五一年一一月七日付書簡『無限生成』一八四頁。
(50) 一九五一年一〇月一七日付書簡「書簡鈔」(十) 前掲誌、一七頁。
(51) 一九五二年五月一〇日付書簡『無限生成』一八九頁。
(52)『平和の大海に注ぐ一滴の水』(一九四八年二月一日) 九一頁。
(53) 一九四八年一月二三日付書簡「書簡鈔」(一) 前掲誌、三三頁。
(54) 一九五一年四月一日付書簡「書簡鈔」(八)『アカネ』復刊一四号、一九八三年四月、一五頁。
(55) 一九五一年一一月六日付書簡「書簡鈔」(十) 前掲誌、二〇頁。
(56)『国民宗教儀礼としての明治天皇御製拝誦』四二頁。
(57) 昭和二七年一二月一九日における宮崎五郎へのしきしまのみち奥義口授 (『無限生成』一九九頁)。
(58) 一九五〇年三月二一日付書簡『無限生成』六八頁。
(59) 一九五〇年九月二四日付書簡『無限生成』一二九頁。
(60) 一九四九年四月二三日付書簡『無限生成』三四頁。
(61) 一九五〇年八月六日付書簡『無限生成』一一六頁。
(62) 一九五〇年九月一九日付書簡『無限生成』一二七頁。
(63) 一九五一年七月二二日付書簡「書簡鈔」(九)『アカネ』復刊一五号、一九八四年三月、二三頁。
(64) 一九五〇年七月二八日付書簡『無限生成』一一四頁。
(65) 一九五一年四月一日付書簡「書簡鈔」(八) 前掲誌、一五頁。
(66) 一九四八年八月一三日付書簡「書簡鈔」(一) 前掲誌、四二頁。
(67) 一九四八年五月二六日付松田福松宛書簡『三井甲之歌集』二五一頁。
(68) 一九五一年三月二〇日付書簡「田中米喜氏にあてて」前掲誌、二〇頁。
(69) 一九四九年三月一八日付書簡『無限生成』二一頁。
(70) 一九五一年四月七日付書簡「田中米喜氏にあてて」前掲誌、二一〜二二頁。
(71) 一九五一年三月二日付書簡『無限生成』一七一頁。
(72) 一九五〇年一一月一七日付書簡「書簡鈔」(五)『アカネ』復刊一一号、一九八一年一月、二九頁。

(73)　松尾尊兊『日本の歴史21 国際国家への出発』集英社、一九九三年、一五四頁。
(74)　一九五一年九月八日付書簡『無限生成』一八〇頁。
(75)　一九五一年九月一九日付田代二見宛書簡『三井甲之歌集』二八九頁。
(76)　一九五一年七月二二日付書簡「書簡鈔」(九) 前掲誌、二三頁。
(77)(78)(79)　『今上御歌解説』、一九五二年、一頁、一〜二頁、一一頁。
(80)　『ノート』(一九四六年八月二五日) 一三六頁。
(81)　『ノート』(一九四七年一一月二九日) 二三一頁。
(82)　一九五一年二月一四日付書簡「書簡鈔」(七)『アカネ』復刊一三号、一九八二年四月、一三頁。
(83)　一九四九年四月二八日付書簡『無限生成』三七頁。
(84)　一九五一年三月二〇日付書簡「田中米喜氏にあてて」前掲誌、二〇頁。
(85)　『国民宗教儀礼としての明治天皇御製拝誦』二頁。
(86)　『今上御歌解説』一一頁。
(87)　『平和の大海へ注ぐ一滴の水』(一九四七年一二月六日) 七七頁。

結論　国体論の帰結

一　〈皇国史観〉の帰結

最後に、本書が本論で叙述の下限とした昭和二七（一九五二）年以降の流れについて簡単に素描することで、〈皇国史観〉の帰結を見ておきたい。

昭和二七年四月二八日、対日講和条約と日米安全保障条約の発効により、日本は独立を遂げるとともにアメリカのもとで西側諸国の一員として冷戦構造に組み込まれることになった。三井甲之は、教育勅語の復活には最後まで執着を示したが、管見の限り、彼が大日本帝国憲法への回帰を説くことはただの一度としてなかった。彼は戦後世界に日本が復権を図りつつある姿に安心しながら、翌年四月三日に七〇歳の生涯を終えた。その死は、「中央の新聞に一行の報道もなく、全く世に忘れられたるごとくにして、うつそみをすてられたのである」[1]と門弟に評される、ひっそりとしたものであった。蓑田胸喜は伝統的国体論の価値に殉じ、三井はその価値の失墜・崩壊を見届け、かつ体現しながら世を去った。『歌人・今上天皇』を著した夜久正雄のように三井の思想を継いだ人物は確かにいるものの、彼らは基本的に三井のエピゴーネンと化し、伝統的国体論の思想的生命・歴史的役割は三井の死を以て幕を閉じたといって過言ではなかろう。

また日本独立後の大川周明は、「日本は自己本来の精神に復帰して復興の路を踏み出さねばならぬ。そのためには終戦後に外国から与へられた価値判断の標準を一応棄て去りて、取捨選択すべて日本精神に則つて行はねばならぬ[2]」と、押し付けられた「価値判断の標準」を廃棄することを説いた。当然改憲も視野に入っていたであろう。そして彼は日本の現状を悲観していない。

> 日本の指導者層が国民を敗戦より亡国へと導いて来たに拘らず、国民の裡に眠れるやまとごころが、いつとはなしに目覚めて来た。……皇室と神社とに対する敬慕の情が、一旦は涸れはてたに見えた泉の水が再び滾々と湧き出たやうに、ひとりでに国民の魂によみがへり、一昨年よりは昨年、昨年よりは今年と、その純情は年毎に濃かに且強くなつて来た[3]。

「国民の裡に眠れるやまとごころが」「ひとりでに」蘇り、だんだん強くなっている、と大川は見て取る。しかし、このような「やまとごころ」の自然的発揮は、伝統的国体論のものであったはずである。のみならず、彼は「われ〳〵は新しい歴史を書き直さなければならない。神武建国より更に天照開闢の源迄立返つて、そこから新らしい《ママ》日本を生み出さなければならないと考へる[4]」と、神代への復帰さえ主張し始める。晩年の大川は、むしろ伝統的国体論の立場へと傾いていったようである。右翼運動や政治運動からは手を引いて、農村行脚に残りの人生を捧げた彼は、昭和三二（一九五七）年一二月二四日、七一歳で世を去った。

ところが、このような三井・大川らとは対照的に、戦後も各界に大きな発言力を有したのが平泉澄である。彼は、三井の没した翌年、昭和二九（一九五四）年六月三〇日、首相官邸で行われた自由党憲法調査会第二分科会において、次のように説いた。

日本国を今日の混迷より救ふもの、それは何よりも先に日本の国体を明確にすることが必要であります。而して日本の国体を明確にしますためには、第一にマツカーサー憲法の破棄であります。第二には明治天皇の欽定憲法の復活であります。このことが行はれて、日本がアメリカの従属より独立し、天皇の威厳をとり戻し、天皇陛下の万才を唱へつつ、祖国永遠の生命の中に喜んで自己一身の生命を捧げるときに、始めて日本は再び世界の大国として立ち、他国の尊厳をかち得るのであります。(5)

平泉は、大胆にも「マッカーサー憲法の破棄」「明治天皇の欽定憲法の復活」を議員に迫る。彼は大日本帝国憲法にこそ日本の国体の真の姿を見ていた。現実問題として大日本帝国憲法の復活は無理という議員らの判断に対しても、「ただいま申し上げましたことは原理原則について申し上げたことでありまして、私ども野にをる者として見ますならば、これが正しいことであり、しかも可能であると思ひます(6)」と応じる。

偽装に止まらぬ本質的変化を果たし、戦後の時代に処していった三井らとは異なり、新しい国体論を代表する平泉澄は、その門下生も含めて「原理原則」を堅持していった。そこには戦前・戦後を一貫する強い原理主義が認められる。平泉学派の広範な人脈にも支えられて、彼は戦後においても政界・官界・教育界に対して隠然たる影響力を保持した。

戦時下において結着のつかなかった伝統的国体論と新しい国体論との対立は、ここに前者の変説・衰退、後者における説の堅持・長期的影響力の確保という形でようやく結末を迎えることとなったのである。

ところで、戦後の歴史学は、敗戦直後、次のように戦中における国家主義的な国史教育を批判した。

此の所謂皇国史観〔「二千六百年説」「八紘一宇説」など〕が行はれてゐるだけでなしに、もつと極端な軍国主義史観或は進んで米英打倒史観と言ふやうなものがこの〔国民学校で使われた〕歴史教科書の基調であります。さう言ふ状態でありまして、この歴史の方面に於いて国民の合理的なもの丶考へ方を非常に歪めた、抑圧したと思ふのであります。(7)

この時点では「皇国史観」「軍国主義史観」「米英打倒史観」といった用語が併存しているが、戦中の国史教育を「国民の合理的なもの丶考へ方を非常に歪めた、抑圧した」ものと捉えており、戦後流布する〈皇国史観〉の原型は既に見られる。戦後の歴史学は、戦中にも守られていた実証史学の伝統を継承するとともに、戦時中の国家主義的な歴史観を〈皇国史観〉として一括し、非合理の烙印を押して否定した。ここに「戦後歴史学」出発の鐘は高らかに振り鳴らされる。しかし、そこで批判対象として念頭に置かれている神話と歴史を結び付け、帝国主義的侵略を積極的に正当化した歴史認識は、実は伝統的国体論にこそ顕著なものであり、平泉に代表される新しい国体論派は戦後も生き延びることとなった。さらに戦前との断絶を強調する「戦後歴史学」の態度は、研究者が〈皇国史観〉の内部に踏み入って、その混沌とした状態を剔抉することをタブー化していった。

その結果、「戦後歴史学」は、八紘一宇や万世一系、天壌無窮といったイデオロギーとは確かに絶縁したが、過度の断絶の強調は、その背後において連続する一面を隠蔽してきたのではなかったか。例えば、これまで〈皇国史観〉の代表とされ、指弾されてきた平泉澄の歴史観は、実は天皇の神格化や八紘一宇とは程遠いものであった。彼にとって、天皇は神代と連続し、天照大神と一体であるが故に尊い訳ではなかった。「今日の我れ自身が真に偉大にして、祖先の名は初めて光を発する」(8)という言に示唆されるように、彼は皇祖や神勅の威光よりも、個々の天皇の営為、天皇の個人的人格をこそ尊重したのである。そもそも彼の思想において最大の特質は、単一民族観を基盤とした極めて閉鎖的な「日本」・「日本人」観に求められる。とすれば、それは植民地を喪失した戦後日本の国境を念頭にして「日本」を観念し、「日本史」を語ってきた「戦後歴史学」と質的には変わらない。

「戦後歴史学」（マルクス主義史学）と新しい国体論（平泉史学）との衝突は、家永教科書裁判として現出することになり、これを契機に〈皇国史観〉研究はようやく本格化し、永原慶二『皇国史観』（岩波ブックレット、一九八三年）のような貴重な成果が世に出された。しかし、戦時期の国家主義的歴史観を〈皇国史観〉として総括的に否定した「戦後歴史学」は、本来新しい国体論を代表する平泉を伝統的国体論と同一視することになった。そのねじれは、昭和十年代思想史像の形成の上で様々な弊害を生むことになる。裁判の進展と軌を一にする形で進んできた〈皇国史観〉の研究は、『国体の本義』『国史概説』の検討に集中し、平泉の思想も無前提に『国体の本義』と同じものと見なされてきたのである。

とはいえ、「戦後歴史学」の側において、このようなねじれが生じたのもある意味無理からぬことであった。ここで留意すべきは、平泉ら新しい国体論の思想は戦時期において伝統的国体論との対抗関係においてこそ「新しい」ものであった点である。つまり、戦後、伝統的国体論が変質し、崩壊するにつれて、平泉及びその学派の思想は各界へ影響力を保持する唯一の国体論として残ることとなった訳だが、その結果、彼ら自身が「新しさ」を喪失し、新たな伝統と化していったのである。ここにこそ、一九六〇年代、教科書裁判たけなわの時代に、本来異質だったはずの伝統的国体論のイメージを以て彼らの思想が「皇国史観」と称されていった要因がある。

しかしながら、まさにその頃においても平泉学派の思想はかつての伝統的国体論そのものではなかった。有力な門下生の一人である防衛大学校教授平田俊春は次のように説く。

天壌無窮の神勅が終戦まで、日本の国の初（ママ）まりに国の基を規定した歴史事実としてのみ教えられてきたことは、科学的史学の発達せざる時代においてはともかく、明治以後の近代国家の市民の歴史教育としては誤ったものであった。……今日国民の国家あるいは皇室に対する正しい愛情を回復するためには、正しい学問的研究により皇国史観をいかに近代史学として組織するかということが、何よりも緊急なのである。(9)

平田は、神話と歴史を直結したかつての「皇国史観」の誤りを認め、その上で近代史学としてふさわしい本当の「皇国史観」を新たに編成することを志向していた。「皇国史観」の近代化――それは伝統的国体論のごとき「皇国史観」の復活などではない――、これこそ戦後における平泉学派の目標であった。ただし、この平田の主張を額面通りに受けとる訳にはいかない。ここには、「皇国史観」へのバッシングが高まる中、かつての非科学的な歴史観＝「皇国史観」から意図的に距離をとろうとする、戦後の時点での自己正当化の意味あいも込められていよう。何といっても、平田自身が昭和一八（一九四三）年には「皇国史観」の高唱者と見なされていたのである。(10)この点注意を要するが、それでも彼の主張は興味深いものであろう。

以上のような歴史的由来を踏まえて、本書は「皇国史観」・『国体の本義』と平泉とを思想的に同質のものと捉えることは完全に誤りであることを実証した。さらに本書の成果からすれば、〈皇国史観〉を平泉のみ、あるいは『国体の本義』のみによって代表させることも〈皇国史観〉の一部分にしか着目しないものであり、矮小化の謗りを免れない。とくに〈皇国史観〉と「皇国史観」とを安易に同一視することは厳に慎まねばならない。

「皇国史観」は、内部対立を経た上で、文部省及び国民精神文化研究所（以下精研と略記）上層部によって『国体の本義』『国史概説』に収斂された用語である。さらに当時、社会的レベルにおける一元化、正統化に失敗した概念でもある。たとえ狭義の理解だとしても、〈皇国史観〉＝『国体の本義』『国史概説』とする理解は、「皇国史観」＝『国体の本義』『国史概説』という、当時一般にはほとんど定着しなかった文部官僚の願望を、あたかも実態であるかのように私達に刷り込みかねない。松島栄一氏以来約五十年間にわたって、「皇国史観」と〈皇国史観〉は無前提に同一視されてきたが、歴史的用語をそのまま分析概念として一般化するのは、当時の実態から乖離し、「皇国史観」の影響力を過大に評価することにつながる。それと同様に、「皇国史観」という用語を使わなかった（＝伝統的国体論を批判した）平泉の思想を〈皇国史観〉と称することもまた、昭和十年代の思想史像形成の上で誤解を与えかねない。

もちろん誰々の思想は〈皇国史観〉である、いやそうではないといった議論は不毛であり、また〈皇国史観〉を特定の人物やテキスト（平泉や『国体の本義』）によって代表させることも、昭和十年代の国体論が辿った展開を矮小化させる危険がある。〈皇国史観〉は、国体論をめぐるダイナミックな動きそれ自体を示す概念であり、すべからく内部に対抗関係を有したすぐれて動態的なものとして総体的に捉え返されるべきである。この対抗関係を軸において考察してこそ、『国体の本義』や平泉史学の歴史的意義が十全に理解できる。〈皇国史観〉とは、守旧的・反動的に固着したものでは決してなく、平泉や大川周明、吉田三郎など、その内部において諸課題に応じた新しい動き＝自己革新の契機、多様な可能性を生み出していた、すぐれて動態的な概念なのである。

そして、本書のように、〈皇国史観〉を、昭和十年代に盛んになる国体の解釈をめぐる対抗史として把握すれば、前近代や明治期以来存在した国体中心の歴史認識との相違は明らかとなる。昭和十年代、総力戦体制の構築が目指される中で従来の伝統的国体論では対応しきれない限界が露呈される。そしてその綻びを突く形で新しい国体論が現れ、国体論は時代に応じて自己変革を試みる。神代の尊重、「中今《なかいま》」という時間意識、自然的「日本人」観の三点を特質とする非合理的な要素の強い伝統的国体論に対し、新しい国体論は悉く反駁する。即ち、それは、神代に天皇統治の正統性根拠を置かず、歴史的時代に実践の根拠を求め、意志的「日本人」観を打ち出した点で、伝統的国体論とは断絶し、あくまで相対的にではあれ合理的な傾向を示すものであった。「神代から中世へ」という時代思潮の転換を背景にしたこの新しい国体論の登場を以て、昭和十年代の〈皇国史観〉は、明治期や前近代における「皇国」意識の強い歴史観一般と質的に異なるものとなる。そしてこの新しい国体論の出現を受けて、伝統的国体論はますます神話・神勅の権威へと傾き、その内容を一層非合理的なものにしていった。

要するに、明治・大正期とは異なる、昭和十年代の〈皇国史観〉に特有な点は、この新しい国体論の出現と、それとの対抗を契機とした伝統的国体論の内容における一層の極端化である。当該期、度重なる弾圧を経てマルクス主義史学が歴史の表面から消えて、なお伝統的国体論が先鋭化していったのは、新しい国体論が存在したために他ならない。その意味で、これまで〈皇国史観〉を考える際には、昭和初期から盛んになるマルクス主義史学との対抗関係が重視されてきたが、今後はそれのみならず〈皇国史観〉内部における対立に目を向ける必要がある。

二　本書の成果と今後の課題

本書は、序論で述べた二つの課題に即して、近代日本における国体論の展開史を、伝統的国体論と新しい国体論との相剋関係を軸にしながら〈皇国史観〉という視座から論じてきた。その結果、国体論の中にも非合理的な志向と合理的なそれとが競合していたこと、即ち、国体論総体が必ずしも非合理的な要素に覆われていた訳ではないことが明らかになった。その成果は、総力戦体制と国体論との関係について十分な説明ができなかった日本ファシズム論、そして国体論を非合理的と見なして無視した「総力戦体制」論の両者をともに乗り越える足がかりとなる。以下、本書各章で明らかにしたことをまとめながら、二つの分析視角とは異なる視点から通史的に叙述することで本書全体の成果として結論を提示したい。

大日本帝国憲法の制定、教育勅語の発布などに示されるように、大日本帝国は明治二十年代にその骨格を完成させた。そしてその動きと並行して、万世一系の国体を説明する国体論もこの時期に成立することとなった。天皇統治が不変である根拠は、天壌無窮の神勅に求められ、神話と歴史は連続的に捉えられる。神代というはるかな過去と明治の現在（そしてさらには未来）とが結び付けられ、過去現在未来を一貫する天皇統治の不変性が寿がれる。発展や進歩という意識は排され、不変性・一貫性が強調される時間意識であり、それによって天皇の万世一系が確保されるとともに、国民に対しては不変の忠が自然なこととして要請されることになる。以上をまとめれば、明治期に形を整えた国体論の特質として、神代に根拠をおいた天皇統治の正統性、不変性・一貫性を尊ぶ時間意識、天皇と国民との自然的関係（自然的「日本人」観）という三点が挙げられる。その後、植民地の領有による異民族統治の関係から、国体論を支える自然的「日本人」観がかえって統治上の障害と見なされることもあったが、混合民族論の導入によって事なきを得、自然的「日本人」観は温存された。かかる特質を有する国体論は、以後も山田孝雄、三井甲之、蓑田胸喜などによって大正・昭和の歴史を通じて伝統化され、国民の主体性を否定する神代の権威や現人神天皇観、「中今」という時間意識が強調されていった。

ところが、明治三七～三八（一九〇四～〇五）年の日露戦争を経て、明治末期の日本においては国民の国家への一体感は減退し、普選運動・労働運動といった社会の動きが活発化することとなる。そして大正期には、社会の活発な動きを歓迎するにせよ、それに危機感を抱くにせよ、その新しい動きを民本主義、国家主義などいずれの「革新」陣営も無視することができない状況にまで立ち至る。つまり、「国家」とは区別された、独自な領域たる「社会の発見」がなされた訳だが、かかる「国家」から「社会」へという思想潮流の移行期においては、従来極めて強固に国家的価値と結び付いていた神代や古代に対する認識も改められる。明治二十年代以来の伝統的国体論が依拠してきた記紀神話は、宗教学や人類学、考古学といった人文諸科学の進展もあって、大正期に大きな価値転換を迫られることになった。その結果、これまで主に「国家」と結合した神代・古代史の価値の地盤沈下が進行するのに伴い、「社会の発見」を背景に、中世史が「革新」を志向する新しい動きと結び付いていった。つまり、「国家」から「社会」へという大正期における思想潮流の変化を背景として、神代・古代から中世へと歴史研究の中心が移行し、「社会」の領域と結び付いた中世史こそが盛行したのである。

神代とその神々の時代と連続する古代から、記紀神話とは断絶した武士や民衆のエネルギーあふれる中世へというこの移行は、大きくいって歴史の主体が神から人へとシフトしたことをも意味し、天皇制国家の質的変化を示していた。即ち、「神代から中世へ」と端的にまとめられるこの潮流の変化は、間違いなく「大正デモクラシー」の進展過程と並行するものであった。かかる変化を背景に、三浦周行、内藤湖南、和辻哲郎らは、デモクラシーに引き付けた新しい歴史像を提示していった。ただし、同時にこの変化は、昭和期における国体論の再編、新しい国体論の登場にとっても、必要不可欠の重要な歴史的前提であったことに留意する必要がある。

まさにかかる潮流の中で、大川周明も平泉澄も、神代を尊重する伝統的国体論とは異なる思想を形成していった。大川は、宗教学の知見を背景に神代と歴史とを明確に区別した上で、『列聖伝』以下の自らの歴史書に神代を含めず、頼朝や尊氏を評価した。また平泉も、人類学との対抗を通じて、自らの主張を神武天皇建国以後の歴史の範囲内に限定していった。彼はとくに中世史と「国家」との紐帯を強固にすることを企図し、「国家」的中世史を志向した。神代と歴史とを連続させることを拒否した両者は、ともに改めて神代や古代を復権させようとはせず、それぞれ神話に依拠しない方法で万世一系の天皇統治の正統性を根拠付けていったのである。その際彼らが重視した時代こそ中世であった。

明治から大正にかけて、「伝統」はもはや神代や古代に限られることはなく、むしろ主流は中世へと移行しており、熾烈な中世観の対立を惹起していた。水平運動における親鸞の重視、三井甲之の親鸞への傾倒、平泉の禅への注目、大川の道元評価など、この時期における各思想家の鎌倉新仏教観は、それぞれ自己の思想と密接に関連したものであった。もちろん相変わらず神代を尊重する傾向も根強く、簡単に消失した訳でもなかった。大正期以降、様々な「伝統」が、自らの正統性をめぐってヘゲモニー争いをする事態が生じたのである。そして昭和期には諸「伝統」の対立はますます激化していった。その激化の中で、昭和初期の伝統的国体論は、社会的レベルにおける統合力、さらには国家主義陣営をまとめる求心力を弱め、里見岸雄や永井亨など様々な立場の人物から批判を受けることとなった。

平泉は、このような伝統的国体論の低迷状況に対応して、昭和八（一九三三）年八月以降、伝統的国体論に類似した自らの「臣民」観を大胆に変容させていく。即ち、「真の日本人」化という課題が自覚され、日本歴史を「自然」な流れとする見方を否定し、それを克服する形で、「難儀不自由」を甘受して「真の日本人」となる修練が重視された。彼は、伝統的国体論とは断絶して、絶えざる修練によって「真の日本人」になることを内地「日本人」に求めた。かかる変化を「日本人」観の変化に即してまとめれば、自然的「日本人」観から意志的（主体的）「日本人」観へ、となろう。そしてこの変化は、彼が目指した現代「更生」のための戦術の変化――一部の英雄によって領導される「上からの更生」から「下から」の主体性を汲みとる翼賛的な「更生」へ――と連動したものであった。

伝統的国体論は、歴史と連続させた神代の尊重、時代区分を拒否する「中今」という時間意識、自然的「日本人」観の三点を特質とする。平泉は、「神代から中世へ」という時代潮流の変化を背景としながら、神代と歴史とを区別し、神代に依拠せず、自ら時代区分した中世に自己の政治的実践の根拠を置いた。神代、「中今」という人を随順的客体に止めおく呪縛から解放される前提があって、はじめて彼は自然的「日本人」観を否定し、意志的「日本人」観へと至り得たのである。まさに昭和八年八月以後の平泉を以て、伝統的国体論は完膚無きまでに批判され、ここに新しい国体論は誕生した。その意味で彼の思想の変化は、国体論史上極めて重大な意義を有している。繰り返し強調しておきたいが、新しい国体論は、「神代から中世へ」という時代潮流の変化を必要不可欠の前提としてはじめて成り立つものであった。

伝統的国体論は、統制主義に警戒を強めていた荒木貞夫らいわゆる陸軍皇道派の思想とも親近性を有していたこともあり、新しい国体論誕生後も根強く存続し、『国体の本義』として結実した。しかし、神代に国体の根拠を置き、現在への没入と国民の天皇への随順を強調する伝統的国体論は、総力戦下において国民の自発的動員が要請される中、致命的な時代的限界を露わにしていった。かかる事態に対応して、「神代から中世へ」という変化を経験した思想家たちによって、神々の世界から自立した自発的・主体的な国民による翼賛を目指す方向で国体論の再編が行われた。この新しく再編された国体論こそが、当時喫緊の課題と目された総力戦体制の構築と結び付き、日本的総力戦体制を形作っていった。そしてその過程において、伝統的国体論の臭みが指摘されていた内務省主導の国民精神総動員運動は形骸化していく。また文部省においても、国民の国体への自然な翼賛を説く『国体の本義』から、生活の隅々にまで意識的な「修練」を徹底させることを求める『臣民の道』へと国民教化の性格が変化していくことになる。『臣民の道』は、「真の日本人」が主体的・積極的に総力戦体制を支えることを要請していた。昭和十年代、まさに総力戦体制の構築が至上課題とされる中で、伝統的国体論からの脱却が試みられるようになる。

かかる日本的総力戦体制構築の背後では、伝統的国体論と新しい国体論が、神話に対する態度の違いを背景に、国民の客体化、主体化をめぐり、昭和十年代を通じて対立を続けていた。日本が「皇国」であること、即ち、日本が「万世一系の天皇が統治する国」であり、その国体にこそ至上の価値を見出すという一点において、〈皇国史観〉とされる思想家は共通している。しかし、その要である天皇の万世一系＝国体の根拠をどこに求めるかについては、種々の意見があり、対立が生じた。昭和十年代にはその対立が一層激しくなり、国体自体さえもが危地に追い込まれかねない状況を呈していた。そしてこの激化する対立の中で、伝統的国体論はますますその思想を極端化し、国民の主体性を否定して神代・神勅の権威に傾いていく。この国体論の紛糾を糊塗するためにも、国体それ自体はますます絶対化されねばならなかったのである。

二つの国体論における長い対立の中で、伝統的国体論の内部にも「革新分子」が形成されるに至った。この伝統的国体論の内部紛争は、昭和一八（一九四三）年に公表された「正史」編修事業を機に、「皇国史観」の相剋として現出することになった。そもそも小沼洋夫・竹下直之・紀平正美ら文部省及び精研上層部が「皇国史観」の用語に込めた思いはまさに神代への回帰であり、彼らの意図は新しい国体論側から批判を受けていた『国体の本義』『国史概説』の復権・擁護にあった。

そして彼らの方針に対して異議申し立てを行ったのが、吉田三郎ら精研若手所員の「革新分子」である。彼らはみな、「神代から中世へ」という変化が生じた大正期に青年期を迎え、思想形成をはじめた世代である。彼らもまた「偏狭な日本主義」には反対を表明しつつも、自然的「日本人」観を把持する点で『国体の本義』と同様であり、伝統的国体論内部に位置することは間違いない。ただし、スメラ学塾に集結した彼らは、その自然性を徹底させることで、国内的には文部行政の批判、作為的制度の変革に向かうとともに、対外策の上では『国体の本義』の不十分さを認識し、その点を「日本世界史」によって補完することを企図していた。つまり、彼らの問題意識は、『国体の本義』（そしてそれと連続する『国史概説』）を批判し、それに替わるもの（＝「日本世界史」）を提示することにあった。かかる問題意識が反映されて吉田・利根川東洋の「皇国史観」は形成された。

国内における国民総動員という観点から『国体の本義』を批判した平泉澄ら新しい国体論側に続いて、ここに至り、伝統的国体論派内部からも、「大東亜戦争」遂行上の有効性をめぐり、『国体の本義』への懐疑者を生み出した。伝統的国体論もまた、戦争の行き詰まりという状況に応じて、積極的に「革新」を試みたのであり、その歴史的意義は決して看過されるべきではない。そもそも新しい国体論は、国内における総力戦体制構築という課題に対応して生じた関係上、対外策の面ではどうしても弱い一面があった。そのことは、「世界史」を否定した平泉や慌てて偽史に依拠した大野慎などに顕著である。その点で、伝統的国体論の内部から、文部省の「日本世界観」という「八紘一宇」的な世界観に替えて、「日本世界史」の構築を目指す「革新分子」が現れたことには、意図せずして新しい国体論の弱点をカバーする意味があった。国体論は、内部においてそれぞれの立場からなされる多様な要素が衝突・競合・分裂を繰り返しながらも、総体としては相互補完的に作用した一面がある。

しかし、伝統的国体論主流派と「革新分子」の両者は決裂の道を辿ることになり、結局後者が弾圧を通じて淘汰され、「革新」は失敗に終わる。ここに「皇国史観」は文部省及び精研上層部が専有する用語となった。その結果、「皇国史観」は『国体の本義』『国史概説』といった文部省による一連の国民教化策の流れを自らが対象化し、自己正当化を図る表現として収斂する。ただし、「皇国史観」が、主流派の意図通り正統的位置を確保することは結局できなかった。

このような伝統的国体論と新しい国体論における様々な論点をめぐる関係の中で、特異な位置を占めたのが大川周明である。そのことを示しているのが昭和一四（一九三九）年に刊行された『日本二千六百年史』（以下『年史』と略記）をめぐる不敬事件である。もともと大川は、「神代から中世へ」という変化の中で思想を形成し、神々の世界から自立して「天上天下唯我独尊の大川」という強烈な自我意識を有していたように、人を随順的客体に陥らしめることには徹底して反対していた。また彼にとって、国家改造は「人格発展」、即ち個人人格の成長、主体的個人の確立をこそ起爆剤とするものであった。実際国家改造を通して国民の自発性を吸い上げようとする『年史』は、新しい国体論の流れに棹さすものとして機能し、伝統的国体論と対立し、特に対外政策の面と関連して批判を受けた。ただし『年史』においては、平泉と対照的に、国民の主体性発揮が皇統の翼賛に直結せずに、万世一系の国体の再確認に止まらない国家改造と結び付いていたために、新しい国体論の側からも批判を受けることになった。

二つの国体論どちらとも異なる独自性を有していたが故に両者から批判された『年史』は、改訂を通じて特質＝魅力の根源を温存しえた。その結果、『年史』は敗戦に至るまで増刷を重ね、驚異的な売り上げを記録した。読者は『年史』を通して、国家改造と対外侵略を正当化する「新たなる国体の明徴と日本精神の認識」を読みとっていたのである。

国体論の一元化が実現せず、対立が続く中、『年史』は二つの国体論どちらとも異なる性質を示した。国民の主体性喚起を目指し、国家改造と対外侵略を進める大川は、「日本世界観」に止まる伝統的国体論、国家改造を徹底化できない新しい国体論、双方以上に日本的総力戦体制を強固に支えるものであった。昭和期に進行した国体論の再編は、平泉や吉田など、新しい思想を生み出したが、その過程における最高度に完成された帰結の一つが『年史』に他ならない。それは戦時期において最も影響力の強い「指導原理」の地位を確立していったのである。

新しい国体論や大川の思想は、総力戦原理と結び付き、日本的総力戦体制を支えはしたが、様々な論点における対立を抱え込んだままであった。この国体論の一元化の失敗は、日本的総力戦体制の不徹底を招き、そのまま大日本帝国は敗戦を迎えることになる。

戦時期において新旧二つの国体論は衝突を重ねながらも並立したが、敗戦の事実はこの均衡を大きく崩すこととなる。国民の中から「日本ハ神国デアルカラドウニカナルダロウト国民ハ考ヘテ居タガ、今回敗戦ノ結果ニヨリ神国デアツテモ茲ニ条件ガ備ハナケレバ敗戦スルト云フ気持ヲ一般ニ味ハツタ事ハ大収穫デアルト考ヘル」[11]者が現れたように、「神州不滅確信堅志」(三井甲之)を説いてきた伝統的国体論には逆風が吹き荒れる。さらに文部省レベルでも、昭和二〇年一〇月一一日の省議で教学局思想課長小沼洋夫は「精神的武装―国体観念」の存続を説くとともに、「特高、憲兵ハ廃シテモ、信仰的ナ神秘的ナ歴史教育ガ行ハレテ居ル限リ、天皇制擁護ヲ希望シテモ、個人ノ自由ナ意志ノ表現トミラレナイカモシレズ。故ニ合理的ナ歴史的教育ヲ施シ、然ル上デ日本人ガ反省シテ天皇制ヲ支持スルナラバ、ハジメテ問題トサレヽウベシ」という外務省側の意見を肯定的に紹介している。[12]「皇国史観」のイデオローグが、「信仰的ナ神秘的ナ歴史教育」は天皇制擁護の上で障害となると判断し、国体護持のためにも今や「合理的ナ歴史的教育」が求められているのである。

そもそも国体論の一元化が常に失敗に帰したのは、国体論の正当性を究極的に担保する存在が国体を体現する天皇のみに限られていたにもかかわらず、生身の天皇が教義の争いに介入する訳にもいかなかったためである。ところが、昭和天皇は、昭和二一(一九四六)年一月一日、いわゆる「人間宣言」を発し、天皇自らが天皇の神格化、八紘一宇的な「日本世界観」という伝統的国体論の支柱を切り倒した。「人間宣言」の案文作成の段階で、昭和天皇は天皇＝「現御神」という観念を否定することには同意しても、「神の裔」であることまで否定することには反対したとはいえ、[13]「人間宣言」は敗戦後動揺を続ける伝統的国体論側に多大な影響を与えることになった。

この「人間宣言」から約一ヶ月後の一月三〇日、蓑田胸喜が郷里熊本県で縊死した。彼において敗戦は当然ショックであり、昭和二〇年一〇月頃、彼は「私がたたかってきた共産主義が、実際におこなわれているのを見て、何もいうことはありません[14]」と語ったそうだが、敗戦以上に天皇の「人間宣言」こそが彼にとってはまさに致命的だった。彼の自殺は、天皇自身による伝統的国体論の否定を受けたものと推察され、極めて象徴的である。蓑田の師三井甲之は戦後も生き続け、公職・言論追放の下で、戦前の思想とは断絶した形で思想を再編し、戦後の時代に処していった。それは必ずしも変節と非難されるものではないにせよ、ここに伝統的国体論は思想的生命を終えることになる。その結果、対抗相手を失った平泉学派の国体論は新たな伝統と化していくのである。

以上のような国体論の展開史は、序論で述べた二つの課題を歴史的背景に即して検討した結果、可能となった新しい歴史像である。本書は、〈皇国史観〉についてその独自性を解明するとともに包括的な捉え直しを行ったが、当然残された問題点も数多い。最後に今後の課題についてごく簡単に三点ほど述べておきたい。

第一に明治期の国体論の把握である。本書は大正初期以降を主たる対象とした関係上、大日本帝国憲法、教育勅語については伝統的国体論の原型として甚だ限定的にしか触れることができなかった。明治二十年代にほぼ鋳型を固められた国体論の全体像を捉えるとともに、明治末の南北朝正閏問題の発生までを通時的に検討することによって、本書の議論のさらなる前史を踏まえることが課題となる。また、大日本帝国憲法、教育勅語が出される以前の国体論を分析することも必要であろう。それ自体の重要性もさることながら、昭和初期に国体論が行き詰まりを見せた際に、「少くとも明治の初期のそれに比すれば今日の国体論は鋳型されてゐる[15]」と、まだ「鋳型」にはまらぬ明治初期の国体論の多様な可能性に注意が払われることになる事情もある。昭和初期の時期に行き詰まりを打開する糸口として期待をもって解釈された明治初期の国体論像というのも興味深い問題である。

第二に国体論が総体として果たした社会的機能をめぐってである。本書は、〈皇国史観〉という視座から伝統的国体論と新しい国体論とが対立・相剋する面に焦点を当てて論じてきた。その結果、国体論の内部における自己革新へ向けた動的な側面が強調された反面、二つの国体論が対立しつつも、ある意味共犯関係を築きながら国民に対して機能していた面についてはほとんど分析が及んでいない。新しい国体論が伝統的国体論に比べれば相対的に合理的であったことは確かだが、だからといって国体論における合理的要素を体現したものと単純化することはできない。平泉が示した単一民族論への執着や大川における宗教的対象としての天皇観など、平泉や大川にも非合理的な要素は顕著に認められる。新しい国体論側もまた、伝統的国体論側とは異なる形で非合理的側面を有していたのであり、両者の関係は単純な対立という訳ではなかった。そして何よりも犠牲を強いられる国民からすれば、伝統的国体論であろうと、新しい国体論であろうと究極的には同じものであり、国民にとって両者の思想的相違は必ずしも本質的なものではなく、一枚岩的なものとしてのしかかった。内部で分裂・衝突を繰り返しながらも、なぜ国体論は総体として国民の動員に成功したのか。そのメカニズムを解明することが日本的総力戦体制の実態に迫るためには不可欠の課題となろう。

第三にいわゆる「国家神道」論との接合である。「国家神道」という用語・概念自体は、戦後特有の歴史状況から生まれたもので[16]、夙にその学問的厳密さには疑問が呈されてきた。ただし、問題はその点のみにとどまらず、実はこれまで国体論に関する研究と「国家神道」に関する研究とはきちんと交錯することのないまま、両者の成果が有機的に接続されることはほとんどなかった[17]。伝統的国体論と新しい国体論との対抗を軸に論じた本書の成果からすれば、村上重良氏のいう「国家神道体制」のように、無前提に神道や神道的国体論のみを特別視する訳にもいかないだろう。戦時期における国体論と、国体原理のもとに総動員される諸宗教の付置状況とは、総体的にどのように捉えればよいのか。この点の解明も大きな課題である。

本書は〈皇国史観〉の全体像の輪郭を浮かび上がらせたに過ぎず、他にも課題は多いものの、私自身としては本書が今後の〈皇国史観〉研究における一つのたたき台となることを願っている。

註

（1）　松田福松「あゝ承命院無端甲之居士」『新公論』四号、一九五三年一〇月、四六頁。

（2）（3）　大川周明「やまとごころへの復帰」『不二』九巻五号、一九五四年五月、一三頁、一三～一四頁。敬神の情は「涸れはてた」と言われているように、「一般庶民階層ニアリテハ殊ニ神風来襲ニヨル皇国ノ必勝ヲ確信シツ、アリタル折柄、今次敗戦ノ現実ノ前ニ国民ハ「神ヤ仏モナヒ」「神サンナンカ信ジンデモヨイ」等神仏不信ヲ放言シ、之ガ発表以来神社参拝者跡ヲ絶」つという状況に陥り、敗戦以降敬神観念は低下傾向にあった（鳥取県警察部長「時局の急変を繞る民心の動向に関する件」〈一九四五年八月三〇日〉『資料日本現代史2　敗戦直後の政治と社会①』大月書店、一九八〇年、一六一頁）。

（4）　大川周明「天照開闢の道」『不二』九巻六号、一九五四年六月、一四頁。

（5）（6）　平泉澄「日本歴史の上より見た天皇の地位」（自由党憲法調査会編『特別資料9　天皇論に関する問題』自由党憲法調査会、一九五四年）九五～九六頁、九七頁。

（7）　昭和二〇年一二月二三日に行われた座談会における藤谷俊雄の発言（「民衆は歴史家に何を望むか」『日本史研究』三号、一九四六年一二月、七三頁）。

（8）　平泉澄「系譜の超越」『系譜と伝記』二巻一号、一九二三年三月、二〇頁。

（9）　平田俊春「皇国史観と津田学説」『神道宗教』四〇号、一九六五年九月、一八頁。

（10）　発行所の付した「著者略歴」（平田俊春『吉野時代の研究』山一書房、一九四三年）頁数なし。

（11）　三重県知事「降伏条件調印に伴ふ部民の動向に関する件」（一九四五年九月八日）『資料日本現代史2　敗戦直後の政治

と社会①』二八七頁。

(12) 楠山三香男編『有光次郎日記』(一九四五年一〇月一一日)第一法規、一九八九年、八二九頁。なお同書には「小沢思想課長」とあるが、荻野富士夫氏の推測通り小沼の誤りだろう(『戦前文部省の治安機能――「思想統制」から「教学錬成」へ』校倉書房、二〇〇七年、三九八頁)。

(13) 吉田裕『昭和天皇の終戦史』岩波新書、一九九二年、二三二頁。

(14) 竜北村教育委員会編『竜北村史』熊本県八代郡竜北村役場、一九七三年、四五九頁。

(15) 永井亨『日本国体論』日本評論社、一九二八年、一八七頁。

(16) 山口輝臣編『戦後史のなかの「国家神道」』山川出版社、二〇一八年、参照。

(17) 藤田大誠「近代日本の国体論・「国家神道」研究の現状と課題」『国体文化』一〇八〇号、二〇一四年五月、参照。

補論一　村岡典嗣の中世思想史研究

はじめに

東北帝国大学教授を務めた村岡典嗣（明治一七〜昭和二一〈一八八四〜一九四六〉）の名は、こんにち日本思想史学確立の立役者の一人として、また津田左右吉に並ぶ思想史研究の第一人者として記憶されている。そして、そのような評価は、村岡が活躍した同時代においても衆目の一致するところであった。(1) にもかかわらず、村岡に関する研究は、津田や和辻哲郎研究と比べると大きく立ち遅れた状況が長らく続いた。村岡研究が活性化したのは、ようやく二〇世紀末になってからであり、現在では村岡の主著の復刊もなされ、また平泉澄や波多野精一、河野省三らとの比較分析や丸山眞男への影響の指摘もなされるほど、研究は多様化している。(2)

村岡は、大正期から「ワカ国ノ過去ノ思想的発達ニツイテハ所謂国粋論者ノ極端カ《ママ》自慢トソノ反対者ノ極端ナ侮蔑トカ行ハレテヲル観ガアル。コレラヲ除去スルトイフコトハ自国ヲ真ニ了解スル上ニ極メテ必要テアル」(3)と認識していたように、日本思想史という対象は「所謂国粋論者ノ極端カ《ママ》自慢トソノ反対者ノ極端ナ侮蔑」とに挟撃され、学問としては完成の途上にあるなかで、村岡は日本思想史学確立に向けて、たゆまぬ努力を重ねていた。にもかかわらず、その後も日本の思想は、国家主義者にとって自らの主張を正当化する根拠の供給源として機能し続け、一九三〇年代には村岡がしばしば批判した非学問的な日本精神論が蔓延することになる。さらにその頃にはマルクス主義者の間にも日本思想史への関心が広がっていく(4)。もちろんこのような時代状況のなかでさえ、村岡は「国体」の一貫性を確信しつつも、あくまで実証性にこだわり、安易な時局便乗的な主張を行うことには極めて禁欲的であった。かかる村岡の態度は、当時において「生粋の日本主義者なのだが、そこいらのフアツシヨ的デマゴーグと異つて、飽く迄科学的態度を主張して、……「日本的なもの」を飽く迄分析して行つてその本源を究めるといふのだから、一見「日本的なもの」を打ちこはしてゐるみたいである(5)」と評されていた。

このように村岡は、東京帝国大学教授平泉澄や京都帝国大学教授西田直二郎らとは異なり、特定の政治的な活動や主張からは距離をとり、あくまで学問的営為のみに専心した。もちろんその営為がナショナリズムと完全に無縁だった訳ではないが(6)、村岡という「学者」の思想に迫る上で、まずは彼が先行するいかなる説を踏まえ、あるいは克服しようとしたのかといった基本的なことも含めて、彼における学問形成過程を検討する必要があるだろう。この点に関して高橋禎雄氏は、村岡の『本居宣長』初版（明治四四〈一九一一〉年）とその増訂版（昭和三〈一九二八〉年）とを比較検討することを通じて、大正期における村岡の学問的営為の重要性に対して注意を喚起しているが(7)、傾聴すべき見解である。

またこれまで研究者によって村岡が取り上げられる際、彼が本領とした近世の神道・国学研究における先駆的業績に注目が集まる反面、中世や明治時代というその前後の時代を扱った研究に対しては十分な関心が払われているとは言い難い。『本居宣長』や「平田篤胤の神学に於ける耶蘇教の影響」に代表される彼の近世思想史研究も、前後の時代における思想の展開の把握と断絶してなされたものではなく、漠然としたものであれ一定の通史構想を背景とするものだったと考えられる。

以上のような問題意識から、本論は、東北大学史料館の所蔵する村岡典嗣文書を活用し、創文社版著作集には収録されなかった大正期の講義ノートにも着目しながら、従来の村岡研究において看過されてきた感のある中世という時代の捉え方に焦点を当てることによって、村岡の学問形成過程の一端を解明することを目的とする。

一　村岡の中世思想史像

そもそも村岡は日本思想史の展開についてどのような時代区分をしていたのだろうか。

凡そ、我国文明の歴史的発展を、欧州のそれに比較して考へるのは、史家一般の試みる所であるけれども、その内容と成立とを、全く異にした両者の間に於いて、かゝる比較は、厳密な意味では、固より不可能である。単に、不可能であるのみならず、漫然、かゝる見地に立つことは、寧ろ、我が文明の発達の本来の意義を誤る恐がある。併しながら、上代から中世を経て、近世に入つた変遷発達の形式上では、両者は、互ひに相似てゐる。(8)

『本居宣長』初版において村岡は、日本とヨーロッパの歴史を比較することが原則として不可能であり、安易な比較（そして、その結果実質的なレベルで両者の共通性を指摘すること）は日本の独自性を損ないかねないと危惧しつつも、両者の展開の形式的類似については認めていた。この「上代」「中世」「近世」という三区分は、もちろん思想史上の区分ではないが、同書には頻出する「上古」「中古」の他にも、「わが上代人」「中世歌論」「近世古学」等の語も散見され、彼が基本的にこの三区分を踏まえていたことは間違いない。ただし、具体的な「上代」「中世」の範囲についてはやや判然としない。

これに対し、大正期の講義ノート「忠君愛国思想の発達」（村岡典嗣文書、大正一〇年度広島高等師範学校徳育専攻科講義草稿）の叙述からは、「太古」（推古朝以前）、「上世」（推古朝〜奈良時代）、「中世」（平安時代〜戦国時代）、「近世」（江戸時代）という区分が読みとれる。ただし、これでは「中世」の範囲があまりに長期にわたることとなるが、同時期の講義ノート「日本道徳史」（村岡典嗣文書、広島高等師範学校徳育専攻科講義草稿 第三回訂正）は、「第一　上世　奈良朝ノ終マテ」「第二　中世前期　平安朝」「第三　中世後期　鎌倉、足利時代」「第四　近世　徳川時代」「第五　最近世　明治時代」と分けているように、「中世」の中でも一応平安時代を鎌倉時代以降とは区別して捉える視点も有していたようである。実際「大正十一年三月二日講了」と記載のある講義ノート「日本道徳思想史概論」（村岡典嗣文書、大正一〇年度広島高等師範学校徳育専攻科講義草稿 第二回訂正稿）では、江戸時代以前について「第一期及ヒ第二期（推古以前）」「第三期（推古朝以後奈良朝）」「第四期（平安朝）」「第五期（鎌倉、室町、戦国時代）」と区分しており、「上世」「中世」等の語を使わない場合には、平安時代を独立して位置付けることもあった。

しかし、それでも平安時代が「中世」に含まれることは村岡にとって自明であり、その後の「神道史概論」（大正一三年度東北帝国大学法文学部講義草案）でも、神道史の区分として「第一期　太古及び上世（奈良時代の終まで）」「第二期　中世（平安、鎌倉、吉野、室町時代）」「第三期　近世前期（江戸時代中葉まで）」「第四期　近世後期（明治初年まで）」という区分が示されている。(9) 同じ時期の「日本思想史研究序論」（村岡典嗣文書、大正一三年度東北帝国大学法文学部講義草稿）においても、明確な時代区分の説明はないものの、「中世以来漢文ニ一定ノ訓点法トナツタヲコト点」「中世万葉学ノ最初ノ専門家トイフヘキ藤原敦隆（保安元年〔一一二〇年〕没）」などの記述から、平安時代を「中世」に含めていることは間違いない。

以上を要するに、大正期の村岡は忠君愛国思想、道徳思想、神道思想など多様な対象を扱いながらも、「太古」(推古朝以前)、「上世」(推古朝〜奈良時代)、「中世」(平安時代〜戦国時代)、「近世」(江戸時代)、「最近世」(明治時代)という時代区分を採用していた。このような把握からは、第一に奈良時代と平安時代とを区別する点、第二に平安時代を「中世」に含める点といった二点が特色として指摘できよう。

とはいえ、奈良時代と平安時代を区別することは村岡独自のものではない。彼自身、賀茂真淵の見解を紹介しているし、また当時における国語学や国文学などの分野においてもむしろ一般的な見方であった。のちに東北帝国大学法文学部で村岡の同僚となる山田孝雄は、国語の変遷をもとに日本の歴史を区分しているが、その際「奈良朝以前」「奈良朝期」「平安朝期」「院政鎌倉期」「室町期」「江戸期」に分けている[10]。また村岡の講義ノートにその名の頻出する国文学者藤岡作太郎も、「太古」(神代〜奈良時代)、「平安朝」(平安京遷都〜源頼朝が総追捕使となる一一八六年)、「中世」(鎌倉時代、室町時代、戦国時代)、「江戸時代」と区分している[11]。村岡はこれら文化史の業績も十分知っていたのだろう。

これに対して、平安時代を「中世」に含める村岡の区分はかなり特異なものといえる[12]。先行する学説の中で平安時代を「中世」に含める点で似た区分を強いて探せば、岡倉天心の日本美術史の区分であろうか。すなわち、天心は、東京美術学校における明治二四年度講義「日本美術史」において「日本美術史を大別して、古代、中世、近世の三時代となし、古代は奈良朝、中世は藤原氏時代、近世は足利氏時代とす[13]」とし、鎌倉時代を重視せずに、平安時代を主とする「中世」の中に組み入れた。天心にとって日本美術史上「中世」(彼は「中古」と表記することの方が多いが)とは平安時代、鎌倉時代を意味した。当時、夙に内田銀蔵『日本近世史』(明治三六〈一九〇三〉年)、原勝郎『日本中世史』(明治三九〈一九〇六〉年)が、ヨーロッパの歴史との共通性を意識して、鎌倉幕府成立から戦国時代末までの時期を中世と呼称することを提唱していた。両者の中世観は大正時代になっても学界にあまり定着していなかったとはいえ、村岡が『日本近世史』『日本中世史』を読み、刺激を受けていた[14]ことを考えれば、両者の中世観を受容したとしても何の不思議もない。にもかかわらず、村岡は彼らのような西洋の中世にも通じる把握を退けて、自らの区分を優先させた。この事実からは、彼が明治末期の問題意識を引き継いで、西洋とは異なる日本固有の「中世」を希求し、平安時代を含んだ独自の「中世」思想史の展開を構想していたことがうかがえる。

それでは、村岡における「中世」思想史像はいかなるものなのか。

> 平安時代の仏教は往往にして考へられる(ママ)ゝが如き、単に祈禱的儀礼といふ如き表面的のものでなくて、もつと深く人心を支配してゐた。弥陀の信仰や、浄土欣求の思想等は、相応に強く人心を動かしてゐた。吾人は此の意味で、仏教が当時の時代精神であつたといひ得るので、此の事は、本節の初めに已に述べた如くである。然もここに注意すべきは、それにも拘はらず、此の厭世思想が尚現世肯定の楽世思想と共存したといふ事である。[15]

平安時代の仏教は儀礼的・表面的であると捉える立場として、村岡が念頭においていたのは藤岡作太郎『国文学全史 平安朝篇』（明治三八〈一九〇五〉年）であったと考えられる。[16]すなわち、同書は「仏教はかくして社会のあらゆる方面に勢力を占めたるが、その影響するところは表面なり、形而下なり、広さにおいて余ありといえども、深さにおいて足らず、宗教の第一義となすべき信仰を勧むることは却つて忘られたりき[17]」と、あくまで平安時代の仏教が信仰のレベルに達していないことを強調していた。

それに対し、村岡は平安時代の時代精神を仏教に求め、その奈良時代の仏教とは異なる特質として、宗教的な厭世思想の存在を指摘する。その上で彼は平安時代における厭世思想と「現世肯定の楽世思想」との「共存」を主張するのである。この「共存」について彼は、平安時代の文化を担った「貴族ノ心ヲ支配シタモノハ自己ノ栄典ヲノソム利己的享楽主義トソレニモトツク仏教的無常観トテアッタ[18]」、また「出家、厭世ハイハ、栄賀《ママ》生活ノ終局点ト考ヘラレタ[19]」と捉えているように、享楽主義の立場からの無常観、すなわち無常観の根底には現世に執着する享楽主義があるという意味合いで理解していた。つまり、平安時代における厭世思想と現世思想との「共存」とは、あくまで後者を本質とするものであり、現世肯定をとことんまで突き詰めたところに現れる厭世思想の謂いに他ならない。

このような平安時代の思想を受けて「源平二氏ノ興亡相ツイタ鎌倉時代ヘカケテ国民思想ハイチシ〔ルシ〕ク一変シテ現世謳歌ハ代ツテ現世厭離トナツタ。ソレトトモニ生シタノハ所謂〝世ノ末〟ノ観念デアツタ。（慈鎮ノ作トイハレル愚管抄ニイチシル〔シ〕ク見ユ）[20]」というように、平安時代末期から鎌倉時代にかけての「現世謳歌」から「現世厭離」という「国民思想」の変化が指摘される。ただし、鎌倉時代以降の「中世」後期が単純に厭世主義に染まった訳ではない。確かに村岡は、室町時代における反本地垂迹説の登場、吉田神道の成立を仏教の圧倒的勢力に対する「反動」として位置付けていることに示唆されるように[21]、平安時代から室町時代にかけての「中世」を仏教中心の時代と捉えていた[22]。しかし、仏教における厭世主義の極致ともいえる浄土真宗について村岡は次のように述べている。

コノ期〔鎌倉時代〕ノ仏教思想ノ最モ窮極セルモノトイフヘキ真宗ノ教義ガ肉食妻帯ヲ許容スルトイフ点ニ於イテ仏教本来ノ趣意カライヘハコペルニクス風ノ転回ヲ示シタノハ現世否定ノ極現世肯定ニ至ツタモノテアルカソノ結果ニ於イテ平安朝一般ノ現世肯定ノ極現世ヲ否定スルトイフ厭世観ト形式ヲ同シウスル

ニ至ツタモ、極メテ興味アル事実トシテ注意スルニ足リル[23]。

村岡によれば、現世否定を極限まで徹底させたはずの真宗は、かえって現世肯定に帰着したのであり、現世主義との共存という点で、鎌倉時代の厭世主義も平安時代の厭世主義と形式的に一致するのである。そして、その後の室町時代の展開についても「現世肯定主義に於て真宗を徹底させた蓮如[24]」が注目されているように、彼は「中世」の仏教を基本的に現世主義的傾向の強いものとして理解していた。

以上をまとめると、大正期の村岡は、「中世」（平安時代〜室町時代）を仏教の支配する時代と捉えた上で、その思想展開について平安時代には厭世主義と現世主義が共存（厭世主義＜現世主義）しており、平安末期から鎌倉初期にかけて一時的に厭世主義が強まるものの、鎌倉時代以降も平安時代同様に厭世主義と現世主義が共存したと認識している。

このような現世主義を基調とする「中世」思想の展開は、村岡が個別研究として夙に明らかにしていた復古神道における幽冥観の発達及びその帰結の把握とオーバーラップする。つまり、彼は、宣長から篤胤へ、そして篤胤以降へという幽冥観の展開について、「宣長が、古伝説によつて明らめた単純な予美てふ観念が、漸次に神学的意義を加へて来、終に応報的観念を伴つて来世てふ思想となり、又、本体的神的世界てふ思想内容を生じて来た[25]」と、来世教的・彼岸的性質を強めていったと捉える。しかし、「幕末の当時、わが国の新しい国家的覚醒の初めに会し、その原動力たる勤王思想の代表者であつた彼等〔復古神道家〕の幽冥観が、どこまでも、現世に執してゐた[26]」と、現世とは完全に断絶した来世教的・出世間的性質に徹することができなかった限界が指摘され、最終的には「明治維新に伴ふ、欧化の思想的大潮流と共に、彼等神道家の思想や学説のささやかな流れは殆んど押流されて、その後は単に保守的反動の現象として出没したのみで、十分の成果を遂げずして終つたのである」[27]と総括される。

村岡は、篤胤以降の「近世」から「最近世」に至る幽冥観の発達が、単なるキリスト教の模倣などではなく、個々の神道家における思想内在的な理由に基づくものであることを強調しつつも[28]、その来世教的思想の発展は徹底されず、どこまでも現世主義を根底とするものであったことを示唆する。かかる理解が、先に見た「中世」仏教の展開（平安末期に爆発する厭世主義も結局は現世主義と共存する）と相似形をなすことは明らかであろう。

要するに、村岡にとって日本思想史の展開とは「彼等（「太古人」）の人生観世界観は、要するに朴素的最善観である。自然は生成力の発現として、ありのまゝに善である。現世以上に、善世界はあり得ない」[29]という「太古」に淵源する現世主義が途切れることなく底流する一筋の流れを意味していた。村岡は日本思想史の根底に抜きがたい現世主義を見出していたのであり、彼に顕著に認められる宗教的なものへの関心も、この現世主義の認識とコインの裏表の関係にある。彼にとって現世を否定する厭世主義や来世教的思想の盛り上がりは、確かに歴史上注目すべきものではあったが、通史的にみればあくまで一時的な現象にとどまった。そのため、彼の構想する日本思想史の通史は、日本の歴史を一貫するとされた「国体」や忠君愛国思想と安心して重なることのできるものであった。

以上のように、現世主義を基調として日本思想史の流れを考えていた村岡にとって、平安時代は歴史上はじめて厭世主義が定着し、末期に盛り上がりを見せた画期的時代として、「中世」の最初に位置付けられて然るべき時代であった。しかし、注目すべきことに彼の特異な時代区分論は昭和初期に変化を示す。すなわち、昭和三年度の講義草案では「太古（漢学渡来まで）」「古代（奈良朝終まで）」「中古（平安朝）」「中世（鎌倉、南北朝、室町）」「近世（徳川時代）」「最近世（明治以後）」と区分され、さらに「太古」から「近世」までの特色が発展段階的にそれぞれ原始的朴素主義、文化的朴素主義、感傷的主情主義、実行的主意主義、反省的主智主義と捉えられることとなる[30]。なお「古代」は「上古」と言い換えられることも多いが、区分自体はこれが以後の定式となる。

さて、昭和期におけるかかる時代区分と大正期のそれとを比べてみて大きく異なる点は「中世」の範囲である。すなわち、それまでの平安時代を含めた「中世」の範囲が縮小し、平安時代は「中古」として独立し、「中世」とは区別されている。結果として村岡における「中世」の範囲は、内田・原らに代表される政治史上の中世の範囲と重なることになる。

ところで、村岡において以上のような変化が兆された昭和二(一九二七)年は、彼が『本居宣長』に対して増補改訂作業を行っていた時期に当たる。彼が自らの研究の出発点に立ち戻ったことも、また日本思想史の時代区分の定式化に乗り出し、「中世」の範囲を変化させたことも、どちらも東北帝国大学教授就任(大正一三〈一九二四〉年)を契機に、日本思想史学の一層の確立を期した彼の決意の現れであったと考えられる。ただし、以下の行論ではそのような要因以外に、当時東京帝国大学助教授を務めていた新進気鋭の中世史家平泉澄との対峙という別の要因に着目して、村岡における変化の意味を考えていきたい。

というのも、この時期、複数の講義において、村岡は日本思想史の時期区分をなす上で、先行研究として津田左右吉『文学に現はれたる我が国民思想の研究』(大正五~七〈一九一六~一八〉年)と平泉澄「日本精神発展の段階」(『史学雑誌』三九編四号、昭和三年四月)を挙げているが[31]、とくに後者に注目しているためである。村岡は津田説について「単に文学もしくは文化の Subjekt が貴族・武士・平民といふ風に階級的に拡げられて行った事を示しただけであり、思想的発展を標出したものとしては余りに形式的である[32]」と甚だ冷淡であるのに対し、平泉説については「巧みに説明[33]」と評価した上で詳しく反論している。個別のテーマを扱った特殊研究においてはともかく、通史を扱う概論において村岡が特定の研究者の説を強く意識することは極めて稀である。

平泉の説はそれだけ村岡の学問的関心を刺激したのだろう(34)。以下、次節では村岡の平泉批判を導きの糸としながら、村岡の「中世」観についてさらなる検討を加えていきたい。

二　中世観の相剋――村岡と平泉

平泉澄は、『中世に於ける精神生活』（大正一五〈一九二六〉年）で示した「古代」（推古朝以前）、「上代」（推古朝〜保元元〈一一五六〉年）、「中世」（保元元年〈保元の乱〉〜天正元〈一五七三〉年〈室町幕府滅亡〉）、「近世」（天正元年〜慶応三〈一八六七〉年〈大政奉還〉）、「最近世」（慶応三年以降）という独自な時代区分を前提に、論文「日本精神発展の段階」においてそれぞれの時代を単純素朴、美（芸術）、聖（宗教）、善（道徳）、真（科学）と特色づけた。実証的な手続きを経て導き出されたかかる平泉の見解は、第一部第二章・第三章（七一〜七二頁、一〇三頁）でも触れたとおり、実は自らの生きる現代を相対化し、変革するという同時代的な問題意識に支えられたものであった。

それでは、平泉の主張に対して村岡はどのような批判を呈したのか。

しかしこの見解の重大なる缺点は単に各時代を特質づけた理想を概念的にとり出しただけで、各時代を通してその奥に一貫して流れているいはゆる日本精神の発展といふ点から見る事が十分でないことである。思想とか精神の史観の為にはこの事が最も大切である。美から聖、聖から善、善から真へと推移したといふ説明は単に変化を説いただけで生長を明らかにしてをらぬ。次に各時代についても、まづ時期の分ち方において太古〔平泉の場合「古代」〕、中世、近世はよいとして、上代に於いて奈良朝と平安朝とを一括する見方は政治史に於いてはともかくも文化史殊に思想史に於いてはどうかと思ふ。奈良朝と平安朝とは国語史上からも随つて文学史からも著しい差違のある時代である。思想の上にも同様であらねばならぬ。吾人は奈良朝はむしろ太古の方に入れて平安朝はこれと別にする方が至当であると思ふ。次に中世を聖なるものを統一理想とした時代と見るのはもとより中世の思想の特質を説きえたものであるが、しかしそは一面観たるにとどまる。[35]

村岡によれば、平泉説は①各時代の特質を断絶的に孤立して捉えるため、時代を「一貫して流れているいはゆる日本精神の発展」が捉えきれていない、②「古代」「中世」「近世」の区分については同意できるが、奈良時代と平安時代とを一括している点は問題であり、思想史の独自性を看過している、③中世を「聖なるもの」を中心価値とする宗教的時代と捉えるが、その理解は一面的である。村岡は、平泉史学の根底にある現代的問題関心には触れないまま、あくまで学問的レベルでこれら三つを論点としている。以下、一つずつ検討していこう。

まず批判①についてだが、そもそも平泉の主張の眼目は、各時代の特質を理解することでさらに深く歴史を認識し、併せて時代の変化をこえた「始終を貫く精神」を感得し、その流れに連なることによって歴史の主体となることを要請する点にあった。[36]彼は日本精神の一貫性を強調したものの、唯物史観の発展段階論に対する批判意識もあってか、彼の史観は確かに発展・進歩という要素に欠けるところがあった。

ただし、村岡があえてこの点について批判を行った背景には、文献学を歴史学として完成し、日本思想史学を打ちたてようとする村岡の切実な思いがあったことに留意する必要がある。

〔宣長の学問が文献学にとどまり、史学へと到達できなかった原因の〕第一は、文献学として宣長学の主題とした所が、上古や中古といふ完成された一時代であり、その各時代についても、理念に於ける綜合観に傾いて、事象に於ける分化や発達を跡づけるに充分でなかつた。而してその古代と中古との関係に於いても、何等発展的見方が試みられなかつた事である。[37]

村岡は、宣長の学問が文献学にとどまった原因として、時代内部での分化・発達やある時代から次の時代へかけての連続した発展を捉える歴史的視座の欠落を指摘する。村岡にとって「文献学の当然歴史学である事、換言すれば歴史学として完成せらるべき事[38]」は自明の理であって、彼は日本思想史学を成り立たせるために、歴史的認識の欠如という文献学の限界を克服しようとしていた。

かかる課題意識を抱く村岡からすれば、平泉の把握などは、美・聖・善・真といった「理念に於ける綜合観に傾いて」、かつ時代ごとの「変化を説いただけで生長を明らかにしてをらぬ」ものであり、思想史の境地に届かない文献学の限界をいまだに引きずったものに過ぎなかった。そのため村岡は、平泉に対し、「生長」を重視する立場から「旧時代は新時代をはらむとともに新時代に残り、新時代は旧時代をやぶるとともにこれを承けて、一つの連続をなして発展してゆく[39]」のだ、と過渡期を想定した上で連続性・発展性に重点を置いて語りかけるのである。

次に批判②について。村岡は、「政治史」的見方（平泉説）を排し、「文化史殊に思想史」的見方を重視して、奈良時代と平安時代を分けるという点では持論を堅持しているのに対し、中世の区分についてはあっさり容認している。大正期までの村岡の「中世」（平安時代～室町時代）からすれば、何か反論があって然るべきであろう。ところが、昭和初期の村岡は平泉の「中世」を受け入れた。ただし、それでも両者の見解が完全に一致した訳ではない。村岡は最終的に次のように「中世」の範囲を確定している。

以上述べた如くで思想史上の中世といふのは、large scale に於いては保元乱（1156）から島原乱（寛永十四年 1637）に至る約五世紀を考へうべきで、ここに中古的、近世的に介在する中世的を見うるのであるが、この五世紀の間に於いて前後の二過渡期、即ち頼朝開幕以前の中古末葉（平家の滅亡にいたる卅年）、関ヶ原役後徳川初期の約卅年、を省いてその間約四世紀を以て中世 proper となしうる。[40]

"large scale" とはいえ「中世」の起点を保元の乱に求めるのは、明らかに平泉澄からの影響であろう。しかし、終点については大きく異なる。すなわち、中世を宗教の時代と捉えた平泉が信長に始まる中央集権化、超越的権威否認の動きを中世の終焉、近世の胎動と見なしたのに対し、村岡は安土・桃山時代を「中世」に含めている。ここからは村岡の「中世」像が平泉のそれとはかなり異なるものであることが窺える（この点は後述）。さて、大正期までの村岡の「中世」理解に従えば、彼は、平安末期から鎌倉初期にかけての現世主義から厭世主義へという変化を、「中世」という同じ時代内部での変化と考えていたことになる。これが昭和初期に「中古」と「中世」とに区別されたということとは、厭世主義の強まりという現象が、別の時代への移行を示すメルクマールとしてその画期性が注目されるようになったことを示唆していよう。その意味で、彼における「中世」の範囲の変化は、彼の「中世」像の内容と密接に関わってくることになる。この点を踏まえながら、批判③について検討しよう。

村岡は中世を宗教（仏教・厭世思想）中心の時代とする通説に激しく反発する。その際、彼において通説の代表とされるのは平泉澄の業績である。

中世思想の本質観として在来唱へらるる有力な見解は、仏教的もしくは出世間的をその特色と見るものである。平泉氏が中世の精神生活〔『中世に於ける精神生活』〕において説いたところ、又その国史の段階観〔「日本精神発展の段階」〕において、中世は das Heilige〔聖なるもの〕を理想とした時代となしたところの如き、それである。[41]

それでは、村岡は大正期とは異なる新たな「中世」の範囲において、平泉とは異なるいかなる「中世」思想像を提示するのか。

〔中世において中心的価値を占めたものは〕政治でありまた武事であつた。而してこの方面についてこれを見れば当時の支配者はどこまでも武士といふ新興階級であつた。……中世の文化的意義は明らかに主意的実行主義に存する。而してその思想的根柢は武士道にあると見ねばならぬ。かく考へて来ると、仏教的精神と武士道精神とこの二つは明らかに中世文化の特質をなす。しかも所謂武士道が主意的実行的現世主義であるのに対して、仏教は意志否定的出世間主義である。この二つは明らかに相反対する二つの principles である。この二つの principles の併存は中世文化における否定すべからざる事実である。しかもその併存は果して背反であつたか、そもそもまた何等かの意味に於いて調和もしくは融合を有したものであつたか。ここに中世の思想に対する興味ある問題がある。而してこの点については吾人は所謂背反は畢竟外観的現象であつて、当然その間に融合の存することを考へ得る。……ただここにその二つについて、いづれを取出して中世思想の特質となすべきかといふと……〔中世を〕仏教時代と見むよりは武士道によつて代表される主意時代と見る方が、適当である。何となればそはよく仏教的特色をも cover する事が出来るからである。[42]

村岡は、平泉の中世像に対抗するかたちで、「中世」の支配者を僧侶ではなく武士に、そして「中世」思想の中心を仏教ではなく現世的な武士道に求めた。そして、旧仏教に注目した平泉とは異なり、村岡は新仏教に「中世」仏教の中心を見てとり、「浄土宗を先駆とした新宗教運動は決して現世否定の来世教的方面でなくて、仏教からいはば大乗的の意味に於ける現世肯定的方向に発展して行つたと言へる。……元来厭世思想は中古末葉に盛んであつたにもかかはらず、中世思想史に於いて漸次に衰へ[43]」たと捉え、大正期の把握と同様に新仏教のもつ現世性を強調することによって武士道との「融合」を説明した。

このように村岡の「中世」思想像を確認すれば、彼がなぜ「中世」の範囲を変更しなければならなかったのかも理解できよう。つまり、彼が通説に反し、武士という新興階級、現世的な武士道に「中世」の特質＝「主意的実行主義」を見出そうとすれば、仏教の厭世主義的性格の強まる平安時代末期を「中世」の範囲に組み込む訳にはいかないのである。先述したように、彼は藤岡作太郎の平安仏教観に対抗して、厭世思想を孕む時代として平安時代を捉えた訳だが、今やかかる平安時代像は、現世肯定的な「中世」像を構築する上で邪魔なのである。仮に平安時代を現世肯定的な時代として画一化して描いてしまえば、「中世」の範囲を変更しなくても済むだろうが、これでは藤岡作太郎の認識との差異化ができなくなってしまう。藤岡とも、そして平泉とも異なる独自の思想史像を確保するためには、平安時代の厭世主義をあくまで認めた上で、平安時代自体を「中世」から追い出すしかない。村岡は「厭世思想はむしろ中世と上代（「中世」以前の時代の総称）との過渡的顕象《ママ》として著しかつたといふべきである[44]」というように、平安時代の厭世思想を一時的な過渡的現象として位置付けることによって、「中世」を現世主義的な時代として画一的に描き出す道を切り開く。

通説的な宗教的中世像に対抗し、平泉説を克服する――村岡のこのような熱意こそ昭和初期に従来の「中世」の範囲を変更させ、現世的な「中世」像を完成させるに至った要因だろう。そして、同時に彼の営為は「わが中世に於いては、宗教は決して国民思想を支配する active の勢力でありえなかつた点に於いて、西洋の場合と異るといはねばならぬ。日本と西洋との中世を比較するについては、この点最も考ふべきものがあると思ふ[45]」という認識に支えられていた。新たな範囲に基づく現世的な「中世」像は、明治末期以来彼が希求してきた、西洋とは異なる日本独自の「中世」を実現するものでもあったのである。変化の背後でかかる問題意識は一貫していたことを看過すべきではない。

要するに村岡は、平泉澄に代表される中世像とも、また西洋の中世像とも異なる独自の日本的「中世」像を打ち出す意図のもとに、従来の平安時代を含めた「中世」観を変更したのである。そこでは仏教中心であり、かつ厭世思想が胚胎し、末期に表面化する平安時代は「中世」から排除され、現世肯定的な時代として「中世」が描かれることになった。そして、このような「中世」の後には「吉利支丹の厭世的傾向」を排斥した「現世肯定的精神の旺盛」な「近世[46]」が続くことになるのである。

三　戦前・戦後における村岡の『愚管抄』論

村岡は、以上のような自らの「中世」観をもとにして、末法思想による影響の濃厚な『愚管抄』を独自に解釈していくことになる。

先に見たように大正期においては「ソレ〔現世厭離〕トトモニ生シタノハ所謂〝世ノ末〟ノ観念デアツタ。（慈鎮ノ作トイハレル愚管抄ニイチシル〔シ〕ク見ユ）」〔前出〕というように、『愚管抄』は単に厭世思想・末法思想の代表と見なされていた。しかし、昭和初期の『愚管抄』論では、「末法思想に伴ふ、退化主義の宿命説」と同時に「道徳的意味に於ける因果の応報」「意志の自由を前提とする善悪」が指摘されている。[47] その点で、「中古」から「中世」にかけて強まる厭世思想・末法思想の代表とされる『愚管抄』にすら、人間の「意志の自由」＝主意主義という「中世」の特質を見出していたことになる。

ただし、村岡にとって『愚管抄』はあくまで過渡的性質を示すものであり、厭世的・悲観的史観を本質とするものであることは間違いなく、より「中世」的な『神皇正統記』との相違が強調された。彼は、広島文理科大学教授福島政雄の論文――福島は国体論の視点から『愚管抄』に『神皇正統記』の考えの萌芽を見出していた――をわざわざ批判しているように、[48] 両書を連続的に捉えることに対してはあくまで反対していた。

ところが、やや例外的に東京帝国大学講師（昭和一〇年～昭和一九年）として行った講義では、村岡は『愚管抄』を『神皇正統記』の先蹤として、両書の連続性を特筆している。

シカシソレ（『愚管抄』は『神皇正統記』と正反対の性質を有していること）ニモ拘ラスナホサル大体ノ性質ヤ傾向ノウチニ於イテ、イカニ正統記ノ先踪タル意義カアリ又ソノ点テ中世的性質ヲ有スルカハ已ニ述ヘタトコロテ明ラカデアル。愚管抄ノ思想ヲ正統記ノソレニ対シテ単ニ対蹠的テアルトスルノモ又精シイ見解トハ言ヘヌ。[49]

それでは、村岡はなぜ東京帝国大学において『愚管抄』と『神皇正統記』とを「対蹠的」に捉えるという持論を抑え、両書を連続して捉えたのだろうか。おそらくこれは東京帝国大学教授平泉澄に対する批判を意図していたためだと考えられる。すなわち、夙に平泉は『愚管抄』と『神皇正統記』とを比較し、後者の主張を称揚する立場から、運命に囚われ、現実に妥協し、「国体」に反する摂関政治・武家政治を肯定した前者を批判し、両書を対照的に捉える論文を発表していた（この平泉の論文は村岡自身講義において先行研究として挙げているものである）。そして、平泉によれば、立場の異なる『愚管抄』と『神皇正統記』は「昔より今にいたり、我が国に於ける史家の態度の二大潮流を代表するものといふべく、問題は決して中世に限られたるものではない。されば後学の、史学の峻峰に攀ぢんとして、往いて其の中腹に達する者は、おのづからこの二つの道の追分に立つを見るべく、達識の士よろしく此の間に於いて取捨し選択する所がなければならないのである[50]」と結論される。「国体」の不明徴か、「国体」の明徴か──平泉は『愚管抄』と『神皇正統記』を論じるかたちをとって、現代に生きる同時代の歴史家に対して自らの立場表明を迫る。村岡が『愚管抄』を『神皇正統記』へとつながるものと捉えたことは、平泉の求める二者択一的な選択を拒否し、二項対立的な図式を打破する試みであったと推測される。

以上のように、昭和初期以降、村岡は平泉の中世観・中世思想史論に注目し、批判を加え続けた。ところが、日本の敗戦は、このような村岡対平泉という構図自体を崩壊させる。平泉は、昭和二〇（一九四五）年八月一五日付で東京帝国大学に辞表を提出し、郷里の福井県に引きこもった。対照的に村岡は、敗戦直後から大学での講義や論文の公表を通じて活発な言論活動を展開していく。「歴史と古典との意義の、永久に易らないことを、現時のやうに、とかくそれらの蔑視され無視される傾きなしとしない時に際して、特に銘記しようと思ふ[51]」という一文から明らかなように、彼の活動の背景には、敗戦に伴う荒廃の中で「歴史と古典との意義」を擁護せんとする使命感があった。

そして、村岡のかかる使命感は敗戦の原因とも関連している。

日本精神はその長所に於いてよりは短所に於いて、一層多く作用したのである。けだし過般の非常時局に際して、日本精神が専ら国体に関して発動したのは、むしろ自然であるが、国体の優秀を信じ之を宣揚するに専らなあまり、他方他国に対して、世界文化摂取の歴史的態度に存した如き認識を忘失し、日本精神はその偏つた一面に於いて、上に列挙した如き短所〔独善性、軽信性、主観性〕による弊害を、恣いままにするに至つた。これが凡ての根本であつた。[52]

「太古」以来「日本精神」は、「国体」明徴と世界文化摂取という二特性の調和を保って展開してきたが、昭和期にそのバランスが崩れた――村岡の見るところ「歴史と古典との意義」を閑却し、「日本精神」を暴走するに任せたことこそが敗戦の根本的原因であった。既に戦前から幾度となく「日本精神」の短所を指摘し続けてきた村岡からすれば、敗戦の契機は「日本精神そのものに存るのであり、この点からして厳密にいはば、敗戦は思想的に日本精神の自殺である」[53]と総括されることになる。そして、敗戦が「日本精神の自殺」であったとすれば、敗戦の痛手からの回復、戦後日本の再建とはそのまま「日本精神」の蘇生、あるべき姿への回帰に他ならない。その理想のあり方とはこれまでの日本歴史における常態、すなわち「国体」明徴と世界文化摂取との調和的関係であり、彼にとってはそれを改めて「歴史と古典」から確認することが重要なのである。

村岡は戦前以来の学問的蓄積を背景に、世界文化摂取の要素について平田篤胤や福沢諭吉『文明論之概略』を再評価する一方、「国体」明徴の面では特に『愚管抄』に注目した。というのも、戦後の彼にとって、同書は「中古」から「中世」へという時勢の変革期において「国体の護持を祈念してやまなかつた」[54]書として、さらには「予言的性格の存した」[55]未来記として受けとめられたためである。

神皇正統記の主張は、一面史観に於いて慈円と反対であつたものゝ、他面之を継承して、所謂衰へ極めた朝威をもておこしたものであつた。……〔明治維新によって〕皇威の振興と十分な意味での国体の発揚とを見たのは、正しく慈円がいはゆる道義の力と、利生方便の結果とである。かやうな意味で慈円の未来記は、決して単なる空想ではなく、彼の史観の包蔵する真理は、否定しえないものがあると言得よう。(56)

村岡は、『愚管抄』を単に「国体」護持を祈念・空想したものではなく、その後の皇統の継続と「国体」の発揮を予言した「未来記」として位置付ける。戦前の彼には見られなかったかかる把握には、彼なりのメッセージが込められていると見て間違いない。すなわち、変革期に際して先の見えない未来を悲観しつつも、「国体」の永続を信じ、決して絶望せずに人間の意志の努力、「道義の力」によって衰運を盛り返し、「国体」護持を実現する――この『愚管抄』の立場こそ、敗戦後の国民に求められる態度なのだと彼は言いたいのだろう。

村岡からすれば「いはゆる根本的変転といふ如き事は、たとひ一時的にはこれを見る事ありとするも、相応に時間が経、事情が落着くと必ずしも然らず、古来の歴史的発展や生長の流れに帰する事、伝統的の発展や生長の大きい流れに帰すべき事、は歴史の事実でもあり道理でもある(57)」と、敗戦にしろ、厭世思想の盛り上がりにしろ「根本的変転」と見られるものも、あくまで「一時的」なものであって、長い目で見れば「古来の歴史的発展や生長の流れ」の一部に他ならず、現世的な「国体」の一貫性は当然のものであった。

おわりに

以上、本論は村岡典嗣における中世思想史研究に着目して、彼の学問形成過程について検討した。以下、本論の要約を行って結論としたい。

先行研究では看過されてきたが、昭和初期を画期として村岡の「中世」像には明らかな変化が認められる。まず大正期の彼は、明治末期の問題意識を引き継いで、ヨーロッパの歴史との共通性を意識した中世理解を拒否し、独自に平安時代から室町時代までの範囲を「中世」と捉えた。そして、仏教中心の時代たる「中世」の思想展開を、平安時代（現世主義＋厭世主義）→平安末期から鎌倉初期（厭世主義）→鎌倉時代以降（厭世主義＋現世主義）というように、現世主義と厭世主義とが常に共存する流れとして把握していた。

しかし、平泉澄の研究から受けた刺激が大きな要因となって、昭和初期に村岡は「中世」の範囲を変更し、狭義のものとしては鎌倉幕府成立から関ヶ原の戦いまでと定めた。その上で、村岡は平泉に代表させる中世＝宗教（仏教・厭世主義）中心の時代という通説に反対し、「中世」＝政治（武士道・現世主義）中心という独自の時代像――これは同時に西洋とも異なる日本固有の「中世」像でもあり、かかる志向は明治末期から一貫していた――を提示したのである。その過程で厭世主義を孕む平安時代は「中世」から排除され、「中古」として独立するとともに、厭世主義の強まる平安末期から鎌倉初期にかけての時期は「中古」から「中世」への過渡期として位置付けられるようになる。

このような変化の結果、日本思想史上、現世否定主義の強まる時期は「中古」（のみならず「上代」）から「中世」への、そして「近世」から「最近世」への過渡期として設定された。換言すれば、村岡において現世を否定する厭世主義や来世教的思想の高まりが、時代の変わり目に間歇的に現出する特異な現象として確定されたということである。つまり、昭和初期における「中世」観の変化は、村岡における単なる一時代像の修正などではなく、日本思想史の通史について現世主義を本質・主流とするものとして徹底・完成させたということを意味している。この点で、東京帝国大学において村岡の講筵にも列した家永三郎氏の『日本思想史に於ける否定の論理の発達』（昭和一五〈一九四〇〉年）は、村岡思想史学に対する強烈なアンチ・テーゼであったと見なしうる。

中世思想史の分野において村岡にとって最大のライバルは平泉澄であった。この事実は、間接的に大正・昭和初期における平泉の学問的影響力の大きさを証明するものでもある。敗戦後、平泉の中世像はその国家主義的要素が批判される反面、実証的要素については学問的生命を保ち続けた。一九七〇年代に黒田俊雄氏が権門体制論を唱える以前、家永三郎氏の鎌倉新仏教理解が通説的位置を占めた訳だが、宗教の力を低く見積もり、政治優位に捉えた村岡の現世的「中世」像が、戦後歴史学とどのような関係を切り結ぶ可能性があったのか。この点については今後の課題としたい。

註

（1）平泉澄「思想史」『歴史教育』七巻九号、一九三二年一一月、吉田三郎『歴史教育講座・第二部 資料篇・輓近国史学動向 4・E 思想史』四海書房、一九三五年、など。

（2）新保祐司『日本思想史骨』構想社、一九九四年、伊藤友信「日本思想史学の大成者〈村岡典嗣〉（一八八四―一九四六）」（峰島旭雄編『近代日本思想史の群像』北樹出版、一九九七年）、玉懸博之「村岡典嗣」（今谷明ほか編『20世紀の歴史家たち⑵ 日本編下』刀水書房、一九九九年）、田尻祐一郎「村岡典嗣と平泉澄――垂加神道の理解をめぐって」『東海大学紀要 文学部』七四輯、二〇〇一年三月、前田勉「解説――日本思想史学の生誕」（村岡典嗣著、前田勉編『新編日本思想史研究』平凡社、二〇〇四年）、前田勉「解説」（村岡典嗣『増補 本居宣長』二、平凡社、二〇〇六年）、苅部直「回想と忘却――丸山眞男の『神皇正統記』論をめぐって」『思想』九八八号、二〇〇六年八月（苅部直『秩序の夢――政治思想論集』筑摩書房、二〇一三年に再録）、安酸敏眞「村岡典嗣と波多野精一――響応する二つの「学問的精神」」『北海学園大学人文論集』三九号、二〇〇八年三月、前田勉「学問としての日本思想史」（苅部直ほか編『岩波講座日本の思想』一巻、岩波書店、二〇一三年）、藤田正勝「日本的なるものへの問い」『岩波講座日本の思想』一巻、本村昌文「村岡典嗣『日本思想史研究』」『岩波講座日本の思想』一巻、髙野裕基「日本精神論と国民道徳論――河野省三・村岡典嗣の学説を中心として」『明治聖徳記念学会紀要』復刊五一号、二〇一四年一一月、齋藤公太「村岡典嗣の神道史研究とキリスト教――近代国体論と宗教理解」（吉馴明子・伊藤彌彦・石井摩耶子編『現人神から大衆天皇制へ――昭和の国体とキリスト教』刀水書房、二〇一七年）、苅部直「村岡典嗣と丸山眞男」『東京女子大学比較文化研究所附置丸山眞男記念比較思想研究センター報告』別冊、二〇一七年三月、水野雄司『村岡典嗣』ミネルヴァ書房、二〇一八年、高橋禎雄「村岡典嗣と日本思想史学」（中野目徹編『近代日本の思想をさぐる――研究のための15の視角』吉川弘文館、二〇一八年）、など。

（3）「日本道徳史」（村岡典嗣文書、広島高等師範学校徳育専攻科講義草稿 第三回訂正）、「大正十年――十一年」という村岡自身による記載がある。

（4）赤澤史朗「マルクス主義と日本思想史研究――『歴史科学』『唯物論研究』を中心に」（磯前順一、ハリー・D・ハルトゥーニアン編『マルクス主義という経験――1930-40年代日本の歴史学』青木書店、二〇〇八年）。

（5）貴島大学研究室編『左翼右翼大学教授を解剖する』早稲田新聞社、一九三八年、九〇～九一頁。

（6）畑中健二「村岡典嗣の国体論」『季刊日本思想史』六三号、二〇〇三年五月、拙稿「村岡典嗣の国体思想史研究」『日本文化論年報』一七号、二〇一四年三月、など。

（7）高橋禎雄「村岡典嗣著増訂版『本居宣長』をめぐる二、三の問題――昭和二年自筆原稿の分析を中心に」『近代史料研究』五号、二〇〇五年一〇月。

（8）村岡典嗣『本居宣長』警醒社、一九一一年、三八九頁。

（9）『神道史』創文社、一九五六年、五頁。

（10）山田孝雄『奈良朝文法史』東京宝文館、一九一三年、五～六頁。

（11）藤岡作太郎『国文学史講話』冨山房、一九〇八年、三四頁、七九頁、一六七頁。

（12）日本歴史の時代区分について、昭和期の村岡は、明治以降のものとして政治史的区分では横山由清、佐藤誠実、久米邦武、有賀長雄、『国史眼』を、また文化史的区分では『日本開化小史』、津田左右吉、平泉澄を挙げている（「日本思想史研究序論」〈昭和五年度東北帝国大学法文学部講義草案〉『日本思想史概説』創文社、一九六一年、一一一～一一三頁）。少なくともこの中で村岡と同じ区分をしているものはない。横山由清、佐藤誠実など近代の国学者については、藤田大誠『近代国学の研究』弘文堂、二〇〇七年、参照。なお以下、東北帝国大学での講義の場合、大学名の表記を省略する。

（13）岡倉天心「日本美術史」『岡倉天心全集』四巻、平凡社、一九八〇年、一〇九頁。
（14）「日本道徳思想史概論」（村岡典嗣文書、大正一〇年度広島高等師範学校徳育専攻科講義草稿 第二回訂正稿）、「源氏物語の思想」（村岡典嗣文書、大正九年度広島高等師範学校徳育専攻科講義草稿）など参照。
（15）「神道史概論」（大正一三年度講義草案）『神道史』四二頁。
（16）村岡は「源氏物語の思想」（村岡典嗣文書、大正九年度広島高等師範学校徳育専攻科講義草稿）において藤岡作太郎『国文学全史 平安朝篇』を参考書の一つに挙げており、読んでいたことは間違いない。
（17）藤岡作太郎『国文学全史 平安朝篇』開成館、一九〇五年、六一～六二頁。
（18）「忠君愛国思想の発達」（村岡典嗣文書、大正一〇年度広島高等師範学校徳育専攻科講義草稿）。
（19）「源氏物語の思想」（村岡典嗣文書、大正九年度広島高等師範学校徳育専攻科講義草稿）。
（20）「日本思想史研究序論」（村岡典嗣文書、大正一三年度講義草稿）。
（21）「神道史概論」（大正一三年度講義草案）『神道史』六〇頁。
（22）「中世」は仏教中心の時代であるというイメージが前提となってであろう、村岡は仏教的神道を念頭に「神道史の中世は大化改新前後から奈良時代、平安時代を中心として、鎌倉室町時代に及ぶ」（「神道史概論」〈大正一三年度講義草案〉『神道史』三二頁）という理解も示していたが、かかる「神道史の中世」観は以後姿を消す。
（23）「源氏物語の思想」（村岡典嗣文書、大正九年度広島高等師範学校徳育専攻科講義草稿）。
（24）「神道史概論」（大正一三年度講義草案）『神道史』四九頁。
（25）（26）「復古神道に於ける幽冥観の変遷」（一九一五年八月）『日本思想史研究』岡書院、一九三〇年、二八八頁、二九五頁。
（27）「南里有鄰の神道思想」（一九二四年一〇月）『日本思想史研究』三一七頁。
（28）「平田篤胤の神学に於ける耶蘇教の影響」（一九二〇年三月）『日本思想史研究』三〇八頁、「南里有鄰の神道思想」前掲書、三四四頁。
（29）「古神道に於ける道徳意識とその発達」（一九二一年一月）『日本思想史研究』一〇頁。
（30）「日本思想史概論――儒仏耶及び神道交渉の見地より観たる」（昭和三年度講義草案）『日本思想史概説』四九一頁。
（31）「日本思想史概論――儒仏耶及び神道交渉の見地より観たる」（昭和三年度講義草案）『日本思想史概説』四九〇～九一

頁、「日本思想史概論――文学史的観察ヲ中心トシテ」（村岡典嗣文書、昭和三年度東北学院大学講義草稿）、「日本思想史研究序論」（昭和五年度講義草案）『日本思想史概説』一一四～一五頁。

（32）（33）「日本思想史概論――儒仏耶及び神道交渉の見地より観たる」（昭和三年度講義草案）『日本思想史概説』四九〇～九一頁、四九一頁。

（34）田尻祐一郎氏は、平泉の前には村岡が立ちはだかっており、平泉の垂加神道・山崎闇斎論は村岡批判を含意していたと論じている（「村岡典嗣と平泉澄――垂加神道の理解をめぐって」前掲誌）。ただし、平泉が直接村岡の名を挙げることはほとんどなく、また村岡が平泉に言及するのも時代区分論の場合か中世思想史の分野に関わる場合に限られていた。少なくとも残された資料中の明示的な記述から判断する限り、むしろ村岡の方が平泉を意識していたと思われる。

（35）「日本思想史概論――儒仏耶及び神道交渉の見地より観たる」（昭和三年度講義草案）『日本思想史概説』四九一～九二頁。

（36）平泉澄「日本精神発展の段階」『史学雑誌』三九編四号、一九二八年四月、四一頁。

（37）「近世史学史上に於ける国学の貢献」（一九二八年一月）『日本思想史研究』一〇一～〇二頁。

（38）「日本思想史概説」（昭和一七年度講義草案）『日本思想史概説』一四五～四六頁。

（39）「日本思想史研究序論」（昭和五年度講義草案）『日本思想史概説』一一八頁。

（40）「日本思想史概論」（昭和六年度講義草案）『日本思想史概説』二九八頁。

（41）「日本思想史概論」（昭和八年度講義草案）『日本思想史概説』三八二頁。

（42）「日本思想史概論――儒仏耶及び神道交渉の見地より観たる」（昭和三年度講義草案）『日本思想史概説』五五六～五七頁。

（43）「日本思想史概論」（昭和六年度講義草案）『日本思想史概説』三八〇頁。かかる鎌倉新仏教理解は講義にのみ限られたものではなく、「枕草紙と徒然草」（一九三二年六月）『続日本思想史研究』（岩波書店、一九三九年）一一七頁にも見られる。

（44）「日本思想史研究序論」（昭和五年度講義草案）『日本思想史概説』一一七頁。

（45）「日本思想史概論」（昭和八年度講義草案）『日本思想史概説』三八三頁。

（46）「日本倫理思想史上西洋思想との交渉」（一九四一年九月）『日本思想史研究』第三、岩波書店、一九四八年、一六三頁。

（47）「愚管抄考」（一九二七年五月）『日本思想史研究』六五頁。

(48)「日本神道の特質――東洋思想に於ける日本の特質」(一九三六年五月)『続日本思想史研究』岩波書店、一九三九年、四四六頁。

(49)「日本思想史上の諸問題(一)」(村岡典嗣文書、昭和一四年度東北帝国大学・東京帝国大学講義草稿)。同意の文は「末法思想の展開と愚管抄の史観」(昭和一七年度東北帝国大学・東京帝国大学講義草案)『日本思想史上の諸問題』(創文社、一九五七年)二〇九頁にも見られる。

(50)平泉澄「愚管抄と神皇正統記」『史学雑誌』四七編九号、一九三六年九月、四五頁。

(51)「時勢の変革と歴史の反省――愚管抄と文明論の概略」『潮流』二号、一九四六年二月、二九頁。

(52)(53)「日本精神を論ず――敗戦の原因」(一九四五年九月一二日・一三日に講義、一一月中旬稿)『国民性の研究』創文社、一九六二年、三七九頁、三七九頁。

(54)(55)(56)「時勢の変革と歴史の反省――愚管抄と文明論の概略」前掲誌、二七頁、二八頁、二八〜二九頁。かつて村岡が批判した福島政雄は、慈円は「日本国の国体は常に何ものにか支持せられて居るといふ信念」を抱いており、その点で「慈円の心の根本にはむしろ楽天的気分があり、予言者的要素さへもある」と論じていた(「愚管抄より神皇正統記まで(国体自覚の流れを論ず)」『教育科学』三号、一九三五年五月、一五九頁、一六二頁)。「楽天的気分」についてはともかく、この「予言者的要素」という指摘に影響を受けて、戦後の村岡は『愚管抄』を論じたのだろう。なお福島政雄については、高橋原「ポスト嘲風・梁川世代のスピリチュアリティ――福島政雄と霜田静志を例として」(鶴岡賀雄・深澤英隆編『スピリチュアリティの宗教史』下巻、リトン、二〇一二年)参照。

(57)「明治維新之思想史的意義」(一九四五年一〇月起稿)『日本思想史概説』四七六頁。

補論二　戦時期文部省の教化政策

はじめに

戦時期の日本においては、天皇を現人神、日本を神国とする考え方が国民教育を通じてかなりの程度社会の各層に浸透していたといわれる。そして、そのような教化政策を主導した文部省のイデオロギーを代表するものとして、これまで多くの研究者が『国体の本義』に注目してきた[1]。現人神天皇観を強調した同書は、敗戦までに約二百万部もの部数が発行され、教育関係者、各学校生徒に読むことが強制された。先行研究では、この徹底的な普及の事実を以て、『国体の本義』を読んだ者は皆そのイデオロギーに拘束されたと無前提に結論づける傾向が強かった。しかし、戦前期の学校を、主にイデオロギー教化の装置として捉え、生徒は教えられるイデオロギーをそのまま内面化すると見なす従来の教育史研究のあり方が批判されるようになってから久しい[2]。

そもそも『国体の本義』が刊行された昭和一二（一九三七）年は、日中戦争が本格化し、総力戦体制の構築が至上課題とされていく時期に当たる。総力戦は、政策遂行や国民動員を効率的に行うために、機構の統合や国民の主体性喚起などを要請し、その際には一定の合理性・科学性が重視されなければならない。そのような時期に非合理的な色彩の濃厚な『国体の本義』など果たして本当に効果的だったのであろうか。

実際には、三浦藤作『国体の本義精解』等民間で執筆・市販された受験対策書がベストセラーになった[3]ように、『国体の本義』はあくまで受験のための必読書であって、イデオロギー的内面化というよりも、読者自身の立場の社会的上昇に向けたプロセスとして受容された面も否定できない。そのため、『国体の本義』のイデオロギー的効果を無前提に過大評価する訳にはいかないだろう。[4]同書の効果を具体的に知るためには、第一に何よりも同時代における同書の反響を確認する必要があるし、また第二に同書刊行以後の文部省、とくに教学局の対応を視野に入れなければならない。しかし、従来の研究では、『国体の本義』それ自体に関心が集中する反面、様々な分野から出された同書に対する数多くの批判の存在や教学局が刊行した『国体の本義解説叢書』の論調についてはほとんど注目・検討されることがなかった。とくに『国体の本義解説叢書』の場合、主に解説を執筆した人物に対する個別研究などの際に一冊のみが取り上げられることはあっても、同叢書の全冊に目配りすることはなされてこなかった。[5]

以上のような研究史上の問題点を踏まえて、本論は、まず『国体の本義』における現人神天皇観の論理をきちんと分析した上で、その主張が当時の言論界の諸相にいかなる反響をもたらしたのかについて具体的に確認する。文部省側の主観的な意図・論理のみならず、それに対する受け手側の多様な解釈との間で『国体の本義』を考えることが必要であろう。そして、次に『国体の本義解説叢書』の論調を検討する。同叢書は、昭和一二年から昭和一八（一九四三）年までほぼ継続的に刊行されており、その論調には戦時期の教学局の方針がある程度反映されていると考えられる。

以上の分析を通じて、本論は、『国体の本義』刊行以後における文部省の教化政策の一端を解明することを目的とする。

一　『国体の本義』とその反響

『国体の本義』の全体構成は以下の通りである。(6)

緒言
第一　大日本国体
一、肇国／二、聖徳／三、臣節／四、和と「まこと」
第二　国史に於ける国体の顕現
一、国史を一貫する精神／二、国土と国民生活／三、国民性／四、祭祀と道徳／五、国民文化／六、政治・経済・軍事
結語

『国体の本義』刊行の直接の契機は、国体明徴運動を受けて昭和一〇（一九三五）年一一月に設置された教学刷新評議会の出した答申であり、同書刊行までの流れを文部省「「国体の本義」の編纂配布に就て」（『文部時報』五八五号、一九三七年五月二一日）の記述によって示せば、昭和一一（一九三六）年六月、編纂委員・編纂調査嘱託が決定し、七月、編纂方針・要綱決定、八月、草案執筆開始、一一月、草案完成、昭和一二（一九三七）年二月、決定稿完成、三月（実態としては遅れて四月）、文部省より三〇万部印刷・刊行、全国各学校・官庁に配布、五月、内閣印刷局より二〇万部発行・発売となる。

つまり、『国体の本義』は、天皇機関説が抹殺されていく状況を背景としながら、急ピッチで編纂・刊行されたことになる。まずは同書における天皇観を確認しよう。

かくて天皇は、皇祖皇宗の御心のまに〱我が国を統治し給ふ現御神であらせられる。この現御神（明神）或は現人神と申し奉るのは、所謂絶対神とか、全知全能の神とかいふが如き意味の神とは異なり、皇祖皇宗がその神裔であらせられる天皇に現れまし、天皇は皇祖皇宗と御一体であらせられ、永久に臣民・国土の生成発展の本源にましまし、限りなく尊く畏き御方であることを示すのである。(7)

天皇はキリスト教の神のような宗教的・絶対的な存在ではなく、現世に存する具体的な神、日本国家発展の根源とされる。天皇がこのように現人神とされる要因は、第一に「神裔」、つまりアマテラスの子孫であるという血統である。そしてかかる自然的要因とともに、第二に「皇祖皇宗」（アマテラス・歴代天皇）と一体である点が付け加えられている。「一体」ということについては、宮中祭祀を通じて霊的に一体になる、あるいは天皇が「皇祖皇宗の御遺訓」を受け継いで歴代天皇同様に愛民仁政を行う等、『国体の本義』では必ずしも意味合いは明快・一義的でないが、祭主・君主としての自覚といった後天的要因のことであろう。

『国体の本義』は、天皇が現人神である根拠として以上二つの要因を挙げているが、そもそも「神裔」であってはじめて皇位に就き、「皇祖皇宗」と一体になれる以上、血統こそ絶対条件となる。しかし、天皇がアマテラスの子孫であるというのは神話で語られていることであり、本来歴史的事実ではない。その意味で『国体の本義』の現人神天皇観は神話を事実と見なすことではじめて成り立っている。そして、神話を背景とすることによって、大日本帝国憲法の根本原則は「君民共治でもなく、三権分立主義でも法治主義でもなくして、一に天皇の御親政である」(8)と、西洋的政治原則は一切否定された上で解釈されることになる。

このような天皇親政という視座から、「〔日本の議会は〕天皇の御親政を、国民をして特殊の事項につき特殊の方法を以て、翼賛せしめ給はんがために設けられたものに外ならぬ。……〔いかなる法も〕結局に於ては、御祖訓紹述のみことのりたる典憲〔皇室典範・帝国憲法〕の具体化ならぬはない。従つて万法は天皇の御稜威に帰する。それ故に我が国の法は、すべて我が国体の表現である[9]」とされ、議会政治は翼賛政治と化し、議会の立法権は形骸化してしまう。すなわち、あらゆる法が天皇の意思であり、「国体の表現」だということになれば、議会はそれに反対することはできず、唯々諾々と認めざるを得ない。そして、国民からすれば、いかなる法であれ、法に従うことが「国体」を尊重することと同義になる。ここでいう「国体」とは、天皇主権の政治体制という狭い意味にとどまらず、日本国民が一致団結し、天皇に忠義を尽くしてきたという特殊日本的な伝統のことを指している。

このように『国体の本義』は、現人神天皇観の強調や法治主義の否定を通じて、「国体」と西洋文化とが相容れないものであることを主張している。しかし、他方では「結語」において次のように述べられていること も看過できない。

> 今や我が国民の使命は、国体を基として西洋文化を摂取醇化し、以て新しき日本文化を創造し、進んで世界文化の進展に貢献するにある。……現下国体明徴の声は極めて高いのであるが、それは必ず西洋の思想・文化の醇化を契機としてなさるべきであつて、これなくしては国体の明徴は現実と遊離する抽象的のものとなり易い[10]。

結果として『国体の本義』は全体的に各章の記述と結論とが整合していない。この点について、編纂調査嘱託の一人であり、『国体の本義』の下書きをした国民精神文化研究所所員志田延義は、「結語」の記述は伊東延吉思想局長が編纂会議で強調したものであり[11]、「各章から導かれて結論が出たといふ順序ではなく結びはかくあるべきだと決めてかゝつた産物」[12]であると説明している。つまり、『国体の本義』が木に竹を接ぐようなちぐはぐさを残しているのは、伊東延吉が編纂に際して積極的な関与をした結果であった。もちろんことは伊東一人の問題ではなく、『国体の本義』編纂委員自体が、紀平正美・井上孚麿から和辻哲郎・大塚武松・宇井伯寿まで、多様な思想の持ち主から構成されており、編纂側の意見統一が困難を極めたことも関係しているのだろう。

以上のように『国体の本義』は、西洋文化を排し、日本の独自性を強調する要素と、西洋文化を「摂取醇化」し、新文化を創造するという要素を併せ持っていたが、それでは同書は当時どのように受けとめられたのか。同書に対しては、「未了義の書」[13]「難解な書」[14]などという不満の声もあったものの、少なくとも表面的には「国民必読の書」[15]であり、さらなる普及を図るべきだといった歓迎ムードが大勢を占めた。むしろ議会政治に否定的であり、神話に基づいて現人神天皇観を強調していた「オーソドックス」な国体論者にとって、『国体の本義』はかなり受け入れやすいものであったらしい[16]。

しかし、このような肯定的反応の対極には、激しい拒絶の動きがあった。その急先鋒が議会だったことはある意味当然であろう。衆議院予算委員会会議の場において原惣兵衛（政友会）は、「大体法治主義デモナイト云フコトハ、憲法ト云フモノノ存在ヲ認メナイト云フコトニ吾々ハ解釈セザルヲ得ナイ」[17]というように、法治主義を否定する『国体の本義』を、憲法を否定するものだと厳しく追及する。原に続き牧野良三、工藤鉄男も同様の批判を述べ、法治主義否定の撤回、『国体の本義』の回収を安井英二文部大臣に迫ることとなる。

そして、議会での批判と前後して、「オーソドックス」な国体論に不満を感じていた側から激しい批判が続出することになる。

まずは宗教ナショナリズムの側からだされた、一定の信仰に基づいた批判をみよう。

生長の家の教祖である谷口雅春は、『国体の本義』の読後感を次のように記している。

私は此の文部省の「国体の本義」なる書を読んではたと行詰ったのである。何故なら、吾々は天皇に対して最高の尊敬の観念を持たずにはゐられない国民としての自然の要求に基き、古事記、日本書紀などの記録などを根拠として考ふるとき、どうしても天皇を絶対なる大神の御表現と観奉るほかないからである。[18]

天照大御神並に　天皇を絶対神の御顕現と観奉る吾等は　天照大御神並に　天皇を絶対神として観奉らざる前内閣の文部省の見解に遺憾の意を表するものである。[19]

天皇は絶対神ではないとする『国体の本義』の記述に、谷口は当惑し、批判する。彼からすれば、アマテラスと一体である天皇は、絶対神にほかならず、普遍的真理の体現者であった。この両者の対立は、西阪昌信が「帰するところ、如上の問題は、天皇信仰の内容が、「民族族長神」の領域以外に出でないのであるか、乃至は、「宇宙神」「宇宙法体」を、表象すると云ふやうな内容までの意味を持つのであるかの、論争になるのである」[20]と、まとめているように、畢竟アマテラス＝天皇は絶対的な宇宙神か、相対的な民族神かという認識・信仰心のズレに求められる。[21]

『国体の本義』は、以上のような信仰を背景とする批判にさらされた一方、他方では「科学的国体論」の側からも批判された。里見岸雄の批判を見てみよう。

国体明徴に於ける必然的傾向たる科学的見地からすれば、幾多批判すべきものがある。／素戔嗚尊の御子孫であらせられる大国主神を中心とする出雲の神々（『国体の本義』）一三頁）／といふが如き説明は小中学校の国史教科書から一歩でも踏み出したものには大いに無理がある。……殊に／我が国の法は、すべて我が国体の表現である（『国体の本義』）一三五頁）／といふ様な考方に就ては、吾等の到底首肯し能はざるところに属する。(22)

里見岸雄は、「科学的見地」に立ち、神話を事実とするような説明は非科学的であると批判するとともに、議会の立法権の自立性を侵害することになる法＝「国体の表現」という認識を問題視する。彼にとって、西洋文化の排撃に急で、「国体」を非合理的に解釈する『国体の本義』などかえって有害無益なものだったのである。ところで「国体明徴に於ける必然的傾向」は「科学的見地」にあるとは、里見個人の持論の披瀝にとどまらず、この時期の流れの一つを適切につかんだものでもある。実際、文部省管轄下の国民精神文化研究所の助手吉田三郎なども、蘭学者杉田玄白に仮託して「科学的精神」に則った「真の国体明徴」の必要を説いていた。(23)そして、かかる論調の背景には、当時の論壇における科学論・科学的精神論の流行がある。これらの議論は非科学的な日本精神論には批判的であり、『国体の本義』を刊行した文部省もかかる論壇の傾向には神経を尖らせていた。そして、このような科学的精神論の流行を促進した人物として文部省教学局が注目していたのが京都帝国大学教授田辺元である。(24)吉田三郎は高山岩男ら京都学派の若い学者たちとも交流があり、『国体の本義』に批判的な気風を醸成する源の一つには京都学派の思想があったといえよう。

実際、西田幾多郎は『国体の本義』を批判している。以下は、昭和一二年一〇月九日、日本諸学振興委員会の哲学公開講演会にてなされた講演の一節である。

我々は理論を有たなければならない。此処に今日の我国文教の指導精神がなければならぬと思ふ。……口には外国文化を排斥するのでなく、日本精神によつて世界文化を消化すると云ふも、それが如何にして可能なるかについて深く考へられてゐない。我が国に於ては、いづれの学問に於ても尚深い根本的な理論研究は微弱であると思ふ。……今日は往々理論的な考へ方が、何の理解もなく、個人主義とか自由主義とかとして排斥せられる傾向がある。……併し単に個人とか自由とかいふものを否定すると云ふことは、単なる圧制主義の外、何物でもない。……個人の自由なくして創造といふものはない[25]。

西田は、根本的な理論研究の必要性と「個人の自由」の尊重を説き、そのためにも西洋の思想・文化にますます学ぶ必要があると訴える。そして同時に、かかる主張は、『国体の本義』「結語」の記述――「国体を基として西洋文化を摂取醇化し、以て新しき日本文化を創造」する――がいかに実質の伴わない空虚なものであるかを批判するものであった。

以上のように『国体の本義』は刊行されるやいなや議会や宗教家、「科学的国体論」側、京都学派の間で大きな物議を醸すこととなる。『国体の本義』に対する批判は、昭和一二年後半をピークとしてその後も根強く続いていくが、それでは教学局はかかる逆風の吹く中でどのように『国体の本義』の普及を図ったのか。次節ではその点について検討したい。

二　教学局の教化活動――『国体の本義解説叢書』の刊行と西田哲学への接近

編纂委員を務めた紀平正美は、委員ごとに個別の説明を発表することで、『国体の本義』の不備を補足できると考えていたようである。[26]これは、昭和一二年一二月以降、教学局から刊行され始まる『国体の本義解説叢書』を念頭においたものだろう。同叢書は各発行部数約五千部が全国各学校に配布されたようである。[27]『国体の本義』の編纂調査嘱託を務めた文部省教学局教学官小川義章が「解説叢書を出版したが、数のあまりに少きため一般に配布することが出来ず残念ではある[28]」と不満をもらしているように、少なくとも当初の刊行は『国体の本義』に比べれば少部数であり、同叢書の普及は限定的だった。

同叢書の題目及び執筆者（『国体の本義』編纂委員には※を、編纂調査嘱託には△を付した。また肩書きは叢書執筆時点のもの）は以下の通りである。

※吉田熊次（東京帝国大学名誉教授・国民精神文化研究所研究嘱託）『明治以後詔勅謹解』教学局、昭和一二年一二月
※飯島忠夫（学習院名誉教授）『日本の儒教』教学局、昭和一二年一二月
※河野省三（國學院大學学長・国民精神文化研究所研究嘱託）『我が国体と神道』教学局、昭和一三年三月
※久松潜一（東京帝国大学教授・国民精神文化研究所研究嘱託）『我が風土・国民性と文学』教学局、昭和一三年三月
※紀平正美（国民精神文化研究所所員）『我が国体に於ける和』教学局、昭和一三年三月
△大串兎代夫（国民精神文化研究所所員）『帝国憲法と臣民の翼賛』教学局、昭和一三年一二月
※山田孝雄『肇国の精神』教学局、昭和一四年三月
※藤懸静也（東京帝国大学教授）『日本の美術』教学局、昭和一四年三月
※作田荘一（建国大学副総長）『我が国体と経済』教学局、昭和一五年三月
辻善之助（東京帝国大学名誉教授）『御歴代の聖徳に就いて』教学局、昭和一五年六月

※紀平正美（国民精神文化研究所所員）『我が邦に於ける家と国』教学局、昭和一六年三月
花山信勝（東京帝国大学助教授）『日本の仏教』教学局、昭和一七年三月
※山田孝雄（神宮皇學館大学長・国民精神文化研究所研究嘱託）『国体と修史』文部省教学局、昭和一八年三月

『国体の本義解説叢書』は全部で一三冊刊行されたが、その刊行ペースは、昭和一二年度五冊、昭和一三年度三冊、昭和一四年度一冊、昭和一五年度二冊、昭和一六年度一冊、昭和一七年度一冊というものだった。以後続刊はないという教学局の意思のあらわれであろう、昭和一九年度に既刊一三冊が合本され、上下二巻本として刊行されている。明らかに昭和一二年度をピークにして以後刊行ペースは低下しており、教学局が力を入れたのはせいぜい昭和一二・一三年度という時期に限られるのである。

それでは、この両年度において、『国体の本義解説叢書』はどのような論調を展開していたのか。まず特徴的なのは、吉田熊次『明治以後詔勅謹解』から藤懸静也『日本の美術』に至るまで、全てにおいて現人神天皇観――それもとくに「神裔」を根拠とした――が言及されている点である。さらに「個人主義的なるものゝ一切を清算する[29]」、あるいは「かゝる思想（法治主義）が我が国に合致しないものであることは言ふまでも無い[30]」といった論調が支配的であり、『国体の本義』「結語」にいう西洋文化の「摂取醇化」、新日本文化の創造といった面はほとんど考慮されていない。

かかる論調が蔓延する中、菊池豊三郎教学局長官は以下のような懸念を示している。

元来我ガ国教学ノ本旨ハ、国家ノ根基ヲ培ヒ、皇国永遠ノ大計ヲ樹立スルコトニアリマシテ、学問研究ニ於テモ国家的指導精神ニ帰一統合ノ実ヲ挙ゲ、実際教育ニ於テモ、抽象的個人ノ育成ヲ目的トスルニアラズシテ、真ニ国家ニ随順シ、歴史的具体的国家ノ内ニ於テノミ実存スル日本人トシテノ国民的性格ヲ陶冶

シ、世界文化ヲ指導スルニ足ル日本文化ノ建設ニ努ムルコトニアリマス、然ルニ教学ノ現状ハ尚遺憾ノ点ガ尠クナイノデアリマシテ、或ハ時局ニ対スル正シキ認識ヲ欠キ、或ハ文化創造ノ精神ヲ忘レ、消極的退嬰的ニ流レル傾向ガアリマスルガ[31]、……

菊池は、日本の特殊な伝統の中で生きる日本人を陶冶することを以て教学の目的とした。彼にとって、理想的な日本人像は、「時局ニ対スル正シキ認識」を持って国家に随順するとともに、世界文化を指導し得る日本文化の建設に邁進するというものであった。これが『国体の本義』「結語」を意識したものであり、伊東延吉(思想局長ののち、昭和一二年六月から昭和一三年一二月まで文部次官)の認識と共通するものであることは見易い。しかし、現実はどうかといえば、『国体の本義』が配布・普及されても、依然として「教学ノ現状ハ尚遺憾ノ点ガ尠クナイ」状況だった。先に確認したように、そもそも教学局が刊行する『国体の本義解説叢書』自体が西洋文化を無視し「文化創造ノ精神ヲ忘レ」ていたのである。

『国体の本義』は、西洋文化を排し、「国体」の価値を称揚する要素と、「西洋文化を摂取醇化」した上で世界文化を指導し得る日本文化を建設するといった要素とが統合されないまま盛り込まれた未完成な書だった。とすれば、『国体の本義解説叢書』には二つの要素を統合する役割が期待されたはずである。にもかかわらず、同叢書のうち、昭和一二・一三年度に刊行された冊子は、後者の要素を看過したまま、「国体」の独自性のみを強調する結果に終わった。

おそらくこのような一面的な論調は、伊東延吉や菊池豊三郎からすれば必ずしも本意ではなかったのだろう。続く昭和一四年度以降の解説叢書になると、注目すべき変化が現れてくる。つまり、単に刊行点数が減少するだけでなく、編纂委員・編纂調査嘱託ではない辻善之助、花山信勝が執筆するようになる。このことも関わってか、それまで強調されていた現人神天皇観は後景に退く（「現人神」の表記は紀平正美『我が邦に於ける家と国』四三頁の一箇所のみ）。そして、天皇の神聖性に代わり、前面に出されるのは文化の中心という面である。すなわち、天皇は経済政策＝生活文化の指導者（作田荘一『我が国体と経済』）、または日本文化発展の中枢・貢献者（辻善之助『御歴代の聖徳に就いて』・紀平正美『我が邦に於ける家と国』）、あるいは仏教が国民宗教となる上での率先者（花山信勝『日本の仏教』）として表現されている。

このように天皇観の重点が変化する事態と踵を接するように、菊池豊三郎は、昭和一三年末から昭和一五年にかけて、京都学派の一員、台北帝国大学助教授柳田謙十郎[32]を文部省教学官に迎えようと運動する。京都帝国大学教授木村素衛や東京文理科大学教授務台理作など京都学派の一部は、柳田が文部省に入り、教学刷新の計画や実務に携わる専門官に就くことに積極的だったものの、柳田自身は西田幾多郎や田辺元などに相談した上で昭和一四年二月頃に断っている。

その後、昭和一四年冬から翌年初春にかけて、文部省教学局は自ら主導するかたちで津田左右吉不敬事件を起こしているが、この事件が一段落を遂げた頃、柳田引き抜きの話が再浮上する。おそらくは昭和一五年における西田幾多郎の言動――昭和天皇に対する「歴史哲学について」と題する御進講（一月）、「学問的方法」を収録した『日本文化の問題』の刊行（三月）など――が菊池を刺激したのであろう。

菊池氏（菊池豊三郎教学局長官）は真実の心を披歴《ママ》して、教学局の思想を再建し　進歩性を持つ為には、どうしても大兄（柳田謙十郎）を動かして　中心となつて動いて貰ふ他に途がない故、面倒ではあるが小生より大兄の内意を伺ひ且つ長官（菊池豊三郎教学局長官）の苦衷を伝へて貰ひ度いと云ふのです／小生の推測にては　長官は、道理はよく解る人にて、この際従来の　反動的の様な思想にては教学局のイデオロギーになり得なく、この際西田哲学を根本とする教学精神を建設いたし度と云ふ熱意に燃えてゐる様であり、近藤氏〔近藤寿治教学局指導部長、もと台北帝国大学教授〕もこの点については、長官と同意見にて、大兄といふことは両者相談の上にて、すでに大臣〔松浦鎮次郎文部大臣〕の内諾を得てゐるといふことです。[33]

文部省と柳田の間を仲介した務台理作によれば、菊池豊三郎は「従来の　反動的の様な思想」の限界を自覚し、「教学局の思想を再建し　進歩性を持つ為」には西田哲学が不可欠と考えていたようである。とすれば、菊池が期待した西田哲学の与える「進歩性」とはいったい何なのか。教学局側から篤い期待を寄せられた柳田謙十郎の主張を確認しよう。

否、かくする〔西洋の思想・文化を深く取り入れる〕ことに於てのみ我々の精神は真によくその日本的性格を具体化し、自己の文化をば一の世界史的文化として創造するその潑溂たる本来の発展性をあらはにしゆくことが出来るのである。[34]

我々は其処〔「我々の風土的性格たる激情的動性」〕に日本人がかの現実主義的な西欧文化をよく吸収し同化して世界史的な文化を建設することの出来る可能性をもつことの根拠が横はるのではないかと思ふ。[35]

柳田は、西洋の思想・文化を徹底的に受容することの必要性と、西洋文化の吸収を可能にする日本の風土性について強調する。これは西田幾多郎が空虚だと批判していた『国体の本義』に基づく文部省の方針に対し、一応の具体性を与えようとするものだった。

西田の主張が教学局の発行する『教学叢書』に掲載され、全国に普及されたこと、また京都学派の中でも柳田に教学官として白羽の矢が立てられたことを踏まえれば、教学局側も両者の主張にある程度の正当性を認めていたことになる。むしろ教学局側からすれば、西田による批判、あるいは西田哲学それ自体が『国体の本義』「結語」の記述を実質化する具体的営為として期待をもって受けとめられたのだろう。柳田の引き抜き、西田哲学の導入は、あくまでこのような期待感のより積極的なあらわれとして説明できる。

少なくとも菊池豊三郎の主観においては、柳田を教学官に登用し、西田哲学の導入を図ることによって、「従来の　反動的の様な思想」を抑制しようとしたのである。そして、このことを『国体の本義』解釈のレベルでいえば、非合理的な現人神天皇観のみの強調を抑え、代わりに「西洋文化を摂取醇化」する面を押し出すことを通じて、一定の「進歩性」を確保しようとしたということだろう。『国体の本義解説叢書』において、文化の中心という天皇観が前面に出てくるのも、このような流れの中で理解できる。

それでは、教学局と西田哲学とのいわば蜜月関係は以後も続いたのだろうか。

三　文部省の京都学派批判

柳田謙十郎は再度の勧誘も断り、結果として菊池豊三郎の企図は頓挫した。その後、内地研究員として和辻哲郎に学んだ経歴をもつ小沼洋夫が昭和一七年に教学局教学官となるが、その頃から小沼は盛んに西田幾多郎や和辻哲郎を批判するようになる。

たとへ論者〔西田幾多郎、和辻哲郎ら〕が今日屢々執拗に主張するやうに、私達は過去の西洋近代思想を徒らに排除せずに、それを包容摂取せねばならぬなどと言つても、それはあくまで本立つての後のことであつて、原理としての本は互ひに敵として排せねばならぬ。今次の世界戦争が世界観の戦争であり、深い意味に於いての思想戦であると言はれてゐる限り、このことを承認しない思想家は無知であると言はれても止むを得ない(36)。

小沼にとって、西洋思想の受容を必要視する西田や和辻は「無知」な思想家として切り捨てられる。そして、小沼の主張は、かつて菊池豊三郎が主導した西田哲学の導入による「進歩性」の確保という方向性とは正反対のものである。

ここで問題となるのは、小沼の批判があくまで個人としての立場からなされたものなのか、それとも教学局の総意を踏まえたものなのかという点である。この点については、昭和一八年三月の時点でも、近藤寿治教学局長は、西田に日本諸学振興委員会教育学会での公開講演を依頼するつもりだった(37)ことを考えると、小沼の西田批判が教学局の総意によるものだったとは必ずしも言い切れない。しかし、小沼が「紀平〔正美〕博士の「なるほどの哲学」と山田〔孝雄〕博士の「国学の本義」を熟読されることを切望する(38)」と読者に勧めていることを踏まえれば、小沼の背後には紀平正美、山田孝雄といった元『国体の本義』編纂委員がいることも明らかであり、小沼の批判は一定の政治的意図を秘めたものであったと推測される。

この小沼、紀平、山田の三者に共通する思想的特質として、京都学派を批判しつつ、積極的に「皇国史観」を論じる点が指摘できる。京都学派批判と「皇国史観」論が同居するのは偶然ではない。とくに紀平の場合、「個人主義的立場の理論からは、〔『国体の本義』に対して〕厳しき反対の声も聴かされた(39)」と、「個人主義的立場の理論」、すなわち西田幾多郎からの批判が意識されているように、紀平らにおける京都学派批判と一体化した「皇国史観」論は、多分にかつて受けた『国体の本義』批判に対する反論の意味合いが強い。このように京都学派によって批判された『国体の本義』を「皇国史観」の名の下に復権しようという編纂委員の願望やさらには原理日本社と結んだ陸軍側の意図とがからみながら、『読書人』三巻七号（昭和一八年七月）は、公然と京都学派を攻撃することとなる。(40)

よく知られるように、当時京都学派は高木惣吉に主導された海軍省調査課と協力関係にあったことから、京都学派問題は海軍側からも看過できないものだった。早速八月には京都学派問題について陸海軍の間で一応の合意が形成され、非公式に政治的な解決が図られた。(41)しかし、政治的には解決されても、思想的レベルでの対立はいまだ残ったままである。京都学派批判と「皇国史観」論は一体のものであり、換言すれば、京都学派の「進歩性」を否定してはじめて「皇国史観」は完成することになる。すなわち、「皇国史観」の完成、貫徹を目指す文部省側としては、いくら政治的には解決済みとはいえ、京都学派を放置しておくことはどうしてもできないのである。結果として「京都学派ノ問題ノ再燃(42)」が生じてしまい、昭和一九年三月に教学局に思想審議会が設けられ、西田哲学が検討されることとなった。その動きについては西田幾多郎も「高坂〔正顕〕の話に此頃文部に「西田哲学」を問題と致し居る由(43)」と、情報を入手していた。

それでは、この頃文部省において京都学派の思想のいかなる点が問題視されたのか。まず小沼洋夫が傾倒していた山田孝雄の場合だが、彼は、学問とは「国体」に基づいたものでなければならないという立場から、田辺元を念頭に「抽象的」な学問観を批判していた。(44)また作田荘一による批判は以下の通りである。

今の哲学者の世界本位観は尚ほ無監査のまゝに我が国の教学の中に加はつてゐる。……また個人を尊重し、個人の自由なくしては創造といふものはないと断言し、世界と個人とをつらねて国家を置き去りにしてゐ

る。然るにかくの如き世界本位観を察するに、その世界といふは真の世界ではなくヨーロッパを指すのである。(45)

「個人の自由なくしては創造といふものはない」とは、西田幾多郎の主張であり、作田が批判する「今の哲学者」とは西田や京都学派の学者であることが分かる。作田によれば、西田や京都学派の思想はヨーロッパ中心主義だということだが、このような誤解が生じるのは、ヨーロッパ的世界・価値観を克服できるのは自分たちだけだという思い込みがあるからだろう。つまり、作田たちからすれば、個人の主体性を否定し、徹底的に「国体」的価値に没入することによってはじめてヨーロッパ的価値は乗り越えられるのである。

このような山田孝雄、作田荘一といった元『国体の本義』編纂委員による批判は、目新しいものではなく、かなり陳腐なものであった。留意すべきは、昭和一五年の時点では意識されていた最低限の「進歩性」を徹底的に否定することによって、教学局の方針を、「皇国史観」という概念に体現される日本の独自性、「国体」の優秀性を誇る要素へと強引に引き戻し、一元化しようとする彼らの執念であろう。

ただし、既に政治的に解決した問題をほじくり返そうとする文部省に対して、海軍側から牽制の動きがなされる。海軍省調査課員中山定義は、教学局思想課長小関紹夫宛に次のような意見書を提出している。

其ノ〔近年の文部行政の〕内容タルヤ所謂日本諸学振興ノ名ノ下ニ専ラ皇道精神宣布ニ重点ヲ置キ国体観念ヲ以テ幾何学ノ定理公理ノ如ク日本諸学ノ体系ヲ証明スベキ理論的原則トナシ其ノ必然ノ結果トシテ思想検察思想抑圧ニ趨リタル憾アリ、カカル傾向ガ学界（特ニ文化科学方面）ニ不安ヲ与ヘ且之ノ顰蹙ヲ買ヒ為ニ現局ニ対シ最モ有用ナルベキ言論、研究ハ抑圧サレ此ノ意味ニ於テ戦力増強ニ対スル積極的ナル貢献ヲ妨ゲタル点及一般教学方面ニ於テモ徒ラニ形式的愛国心ヲ鼓吹シ実質的ナル個人道徳方面ニ対スル教育ノ疏却サレタル点ニ関シ反省スベキモノ多シト思ハルルモ如何[46]

中山のいう「現局ニ対シ最モ有用ナルベキ言論、研究」とは京都学派の言論、研究に他ならない。以後、日本の敗色が濃厚になっていく中、京都学派問題が表面化することはなくなり、そのまま敗戦を迎えることになる。

おわりに

以上、本論は『国体の本義』『国体の本義解説叢書』をもとに、戦時期における教学局の方針について検討してきた。もともと『国体の本義』は、西洋文化を排し、日本の独自性を強調する要素と、西洋文化を「摂取醇化」し、新文化を創造するという要素とが統合されないまま残された未完成なものだった。前者の要素に対しては、「科学的国体論」側や議会が非科学性、憲法否定の危険性を批判し、また後者の要素は西田幾多郎(京都学派)によってその空虚さが剔抉され、実質化が要求された。昭和一三年末以降、教学局は西田哲学の導入に乗り出し、それまで一面的に強調されていた特殊日本的な要素を抑制し、西洋文化の「摂取醇化」、新日本文化の建設、文化の中心としての天皇という、相対的にではあれ、合理的要素を前面に出すようになった。ところが、このような方針は長く続かず、昭和一八年には文部官僚や文部省に近い立場にいる思想家は、京都学派を批判しはじめる。結局、教学局の方針は、最低限の「進歩性」すら否定して、日本の独自性、「国体」の優秀性を誇る方向に一元化されていく。その立場こそ「皇国史観」に他ならない。

紀平正美・作田荘一らと西田幾多郎らが最後まで相容れない関係だったように、『国体の本義』の二要素は結局統合されることのないまま敗戦を迎えた。文部省は昭和二〇年九月一五日付けで「新日本建設ノ教育方針」を公表し、「文化国家」「道義国家」建設に向けた教育方針を提示する。京都学派の学者たちは、その方針を支持する立場で盛んな言論活動を展開していく。他方、一〇月一五日には教学局が廃止され、『国体の本義』は一二月一五日にだされたいわゆる神道指令第一項（リ）号を受ける形で正式に頒布禁止の扱いとなる。

そして、天皇の脱神秘化を内外にアピールするためにGHQ主導でいわゆる人間宣言が出されることとなった。しかし、その案文決定過程において、昭和天皇は自らが「現御神」であることを否認することには同意しても、「神の裔」であることには固執した。

詔書案〔いわゆる人間宣言の草案〕中気に入らぬことは沢山ある。……日本人が神の裔なることを架空と云うは未だ許すべきも、Emperor を神の裔とすることを架空とすることは断じて許し難い。そこで予はむしろ進んで天皇を現御神とする事を架空なる事に改めようと思った。陛下も此の点は御賛成である。神の裔にあらずと云う事には御反対である。(47)

実際詔書は天皇が「現御神」であることを架空のことと認めはしたが、その結果天皇が神の子孫であることは温存されたことになる。「文化国家」「道義国家」の掛け声の裏側で、天皇の「神裔」意識は戦後になっても消失せず、継続した。

占領初期、天皇は「民主的」イメージが喧伝されたものの、昭和二三年頃から『アサヒグラフ』において天皇本人の写真はほとんど掲載されなくなり、それにかわって他の皇族の記事が多く掲載されるようになる。(48)同様に、茂木謙之介氏も「皇族のみが戦後の言語空間の中で自己表象を紡ぐとき、その傍らで天皇は戦後において改めて秘匿されることになる」[49]と指摘する。このような天皇の秘匿といった問題を意識しながら、「神裔」意識と象徴天皇制との関係について分析することは、今後の課題である。

註

（1）　源淳子「大日本帝国の侵略の論理――『国体の本義』をめぐって」『女性・戦争・人権』創刊号、三一書房、一九九八年、山科三郎「総力戦体制と日本のナショナリズム――一九三〇年代の「国体」イデオロギーを中心に」（後藤道夫・山科三郎編『講座戦争と現代4　ナショナリズムと戦争』大月書店、二〇〇四年）、荻野富士夫『戦前文部省の治安機能――「思想統制」から「教学錬成」へ』校倉書房、二〇〇七年、梅田正己『日本ナショナリズムの歴史Ⅲ「神話史観」の全面展開と軍国主義』高文研、二〇一七年、など。

（2）　広田照幸『陸軍将校の教育社会史――立身出世と天皇制』世織書房、一九九七年、参照。

（3）　前田一男「「教学刷新」の設計者・伊東延吉の役割」（寺﨑昌男・編集委員会共編『近代日本における知の配分と国民統合』第一法規、一九九三年）、桐山剛志「『国体の本義』の教育思想に関する研究――教育に与えた影響を中心に」（二〇〇〇年度修士論文、筑波大学大学院）など。『国体の本義』は、多くの国民に読まれ、内面化されるためには「誰にもよくわかるやうにやさしく書かれねばならぬ」のに、「相当難解で、一般の人々には解りにくい点が多々あるやうに思はれる」。そのため「少くとも小学校を卒業した人ならば誰にでもよくわかるやうに」書かれた解説書が必要だが、「今日、「国体の本義」の註釈書は随分沢山出て居る。しかしその大部分は受験本位のものであり、稀に受験的でないものは専門家の読みものであつたりして」、大多数の一般読者にとって適切な解説書がない、と鎌田重雄は現状を批判している（鎌田重雄「著者の言葉」『国体の本義』研究社、一九四一年、頁数なし）。多分に自著の独自性を誇る気持ちもあるのだろうが、このような彼の把握からも、『国体の本義』が国民教化よりも、受験のためのテキストと化している当時の実態の一端がうかがえる。

（4）　阪本是丸「「日本ファシズム」と神社・神道に関する素描」『國學院大學研究開発推進センター研究紀要』六号、二〇一二年三月、参照。

（5）　安田敏朗『国文学の時空――久松潜一と日本文化論』三元社、二〇〇二年、菅谷幸浩「天皇機関説事件から国家総動員体制へ――明治憲法下における法治主義思想崩壊の一断面として」『憲法研究』三六号、二〇〇四年六月、オリオン・クラウタウ「十五年戦争期における日本仏教論とその構造――花山信勝と家永三郎を題材として」『仏教史学研究』五三巻一号、二〇一〇年一一月（のち同『近代日本思想としての仏教史学』法藏館、二〇一二年、に再録）など。

（6）　日本会議は、二〇〇一年、日本国憲法にかわる新たな憲法の前文案を公表しているが（日本会議新憲法研究会編『新憲法のすすめ――日本再生のために』明成社、二〇〇一年、四三頁）、そこには「人と人との和」「自然との共生」「海外文明を摂取・同化する」「天皇と国民が一体となって国家を発展させてきた」「我が国固有の国体」といった言辞が並び、『国体の本義』の構成と驚くほど通じる内容である。

（7）（8）（9）（10）　文部省『国体の本義』内閣印刷局、一九三七年、一三～一四頁、一三三頁、一三四～三五頁、一五五頁。

（11）　志田延義『歴史の片隅から』至文堂、一九八二年、一三三頁。

（12）　前田一男「「教学刷新」の設計者・伊東延吉の役割」前掲書、三八一頁。

（13）　鳶魚「紀平正美博士に請益す――専ら函寄によつて」『日本及日本人』三五〇号、一九三七年七月、一五七頁。

（14）　三浦藤作「『国体の本義精解』の編述について」『教育週報』六三八号、一九三七年八月七日、四面。

（15）　近藤「国体の本義　文部省編」『神社協会雑誌』三六巻六号、一九三七年六月、八三頁。

（16）　里見岸雄「寄贈書紹介」『国体学雑誌』一七九号、一九三七年八月、五四頁。近年、里見に注目した研究に、川口暁弘「憲法学と国体論」『史学雑誌』一〇八編七号、一九九九年七月、林尚之『主権不在の帝国――憲法と法外なるものをめぐる歴史学』有志舎、二〇一二年、大谷伸治「昭和戦前期の国体論とデモクラシー――矢部貞治・里見岸雄・大串兎代夫の比較から」『日本歴史』七七七号、二〇一三年二月、同「里見岸雄の戦後憲法論――「皇道民主主義」と非武装平和の確立へ」『道歴研年報』一六号、二〇一五年九月、などがある。

（17）　原惣兵衛委員質問（一九三七年七月三一日）『第七十一回帝国議会衆議院予算委員会議録（速記）第五回』八頁。なお『国体の本義』を問題視する諸委員と安井英二文相とのやり取りについて、『教育週報』六三九号（一九三七年八月一四日、七面）は、速記録をそのまま掲げて大きく紹介している。

（18）（19）　谷口雅春「大麻奉斎と祈願」『生長の家』一九三七年一〇月号（西阪昌信「国体本義の天皇観を廻る論争と其の解決地盤」『いのち』六巻四号、一九三八年四月、二一〇頁より重引）、二一一頁より重引。なお谷口の日本中心主義については、寺田喜朗「新宗教とエスノセントリズム——生長の家の日本中心主義の変遷をめぐって」『東洋学研究』四五号、二〇〇八年三月、同「谷口雅春における天皇と日本——国体明徴運動の影響をめぐって」『平成二十七〜二十九年度 日本学術振興会科学研究費助成事業（基盤研究(C)）研究成果報告書 国家神道と国体論に関する学際的研究——宗教とナショナリズムをめぐる「知」の再検討』（研究代表者：藤田大誠、二〇一八年三月）参照。ちなみに谷口と同様の批判は他にも確認できる。やや後年のこととなるが、昭和一六年五月、東京市荒川区在住の北村柱之助という人物は、『国体の本義』に対し、「絶体神《ママ》に在します現人神を否認するに等しく憲法第三条の神聖を冒すものなれば善処を要請する」云々と記した「国体明徴に就いて下意上達書」なる文書を作成し、同趣旨の文書を昭和一五年四月以降各大臣等に発送している（「運動日誌」〈内務省警保局編『社会運動の状況13 昭和十六年』三一書房復刻版、一九七二年〉一四二三頁）。

(20) 西阪昌信「国体本義の天皇観を廻る論争と其の解決地盤」前掲誌、二一三頁。

(21) すでにこのような対立には、後年における葦津珍彦と宮内省掌典星野輝興との意見衝突が示されている。すなわち、昭和一七年、葦津は神典擁護運動において、アメノミナカヌシ＝アマテラス＝天皇という三位一体の神観を前提に、アマテラス＝天皇の普遍性・絶対性を主張し、アマテラス・天皇を日本国家・民族の範囲にとどめる星野の見解を批判した（拙稿「近代日本における祭と政——国民の主体化をめぐって」『日本史研究』五七一号、二〇一〇年三月、参照）。その意味で、神典擁護運動の参加者が自覚的であったかどうかはともかくとして、同運動には『国体の本義』の現人神天皇観に対する否認・克服という一面がある。

(22) 里見岸雄「寄贈書紹介」前掲誌、五四頁。

(23) 吉田三郎『杉田玄白 高野長英』北海出版社、一九三七年、七五頁。吉田については、本書第三部第一章参照。

(24) 無署名「昭和十二年度に於ける一般雑誌の論調」『思想研究』五輯、教学局、一九三八年六月、二一頁、四六頁。

(25) 西田幾多郎「学問的方法」『教学叢書』二輯、内閣印刷局、一九三八年五月、一二〜一三頁。

(26) 鳶魚「紀平正美博士に請益す——専ら函寄によつて」前掲誌、一五七頁。

(27) 高橋陽一「教学局と日本諸学振興委員会」（駒込武・川村肇・奈須恵子編『戦時下学問の統制と動員——日本諸学振興委員会の研究』東京大学出版会、二〇一一年）一〇一頁。

(28) 小川義章「国体の本義につきて」（滋賀県編『昭和十三年度 夏期講習録』滋賀県、一九三八年）三頁。小川の経歴については、高山寺編『阿留辺幾夜宇和——小川義章和尚語録』高山寺、一九七二年、参照。

(29)　紀平正美『我が国体に於ける和』教学局、一九三八年三月、九二頁。
(30)　大串兎代夫『帝国憲法と臣民の翼賛』教学局、一九三八年一二月、六三頁。大串の経歴については、「大串兎代夫先生の略歴・主要業績」『憲法研究』一〇号、一九七四年一〇月、参照。最近の大串研究としては、官田光史「非常事態と帝国憲法――大串兎代夫の非常大権発動論」『史学雑誌』一二〇編二号、二〇一一年二月、大谷伸治「昭和戦前期の国体論とデモクラシー――矢部貞治・里見岸雄・大串兎代夫の比較から」前掲誌、同「敗戦直後における大串兎代夫の憲法改正論」『史学雑誌』一二六編二号、二〇一七年二月、宮本誉士「大串兎代夫の帝国憲法第三十一条解釈と御稜威論」(國學院大學研究開発推進センター編・阪本是丸責任編集『昭和前期の神道と社会』弘文堂、二〇一六年)など参照。
(31)　「東京並近県直轄学校学生生徒主事会議ニ於ケル菊池教学局長官挨拶」『教学局時報』五号、一九三八年三月、二～三頁。
(32)　柳田謙十郎については、『柳田謙十郎――人、思想、行動』学習の友社、一九八三年、田村航「昭和十年代の西田哲学――柳田謙十郎の教学官就任問題をめぐって」『学習院大学史料館紀要』一二号、二〇〇三年三月、同「柳田謙十郎と鈴木大拙の出会い」『北陸宗教文化』一九号、二〇〇七年三月、など参照。
(33)　務台理作差出柳田謙十郎宛書簡(一九四〇年六月二四日付、学習院大学史料館収蔵西田幾多郎関係資料、資料番号D―一一六)。当該史料は、ほか九通の書簡史料とともに、田村航「昭和十年代の西田哲学――柳田謙十郎の教学官就任問題をめぐって」(前掲誌)において翻刻されている。本論ではこの翻刻によった(一四九頁)。
(34)(35)　柳田謙十郎『日本精神と世界精神』弘文堂書房、一九三九年、七七頁、八一～八二頁。
(36)　小沼洋夫「日本倫理の国学的考察」『改造』一九四三年一月号、八頁。小沼については、本書第三部第一章参照。
(37)　西田幾多郎差出木村素衛宛書簡(一九四三年三月九日)『西田幾多郎全集』一九巻、岩波書店、第三版一九八〇年、二二九頁。
(38)　小沼洋夫「日本倫理の国学的考察」前掲誌、二三頁。
(39)　紀平正美『皇国史観』皇国青年教育協会、一九四三年、二四頁。
(40)　国家主義者による京都学派批判については、大橋良介『京都学派と日本海軍』PHP新書、二〇〇一年、花澤秀文「戦中の軍部政権から見られた「京都学派」像」(大橋良介編『京都学派の思想』人文書院、二〇〇四年)、植村和秀『「日本」への問いをめぐる闘争――京都学派と原理日本社』柏書房、二〇〇七年、など参照。
(41)　『矢部貞治日記』銀杏の巻(一九四三年八月一三日)読売新聞社、一九七四年、六四〇頁。

(42) 斉藤忠「現代諸思潮ノ批判」(一九四四年三月二八日)『昭和社会経済史料集成』二三巻、大東文化大学東洋研究所、一九九七年、四五七頁。斎藤(斉藤)については、小宮一夫「右翼ジャーナリストの再軍備論――斎藤忠を例に」『メディア史研究』二三号、二〇〇七年一二月、参照。

(43) 西田幾多郎差出柳田謙十郎宛書簡(一九四四年六月一九日)『西田幾多郎全集』一九巻、岩波書店、第三版一九八〇年、三〇八頁。

(44) 山田孝雄「学問論」『教学叢書』一六輯、印刷局、一九四四年八月、一二~一三頁。

(45) 作田荘一「学問論――皇国学小論」『教学叢書』一六輯、五五~五六頁。

(46) 中山定義「参考資料ノ件送付(教学問題ニ関スル意見)」(一九四四年八月二二日)『昭和社会経済史料集成』二六巻、大東文化大学東洋研究所、二〇〇〇年、一〇九頁。中山は、海軍省調査課員兼軍務局第二課局員として、昭和一八年一二月以降、調査課のブレーン・トラストの運営に携わっていた(中山定義『一海軍士官の回想――開戦前夜から終戦まで』毎日新聞社、一九八一年、一五六~六二頁)。

(47) 木下道雄『側近日誌』(一九四五年一二月二九日)文藝春秋、一九九〇年、八九~九〇頁。

(48) 小山亮「占領期天皇制のイメージ戦略――大元帥から「民主的皇室」へ」(吉田正彦・井戸田総一郎編『東京とウィーン――占領期から六〇年代までの日常と余暇』明治大学文学部、二〇〇七年)。

(49) 茂木謙之介「象徴天皇(制)の詩学――占領期における秩父宮自己表象の検討から」『超域文化科学紀要』二一号、二〇一六年一〇月、右五七頁。

参考文献

青木保・佐伯啓思編著『「アジア的価値」とは何か』ＴＢＳブリタニカ、一九九八年
赤澤史朗『近代日本の思想動員と宗教統制』校倉書房、一九八五年
――「大日本言論報国会――評論界と思想戦」(赤澤史朗ほか編『文化とファシズム――戦時期日本における文化の光芒』日本経済評論社、一九九三年)
赤澤史朗・高岡裕之・大門正克・森武麿「総力戦体制をどうとらえるか」『年報日本現代史』三号、現代史料出版、一九九七年
朝尾直弘ほか編『岩波講座日本通史　別巻1　歴史意識の現在』一九九五年
浅沼和典「「日本主義」覚書」(河原宏・河原宏教授古稀記念論文集刊行会編『日本思想の地平と水脈』ぺりかん社、一九九八年)
浅沼和典ほか編『比較ファシズム研究』成文堂、一九八二年
阿南三章「蓑田胸喜小伝」『暗河』四号、一九七四年七月
阿部茂「『国体の本義』と「神道」理解の諸相」『研究集録(東北大学教育学部)』一三号、一九八二年
阿部猛『太平洋戦争と歴史学』吉川弘文館、一九九九年
安部博純『日本ファシズム論』影書房、一九九六年
安良城盛昭「世界史的範疇としての「天皇制」――網野善彦氏の「中世天皇論」についての批判的検討」(一九八五年。『天皇・天皇制・百姓・沖縄』吉川弘文館、一九八九年)
粟屋憲太郎『東京裁判論』大月書店、一九八九年
安藤礼二「大東亜共栄圏の哲学――大川周明と井筒俊彦」『アソシエ』一七号、二〇〇六年六月
李京錫「大川周明のアジア主義における民族解放理論の分析――ボルシェヴィズム及び日本精神との関連を中心に」『早稲田政治公法研究』六七号、二〇〇一年八月
李成市「近代国家の形成と「日本史」に関する覚え書き」『現代思想』二四巻九号、一九九六年八月
飯田泰三『批判精神の航跡――近代日本精神史の一稜線』筑摩書房、一九九七年
家永三郎『日本の近代史学』日本評論新社、一九五七年
――『津田左右吉の思想史的研究』岩波書店、一九七二年
池田智文「「皇国史観」研究ノート」『近代思想史研究』八号、一九九八年五月
――「「皇国史観」研究序説――日本近代史学史研究の前提的問題として」『龍谷大学大学院研究紀要』一二集、二〇〇〇年
――「近代日本史学史研究における問題意識」『龍谷史壇』

一一六号、二〇〇一年三月
――「一九二〇〜三〇年代の「国史学」――「三派鼎立」論の再考」『日本史研究』五八三号、二〇一一年三月
池田元『権威主義国家の位相――近代日本国家論研究』論創社、一九八八年
――『大正「社会」主義の思想――共同体の自己革新』論創社、一九九三年
石井公成「大東亜共栄圏の合理化と華厳哲学(一)――紀平正美の役割を中心にして」『仏教学』四二号、二〇〇〇年一二月
――「親鸞を讃仰した超国家主義者たち(一)――原理日本社の三井甲之の思想」『駒澤短期大学仏教科 仏教論集』八号、二〇〇二年一〇月
石井進「日本史における「中世」の発見とその意味」『創文』九三、一九七一年二月
石関敬三「国防国家論と国体明徴」(早稲田大学社会科学研究所プレ・ファシズム研究部会編『日本のファシズム――形成期の研究』早稲田大学出版部、一九七〇年)
石田雄『記憶と忘却の政治学――同化政策・戦争責任・集合的記憶』明石書店、二〇〇〇年
石橋一哉『文献 蓑田胸喜』胡蝶の会、一九九二年
磯前順一『記紀神話のメタヒストリー』吉川弘文館、一九九八年
――『近代日本の宗教言説とその系譜――宗教・国家・神道』岩波書店、二〇〇三年
――「マルクス主義史学と宗教――近代日本における内面なるもの」(池上良正ほか編『岩波講座宗教』三巻、二〇〇四年)
磯前順一、ハリー・D・ハルトゥーニアン編『マルクス主義という経験――1930-40年代日本の歴史学』青木書店、二〇〇八年
磯前順一・深澤英隆編『近代日本における知識人と宗教――姉崎正治の軌跡』東京堂出版、二〇〇二年
生駒哲郎「戦前の南北朝時代研究と皇国史観」(日本史史料研究会監修・呉座勇一編『南朝研究の最前線――ここまでわかった「建武政権」から後南朝まで』洋泉社歴史新書、二〇一六年)
市川浩史「山田孝雄の「国体」」『群馬県立女子大学紀要』三八号、二〇一七年二月
伊藤隆「右翼運動と対米観――昭和期における「右翼」運動研究覚書」(細谷千博ほか編『日米関係史――開戦に至る十年』三、東京大学出版会、一九七一年)
――『大正期「革新」派の成立』塙書房、一九七八年
――『昭和期の政治』山川出版社、一九八三年
――『昭和期の政治[続]』山川出版社、一九九三年
――「山本勝市についての覚書・附山本勝市日記」(一)〜(三)『日本文化研究所紀要』一号(一九九五年一月)、二号(一九九六年三月)、三号(一九九七年三月)
井上義和『日本主義と東京大学――昭和期学生思想運動の系譜』柏書房、二〇〇八年
今井修「日本近代史学史研究の構想と方法――その史学史的検

討」『社会科学討究』四一巻三号、一九九六年三月
――「「戦争と歴史家」をめぐる最近の研究について――阿部猛氏『太平洋戦争と歴史学』と今谷明氏の平泉澄論を中心に」『年報日本現代史』七号、現代史料出版、二〇〇一年
――「歴史の思想」（苅部直ほか編『岩波講座日本の思想』一巻、二〇一三年）
今谷明『天皇と戦争と歴史家』洋泉社、二〇一二年
今谷明ほか編『20世紀の歴史家たち』（1）（2）（5）刀水書房、一九九七年、一九九九年、二〇〇六年
岩井忠熊『明治国家主義思想史研究』青木書店、一九七二年
――『天皇制と歴史学』かもがわ出版、一九九〇年
――「近代における後醍醐天皇像」（馬原鉄男ほか編『天皇制国家の統合と支配』文理閣、一九九二年）
――「最近の日本史学に関する寸感――歴史の科学性をめぐって」『新しい歴史学のために』二四四号、二〇〇一年一〇月
――「「戦後歴史学」は本当に破産したのか」『日本史研究』五四三号、二〇〇七年一一月
――「戦後歴史学再論――その評価をめぐって」『日本史研究』五六一号、二〇〇九年五月
岩崎正弥『農本思想の社会史――生活と国体の交錯』京都大学学術出版会、一九九七年
――「昭和期の農本思想――有馬頼寧と加藤完治を中心に」（西田毅編『近代日本のアポリア――近代化と自我・ナショナリズムの諸相』晃洋書房、二〇〇一年）
植村和秀「平泉澄とフリードリヒ・マイネッケ」（一）～（四・完）『産大法学』三三巻三・四号（二〇〇〇年二月）、三四巻一・二号（二〇〇〇年七月）、三四巻四号（二〇〇一年二月）、三五巻三・四号（二〇〇二年二月）
――「平泉澄の不惑について」『京都産業大学世界問題研究所紀要』一九巻、二〇〇一年三月
――「歴史神学者平泉澄」（一）（二・完）『産大法学』三七巻四号（二〇〇四年三月）、三八巻一号（二〇〇四年七月）
――『丸山眞男と平泉澄――昭和期日本の政治主義』柏書房、二〇〇四年
――「丸山眞男と平泉澄の歴史的位置――二〇世紀の日本思想史への交点」『年報日本思想史』六号、二〇〇七年三月
――『「日本」への問いをめぐる闘争――京都学派と原理日本社』柏書房、二〇〇七年
――『昭和の思想』講談社選書メチエ、二〇一〇年
――「『國體の本義』」（苅部直ほか編『岩波講座日本の思想』二巻、二〇一三年）
――「滞欧研究日記にみる平泉澄博士」『芸林』六四巻一号、二〇一五年四月
――「『國體の本義』対『日本文化の問題』――國體論をめぐる闘争」『産大法学』五〇巻一・二号、二〇一七年一月
臼杵陽『大川周明――イスラームと天皇のはざまで』青土社、二〇一〇年
打越孝明「瑞穂会の結成および初期の活動に関する一考察――沼波瓊音、黒上正一郎、そして大倉邦彦」『大倉山論集』四

九輯、二〇〇三年三月
――「三井甲之の短歌――明治・大正篇」『大倉山論集』五一輯、二〇〇五年三月
――「三井甲之の短歌――昭和篇（上）」『大倉山論集』五二輯、二〇〇六年三月
――「黒上正一郎と三井甲之」『大倉山論集』五三輯、二〇〇七年三月
梅田正己『日本ナショナリズムの歴史III「神話史観」の全面展開と軍国主義』高文研、二〇一七年
梅森直之「菊と憲法――「右翼」ジャーナリズムにおける「戦後」の問題」『インテリジェンス』六号、二〇〇五年一一月
占部賢志「東京帝国大学における学生思想問題と学内管理に関する研究――学生団体「精神科学研究会」を中心に」『飛梅論集』四号、二〇〇四年三月
栄沢幸二『日本のファシズム』教育社歴史新書、一九八一年
――『大正デモクラシー期の権力の思想』研文出版、一九九二年
江島尚俊「総力戦体制下における教育・学問・宗教」（江島尚俊ほか編『シリーズ大学と宗教II 戦時日本の大学と宗教』法蔵館、二〇一七年）
大木康栄「国体明徴運動と軍部ファシズム」『季刊現代史』二、一九七三年五月
大久保利謙「明治憲法の制定過程と国体論――岩倉具視の『大政紀要』による側面観」（一九五四年。『大久保利謙歴史著作集』七、吉川弘文館、一九八八年）
――『日本近代史学事始め』岩波新書、一九九六年
大久保利謙編『久米邦武の研究』吉川弘文館、一九九一年
大河内昭爾「短歌ナショナリズムの一型態――三井甲之或は左千夫における「他力」と「写生」」『人文社会科学研究』五号、一九七一年六月
大谷伸治「昭和戦前期の国体論とデモクラシー――矢部貞治・里見岸雄・大串兎代夫の比較から」『日本歴史』七七七号、二〇一三年二月
――「里見岸雄の戦後憲法論――「皇道民主主義」と非武装平和の確立へ」『道歴研年報』一六号、二〇一五年九月
――「敗戦直後における大串兎代夫の憲法改正論」『史学雑誌』一二六編二号、二〇一七年二月
大塚健洋『近代日本と大川周明』木鐸社、一九九〇年
――『大川周明――ある復古革新主義者の思想』中公新書、一九九五年（講談社学術文庫、二〇〇九年）
大槻健・松村憲一『愛国心教育の史的究明――天皇制イデオロギー教育の本質と展開』青木書店、一九七〇年
大原康男「国体論と兵権思想――「軍人勅諭」の国体観を中心にして」『神道学』一〇四号・一〇五号、一九八〇年二月・五月
――「明治前期の国体観と井上毅」『國學院雑誌』八一巻五号、一九八〇年五月
――「翻訳語からみた〈国体〉の意味――〈国体〉の多義性に関する一考察として」『國學院大學日本文化研究所紀要』四七輯、一九八一年三月

大森美紀彦「大川周明におけるアジア観の転換」『現代比較政治研究』一号、一九九六年（『日本政治思想研究――権藤成卿と大川周明』世織書房、二〇一〇年）

――「革命思想家から統制思想家へ――大川周明における革命思想の転換」『政治文化』一四号、一九九九年（『日本政治思想研究――権藤成卿と大川周明』世織書房、二〇一〇年）

――「権藤成卿と大川周明――大正デモクラシーから昭和ファシズムへの転回」『国際経営論集』二一号、二〇〇一年三月

岡佑哉『大日本生産党の研究――近代日本の「右翼」運動と政治』（愛知学院大学大学院、二〇一六年度学位論文）

岡義武「日露戦後における新しい世代の成長」上下『思想』五一二号・五一三号、一九六七年二月・三月

岡本幸治編『近代日本のアジア観』ミネルヴァ書房、一九九八年

岡本拓司「戦う帝国の科学論――日本精神と科学の接合」（坂野徹ほか編著『帝国日本の科学思想史』勁草書房、二〇一八年）

小川英明・竹内孝治「小島威彦との協働関係からみた坂倉準三の建築活動――坂倉準三とその協働者・小島威彦の日本世界主義思想に関する研究 その2」『造形学研究所報』七号、二〇一一年三月

荻野富士夫『思想検事』岩波新書、二〇〇〇年

――『戦前文部省の治安機能――「思想統制」から「教学錬成」へ』校倉書房、二〇〇七年

――『特高警察』岩波新書、二〇一二年

奥野信太郎「学匪・蓑田胸喜の暗躍」『特集文藝春秋 私はそこにいた』一九五六年一二月

小熊英二『単一民族神話の系譜――〈日本人〉の自画像の系譜』新曜社、一九九五年

――『〈日本人〉の境界――沖縄・アイヌ・台湾・朝鮮 植民地支配から復帰運動まで』新曜社、一九九八年

――『〈民主〉と〈愛国〉――戦後日本のナショナリズムと公共性』新曜社、二〇〇二年

小沢有作「「大東亜共栄圏」と教育――一五年戦争下におけるアジア侵略のための教育構造」（国民教育研究所編『全書国民教育第八巻 激動するアジアと国民教育』明治図書出版、一九七三年）

小関素明「日本近代歴史学の危機と問題系列」『立命館大学人文科学研究所紀要』七八号、二〇〇一年一二月

――「岐路に立つ「戦後歴史学」――歴史学にはいま何が求められているのか」『日本史研究』五三七号、二〇〇七年五月

――「「戦後歴史学」の深度再考」『日本史研究』五五二号、二〇〇八年八月

小田村寅二郎『昭和史に刻むわれらが道統』日本教文社、一九七八年

小野博司・出口雄一・松本尚子編『戦時体制と法学者 1931～1952』国際書院、二〇一六年

小野雅章「国体明徴運動と教育政策」『教育学雑誌』三三号、

一九九九年
小原淳「一九二六年の西岡虎之助と平泉澄——戦後史学への分岐としての」『紀州経済史文化史研究所紀要』三四号、二〇一三年一二月
海後宗臣『歴史教育の歴史』東京大学出版会、一九六九年
海津一朗「大隅和雄講演「一九二〇年代の日本史学——平泉史学をめぐって——」を聞いて」『民衆史研究会会報』二一、一九八三年一一月
貝塚茂樹「昭和一六年文部省教学局編纂『臣民の道』に関する研究(一)——「志水義暲文庫」資料を中心とした成立過程の分析」『戦後教育史研究』一〇、一九九五年
——『戦後教育改革と道徳教育問題』日本図書センター、二〇〇一年
掛川トミ子「「天皇機関説」事件——日本ファシズムの知性への攻撃」(橋川文三ほか編『近代日本政治思想史』II、有斐閣、一九七〇年)
葛西裕仁「平泉澄の国体論における「単一民族観」」『多元文化』一〇号、二〇一〇年三月
片山素秀「「超国家主義」素描」『近代日本研究』六巻、一九九〇年三月
——「日本ファシズム期の時間意識——「中今」を手がかりに」『法学政治学論究』一一号、一九九一年一二月
——「原理日本社論のために——三井甲之を中心とする覚え書き」『近代日本研究』九巻、一九九三年三月
片山杜秀『近代日本の右翼思想』講談社選書メチエ、二〇〇七年
——『未完のファシズム——「持たざる国」日本の運命』新潮選書、二〇一二年
勝田勝年『三浦周行の歴史学』柏書房、一九八一年
桂島宣弘「一国思想史学の成立——帝国日本の形成と日本思想史の「発見」」(西川長夫ほか編『世紀転換期の国際秩序と国民文化の形成』柏書房、一九九九年)
加藤陽子「ファシズム論」『日本歴史』七〇〇号、二〇〇六年九月
金森修「橋田邦彦の生動と隘路」(一九九七年)『自然主義の臨界』勁草書房、二〇〇四年
金子淳一『昭和の激流——四元義隆の生涯』新潮社、二〇〇九年
金子宗徳「日蓮主義的国体論の成立と展開——里見岸雄を中心に」(野田裕久編『保守主義とは何か』ナカニシヤ出版、二〇一〇年)
鹿野政直『「鳥島」は入っているか』岩波書店、一九八八年
亀田俊和「「建武の新政」は、反動的なのか、進歩的なのか?」(日本史史料研究会監修・呉座勇一編『南朝研究の最前線——ここまでわかった「建武政権」から後南朝まで』洋泉社歴史新書、二〇一六年)
苅田徹『大川周明と国家改造運動』人間の科学社、二〇〇一年
苅部直『光の領国 和辻哲郎』創文社、一九九五年(岩波現代文庫、二〇一〇年)
——「歴史家の夢——平泉澄をめぐって」『年報・近代日本

研究』一八、山川出版社、一九九六年（『秩序の夢――政治思想論集』筑摩書房、二〇一三年）
――「回想と忘却――丸山眞男の『神皇正統記』論をめぐって」『思想』九八八号、二〇〇六年八月（『秩序の夢――政治思想論集』）
――「大正・昭和の歴史学と平泉史学」『芸林』六四巻一号、二〇一五年四月
――「村岡典嗣と丸山眞男」『東京女子大学比較文化研究所附置丸山眞男記念比較思想研究センター報告』別冊、二〇一七年三月
川井良浩『安岡正篤の研究――民本主義の形成とその展開』明窓出版、二〇〇六年
川口暁弘「憲法学と国体論――国体論者美濃部達吉」『史学雑誌』一〇八編七号、一九九九年七月
――「国体と国民――国民主権と象徴天皇制の起源」（鵜飼政志・川口暁弘編『きのうの日本――近代社会と忘却された未来』有志舎、二〇一二年）
――『ふたつの憲法と日本人――戦前・戦後の憲法観』吉川弘文館、二〇一七年
川村覚文「國體・主権・公共圏――公共性の（不）可能性について」（磯前順一・川村覚文編『他者論的転回――宗教と公共空間』ナカニシヤ出版、二〇一六年）
川村肇・山本敏子「日本諸学振興委員会教育学会との対比における日本教育学会発足の意味」『教育学研究』五九巻三号、一九九二年九月
姜尚中『ナショナリズム』岩波書店、二〇〇一年
北河賢三「一九三〇年代の思潮と知識人」（鹿野政直ほか編『近代日本の統合と抵抗』四、日本評論社、一九八二年）
――『戦争と知識人』山川出版社、二〇〇三年
北山茂夫「日本近代史学の発展」（家永三郎ほか編『岩波講座日本歴史二二 別巻一』一九六三年）
木下宏一『近代日本の国家主義エリート――綾川武治の思想と行動』論創社、二〇一四年
――『国文学とナショナリズム――沼波瓊音、三井甲之、久松潜一、政治的文学者たちの学問と思想』三元社、二〇一八年
木下半治『日本の右翼』要書房、一九五三年
桐原健真「吉田松陰の「神勅」観――「教」から「理」へ、そして「信」へ」『倫理学年報』五四集、二〇〇五年三月
――「東方君子国の落日――『新論』的世界観とその終焉」『明治維新史研究』三号、二〇〇六年一二月
――「会沢正志斎と「水戸学」の系譜――幕末から戦後まで」（近代茨城地域史研究会編『近世近代移行期の歴史意識・思想・由緒』岩田書院、二〇一七年）
桐山剛志「『国体の本義』の教育思想に関する研究――教育に与えた影響を中心に」（二〇〇〇年度修士論文、筑波大学大学院）
久野俊彦「日本古典偽書・近代偽撰史書・偽史 関係文献目録」『世間話研究』一五号、二〇〇五年一〇月
久保義三『日本ファシズム教育政策史』明治図書出版、一九六

九年
――『天皇制国家の教育政策』勁草書房、一九七九年
――『昭和教育史――天皇制と教育の史的展開』上下、三一書房、一九九四年（東信堂、二〇〇六年）
黒岩昭彦「「八紘一宇」から「八紘為宇」へ――文部省・教学局・国民精神文化研究所の「転換」」『國學院大學研究開発推進センター研究紀要』一三号、二〇一九年三月
黒沢文貴『大戦間期の日本陸軍』みすず書房、二〇〇〇年
黒田俊雄「「国史」と歴史学――普遍的学への転換のために」『思想』七二六号、一九八四年一二月
呉懐中「昭和の超国家主義思想と大川周明――同時代中国との関わりを手掛かりに」（西田毅編『近代日本のアポリア』）
――「一九二〇年代後半における大川周明の中国認識――満蒙問題対策との関連の視角から」『中国研究月報』五八巻一号、二〇〇四年一月
――「日中戦争の解決・収拾に対する大川周明の取り組み――日中戦争前期（一九三七―一九四一）を中心に」I・II『政治経済史学』四五〇号・四五一号、二〇〇四年二月・三月
――『大川周明と近代中国――日中関係の在り方をめぐる認識と講堂』日本僑報社、二〇〇七年
「講座日本教育史」編集委員会編『講座日本教育史』四巻、第一法規出版、一九八四年
公安調査庁編『戦前における右翼団体の状況』上巻・中巻・下巻（その一）・下巻（その二）、公安調査庁、一九六四～六七年
國分航士「皇国史観を考える」『保守思想』一号、二〇〇六年一〇月
国立教育研究所編『日本近代教育百年史』一巻、教育研究振興会、一九七四年
古事記学会編『古事記研究大系2　古事記の研究史』髙科書店、一九九九年
小路田泰直『日本史の思想――アジア主義と日本主義の相克』柏書房、一九九七年
――「戦後歴史学を総括するために」『日本史研究』四五一号、二〇〇〇年三月
――『「邪馬台国」と日本人』平凡社新書、二〇〇一年
小島威彦『百年目にあけた玉手箱』第二巻、第四巻、第五巻、創樹社、一九九五年
小林敏男『国体はどのように語られてきたか――歴史学としての「国体」論』勉誠出版、二〇一九年
小林英夫『昭和ファシストの群像』校倉書房、一九八四年
小堀桂一郎「国史上の「中世」について――原勝郎と平泉澄・二つの中世史の順序に纏る逆説」『新日本学』一号、二〇〇六年七月
駒込武『植民地帝国日本の文化統合』岩波書店、一九九六年
駒込武・川村肇・奈須恵子編『戦時下学問の統制と動員――日本諸学振興委員会の研究』東京大学出版会、二〇一一年
小松茂夫「近代日本における「伝統」主義――「日本主義」を中心にして」（亀井勝一郎ほか編『近代日本思想史講座』七、

筑摩書房、一九五九年）
小宮一夫「右翼ジャーナリストの再軍備論――斎藤忠を例に」『メディア史研究』二三号、二〇〇七年一二月
五明祐貴「天皇機関説排撃運動の一断面――「小林グループ」を中心に」『日本歴史』六四九号、二〇〇二年六月
子安宣邦「歴史表象の要求――『二千五百年史』と『二千六百年史』との間」『江戸の思想』八、ぺりかん社、一九九八年（『方法としての江戸――日本思想史と批判的視座』ぺりかん社、二〇〇〇年）
小山常実『天皇機関説と国民教育』アカデミア出版会、一九八九年
昆野伸幸「近代日本における祭と政――国民の主体化をめぐって」『日本史研究』五七一号、二〇一〇年三月
――「日本主義と皇国史観」（苅部直ほか編『日本思想史講座4――近代』ぺりかん社、二〇一三年）
――「平泉澄博士の日本思想史研究」『芸林』六四巻一号、二〇一五年四月
齋藤公太「村岡典嗣の神道史研究とキリスト教――近代国体論と宗教理解」（吉馴明子ほか編『現人神から大衆天皇制へ――昭和の国体とキリスト教』刀水書房、二〇一七年）
斉藤孝『昭和史学史ノート――歴史学の発想』小学館、一九八四年
斉藤太郎「昭和戦前期「教学刷新」研究に関する覚え書き――日本教育史学史における意義をめぐって」『桜花学園大学研究紀要』四号、二〇〇二年三月
酒井三郎『日本西洋史学発達史』吉川弘文館、一九六九年
酒井哲哉「一九三〇年代の日本政治――方法論的考察」『年報・近代日本研究』一〇、山川出版社、一九八八年
坂井雄吉「明治憲法と伝統的国家観――立憲主義の国体論をめぐって」（石井紫郎編『日本近代法史講義』青林書院新社、一九七二年）
酒田市立図書館・酒田市立光丘文庫編『酒田市立光丘文庫所蔵大川周明旧蔵書目録』酒田市立図書館、一九九四年
坂野徹『帝国日本と人類学者 一八八四―一九五二年』勁草書房、二〇〇五年
阪本是丸「「日本ファシズム」と神社・神道に関する素描」『國學院大學研究開発推進センター研究紀要』六号、二〇一二年三月
――「昭和戦前期の「神道と社会」に関する素描――神道的イデオロギー用語を軸として」（國學院大學研究開発推進センター編・阪本是丸責任編集『昭和前期の神道と社会』弘文堂、二〇一六年）
櫻井進「帝国への欲望――『国体の本義』・「皇国史観」・「大東亜共栄圏」」『現代思想』二九巻一六号、二〇〇一年一二月
――「伝統への回帰――デリダ・ヴァレリー・平泉澄」『歴史を問う4 歴史はいかに書かれるか』岩波書店、二〇〇四年
佐々木英昭『乃木希典』ミネルヴァ書房、二〇〇五年
笹沼俊暁『「国文学」の思想――その繁栄と終焉』学術出版会、二〇〇六年

――『「国文学」の戦後空間――大東亜共栄圏から冷戦へ』学術出版会、二〇一二年
佐藤卓己『言論統制』中公新書、二〇〇四年
――「歌学的ナショナリズムのメディア論――『原理日本』再考」（井波律子ほか編『表現における越境と混淆』日文研叢書三六、二〇〇五年）
佐藤広美「「大東亜共栄圏」と日本教育学（序説）――教育学は植民地支配にいかに加担したのか」『植民地教育史研究年報』二号、一九九九年
――「大東亜共栄圏と『興亜教育』――教育学とアジア侵略との関係を問う」『興亜教育』別冊、緑蔭書房、二〇〇〇年
佐藤由希子「「科学」としての史学――明治期「歴史の哲学」論争を端緒として」『北大史学』四五号、二〇〇五年一一月
里見岸雄『国体論史』上・下、日本国体学会、二〇〇七年・二〇〇九年
――『国体学創建史』下、日本国体学会、二〇〇六年
塩出環「帝大粛正運動と原理日本社」『日本文化論年報』四号、二〇〇一年三月
――「蓑田胸喜と原理日本社」『国際文化学』九号、二〇〇三年九月
――「三井甲之と原理日本社の大衆組織――「しきしまのみち会」の場合」『古家実三日記研究』五号、二〇〇五年五月
――『天皇「原理主義」思想の研究』神戸大学大学院国際文化学研究科須崎研究室、二〇〇七年
塩出浩之『岡倉天心と大川周明――「アジア」を考えた知識人たち』山川出版社、二〇一一年
清水虎雄「明治憲法に殉死した憲法学者」『文藝春秋』四二巻一一号、一九六四年一一月
清水康幸「橋田邦彦における科学と教育の思想――戦時下教育思想研究への一視角」『日本の教育史学』二五集、一九八二年
進藤眞男「皇国史観――その政治的使命と批判」『政経論叢』四五・四六合併号、一九八三年一二月
末木文美士・中島隆博編『非・西欧の視座』大明堂、二〇〇一年
菅谷幸浩「天皇機関説事件から国家総動員体制へ――明治憲法下における法治主義思想崩壊の一断面として」『憲法研究』三六号、二〇〇四年
――「岡田内閣期における機関説問題処理と政軍関係――第二次国体明徴声明をめぐる攻防を中心に」『学習院大学大学院政治学研究科政治学論集』一八号、二〇〇五年三月
――「天皇機関説事件展開過程の再検討――岡田内閣・宮中の対応を中心に」『日本歴史』七〇五号、二〇〇七年二月
杉原誠四郎「『国体の本義』批判――ロバート・キング・ホールの『国体の本義』批判をめぐって」『戦後教育史研究』五、一九八八年
鈴木英一『日本占領と教育改革』勁草書房、一九八三年
鈴木健一「陸軍士官学校における国史教育の推移――教科書の変遷を中心に」『教育論叢』一一巻二号、二〇〇〇年一月
鈴木規夫『日本人にとってイスラームとは何か』ちくま新書、

一九九八年
鈴木正幸『近代天皇制の支配秩序』校倉書房、一九八六年
――――『皇室制度』岩波新書、一九九三年
――――『国民国家と天皇制』校倉書房、二〇〇〇年
須崎愼一『日本ファシズムとその時代――天皇制・軍部・戦争・民衆』大月書店、一九九八年
クリストファー・W・A・スピルマン『近代日本の革新論とアジア主義――北一輝、大川周明、満川亀太郎らの思想と行動』芦書房、二〇一五年
住友陽文『皇国日本のデモクラシー――個人創造の思想史』有志舎、二〇一一年
――――「デモクラシーのための国体――「大正デモクラシー」再考」『歴史評論』七六六号、二〇一四年二月
清家基良「大川周明と日本精神――平泉博士と比較して」『芸林』三七巻四号、一九八八年一二月（『戦前昭和ナショナリズムの諸問題』錦正社、一九九五年）
関幸彦『ミカドの国の歴史学』新人物往来社、一九九四年（講談社学術文庫、二〇一四年）
戦時下教育学説史研究会編『日本諸学振興委員会の研究――戦時下における教育学の転換』東京大学教育学部教育哲学教育史研究室、一九九一年
副田義也『教育勅語の社会史――ナショナリズムの創出と挫折』有信堂、一九九七年
平重道「大正・昭和の倫理思想――「日本精神論」の成立」（日本思想史研究会編『日本における倫理思想の展開』吉川弘文館、一九六五年）
高岡裕之「「十五年戦争」・「総力戦」・「帝国」日本」（歴史学研究会編『現代歴史学の成果と課題 1980-2000年 I 歴史学における方法的転回』青木書店、二〇〇二年）
――――「ファシズム・総力戦・近代化」『歴史評論』六四五号、二〇〇四年一月
――――『総力戦体制と「福祉国家」――戦時期日本の「社会改革」構想』岩波書店、二〇一一年
高木博志「「郷土愛」と「愛国心」をつなぐもの」『歴史評論』六五九号、二〇〇五年三月
――――『近代天皇制と古都』岩波書店、二〇〇六年
高城円「『国体の本義』の思想と久松潜一――近代における『万葉集』享受の問題として」『青山語文』四五号、二〇一五年三月
高野邦夫『天皇制国家の教育論――教学刷新評議会の研究』あずみの書房、一九八九年（芙蓉書房出版、二〇〇六年）
高橋浩「一五年戦争期における「日本教育学」研究」I II『鹿児島女子大学研究紀要』一二巻一号（一九九一年三月）、一三巻一号（一九九二年三月）
滝口剛「岡田内閣と国体明徴声明――軍部との関係を中心に」『阪大法学』四〇巻一号、一九九〇年八月
竹内孝治・小川英明「戦時期における哲学者・小島威彦の著作および出版活動とスメラ学塾――坂倉準三とその協働者・小島威彦の日本世界主義思想に関する研究 その1」『造形学研究所報』七号、二〇一一年三月

――「世界創造社の雑誌『ファッショ』および『戦争文化』にみられる思想傾向――坂倉準三とその協働者・小島威彦の日本世界主義思想に関する研究　その3」『造形学研究所報』八号、二〇一二年三月
竹内洋「丸山眞男と蓑田胸喜」『諸君!』二〇〇四年三月号
――『丸山眞男の時代』中公新書、二〇〇五年
竹内洋・佐藤卓己編『日本主義的教養の時代――大学批判の古層』柏書房、二〇〇六年
田澤晴子『吉野作造と柳田国男――大正デモクラシーが生んだ「在野の精神」』ミネルヴァ書房、二〇一八年
立花隆『天皇と東大――大日本帝国の生と死』上下、文藝春秋、二〇〇五年（文春文庫、二〇一二～二〇一三年）
田中綾「明治天皇御製をめぐる昭和十年代――文部省『國體の本義』等と御歌所所員「明治天皇御製謹話」との対比」『日本近代文学会北海道支部会報』一〇、二〇〇七年五月
田中希生『精神の歴史――近代日本における二つの言語論』有志舎、二〇〇九年
田中康二『本居宣長の大東亜戦争』ぺりかん社、二〇〇九年
田中卓『皇国史観の対決』皇學館大学出版部、一九八四年
――『田中卓評論集2　平泉史学と皇国史観』青々企画、二〇〇〇年
――『続・田中卓著作集5　平泉史学の神髄』国書刊行会、二〇一二年
棚沢直子「『国体の本義』読解――西洋の世界性・日本の特殊性」（棚沢直子ほか編『フランスから見る日本ジェンダー史――権力と女性表象の日仏比較』新曜社、二〇〇七年）
谷田博幸『国家はいかに「楠木正成」を作ったのか――非常時日本の楠公崇拝』河出書房新社、二〇一九年
田村安興「皇国史観の表層と基底――イデオロギーの連鎖をめぐって」『高知論叢』七六号、二〇〇三年
田村航「昭和十年代の西田哲学――柳田謙十郎の教学官就任問題をめぐって」『学習院大学史料館紀要』一二号、二〇〇三年三月
崔鐘吉「永井亨の国体論――一九二〇年代における「社会派」官僚の国家構想」『社会文化史学』四六号、二〇〇四年
土屋武志「国体論的歴史教育の浸透過程――一九三〇年代における歴史教育転換の論理」『上越社会研究』二集、一九八七年一〇月
土屋忠雄「『国体の本義』の編纂過程」『関東教育学会紀要』五号、一九七八年一一月
時野谷ゆり「占領期の「右翼」と短歌――歌道雑誌『不二』に見る影山正治の言説とGHQの検閲」『インテリジェンス』八号、二〇〇七年四月
都出比呂志「日本考古学と社会」（近藤義郎ほか編『岩波講座日本考古学』七巻、一九八六年）
寺内威太郎ほか『植民地主義と歴史学――そのまなざしが残したもの』刀水書房、二〇〇四年
寺崎信之「山田孝雄『国体の本義』における国体観――文部省刊『国体の本義』との比較から」『東邦考古』三八号、二〇一四年三月

――「国体論における普遍と特殊――山田孝雄を中心に」『東邦考古』四〇号、二〇一六年三月
寺﨑昌男「戦時下の教育学について」『生活指導』二五五号、一九七九年二月
寺﨑昌男・戦時下教育研究会編『総力戦体制と教育――皇国民「錬成」の理念と実践』東京大学出版会、一九八七年
寺﨑昌男・編集委員会共編『近代日本における知の配分と国民統合』第一法規、一九九三年
寺田和夫『日本の人類学』角川文庫、一九八一年
土佐秀里「『國體の本義』の〈神話〉」『二松學舍大学東アジア学術総合研究所集刊』四三集、二〇一三年三月
冨永望「一九四八年における昭和天皇の退位問題」『日本史研究』四八五号、二〇〇三年一月
――「『大東亜史概説』」『京都大学大学文書館研究紀要』一四号、二〇一六年三月
長尾宗典『〈憧憬〉の明治精神史――高山樗牛・姉崎嘲風の時代』ぺりかん社、二〇一六年
長尾龍一「法思想における「国体論」」（野田良之ほか編『近代日本法思想史』有斐閣、一九七九年）
長崎暢子「大川周明の初期インド研究――日印関係の一側面」『歴史と文化』XII（歴史学研究報告一六集）、一九七八年三月
中島岳志「若き大川周明――煩悶から復興アジアへ」（松浦正孝編著『アジア主義は何を語るのか――記憶・権力・価値』ミネルヴァ書房、二〇一三年）
――『親鸞と日本主義』新潮選書、二〇一七年
中瀬寿一『近代における天皇観』三一書房、一九六三年
中田易直先生談「戦後の三井文庫と文部省史料館について」『三井文庫論叢』三五号、二〇〇一年一二月
長友安隆「昭和十年代文教政策に於ける神祇問題――神祇府構想と神社制度研究会を中心として」『明治聖徳記念学会紀要』復刊四三号、二〇〇六年一一月
――「昭和初期文部省思想行政と神道界」『明治聖徳記念学会紀要』復刊四七号、二〇一〇年一一月
中原康博・宇都宮めぐみ・塙慶一郎「平泉澄研究文献目録」『日本思想史研究会会報』二〇号、二〇〇三年一月
永原慶二「歴史意識と歴史の視点――日本史学史における中世観の展開」『思想』六一五号、一九七五年九月
――『皇国史観』岩波ブックレット、一九八三年
――『20世紀日本の歴史学』吉川弘文館、二〇〇三年
永原慶二・鹿野政直編著『日本の歴史家』日本評論社、一九七六年
長原豊「国体の身体論的本義――国体の修辞学あるいは国家という記憶装置」『現代思想』二四巻九号、一九九六年八月
中村香代子「「国体」観念と神道に関する一考察――戦時体制下の新日本文化の創造」『國學院大學栃木短期大學紀要』四四号、二〇一〇年三月
中村顕一郎「十五年戦争下の朝鮮・台湾における教員「研修」――国民精神文化研究所の役割を中心に」『創価大学大学院紀要』二六集、二〇〇五年二月
奈須恵子「戦時下日本における「大東亜史」構想――『大東亜

史概説」編纂の試みに着目して」『東京大学大学院教育学研究科紀要』三五巻、一九九五年
夏目琢史「平泉澄と網野善彦――歴史学における「個人」と「社会」」（阿部猛ほか編『明治期日本の光と影』同成社、二〇〇八年）
――『アジールの日本史』同成社、二〇〇九年
成田龍一『歴史学のスタイル――史学史とその周辺』校倉書房、二〇〇一年
――『〈歴史〉はいかに語られるか――1930年代「国民の物語」批判』日本放送出版協会、二〇〇一年（増補版、ちくま学芸文庫、二〇一〇年）
――『歴史学のポジショナリティ――歴史叙述とその周辺』校倉書房、二〇〇六年
西尾幹二「解説」（仲小路彰『太平洋侵略史』六、国書刊行会、二〇一〇年）
西川長夫『国民国家論の射程――あるいは〈国民〉という怪物について』柏書房、一九九八年
――『増補 国境の越え方――国民国家論序説』平凡社ライブラリー、二〇〇一年
新田一郎『中世に国家はあったか』山川出版社、二〇〇四年
新田均『「現人神」「国家神道」という幻想――「絶対神」を呼び出したのは誰か』神社新報社、二〇一四年（初版、ＰＨＰ研究所、二〇〇三年）
日本科学者会議思想・文化研究委員会編『「日本文化論」批判――【文化】を装う危険思想』水曜社、一九九一年
日本思想史研究会編『日本における歴史思想の展開』吉川弘文館、一九六五年
野木邦夫「平泉澄博士著書初出及び「桃李」「日本」巻頭論文一覧」『日本学研究』三号、二〇〇〇年六月
芳賀登『批判近代日本史学思想史』柏書房、一九七四年
橋川文三「国体論・二つの前提」（一九六二年。『橋川文三著作集』二、筑摩書房、一九八五年）
――「国体論の連想」（一九七五年。『橋川文三著作集』二）
橋川文三著・筒井清忠編『昭和ナショナリズムの諸相』名古屋大学出版会、一九九四年
長谷川亮一「近代日本における「偽史」の系譜――日本人起源論を中心として」『季刊邪馬台国』六五号、一九九八年七月
――「「偽史」と「皇国史観」のあいだ――木村鷹太郎〜小谷部全一郎・酒井勝軍まで 偽史に憑かれた男たち」『別冊歴史読本』二九巻九号、二〇〇四年三月
――「歴史学の戦中と戦後――「皇国史観」と戦後歴史学の出発」『同時代史学会News Letter』四号、二〇〇四年五月
――「アジア太平洋戦争下における文部省の修史事業と「国史編修院」」『千葉史学』四六号、二〇〇五年
――『「皇国史観」という問題――十五年戦争期における文部省の修史事業と思想統制政策』（白澤社、二〇〇八年）
――「「日本古代史」を語るということ――「肇国」をめぐる「皇国史観」と「偽史」の相剋」（小澤実編『近代日本の偽史言説――歴史語りのインテレクチュアル・ヒストリー』勉誠出版、二〇一七年）

畑中健二「村岡典嗣の国体論」『季刊日本思想史』六三号、二〇〇三年五月
波多野澄雄『太平洋戦争とアジア外交』東京大学出版会、一九九六年
林浩司「「日本ファシズム国家論」の再考察と展望――「革命」・「強制的同質化」概念を中核にすえて」『龍谷史壇』一二六号、二〇〇七年三月
林尚之『主権不在の帝国――憲法と法外なるものをめぐる歴史学』有志舎、二〇一二年
――『近代日本立憲主義と制憲思想』晃洋書房、二〇一八年
針生誠吉「天皇機関説問題と天皇制教育の構造――九〇年代天皇象徴職機関説の展望」(星野安三郎先生古稀記念論文集刊行委員会編『平和と民主教育の憲法論』勁草書房、一九九二年)
春成秀爾『考古学者はどう生きたか――考古学と社会』学生社、二〇〇三年
万峰『日本ファシズムの興亡』六興出版、一九八九年
尾藤正英「皇国史観の成立」(相良亨ほか編『講座日本思想四 時間』東京大学出版会、一九八四年。『日本の国家主義――「国体」思想の形成』岩波書店、二〇一四年)
――『江戸時代とはなにか――日本史上の近世と近代』岩波書店、一九九二年
平井一臣「国体明徴運動の発生」『政治研究』三二号、一九八五年三月
――「「地域ファシズム」の歴史像――国家改造運動と地域政治社会」法律文化社、二〇〇〇年
平井法・佐藤道子「三井甲之」(昭和女子大学近代文学研究室『近代文学研究叢書』七三巻、昭和女子大学近代文化研究所、一九九七年)
平石直昭「近代日本の国際秩序観と「アジア主義」」(東京大学社会科学研究所編『二〇世紀システム一 構想と形成』東京大学出版会、一九九八年)
平泉隆房「祖父平泉澄の家風と神道思想」『芸林』六四巻一号、二〇一五年四月
平田哲男「新反動史学の特質――現代皇国史観について」『歴史評論』二〇五号、一九六七年九月
平野明香里「日本近代史学史と〈信仰〉――平泉澄を中心に」『新しい歴史学のために』二九三号、二〇一八年一二月
平藤喜久子『神話学と日本の神々』弘文堂、二〇〇四年
廣瀬重見「大川周明の日本史関係著述に関する一考察」『日本学研究』六号、二〇〇三年六月
――「大川周明稿『列聖伝』の考察」『芸林』五六巻二号、二〇〇七年一〇月
福井直秀「里見岸雄の国体論」『社会思想史研究』九号、一九八五年一〇月
福島和人『近代日本の親鸞――その思想史』法蔵館、一九七三年
福間良明『辺境に映る日本――ナショナリティの融解と再構築』柏書房、二〇〇三年
福家崇洋『戦間期日本の社会思想――「超国家」へのフロンテ

ィア』人文書院、二〇一〇年
――『日本ファシズム論争――大戦前夜の思想家たち』河出ブックス、二〇一二年
――『満川亀太郎』ミネルヴァ書房、二〇一六年
藤田大誠「近代日本の国体論・「国家神道」研究の現状と課題」『国体文化』一〇八〇号、二〇一四年五月
――「『国体論史』と清原貞雄に関する基礎的考察」『國學院大學研究開発推進センター研究紀要』一二号、二〇一八年三月
船山信一「昭和前期の日本主義哲学――紀平正美・和辻哲郎・蓑田胸喜・鹿子木員信・「生み」の哲学」（藤井松一ほか編『日本近代国家と民衆運動』有斐閣、一九八〇年）
古川隆久「近代日本における建国神話の社会史」『歴史学研究』九五八号、二〇一七年六月
古屋哲夫「日本ファシズム論」（朝尾直弘ほか編『岩波講座日本歴史20 近代7』一九七六年）
古屋哲夫編『近代日本のアジア認識』京大人文科学研究所、一九九四年
細川隆元「「日本マッカーシー」始末記」『文藝春秋臨時増刊 秘録実話読本』一九五四年六月
細野徳治「GHQ/SCAP文書に見る大川周明」『拓殖大学百年史研究』一二号、二〇〇三年六月
歩平・王希亮（山邉悠喜子ほか訳）『日本の右翼――歴史的視座からみた思潮と思想』明石書店、二〇一五年（原著『日本右翼問題研究』社会科学文献出版社、二〇〇五年）
堀真清「大川周明と復興アジアの理念――パール・ハーバー五十周年に際して」『西南学院大学法学論集』二四巻三号、一九九二年一月
堀真清『西田税と日本ファシズム運動』岩波書店、二〇〇七年
堀幸雄『増補 戦後の右翼勢力』勁草書房、一九九三年
堀口修「「明治天皇紀」編修と近現代の歴史学」『明治聖徳記念学会紀要』復刊四三号、二〇〇六年一一月
前川理子『近代日本の宗教論と国家――宗教学の思想と国民教育の交錯』東京大学出版会、二〇一五年
前田一男「国民精神文化研究所の研究――戦時下教学刷新における「精研」の役割・機能について」『日本の教育史学』二五集、一九八二年
増田知子『天皇制と国家――近代日本の立憲君主制』青木書店、一九九九年
増淵龍夫『歴史家の同時代史的考察について』岩波書店、一九八三年
松浦寿輝「国体論」（小林康夫ほか編『表象のディスクール五 メディア――表象のポリティクス』東京大学出版会、二〇〇〇年）
松尾章一『日本ファシズム史論』法政大学出版局、一九七七年
松尾尊兊『大正デモクラシー』岩波書店、一九七四年
――『日本の歴史21 国際国家への出発』集英社、一九九三年
――『滝川事件』岩波現代文庫、二〇〇五年
松澤俊二『「よむ」ことの近代――和歌・短歌の政治学』青弓

社、二〇一四年
松澤哲成「日本ファシズム試論」『季刊社会思想』二―四、一九七三年二月
松島栄一「「皇国史観」について」『朝日ジャーナル』一九六五年一一月七日号
松野智章「大学における日本主義――日本近代化における歴史哲学試論」（江島尚俊ほか編『シリーズ大学と宗教II 戦時日本の大学と宗教』法藏館、二〇一七年）
松村憲一「戦争と教育――錬成教育の「理念」とその展開」（早稲田大学社会科学研究所ファシズム研究部会編『日本のファシズムIII 崩壊期の研究』早稲田大学出版部、一九七八年）
松本健一『大川周明――百年の日本とアジア』作品社、一九八六年（岩波現代文庫、二〇〇四年）
――『原理主義――ファンダメンタリズム』風人社、一九九二年
松本三之介『明治思想史』新曜社、一九九五年
丸山眞男「戦後日本のナショナリズムの一般的考察」（一九五一年。『丸山眞男集』五巻、岩波書店、一九九五年）
――『増補版 現代政治の思想と行動』未来社、一九六四年
――「歴史意識の「古層」」（一九七二年。『忠誠と反逆』筑摩書房、一九九二年）
右田裕規「天皇を神聖視するまなざしの衰退――二〇世紀初期の社会調査にもとづく民衆の皇室観の再構成」『哲学論集』五七号、二〇一一年三月
三沢伸生「大川周明と日本のイスラーム研究」『アジア・アフリカ文化研究所研究年報』三七号、二〇〇三年
三十尾茂『国家主義者・蓑田胸喜』泰文館、二〇〇二年
三谷太一郎『日本政党政治の形成』東京大学出版会、一九六七年
――『近代日本の戦争と政治』岩波書店、一九九七年
三井須美子「家族国家観に基づく「国民道徳」論の失墜――吉田熊次の教育論に関する研究」（一）『都留文科大学研究紀要』五〇集、一九九九年三月
三ツ松誠「平田篤胤と「大東亜戦争」――『秋田魁新報』から見る篤胤没後百年祭」（荒武賢一朗編『東北からみえる近世・近現代――さまざまな視点から豊かな歴史像へ』岩田書院、二〇一六年）
源淳子「大日本帝国の侵略の論理――『国体の本義』をめぐって」『女性・戦争・人権』創刊号、三一書房、一九九八年
宮澤俊義『天皇機関説事件――史料は語る』上下、有斐閣、一九七〇年
宮地正人「天皇制ファシズムとそのイデオローグたち――「国民精神文化研究所」を例にとって」『季刊 科学と思想』七六号、一九九〇年四月
宮本盛太郎「蓑田胸喜と滝川事件」『政治経済史学』三七〇号、一九九七年六月
望田幸男編著『近代日本とドイツ――比較と関係の歴史学』ミネルヴァ書房、二〇〇七年
森川輝紀「大正期国民教育論に関する一考察――井上哲次郎の

国体論を中心に」『日本歴史』四六三号、一九八六年一二月
森田朋子「スメラ学塾をめぐる知識人達の軌跡——太平洋戦争期における思想統制と極右思想団体」『文化資源学』四号、二〇〇六年三月
守屋幸一「平泉澄から長谷部言人宛の手紙」（一山典還暦記念論集刊行会編『考古学と地域文化』一山典還暦記念論集刊行会、二〇〇九年）
安田歩「平泉澄『中世に於ける社寺と社会との関係』を検討する視角について」『日本思想史研究会会報』二〇号、二〇〇三年一月
安田浩一『「右翼」の戦後史』講談社現代新書、二〇一八年
安田敏朗『国文学の時空——久松潜一と日本文化論』三元社、二〇〇二年
安田浩「近代日本における「民族」観念の形成——国民・臣民・民族」『思想と現代』三一号、一九九二年九月
山口輝臣「なぜ国体だったのか?」（酒井哲哉編『日本の外交 第三巻 外交思想』岩波書店、二〇一三年）
山口道弘「正閏続論」『千葉大学法学論集』二八巻三号、二〇一四年一月
——「正閏再続論」『千葉大学法学論集』二八巻四号、二〇一四年三月
山口定『ファシズム』有斐閣、一九七九年
山口定、R・ルプレヒト編『歴史とアイデンティティ——日本とドイツにとっての一九四五年』思文閣出版、一九九三年
山科三郎「総力戦体制と日本のナショナリズム——一九三〇年代の「国体」イデオロギーを中心に」（後藤通夫ほか編『講座戦争と現代4 ナショナリズムと戦争』大月書店、二〇〇四年）
山田宗睦「一人の国体論的反動——京都学派の哲学」（一九六六年。『昭和の精神史——京都学派の哲学』人文書院、一九七五年）
山之内靖著、伊豫谷登士翁・成田龍一・岩崎稔編『総力戦体制』ちくま学芸文庫、二〇一五年
山之内靖、ヴィクター・コシュマン、成田龍一編『総力戦と現代化』柏書房、一九九五年
山之内靖・酒井直樹編『総力戦体制からグローバリゼーションへ』平凡社、二〇〇三年
湯川椋太「「皇国史観」と「祖国のために死ぬこと」——平泉澄の「神道」について」『龍谷日本史研究』四二号、二〇一九年三月
横川翔「松田福松の足跡——三井甲之とその同志たちの一側面」『國學院雑誌』一一七巻九号、二〇一六年九月
——「雑誌『アカネ』の再検討——三井甲之研究の緒論として」『史境』七五号、二〇一八年三月
横久保義洋「平泉澄の浄土教観」『岐阜聖徳学園大学仏教文化研究所紀要』五号、二〇〇五年三月
——「平泉澄的中国史観（上）」（黄華珍ほか主編『知性与創造：日中学者的思考』中国社会科学出版社、二〇〇五年）
——「平泉澄における〈日本人〉——石原莞爾と比較して」（岐阜聖徳学園大学外国語学部編『ポスト／コロニアルの諸相』彩流社、二〇一〇年）

――「平泉澄的中国史観（下）」『知性と創造――日中学者の思考』四号、二〇一三年二月
――「二つの抗戦――呉人・銭穆と越人・平泉澄と」（岐阜聖徳学園大学外国語学部編『リベラル・アーツの挑戦』彩流社、二〇一八年）
吉田裕『昭和天皇の終戦史』岩波新書、一九九二年
米田利昭「抒情的ナショナリズムの成立――三井甲之（一）」『文学』一九六〇年一一月号
――「抒情的ナショナリズムの自壊と復活――三井甲之（二）」『文学』一九六一年二月号
――「抒情的ナショナリズムの復活――三井甲之（完）」『文学』一九六一年三月号
米谷匡史「戦時期日本の社会思想――現代化と戦時変革」『思想』八八二号、一九九七年一二月
米原謙『近代日本のアイデンティティと政治』ミネルヴァ書房、二〇〇二年
――『国体論はなぜ生まれたか――明治国家の知の地形図』ミネルヴァ書房、二〇一五年
――「国体」（米原謙編著『政治概念の歴史的展開』九巻、晃洋書房、二〇一六年）
歴史教育者協議会編『あたらしい歴史教育3 歴史意識はどうつくられてきたか』大月書店、一九九三年
若井敏明「ひとつの平泉澄像」『史林』八七号、一九九八年一月
――「平泉澄における人間形成」『政治経済史学』三九七号、一九九九年九月
――「平泉澄論のために――田中卓『平泉史学と皇国史観』を得て」『皇学館論叢』三四巻三号、二〇〇一年六月
――「皇国史観と郷土史研究」『ヒストリア』一七八号、二〇〇二年一月
――「東京大学文学部日本史学研究室旧保管「平泉澄氏文書」について」『東京大学日本史学研究室紀要』九号、二〇〇五年三月
――『平泉澄』ミネルヴァ書房、二〇〇六年
――「史学史上の平泉澄博士――政治的活動をめぐって」『芸林』六四巻一号、二〇一五年四月
渡辺治「天皇制国家秩序の歴史的研究序説――大逆罪・不敬罪を素材として」『社会科学研究』三〇巻五号、一九七九年
――「日本帝国主義の支配構造――一九二〇年代における天皇制国家秩序再編成の意義と限界」『歴史学研究別冊特集 民衆の生活・文化と変革主体』一九八二年一一月
――「一九二〇年代の支配体制」（日本現代史研究会編『一九二〇年代の日本の政治』大月書店、一九八四年）
Mizobe, Yasu'o, "History of Intellectual Relations between Africa and Japan During the Interwar Period as Seen Through Takehiko Kojima's African Experience of 1936" 『明治大学国際日本学研究』九巻1号、二〇一七年三月
Ivan Morris, *Nationalism and the Right Wing in Japan: A Study of Post-war Trends*, Oxford University Press,

London, 1960.
Lisa Yoshikawa, *Making History Matter: Kuroita Katsumi and the Construction of Inperial Japan*, Harvard University Asia center, 2017.

あとがき

本書は、東北大学大学院文学研究科に二〇〇五年四月に提出し、同年九月に学位を授与された学位請求論文（博士論文）「〈皇国史観〉研究序説」に増補、加筆、修正を施した上で刊行したものである。

なお、本書各章の多くは既発表の論文を元としているので、まずは初出を示しておきたい。

序論――新稿

第一部　国体論の胎動

第一章――新稿

第二章――「平泉史学と人類学」『季刊日本思想史』六七号、二〇〇五年一一月

第三章――「平泉澄の中世史研究」『歴史』一〇三輯、二〇〇四年九月（『日本史学年次別論文集 二〇〇四年版』中世二、学術文献刊行会、二〇〇七年、に再録）

第二部　国体論の対立

第一章――「昭和期における平泉澄の「日本人」観」『日本思想史研究』三四号、二〇〇二年三月（『日本史学年次別論文集 二〇〇二年版』近現代三、学術文献刊行会、二〇〇五年、に再録）

第二章――「大川周明の日本歴史観」『日本思想史学』三二号、二〇〇〇年九月（『日本史学年次別論文集 二〇

〇〇年版』近現代三、学術文献刊行会、二〇〇三年、に再録）
第三章――「大川周明『日本二千六百年史』不敬書事件再考」『日本歴史』六七七号、二〇〇四年一〇月
第三部　国体論の行方
第一章――「吉田三郎の〈皇国史観〉批判」『日本思想史研究』三三号、二〇〇一年三月（『日本史学年次別論文集　二〇〇一年版』近現代三、学術文献刊行会、二〇〇四年、に再録）、「「皇国史観」考」『年報日本現代史』一二号、二〇〇七年五月、の二論文を再構成
第二章――「昭和期における大川周明のアジア観」（文学・思想懇話会編『近代の夢と知性――文学・思想の昭和一〇年前後（1925～1945）』翰林書房、二〇〇〇年）
第三章――新稿、および「三井甲之「蓑田胸喜君の霊にさゝぐるのりと」――翻刻と解題」（『日本思想史研究』三八号、二〇〇六年三月）の解題の一部
結　論――新稿

浅学菲才の私がこれまで研究を続け、その成果として一書をまとめることができたのは、ひとえに多くの方々のご助力によるものである。

とくに、玉懸博之先生からは東北大学文学部の学部生時代以来多大なご指導を賜った。〈皇国史観〉というわばキワモノを研究対象とする私の関心をご理解くださり、おかげで自由な研究を進めることができた。私の処女論文の草稿には一言一句にわたって朱を入れてくださり、資料の堅実な読みに基づいた揺るぎない解釈こそが研究の上で最も重要であることを学ばせていただいた。

佐藤弘夫先生には学部生、院生、助手時代を通じてご指導いただいた。常に視野を大きくもつことを強調さ

れる先生は、ともすれば視野狭窄に陥りがちな私に良い反省の機会を与えてくださった。またスケールの大きい、かつ魅力的なストーリーを奏でる先生のご研究からは、思想史という学問の醍醐味を堪能させていただいている。

東北大学の諸先生方には大変お世話になっている。片岡龍先生には博士論文の草稿に目を通していただき、種々有意義なご指摘を頂戴した。佐藤弘夫先生とともに論文審査をお引き受けくださった佐藤伸宏先生、安達宏昭先生にもお礼申し上げたい。審査の場で頂戴した貴重なご教示の数々を本書に十分活用できなかった憾みもあるが、今後の研究でも常に意識していきたい。また安達先生には論文執筆や研究報告の機会をご提供いただき、深く感謝いたしている。

さらに学外の中野目徹先生にも深甚の感謝を捧げたい。先生とのご縁は、私が学部四年生の際、先生が集中講義で来仙されたことがきっかけとなっているが、それ以後今日に至るまで言葉にできないくらいお世話になっている。本書の出版についても真っ先に勧めてくださるとともに、仲介の労をお取りくださった。

他にも、一面識もない私などがお送りする拙稿の抜き刷りに対し、有益なご意見をお寄せくださる諸先生方にお礼申し上げたい。お一人お一人のお名前を挙げることは省略させていただくが、常に私にとって大きな励みとなっていることをお伝えしたい。

先生方のみならず、東北大学文学部日本思想史研究室の先輩、同期、後輩からも大きな刺激を受けている。近代読書会でともに学んだメンバーはもちろん、景戒、叡尊、存覚、無住、心敬、中江藤樹、大道寺友山、賀茂規清、普寂、新井白石、荻生徂徠、吉見幸和、松宮観山、佐藤一斎など自分の関心と直接にはつながらない多様な時代、対象を専門とする方々に身近に接することができたことはとても幸せなことだと思っている。

そして、出版をお引き受けくださったぺりかん社に感謝の言葉を申し述べたい。とくに編集担当の藤田啓介氏には細々としたことも含め多くのご支援を賜った。本書の刊行にあたって日本学術振興会より「平成一九年度科学研究費補助金（研究成果公開促進費）」の交付を受けたこととも併せて、本書の成立、刊行に関わった全ての方々に改めて感謝申し上げる。

最後に私事で恐縮だが、本書を亡父洋夫と母民子に捧げたい。

二〇〇七年一〇月五日

昆野伸幸

増補改訂版あとがき

本書は『近代日本の国体論――〈皇国史観〉再考』（ぺりかん社、二〇〇八年）の増補改訂版である。本書の初版が世に出てから十年ほどしか経っていないが、国体論や皇国史観、日本主義、国家神道などをめぐる研究状況は、驚くほど大きく変わってきている。本書は、主に二〇〇八年以降に発表された関連する先行研究を註に補うとともに、初版の内容と関わる拙稿二本を補論として付け加えた。

補論の初出は以下の通りである。

補論一――「村岡典嗣の中世思想史研究」『季刊日本思想史』七四号、二〇〇九年六月

補論二――「戦時期文部省の教化政策――『国体の本義』を中心に」『文芸研究』一六七集、二〇〇九年三月

また改訂については、一部資料の差し替えや本文の書き換えにとどめ、初版の論旨を大きく変えることはしなかった。本書の初版は、刊行以降、様々な書評や論考において言及され、貴重な意見をいただく機会に恵まれた。その際、戦時下における影響力の有無を指標として国体論を類型化することで、伝統的国体論の社会的意義を矮小化し、戦時下の支配的な言説から退けられたものとして、戦後にかえってその意義を高く評価しよ

うとする見直し論に貢献しているといった批判も受け、部分的な改訂では十分に応答できないと判断したためである。この点については初版の改訂としてではなく、今後の研究で果たしていきたい。

十年ほど昔の本を増補改訂版として刊行していただけるのは、とても幸せなことであり、ぺりかん社には厚く感謝の言葉を申し述べたい。とくに初版の時と同じく藤田啓介氏に編集を担当いただき、多くのご支援を賜ったことにもお礼申し上げたい。本書の刊行に関わった全ての方々に改めて感謝申し上げる。

二〇一九年六月

昆野伸幸

索　引

人　名

カ行

書名等

著者略歴

昆野　伸幸（こんの　のぶゆき）

1973年，宮城県生まれ。東北大学大学院文学研究科博士課程後期単位取得退学。博士（文学）。東北大学文学部助手を経て，現在，神戸大学国際人間科学部准教授。

専攻—日本近代思想史

論文—「近代日本の法華経信仰と宮沢賢治——田中智学との関係を中心に」（『文芸研究』163集），「日本主義と皇国史観」（『日本思想史講座 4——近代』ぺりかん社），「二荒芳徳の思想と少年団運動」（『明治聖徳記念学会紀要』復刊51号）

装訂——桂川 潤

増補改訂 近代《きんだい》日本《にほん》の国体論《こくたいろん》
〈皇国史観〉再考

2019年10月20日　初版第 1 刷発行

著　者　昆野 伸幸

発行者　廣嶋 武人

発行所　株式会社 ぺりかん社
〒113-0033 東京都文京区本郷1-28-36
TEL 03(3814)8515
http://www.perikansha.co.jp/

印刷・製本　創栄図書印刷

Printed in Japan

ISBN 978-4-8315-1540-7